KB269215

세계의 대학교수

그들은 누구인가?
무엇을 하는 사람들인가?

세계의 대학교수

이 성 호 지음

문이당

머 리 말

　교육학이라고 하는 매우 폭 넓은 하나의 사회과학연구분야 안에서
도 필자가 무엇보다 큰 관심을 갖고 지속적으로 연구를 수행해 온 영
역은, 학교급별로는 고등(대학)교육, 내용별로는 교육과정과 교수·
학습(curriculum & instruction in colleges and universities)이다. 이는 곧
대학에서 누가, 누구에게, 무엇을, 어떻게 가르치고 배우도록 하느냐
의 문제를 탐구하는 영역이다. 이 영역에서는 교수·학생·교육과정
이라는 세 가지 기본 요소가 탐구의 핵심을 이룬다. 이 책은 그중 교
수의 문제를 탐구한 것이다.

　교수의 문제에 관하여, 필자는 1982년에 한국 대학교수들의 업무부
담을 어떻게 적정화시킬 수 있겠는가에 관한 연구를 수행하였다. 이
어서, 1983년에는 한국 대학교수들의 인구학적 특성에 관한 분석연구
를 수행하였다. 1988년에는 우리나라 대학교수들이 전공교육과정에
관하여 어떠한 태도를 형성하고 있고, 그 속에서 어떠한 갈등을 겪고
있는가를 연구하였다. 또한, 1989년에는 교수들의 연구활동에 관련
된 여러 가지 사회심리적 특성을 면접조사법을 통하여 현상학적으로
분석하였다. 그리고 같은 해에 필자는 우리나라 대학 신임교수들의
역할지각과 갈등을 연구하였다.

이러한 연구에 기초하여, 필자는 1991년부터 2년에 걸쳐 〈한국의 대학교수, 그들은 누구인가? 그들은 무엇을 하는 사람들인가?〉(학지사, 1992)라는 연구를 수행하여 발표한 바 있다. 이 연구는 미국 고등교육연구의 중추적 역할을 수행하여 온 카네기재단(The Carnegie Foundation for the Advancement of Teaching)으로부터 대학교수에 관한 국제공동연구에 참여해 줄 것을 요청받은 데서 비롯하였다. 1991년 2월 한국을 포함하여, 호주·브라질·칠레·독일·이스라엘·일본·멕시코·네덜란드·러시아·영국·미국 등 12개국 15명의 학자들은 카네기재단의 주관 아래, 세계 각국 대학교수들의 태도, 가치, 역할 등 제반 사회심리적 특성을 비교·분석하는 연구에 동참하기로 합의하였다. 그리고 그 일을 위하여, 우선 각국에서 자국 대학교수들의 사회심리적 특성분석을 독립된 연구로 수행하였는데, 위에 적은 1992년의 〈한국의 대학교수〉는 바로 그 연구결과를 발표한 것이다.

이어 1993년부터 2년간에 걸쳐 필자는 위에 적은 12개국과 추후에 동참한 홍콩과 스웨덴을 합쳐 모두 14개국에서 카네기재단에 제출한 각각의 설문조사 결과를 수합하여 비교·분석하는 연구를 수행하였다. 이번에 발표하는 연구결과는 바로 이들 14개국 대학교수들의 사회심리적 특성을 비교·분석한 것이다.

　대학교수 개개인의 양·질적 효능성을 증대시켜, 대학교수자원의 집합적 생산력을 제고하는 일은 모든 국가에서 대학의 본질적 사명을 수행하는 제일의 관건으로 인식되고 있다. 특히, 오늘날과 같이 대학교수에 대한 대학 내외로부터의 역할 기대가 상승하고, 대학 내로부터 형성되는 대학 구성원 집단간의 갈등이 점차 심화되고 있는 상황에서, 교수들의 위상을 바로 세우고 그들의 생산성을 극대화시켜야 함은 모든 국가의 대학들이 함께 당면하고 있는 하나의 발전과제가 되고 있다. 이러한 발전과제는 곧바로 대학교수는 누구이며 (who they are), 무엇을 하는 사람들인가 (what they do), 즉 대학교수들은 어떠한 사회심리적 특성을 지니고 어떠한 책무를 얼마만큼 어떻게 수행하고 있는가에 대한 정확한 이해를 필요로 한다. 특히, 한국의 대학에서처럼 대학교수들의 실체가 피상적이고 사변적으로 논의되어 온 상황에서 세계 여러 나라 대학교수들과 한국 대학교수들의 참모습을 비교·분석한다는 것은 매우 의미 있는 일이라고 여겨져, 이러한 연구의 결과를 하나의 책으로 발표하게 된 것이다.

　이 책은 기존에 발표한 〈한국의 대학교수〉의 구성체계와 동일하게 짜여져 있다. 따라서, 기본적인 문헌조사 내용과 이론적인 체계는 〈한국의 대학교수〉와 같다. 다만 〈한국의 대학교수〉가 한국 대학교수들의 특성만을 서술한 것임에 비하여, 〈세계의 대학교수〉는 14개국 교수들의 특성을 비교·분석한 것이다.

제1장 서론에서는 연구의 목적과 방법을 밝혔다. 제2장과 제3장에서는 교수의 기본책무와 책무수행의 환경조건을 분석하였고, 제4장부터 제7장까지는 교수는 무엇을 하는 사람들인가에 대해 분석하였다. 제8장과 제9장에서는 교수들의 심리적 특성과 사회적 특성을 분석하면서 교수는 도대체 누구인가에 대한 해답을 찾았다. 끝으로 제10장에서는 이 연구의 전체를 요약하고 몇 가지 결론을 적었다.

이 연구를 수행하는 데에는 여러 사람, 여러 기관의 적극적인 지원과 협력이 있었음을 밝혀둔다. 우선 이 연구가 가능하도록 학술연구비를 지원해 준 연세대학교에 큰 고마움을 표한다. 또한 세계 여러 나라 학자들과 함께 모여 국제공동연구를 수행할 수 있도록 기회를 만들어준 카네기재단과 재단의 회장인 E.L. Boyer 박사와 재단의 협동교수이자 현재 보스턴 대학 교수인 P.G. Altbach 박사(전 뉴욕주립대 비교교육센터 소장)에게도 감사를 표한다. 또한 이 연구를 수행함에 있어 아낌없이 연구설문 조사에 응답해 준 우리나라 각 대학 교수들과, 다른 13개국에서 필자와 똑같은 역할로 카네기재단 국제공동연구에 참여하였던 동료연구자들, 그리고 그 나라의 대학교수들에게도 깊은 감사를 드린다. 특히 여러 가지 일로 매우 바쁜 시간에도 틈을 내어 그토록 긴 설문서에 성의껏 응답해 준 수많은 교수들에게 거듭 깊은 감사를 드린다. 그리고 자기네 선생의 일이라면 밤낮을 가리지 않고 옆에서 도와주다가 미국 유학길을 떠나게 되는 이은준 군에게도 고마움을 전한다. 끝으로 베스트셀러가 되리라는 계산 없이 그저 많은 사람들에게 필요한 책이면 출판을 하겠다는 생각 하나만으로 〈지금 당신의 자녀가 흔들리고 있다〉를 선뜻 출판해 주셨던 문이당의 임성규 사장께서 상업성이 전혀 없다는 것을 뻔히 알면서도 이 책을 출판해 주신다니 또다시 고마움을 표현할 수밖에 없다.

1995년 5월

李　星　鎬

차 례 · 세계의 대학교수

차 례 · 세계의 대학교수

서 론

대학교수, 그들은 도대체 어떤 사람들인가? 무엇을 하는 사람들인가? 이 책은 이러한 질문에 대한 답을 찾기 위하여 세계 14개국 대학교수들을 대상으로 실시한 실증조사연구의 결과를 적은 것이다. 우선 첫 장에서는 이러한 연구수행의 필요성과 동기를 기술한 다음, 이 연구의 목적과 범위, 그리고 연구의 방법과 제한점을 밝혀두고자 한다.

1. 연구의 필요성과 동기

오늘날 대학교수는 대학사회 내외에서 많은 사람들의 연구적 관심의 표적이 되고 있다. 교수들 자신은 물론이고 대학의 경영·행정 관리자들이나, 학생, 직원 및 정부와 산업계 그리고 지역사회 등을 포함한 많은 부류의 사람들이 대학교수에 대하여 깊은 관심을 보이고 있다. 대학교수에 대한 연구적 관심이 증대되고 있는 데에는 여러 가지의 원인들이 복합적으로 작용하고 있다.

대학 내에서의 교수자원은 대학의 본질적 사명수행에 있어서 기능적 생산성을 높여가는 에너지의 원천이며, 또한 국가사회적 차원에서의 대학교수자원은 창조적 사고와 개혁의 발원이며 이념적 지도성의 근간을 이룬다. 특히, 대학교수들의 위상을 대학 내로 국한하여 생각해 볼 때, 노동집약적인 성향과 인지적 힘의 발휘가 그 어느 다른 사회조직체의 경우보다도 강한 구조적 특성을 지닌 대학에서, 교수자원은 가장 중요한 기본자산이 된다. 기본자산으로서의 대학교수자원의 양적 효능성과 질적 효율성은 곧 그 대학의 총체적 질을 유지하고 발전시켜 그 대학의 사명수행의 생산성을 극대화시켜 나가는 데 있어 가장 커다란 결정적인 변인으로 작용한다.

대학에서 교수자원이 차지하는 역할과 그 의미는 시·공간을 초월해서 그 어느 때나, 그 어느 곳에서나 마찬가지로 강조되어 왔으나, 오늘의 한국 대학의 그리고 한국 사회의 여러 가지 갈등 상황을 응시할 때, 교수자원이 대학과 국가의 발전에서 차지하는 위치는 더없이 중대해졌음을 느낀다. 그것은 특히, 해방 이후 지난 반세기에 걸쳐 한국 사회가 이룩한 대학의 양적 성장의 밑바탕 위에 질적 향상이라는 목표와 책무를 추구해 나가야만 하는 오늘의 한국 대학의 상황을 보면 명백해진다. 게다가 대학 밖 사회의 모든 부면에 걸쳐서 세차게 일고 있는 혁명적 변화의 물결, 대학 안에서 가증하고 있는 다양하고 이질화된 학생들의 요구 압력, 교수들의 뿌리 깊은 상호간의 이념적 견해차와 갈등 등이 서로 복잡하게 얽혀서 연출하는 오늘의 한국 대학의 모습은, 그 어느 때보다도 교수들에 대한 대학 안팎의 역할 기대의 상승을 초래하였다.

이제 교수들은 대학이 그곳에 존재함으로써, 그 안에 그렇게 당위적으로 존재하기가 어렵게 되었다. 대학 안팎으로 일고 있는 역할 기대에 부응함은 물론이거니와 그들 스스로 집합적 탁월성을 창출하고 개발해 나감으로써, 하나의 하위 사회체제로서 대학이 속해 있는 그 사회 전체에 대하여 개혁과 발전의 선도적 지도성을 발휘하여야 할 것이다. 이는 대학교수들 스스로가 자신에 대한 냉철한 이해와 자성적 분석을 고양하는 데서부터 새롭게 출발하여야 함을 의미한다.

이렇듯 대학교육의 발전에서 교수자원이 차지하는 비중이 심대함에도 불구하고, 대학교육의 질을 향상시키고 발전시키기 위한 이제까지의 수많은 연구 중에서도 대학교수들 자체에 대한 연구는 양적으로 풍성하지 못하였다. 더욱이 연구를 하나의 전통적인 고유한 사명으로 자임해 온 대학에서 교수들 자신에 관한 연구가 그리 활발하지 못하였다는 반언적 사실을 우리는 부인하기 어렵다.

대학교육의 질을 향상시키기 위한 여러 가지 연구적 접근에서, 사람들은 대학환경에 관한 연구에 상당한 비중을 두어왔다. 대학환경은 관점에 따라 여러 가지 형태로 구분될 수 있는데, 표적집단을 중심으로 나누면 교수환경, 학생환경, 그리고 기관환경으로 삼분할 수 있다. 우리나라의 경우, 물론 이들 세 부류의 환경에 관한 연구가 모두 부진하였음이 사실이지만, 그래도 그중 학생환경이나 기관환경에 관한 연구는 교수환경에 관한 연구보다 양적으로 볼 때, 다소 풍부하였다고 할 수 있다. 이러한 현상은 대학환경에 관한 연구가 비교적 일찍 시작되었던 미국의 대학환경연구 추세에서도 마찬가지로 나타나고 있다. 즉, 대학생들은 무엇을 어떻게 사고하고 있으며, 어떻게 발달하고 있고, 어떠한 유형의 학습을 해내고 있으며, 또 어떻게 대학생활에 적응하고 있는가, 그리고 그들의 가치관이나 집단문화의 특성은 무엇인가 등의 학생환경에 관한 연구는 양적으로나 질적으로 상당히 많이 진전되어 있다. 대학기관환경에 관한 연구의 경우에도, 대학기관의 인구학적 특성은 무엇이고, 대학의 물리적 환경은 어떠하며, 행·재정 관리운영체제는 어떠한가 등 여러 측면에서의 연구들이 비교적 활발하였다. 그러나 이러한 학생환경이나 기관환경에 대한 연구적 노력의 활성도에 비하여 교수환경에 대한 연구적 노력은 상대적으로 극히 미약하였던 것이다.

교수환경연구에는 일반적으로 다섯 가지 측면의 내용이 연구대상으로 설정되고 있다. 첫째는, 교수의 기본적인 인구학적 특성을 기술하고 분석하는 연구이다. 즉, 교수의 수, 성, 직급, 연령, 경력, 학위수준, 학위취득국, 출신특성과 배경, 전공분야 등을 분석하는 연구이다. 이러한 교수의 인구학적 특성에 대한 연구는 교수를 이해하는 데 있어 가장 원초적인 자료를 제공해 준다. 이러한 연구는 대체로 정부 또는 대학간의 협의기구 차원에서 제공하는 각종 통계자료에 기초하여 수행되는 것이 특징이다. 둘째는, 교수의 역할, 책임, 권리 등을 분석하는 연구이다. 교수가 수행하는 기본책무와 그 부담, 그에 따른 보수수준이나 각종 경제혜택제도, 승진기회, 정년보장제, 연금제도 등에 초점을 맞추는 교수의 기능적 특성을 분석하는 연구들이다. 셋째는, 교수의 자질개발에 관한 연구들이다. 여기에서는 교수의 직전교육경험, 교수의 임용, 교수로서의 성장과 발달, 교수로서의 전문적 자질 및 연구능력과 수업능력의 개발, 그리고 교수의 자질을 개발하기 위한 다양한 프로그램과 기제에 대한 내용들이 다루어진다. 넷째는, 교수의 근무조건의 질에 초점을 맞추는 연구들이다. 즉, 연구실이나 실험실, 도서관 시설, 사무행정 지원체제, 대학의 행정·경영체제, 대학 또는 학과 단위에서의 의사결정체제, 각종 조교의 배정, 연구비 지원, 더 나아가서는 교수를 위한 주택과 주차장 시설까지를 포함한 제반 복지환경이 연구의 중요한 내용으로 다루어진다. 끝으로 다섯째는, 교수들의 사회심리적 측면에 초점을 맞추는 연구들이다. 이는 교수들간의 인간관계, 교수들의 정치적 신념과 태도, 교수들간의 이념적 대립과 갈등, 교수와 학교행정당국 간의 긴장관계, 교수들의 대의기구와 학사행정참여, 교수들간의 상호협력과 갈등, 학문의 자유, 교수의 다양한 행동특성과 삶의 방식, 학생과의 관계 등 여러 가지 측면의 사회심리적 내용들을 포함하고 있다.

이러한 다섯 가지 측면의 교수환경연구는 결국 두 가지 질문으로 집약할 수 있다. 즉, 하나는 「대학교수는 누구(who)인가?」「도대체 대학교수는 어떠한 특성을 지닌 사람들인가?」 하는 물음이고, 다른 하나는 「대학교수는 무슨 일(what)을 하는 사람들인가?」「그들은 도대체 어떠한 책무를 어떻게 얼마만큼이나 수행하고 있는가?」 하는 물음이다. 이러한 물음들에 대한 연구를 모두 종합하면, 일종의 교수 사회심리학(faculty sociopsychology)이라고 불러도 좋을 만큼, 교수 그 자체에 대한 연구분야는 앞으로 새로운 지평을 확산시켜 나갈 수 있다.

한국에서 대학교수에 대한 연구적 관심은 앞서도 언급한 바 있듯이, 우선 연구의 양적인 규모에서 극히 저조하였다는 데에 문제를 느끼지 않을 수 없다. 다음으로 문제가 되는 것은, 대학교수의 특성과 역할 등에 대한 철학적인 논의 또는 사변적인 주장은 많았으나, 실증적인 연구가 상대적으로 희소하였음을 지적하지 않을 수 없다. 뿐만 아니라, 실증적인 연구라 하더라도 주로 이루어진 것은 이미 공개되어 있는 여러 가지 경성자료들을 바탕으로 하여 수행된 연구가 대부분이었다. 교수들을 직접 조사대상으로 삼아 설문조사법이나 면접조사법 또는 관찰법을 통하여 획득하는 연성자료들을 바탕으로 하여 수행된 연구가 적었다. 설문조사법을 활용하더라도 교수들의 독특한 특성으로 인하여, 많은 수의 교수를 조사대상으로 확보하지 못한 채, 소수의 교수들만을 대상으로 분석함으로써, 표집의 대표성을 유지하지 못한 경우가 대부분이었다. 끝으로, 한국 대학에서의 교수들의 특성에 대한 연구는 지극히 미세한 한 부분에 걸쳐 수행되었을 뿐, 교수들을 보다 총체적으로 이해할 수 있는 종합적인 연구가 아직 수행되지 못하고 있음을 지적해 둔다.

이상에서 지적한 한국 대학에서의 교수들에 관한 연구적 관심의 몇 가지 문제점들을 전제하면서, 그 동안 한국 대학교수들에 관련하여 수행된 대표적인 몇 가지 실증적 연구들을 개관하면 다음과 같다. 우선, 비교적 초기에 이루어진 대학교수에 관한 연구로서는 김종철(金鍾喆) 등에 의하여 1967년에 중앙교육연구소에서 수행된 연구를 들 수 있다. 이 연구는 당시 4,762명의 전체 교수 중 14.9%에 해당되는 707명의 교수들을 대상으로 설문조사를 실시하였고, 35명의 총학장과 105명의 학장 및 학과장을 대상으로 면접조사를 실시하여, 교수들의 인구학적 특성, 기능적 특성, 근무조건, 행정에의 참여 등의 문제를 비교적 폭 넓게 연구하였다(김종철 외 4인, 1967). 이 연구는 한국 고등교육연구에서 교수환경연구로서 수행된 최초의 종합적 연구라는 점에서 그 가치를 높이 평가할 수 있는 연구이다. 1970년대에 접어들어서 한국 대학에서의 대학교수환경에 대한 연구는 주로 실험대학제도[1]와 관련하여 개별 대학의 교수들을 대상으로 이루어져 왔다. 예컨대, 실험대학 효율화를 위한 교원정원책정에 관한 연구라든가 또는 학과별 전임교수 수의 기준설정에 관한 연구와 같은 것들이 수행되었다. 1980년대에 들어와서는 다시금 일부 학자들에 의해 전국적 규모의 대학교수에 대한 연구가 시도되었다. 1982년에 김란수(金蘭洙), 이종성(李鍾聲), 이성호(李星鎬) 3인은 당시 17,728명의 4년제대학 전체 교수 중 205명의 교수를 대상으로 델파이(Delphi) 조사방법을 통하여 교수들의 수행책무 실태와 부담 책정방법에 대한 의견을 조사한 바 있다(김란수·이종성·이성호, 1982). 한편 1983년에는 강우철(康宇哲), 장인숙(張仁淑), 이성호(李星鎬) 3인에 의하여 전국대학 교수자원의 특성에 관한 분석적 연구가 수행되었다. 이 연구는 1983년 9월을 기준으로 하여 한국대학교육협의회에서 작성한 〈전국대학 교원명부〉에 등재된 17,383명의 4년제대학 전임교수들의 인구학적 특성을 이 명부에 기재된 내용을 중심으로 분석한 것이다(강우철·장인숙·이성호, 1983).

이어, 필자는 1988년부터 2년에 걸쳐 세 가지의 대학교수에 대한 연구를 수행하였다. 첫째는 우리나라 대학교수들의 전공교육과정에 대한 태도와 갈등을 분석한 연구로서, 이 연구는 우선 전국의 4년제대학 중 30개 대학을 무선표집한 다음, 그 대학의 교수들 중 역시 무선으로 표집된 339명의 교수들을 대상으로 설문조사를 실시하였다(이

---

1) 1970년대 초 정부의 대학교육개혁사업의 일환으로, 정부는 1973년도에 실험대학제도를 채택하였다. 실험대학제도는 대학의 자율적 규제, 교육운영의 융통성 인정, 점진적 개혁 등의 원칙에서 개혁의 능력이 있다고 평가되는 대학을 실험대학으로 규정, 대학개혁의 선도적 역할을 담당하도록 한 것이다. 실시 첫해인 1973년도에는 연세대, 서강대, 고려대 등 10개 대학이, 7년 후인 1980년도에는 43개 대학이 실험대학으로 선정되었으며, 1981년도부터는 모든 대학에서 실험대학의 개혁내용을 적용할 수 있도록 일반화시킴으로써, 실험대학제도는 8년 만에 끝나게 되었다. 실험대학에서의 개혁내용은 ① 졸업학점 140학점으로 인하 ② 계열별 모집 ③ 부전공 및 복수전공제의 실시 ④ 조기졸업제 ⑤ 계절학기제이다.

성호, 1988). 둘째는, 서울시내 1개 종합대학교 1개학과의 전체 교수 6명을 대상으로 한 연구로서, 면접조사법을 통하여 교수들의 연구태도, 동기, 업적 등을 분석하였다(Lee, 1989). 셋째는, 1988년 1월을 기준시점으로 하여, 우리나라 4년제대학의 신규임용 4년 미만 신임교수 중 무선표집된 229명을 대상으로 하여, 신임교수들의 기능적 특성과 사회심리적 특성을 분석한 바 있다(이성호, 1992).

이어서, 1991년에 필자는 한국의 대학교수 1,211명을 대상으로 설문조사를 실시하여, 그들의 사회심리적 특성을 분석하는 연구를 수행하였다. 이는 특히 앞에서 논의한 바와 같이, 한국 대학교육의 발전을 위해서는 대학의 주체인 교수들의 실체를 구명하는 학술적 연구의 필요성이 그 어느 때보다 절실함에도 불구하고, 교수환경에 관한 종합적인 연구가 거의 이루어지지 못하고 있다는 인식에서 출발한 것이었다. 또한, 이 연구는 지난 10년간에 걸쳐 필자 개인적으로 또는 다른 사람들과 공동으로 제한된 측면, 제한된 대상에 대하여 수행하여 온 한국 대학교수에 관한 일련의 연구들을 그 범주와 대상에서 좀더 심층적으로 확장시켜 보고자 하는 노력의 일환으로 출발한 것이었다. 특히, 대학에서의 교육과정과 교수방법의 문제를 전공해 온 필자로서 교수·학습과정의 3대 핵심요소인 교수·교육과정·학생 중, 교수의 문제를 보다 깊이 있게 분석해 보겠다는 학술적 관심에 터하여 수행되었던 연구이다.

이번에 그 연구대상을 세계 14개국으로 확대하여, 세계 여러 나라 대학교수들의 사회심리적 특성을 비교·분석하게 된 기본동기도 앞서 기술한 범주를 크게 벗어나지 않는다. 다만, 한 가지 더 추가할 것은 한국 대학교수의 특성을 이해함에 있어, 다른 나라 교수들의 특성을 하나의 비교 준거틀로 삼아서 그 이해를 보다 분명하게 하고자 하는 데 이번 연구의 또다른 동기가 있었음을 부연해 두고자 한다.

2. 연구의 목적과 범위

이 연구는 근본적으로 세계 여러 나라 대학교수들의 사회심리적 특성을 비교·분석하는 데 목적을 두고 수행되었다. 이 연구에서의 사회심리적 특성은 앞서 연구의 필요성과 동기에 대한 논의에서 밝힌 다섯 가지 유형의 교수환경연구를 모두 포괄하는 광의적인 의미로 정의된다. 즉, 이 연구에서 밝히고자 하는 사회심리적 특성은 교수들의 인구학적 특성, 기능적 특성, 자질개발, 근무조건, 그리고 교수들의 인간관계 등 교수의 실체를 구명하는 데 도움을 줄 수 있는 모든 다양한 측면을 포괄한다. 이 연구에서 설정하였던 보다 구체적인 연구목적과 그에 따른 연구내용의 범위를 제시하면 다음과 같다.

첫째, 세계 각국 대학교수들의 기본책무는 무엇이고, 그들은 그러한 책무를 어느 정도의 시간을 들여 수행하고 있는가, 그들이 그러한 책무를 수행하는 데 있어 영향을 미치는 조건들은 무엇인가 등과 같은 물음으로 제기되는 교수들의 기본책무와 근무조건을 비교·분석한다.

둘째, 교수의 기본책무 중 한 가지인 교육활동을 각국의 대학교수들이 수행하는 데 있어 나타나는 특성을 비교·분석하는 것이 이 연구의 또다른 구체적인 목적이다. 교육활동에 관련하여 주당 수업시간수, 교수방법, 학생들에게 요구하는 교과목 이수조건 등 제반 측면을 다각적으로 비교·분석한다.

셋째, 이 연구에서는 교수의 연구활동을 분석한다. 각국 대학교수들은 어느 정도의 연구업적을 성취하고 있는가, 교수들이 연구를 수행하는 데 있어 저해요인은 무엇인가, 연구 분위기에 대하여 교수들은 어떻게 인식하고 있는가 등과 같은 물음에 대한 해답을 논의한다.

넷째, 교수들의 또다른 중요한 책무는 봉사이다. 세계 각국의 대학교수들은 실제로 어느 정도나 봉사활동에 종사하고 있는가, 봉사활동의 대상은 무엇이며, 봉사활동에 대한 교수들의 견해는 어떠한가 등을 구명하고자 한다.

다섯째, 이 연구는 교수들의 소속대학 내에서의 행정·관리에의 참여문제를 중요한 한 부분으로 포함한다. 특히, 대학 내 행정관리체제에 대한 세계 각국 대학교수들의 기본 의식은 어떻게 형성되어 있는가, 그리고 학사정책결정에서의 개별교수의 영향력 행사는 어떠한 수준에서 이루어지고 있는가, 교수업적평가의 내용은 무엇이고, 평가자는 누구인가 등과 같은 물음들에 대한 비교·분석을 실시한다.

여섯째, 이 연구에서는 교수들의 국제적 연계를 살펴보고자 한다. 학술적 생애에서, 특히 오늘날과 같은 국제화 시대에서 필연적인 국제적 연계지음을 세계 각국 대학교수들은 어떻게 해내고 있는가를 구명하게 된다.

일곱째, 이 연구에서는 교수들이 고등교육과 사회, 또는 고등교육과 국가 혹은 정부와의 관계지음을 어떻게 인식하고 있는가를 분석한다. 국가사회발전을 위한 고등교육의 역할 규정에서 우선순위는 어디에 두어야 하겠는가와 같은 물음에 대한 세계 각국 대학교수들의 견해를 비교·분석한다.

여덟째, 교수들은 심리적으로 어떠한 학술적 생애발달(academic career development)을 거쳐서 교수로서의 생애를 살아가는가, 그들이 학술적 생애를 유지하면서 겪는 심리적 갈등은 무엇인가, 그들은 교수라는 직업에 대해 어느 정도나 만족을 느끼며 그들은 어느 정도의 사기를 느끼고 있는가? 이 연구에서는 세계 각국 대학교수들의 이러한 심리적 특성을 밝히고자 한다.

끝으로 아홉째, 이 연구에서는 세계 각국 대학교수들의 사회적, 인구학적 특성을 구명한다. 교수들은 어떠한 사회적 배경을 지닌 사람들인가, 교수들은 서로간에 어떠한 사회적 관계지음을 형성하고 있는가 등 교수들의 기본적인 사회적 성향을 밝힌다.

이상 아홉 가지의 구체적인 연구목적과 내용은 대체로 각각 장을 달리하여 하나의 장으로 논의될 것이다. 물론 그러한 문제들이 서로 독립되어 논의될 만큼 별개의 문제라고 볼 수는 없다. 따라서 비록 논의는 별개의 장으로 이루어져도 상호 유기적인 관련은 결코 배제될 수 없음을 미리 전제해 둔다.

3. 연구의 방법

이 연구는 설문조사방법을 통해서 다음과 같이 수행되었다.

1) 조사대상자의 선정

이 연구에서의 설문조사는 표본조사로 실시되었다. 표본을 추출하는 데는 기본적으로 세 가지 원칙을 설정하였다. 첫째, 각국에서의 최후 유효응답자의 수를 가능한 한 1,000명 내외가 되도록 한다. 둘째, 표본추출은 모든 조사대상자가 표집될 수 있는 확률이 동일하도록 한다. 셋째, 조사대상 대학은 중등학교 졸업 후, 최초의 고등교육 학위(대체로 학사학위)를 수여하는 고등교육기관으로 한다.

표본추출은 계통적 표집(systematic sampling)을 활용하여 표본의 모집단 대표성을 최대한 확보하도록 하였다. 계통적 표집은 다음과 같은 두 가지 방식 중 하나로 이루어졌다.

그 하나는 자국의 모든 조사대상 대학의 전체 교수를 놓고, 그 안에서 조사대상 교수를 계통적 표집방법으로 추출하는 것이다. 한국의 경우 이 방법을 활용하였다. 한국의 경우에는, 한국대학교육협의회에서 간행한 〈1990학년도 국공립대학(교)·사립대학(교) 교원명부〉(2책)에 등재되어 있는 당시 우리나라 전체 125개 4년제대학 총 26,365명의 교수를 모집단으로 설정하였다. 우편에 의한 설문조사의 경우,

그 유효응답률은 대체로 30%를 초과하기 어렵다는 선험에 따라, 우
선 최후 유효응답자 1,000명을 확보하기 위해서 최소한 3,300명 정도
의 교수를 표집하기로 하였다. 26,365명 중 약 3,300명을 표집하기
위해서는, 대체로 8명당 1명의 교수를 표집하여야 했다. 즉, 표집간
격(sampling interval)을 8명으로 설정하여 교원명부에서 모두 3,274명
의 교수를 추출하였다. 이들 3,274명 중 유효응답자수는 903명으로
유효응답률은 27.6%였다. [2]

또다른 계통적 표집방식은 대학의 수가 너무 방대하여 모든 대학,
모든 교수를 놓고 표집하기 어려운 미국과 같은 나라들에서 사용된
방식으로서 이는 다음과 같이 대학을 먼저 계통적으로 표집한 다음,
그 대학의 교수 중에서 조사대상자를 계통적으로 표집하는 것이다.

① 국가 전체의 대학을 우수대학과 비우수대학으로 구분한다. 이
　때, 우수대학의 수는 전체 대학수의 20%가 넘지 않도록 한다.
　우수대학의 선별기준은 각국의 대학평가결과라든가 여러 가지
　객관적 기준을 활용하여 각국의 연구책임자가 결정한다. 우수대
　학과 비우수대학으로 모든 대학을 나눈 다음, 교수의 분포비율
　을 산출한다.

---

[2] 한국의 경우, 이 조사는 똑같은 계통적 표집방법으로 서로 다른 대학교수를 조사대상
으로 하여 두 차례에 걸쳐 실시되었다. 제1차 조사는 1991년 11월에 실시되었고, 제
2차 조사는 1992년 3월에 실시되었다. 제1차 조사결과는 이미 〈한국의 대학교수〉라
는 제목의 책으로 1992년에 발표되었다. 제2차 조사에 사용된 설문서는 제1차 때의
설문서와 내용구성에 큰 차이가 없으나, 14개국 공동연구에는 제2차 조사결과가 사용
되었다. 즉 이 책에 기술된 연구결과는 제2차 조사결과임을 밝혀둔다. 제1차 조사결
과인 〈한국의 대학교수〉에 제시된 통계결과와 이 책에 제시된 통계결과가 수치상 조
금씩 다른 까닭은 바로 조사대상자가 전혀 달랐기 때문이다. 그러나 궁극적으로 두
번에 걸친 조사결과가 크게 다르지 않다는 사실은 제1차 조사와 제2차 조사가 결국
모두 우리나라 대학교수들의 실상을 객관적으로 대표하고 있음을 상호 입증해 준 것
이나 다름없다.

(예)　　　　　　　　우수대학　　　비우수대학　　　　합 계
　　대학의 수　　　171(17.1%)　　831(82.9%)　　1,002(100.0%)
　　교수의 수　　25,000(23.8%)　80,000(76.2%)　105,000(100.0%)

② 우수대학과 비우수대학별로, 각 대학교수의 수에 따라 대·중·소규모 대학으로 전체 대학을 똑같은 수로 3분한다.
　　(예)　　　　　　　　　　우수대학　　　　비우수대학
　　　　대규모 대학　　　　57개교　　　　　277개교
　　　　중규모 대학　　　　57개교　　　　　277개교
　　　　소규모 대학　　　　57개교　　　　　277개교
　　　　합　　　　계　　　171개교　　　　　831개교

③ 대학을 표집하기 위해, 대규모 대학은 3, 중규모 대학은 2, 소규모 대학은 1번의 비중으로 표집확률 비중을 부여한다. 즉, 위 예에서 보면 우수대학 중 대규모 대학 57개교는 3배로 171개교, 중규모 대학은 2배로 114개교, 소규모 대학은 그대로 57개교로 산정, 총 342개교로 우수대학의 표집대상을 설정한다.

④ 이렇게 우수대학과 비우수대학별로 설정된 조사대상 대학 가운데, 각 집단별로 전체 교수 중 5%에 1개교씩, 즉 20개교를 우선 표집한다. 위의 예에서 이를테면 우수대학 342개교 중 20개교를 무선표집한 것이다. 그러나 이들 20개교 중 동일한 학교가 있을 수 있어, 실제 대학은 20개교가 안되는 경우도 있다.

⑤ 다음은 ④의 절차에 따라 표집된 우수대학과 비우수대학의 전체 교수연명부를 작성한다. 그리고 이들 우수대학과 비우수대학 교수 중 앞서 ①에서 산정되었던 우수대학과 비우수대학 전체 교

26

수 비율에 따라 필요한 만큼의 수를 표집간격을 설정하여 표집
한다. 이를 다시금 정리하여 예로 제시하면 다음과 같다.

(예)	우수대학	비우수대학	합　계
실제 대학수	171개 (17.1%)	831개 (82.9%)	1,002개 (100.0%)
교수의 수	25,000명 (23.8%)	80,000명 (76.2%)	105,000명 (100.0%)
비중부여 대학수	342개	1,662개	—
실제로 표집된 대학수	15개	20개	35개교
표집된 대학의 전체 교수의 수	3,000명	4,100명	7,100명
표집된 교수의 수	714명 (23.8%)	2,286명 (76.2%)	3,000명 (100.0%)
표집간격	4.2명	1.8명	—

　이상의 두 가지 방법으로 14개국에서 표집된 전체 조사대상자 중
유효응답자수는 다음의 〈표 1-1〉에 제시된 바와 같다. [3]

〈표 1-1〉 각국별 유효응답자수

국　　가	유효응답자수	국　　가	유효응답자수
호　　주	1,403	한　국	903
브 라 질	981	멕 시 코	1,012
칠　　레	1,058	네덜란드	1,356
독　　일	2,767	러 시 아	434
홍　　콩	471	스 웨 덴	1,122
이스라엘	497	영　국	1,925
일　　본	1,872	미　국	3,522
총　　계	19,323		

---

3) 유효응답자는 19,323명이었지만, 국가별로 응답교수들 중 어떤 문항에 대해서는 부분
　적으로 응답을 하지 않은 교수도 있고, 또는 통계처리에 부적합하게 응답한 교수도
　있어 이들을 통계처리에서 배제하였기 때문에, 같은 나라의 경우에도 문항에 따라서
　는 응답자수가 서로 다를 수도 있음을 밝혀둔다.

2) 조사대상자의 인구학적 특성

각국 대학교수들의 몇 가지 기본적인 인구학적 특성을 유효응답자를 기준으로 살펴보면 다음과 같다.

우선, 첫째로 14개국 대학교수들의 성별 분포를 보면 〈표 1-2〉에 제시된 바와 같다.

14개국 전체를 보면, 남자 교수가 75.3%, 여자 교수가 24.7%인 것으로 나타났다. 여자 교수의 비율이 30% 이상으로 비교적 높은 나라는 브라질·멕시코·칠레 등 남미권 국가들과 호주·미국 등이었다. 여자 교수의 비율이 가장 낮은 국가는 일본(7.9%)이었고, 그 다음이 한국(13.0%)이었다. 즉, 동양권의 두 국가에서 여자 교수의 비율이 극히 낮은 것으로 나타났다.

다음으로 교수들의 평균 연령을 비교해 보면 〈표 1-3〉에서와 같이, 일본과 러시아가 각각 51.4세로 가장 높았고, 다음이 이스라엘 50.5세,

〈표 1-2〉 각국 대학교수의 성별 분포　　　　(%)

국　　가	전　　체	여　　자	남　　자
호　　주	100.0	34.8	65.2
브 라 질	100.0	39.4	60.6
칠　　레	100.0	32.8	67.2
독　　일	100.0	16.7	83.3
홍　　콩	100.0	24.6	75.4
이 스 라 엘	100.0	27.6	72.4
일　　본	100.0	7.9	92.1
한　　국	100.0	13.0	87.0
멕 시 코	100.0	35.6	64.4
네 덜 란 드	100.0	22.2	77.8
러 시 아	100.0	26.5	73.5
스 웨 덴	100.0	25.8	74.2
영　　국	100.0	23.2	76.8
미　　국	100.0	30.2	69.8
전　　체	100.0	24.7	75.3

〈표 1-3〉 각국 대학교수의 연령 평균치와 중앙치

국 가	평 균	중 앙 치
호 주	44.5	45
브 라 질	43.3	43
칠 레	46.6	46
독 일	41.1	38
홍 콩	41.8	40
이 스 라 엘	50.5	51
일 본	51.4	51
한 국	45.3	44
멕 시 코	39.2	39
네 덜 란 드	42.2	42
러 시 아	51.4	53
스 웨 덴	46.6	47
영 국	44.5	45
미 국	48.1	48

미국 48.1세 순으로 높게 나타났다. 반면에, 멕시코 대학교수들의 평균 연령은 39.2세로 가장 낮았고, 독일 41.1세, 홍콩 41.8세, 네덜란드 42.2세로 이들 세 나라 교수들의 평균 연령도 비교적 낮은 것으로 나타났다. 한국의 경우는 45.3세로서 호주·칠레·스웨덴·영국 등과 비슷한 수준의 평균 연령을 보이고 있다.

한편, 교수들이 어느 나라에서 최종적으로 수학하였는가를 알아보면, 〈표 1-4〉에 제시된 바와 같다. 이는 교수들이 소지하고 있는 최종학위를 기준으로 한 것이다.

〈표 1-4〉에서 보면, 자국에서의 학위 취득률이 높은 나라는 러시아(99.7%), 독일(98.7%), 네덜란드(97.8%), 스웨덴(96.4%), 영국(95.8%), 미국(95.7%), 일본(93.5%)의 순으로 서구 선진국이 대부분인 것으로 나타났고, 다음으로는 멕시코(90.9%), 브라질(89.2%), 칠레(77.7%), 한국(75.2%), 호주(69.9%)의 순으로 나타났다. 이스라엘의 경우는 56.6%로서 자국에서의 최종학위 취득률이 매우 낮았

<표 1-4> 각국 대학교수의 최종학위 취득 지역별 분포 (%)

취득 지역 국가	전체	아프 리카	극동 아시아	아시아 기타 지역	중동	동부 유럽	러시아	서부 유럽	중앙 아메 리카	남아메 리카	북아메 리카	오세아 니아
호　　주	100.0	0.9	0.6	0.8	0.1	0.9	0.5	15.1	0.1	0.1	10.9	69.9
브 라 질	100.0	0.2	0.2	0.0	0.0	0.1	0.1	5.8	0.1	89.2	4.2	0.1
칠　　레	100.0	0.1	0.1	0.0	0.0	0.1	0.1	11.2	0.6	77.7	10.0	0.1
독　　일	100.0	0.1	0.2	0.0	0.0	0.4	0.0	98.7	0.0	0.0	0.5	0.1
홍　　콩	100.0	0.2	17.9	1.1	1.1	0.0	0.0	34.7	0.0	0.2	37.1	7.8
이스라엘	100.0	0.4	0.0	0.0	56.6	0.4	0.2	8.7	0.0	0.0	32.9	0.8
일　　본	100.0	0.8	93.5	0.1	0.0	0.0	0.0	1.1	0.0	0.1	4.3	0.1
한　　국	100.0	0.6	75.2	0.0	0.0	0.0	0.0	5.2	0.0	0.0	18.7	0.1
멕 시 코	100.0	0.0	0.2	0.0	0.1	0.0	0.2	3.9	90.9	0.7	4.0	0.0
네덜란드	100.0	0.3	0.0	0.0	0.1	0.6	0.0	97.8	0.0	0.1	1.0	0.1
러 시 아	100.0	0.0	0.0	0.3	0.0	0.0	99.7	0.0	0.0	0.0	0.0	0.0
스 웨 덴	100.0	0.0	0.5	0.0	0.0	1.1	0.1	96.4	0.1	0.2	1.6	0.0
영　　국	100.0	0.5	0.2	0.0	0.0	0.2	0.0	95.8	0.2	0.0	2.8	0.4
미　　국	100.0	0.0	0.2	0.3	0.3	0.2	0.2	2.4	0.1	0.3	95.7	0.2

으며, 홍콩 역시 17.9%로서 14개국 중 가장 낮은 자국에서의 학위 취득률을 보였다. 홍콩의 경우는 그 국가의 지역적 특수성으로 인하여 그러한 결과가 나타난 것으로 볼 수 있다.

반면, 자국에서의 학위 취득률이 비교적 낮은 국가들의 외국에서의 최종학위 취득 실태를 보면, 홍콩의 경우에는 72%의 교수들이 서부유럽이나 북미국가의 대학에서 최종학위를 취득하였다. 이스라엘은 33%의 교수들이 북미국가의 대학에서 수학함으로써, 자국인 미국을 제외한 13개국 중 홍콩과 더불어 가장 높은 북미국 대학 수학률을 나타냈다. 호주는 약 15%의 교수들이 서부유럽국가에서, 11%가 북미국가의 대학에서 최종학위를 취득하였다. 한국은 약 19%의 교수들이 북미국가의 대학에서 학위를 취득한 것으로 나타났다. 여기서 한 가지 특기할 점은, 일본이나 한국, 홍콩 같은 아시아지역 국가들이 오히려 아시아권 타국에서의 수학비율이 매우 낮게 나타났다는 점이다.

끝으로, 14개국 응답교수들의 전공분야별 분포를 살펴보면, 다음의 〈표 1-5〉에 나타난 바와 같다.

표집의 대표성을 인정한다면, 이 표로 보아서, 이스라엘의 경우는 전체 교수들 중 인문과학계의 교수들이 32.0%로서 전체의 약 1/3을 차지하고 있으며, 이는 상대적으로 다른 국가들에 비하여 월등히 높은 것으로 나타났다. 일본과 칠레의 경우는 사회과학계를 전공한 교수들이 각각 7.7%와 7.2%로서 역시 다른 나라들에 비하여 매우 낮은 분포를 나타냈다. 자연과학계와 기술공학계를 합쳐보면, 모든 나라에서 그 분야 교수들의 수가 다른 분야보다 훨씬 많았다. 특히, 그중에서도 러시아의 경우는 69%의 교수들이 자연과학계와 기술공학계의 교수들이었다. 반면에 미국의 경우는 26%의 교수들이 자연과학계와 기술공학계의 교수들로서, 그 비율은 조사대상 14개국 중 가장 낮았다. 자연과학계와 기술공학계 교수들의 비율이 러시아 다음으로 높았던 나라는 독일(47.2%), 칠레(43.0%), 일본(42.0%) 등의 순이었

〈표 1-5〉 각국 대학교수의 전공분야별 분포 (%)

전공분야 국가	전체	인문 과학계	사회 과학계	자연 과학계	기술 공학계	의약 보건계	예술계	교육 사범계	기타
호 주	100.0	13.5	17.1	23.9	10.3	10.6	3.5	12.1	8.9
브 라 질	100.0	14.4	11.9	20.5	11.1	20.3	3.4	5.5	12.7
칠 레	100.0	14.6	7.2	26.9	16.1	11.7	3.7	13.8	5.8
독 일	100.0	15.7	12.0	31.1	16.1	14.7	1.7	2.9	5.6
홍 콩	100.0	16.0	24.4	16.9	19.8	9.5	2.6	5.9	4.8
이 스 라 엘	100.0	32.0	16.8	28.1	9.9	1.2	1.8	8.2	1.8
일 본	100.0	15.8	7.7	20.5	21.5	13.1	6.4	5.7	9.3
한 국	100.0	18.8	14.2	15.2	17.5	9.6	2.7	8.6	12.0
멕 시 코	100.0	12.4	22.2	17.4	16.8	11.7	0.4	9.9	9.1
러 시 아	100.0	11.6	15.2	19.4	49.3	0.0	0.0	0.5	3.4
영 국	100.0	19.9	19.8	27.6	9.4	7.2	3.4	7.1	5.4
미 국	100.0	19.2	14.9	18.6	7.6	13.5	6.2	12.0	8.1

(네덜란드・스웨덴 ; 자료 누락)

고, 한국의 경우는 32.7%로서 미국(26.2%)과 브라질(31.6%) 다음
으로 매우 낮은 분포를 보이고 있었다.

3) 조사도구의 구성과 내용

이 연구에서는, 미국의 카네기재단에서 필자를 포함한 12개국[3] 15
명의 학자들로 구성된 최초의 연구진에 의하여 공동으로 개발한 '대
학교수에 관한 국제조사연구설문(International Survey of Academic
Profession)'을 활용하여 조사를 실시하였다.

이 설문서는 모두 6개부로 구성되었다. 각 부별 내용의 초점과 문
항수를 적어보면 다음의 〈표 1-6〉과 같다. [4]

〈표 1-6〉 설문지의 구성

부	제 목	내 용	문항수	하위문항수
I	개인적 자료	응답교수들의 인구학적 배경 특성	17	27
II	근무조건	교수의 교육 및 연구활동과 학술 풍토에 영향을 미치는 조건	13	51
III	전문(학술)활동	교수의 교육·연구·봉사활동의 특성	24	91
IV	행정관리	대학의 행정관리체제와 그에 대한 교수의 태도	9	30
V	국제적 학술생활	교수의 국제적인 학술활동의 특성	5	31
VI	고등교육과 사회	고등교육과 사회의 관계에 대한 교수의 태도	4	18
전체			72	248

---

3) 설문지가 개발된 이후, 나중에 2개국(홍콩과 스웨덴)이 추가로 참여하게 되어서, 조
사는 14개국에서 실시되었음.
4) 구체적인 내용은 부록에 첨부된 설문서를 참조하기 바라며, 앞서 밝혔듯이, 이 설문
서는 한국의 경우 1992년 3월에 시행된 제2차 조사 때의 설문서이다. 1991년 11월에
실시된 1차 설문서의 내용과 근소한 차이가 있음을 다시금 언급해 둔다.

전체적으로 모두 72개 문항이었지만, 각 문항 내에 포함되어 있는 하위 문항까지 헤아리면 모두 248개 항목으로 설문서는 구성되었다. 이 설문서는 앞서 언급한 대로 14개국이 공동으로 사용하기 위하여 작성된 것이다. 따라서, 몇몇 세부적인 항목에서는 각국의 고등교육 상황에 부합되지 않는 내용도 있었으나, 전체적으로 그 수는 많지 않았다. 이 연구에서는 설문조사를 실시하기 이전에, 각국의 교수들에게 예비조사를 먼저 실시하여 몇 가지 문항의 자구수정을 거친 다음, 본조사를 시행함으로써, 문항에 대한 응답교수들간의 어의적인 혼란 (semantic noise)을 최소화하려고 노력하였다.

이 설문서의 설문양태로는 기본적으로 리커트형 (likert type) 평정척을 사용하였다. 그러나 문항의 성격에 따라 주어진 선택지 중 하나를 선택하는 선택형, 수치를 기입하는 완성형 등 여러 가지 형태의 반응양식을 사용하였다.

수집된 자료에 대한 통계적 처리로는, 각 문항별로 응답자의 수, 백분비, 평균치, 표준편차치 등 기술적인 통계치만을 산출하였다.

4. 연구의 제한점

이 연구에서 미리 밝혀둘 필요가 있는 연구의 제한점은 다음의 두 가지이다.

하나는, 수집된 자료에 대해 상당히 제한적인 통계적 분석이 수행되었다는 점이다. 이 연구에서는 수많은 내용에 대하여 교수들의 특성을 분석하고자 하였다. 그렇기에 앞서 언급하였듯이 무려 248개에 걸친 문항들이 설문조사되었다. 그러나 이들 각 문항에 대한 통계적 처리에서, 전체 응답자들의 기본적인 반응성향만을 기술통계적 방법으로 분석하였을 뿐이다. 각각의 독립변인을 준거로 하여, 집단간의 반응성향의 차이를 분석하지 않았다. 또한, 문항상호간의 유기적인 관계분석을 실시하지 못하였다. 이러한 심층적인 분석은 이 연구의 추수연구(follow-up study)로 미루어둘 수밖에 없었음을 밝혀둔다.

다른 하나는, 이 연구에서는 국가간의 서로 다른 결과를 그 국가의 교육체제, 특히 고등교육체제나 그 국가의 정치적, 사회경제적, 심리 사회적 체제 및 풍토에 바탕을 두고 심층적으로 분석해 내지를 못하였다. 제한된 시간과 연구비로 이 연구를 마쳐야 했으므로 그런 분석까지 이 연구에 포함하지는 못하였다. 이 역시 필자가 앞으로 계속하게 될 추수연구의 과제 중 하나라 하겠다.

제 2 장

교수의 기본책무

교수는 기본적으로 어떠한 일을 하는 사람들인가? 교수는 가르치는 선생님인가? 연구하는 학자인가? 교수는 도대체 어떠한 책무를 수행하도록 규정되고 기대되고 있는가? 그리고 그들은 그러한 책무를 얼마만큼이나 어떻게 수행하고 있는가? 이 장에서는 우선 교수들이 수행해야 하는, 또는 수행할 것으로 기대받고 있는 기본책무의 영역을 설정한다. 그리고 그러한 영역의 책무들은 교수들의 업무부담으로 어떻게 산정되는가를 밝힌다. 다음에는 이러한 책무들을 세계 각국의 대학교수들은 얼마만큼이나 수행하고 있는가를 비교·분석하고자 한다.

1. 교수의 기본책무 영역

대학교수의 기본적인 수행책무는 대학의 사명으로부터 비롯된다. 전통적으로 대학은 네 가지 사명을 띠고 그 존재의 가치를 구현하여 왔다 (Perkins, 1973, pp. 3~14). 첫째는 지식의 전수를 행동의 원리로 삼는 교육의 사명, 둘째는 지식의 획득원리로 불리는 연구의 사명, 셋째는 지식의 응용으로 대변되는 봉사의 사명, 그리고 넷째는 이상적인 민주사회를 창출하고 그 시범을 보이는 지적 행동의 사명이 그것이다. 이러한 대학의 네 가지 사명에 따라 교수의 책무를 역할로 표현하면, 교수들은 교수자, 연구자, 자문봉사자, 그리고 시범자로서의 책무를 수행하는 것이다. 그러나 교수의 책무수행을 좀더 구체적인 활동으로 표현할 때, 그것은 위에 적은 네 가지 대학의 사명 또는 그에 따른 네 가지 교수의 역할과는 다소 다르게 제시되고 있다.

우리나라의 경우, 대학교수의 기본수행책무의 내용에 대한 구체적인 예시는 1973년의 김란수(金蘭洙) 외 2인의 연구에서 이루어졌다. 그들은 대학교수의 적정 업무부담량 책정을 위한 예시적 방안으로서 교육 2, 연구 2, 학생지도 1, 행정관리 1, 사회봉사 1의 비율로 업무 부담량을 책정하여 산정하되, 전체 부담한계량을 3으로 함이 좋을 것이라고 제언하였다. 이들은 결국, 교수의 기본수행책무의 내용을 교육, 연구, 학생지도, 행정관리, 사회봉사의 다섯 가지 영역으로 구분한 것이다. 이어 1982년에 수행된 김란수·이종성·이성호의 연구에서는 교수의 보다 기본적이고 필수적인 기본수행책무의 영역을 ① 학부 및 대학원생의 학점을 부여하는 강의부담 ② 학생 개인 및 집단 상담과 지도 ③ 각종 학위논문 작성을 위한 개인 연구지도 ④ 각종 연구수행 및 수업자료 개발 ⑤ 대학 내 행정보직 및 위원회 활동 ⑥ 대학 외 각종 자문봉사활동의 여섯 가지로 나누어 그 부담의 적정화 방안을 연구한 바 있다.

한편, 미국에서 수행된 대학교수의 기본수행책무 내용설정에 관한 연구를 보면, 초기에는 대학교수의 수행책무를 교수자로서, 즉 가르치는 사람으로서의 책무에다 큰 비중을 두어 규정한 것을 볼 수 있다. 예컨대, C.O. Davis의 연구(1924)에서는 교수의 기본책무를 일곱 가지로 규정하였는데 그것은, ① 실제교실수업(강의) ② 교실수업 준비 ③ 성적평가 및 기타 수업에 관련된 사무 ④ 교수직 수행 전반에 도움이 되는 각종 사회적·시민적 활동 ⑤ 타 대학과의 교류활동 ⑥ 논문작성 ⑦ 개인적인 학술연구와 사고활동이다(Romney, 1971, pp. 76 ~82). 여기에서 보면 일곱 가지 영역 중 가르치는 사람으로서의 책무와 관련된 것이 세 가지이다. 이렇듯 교수의 수행책무를 가르치는 일에만 국한시키거나 강조하였던 것은 그후 F.W. Reeves와 J.D. Russel의 연구(1929)에서도 재현되었다. Reeves는 특히, 「교수는 모든 시간을 학교에 전적으로 바쳐야 하며, 따라서 학교 밖에서 시간을 바쳐 얻게 되는 일체의 외부 수입은 대학에서 모두 환수해야 한다」고까지 주장하였다(Reeves, et al., 1933, p. 270).

그러나 1920년대의 수업부담을 위주로 한 교수의 수행책무 주장은

1930년대 이후부터 변화하기 시작했다. 예컨대, 1939년 A.S. Knowles 와 W.C. White의 연구에서는 대학교수의 수행책무를 강의, 연구와 행정, 기타 업무로 삼분하였다. H.W. Stickler(1960)는 교수로서의 자신의 전문직 수행에 직·간접으로 관련되는 일체의 모든 활동을 교수의 기본수행책무로 규정하여야 한다고 주장하였다. 즉, 그는 강의수행, 강의준비, 학생의 답안지 채점 및 평가, 논문지도, 제반 창작적 활동, 연구, 상담지도, 행정업무, 학회참석, 자문활동 등 일체의 활동을 모두 포함시켰다. 심지어는 교수가 개인적으로 행하는 전문학술서의 독서까지도 포함시켰다. 이렇듯 교수의 수행책무를 강의 또는 실제수업만으로 제한한 협의의 부담에서 그 범위의 폭을 확대시켰다는 측면에서 Stickler의 논의는 매우 큰 파장을 일으켰다. 그러나 그의 지나치게 광범위한 규정은 그후 많은 사람들의 비난 속에서 크게 수정되기 시작하였다.

예컨대, J.E. Sexson(1967)은 학회참석과 같은 활동, 강의에 직접 관계가 없는 독서활동, 공공기관의 자문활동 등을 교수의 수행책무 산정에서 제외시켜야 한다고 주장하였다. 이에 반해서 D.L. Bolton (1965)은 사회봉사책무를 넣어, 교수의 수행책무를 첫째는 정규적인 학생과의 접촉(강의), 둘째는 학생의 논문 및 생활지도, 셋째는 교내 사종 위원회 업무, 넷째는 행정적 업무, 그리고 다섯째는 공공학교나 정부기관에 대한 봉사업무의 다섯 영역으로 구분하였다.

1960년대에 이루어졌던 연구들 중에서 특기할 만한 또다른 것은 R. H. Knapp에 의한 연구(1962)이다. 그는 역사적인 조망을 통하여 교수들의 수행책무를 세 가지로 보았는데, 첫째는 새로운 지식을 탐구하고 개척하는 연구, 둘째는 지식을 전달하는 정보처리, 셋째는 학생들의 인성과 가치를 계발하는 학생상담지도 책무가 그것이다. 여기에서 중요한 것은, 다른 사람들과 달리 연구의 책무를 그 어느것보다 우선시켜 내세웠다는 점이다.

1970년대에 접어들어서 미국에서 수행된 교수의 수행업무에 관한
연구 중 대표적인 것은 1971년 A.C. Lorents의 연구이다. 그는 Davis
(1924)의 연구 이래 미국에서 수행된 모든 연구들에서 나타난 대학교
수의 수행책무를 종합하여 크게 일곱 가지로 분류하였다. 즉, ① 교
수(강의) ② 개별연구지도 ③ 연구 ④ 공공봉사 ⑤ 학과 내 행정업무
⑥ 학생조력업무 ⑦ 전문적 발전에 관한 업무이다. 한편, 1974년에
H.F. Yuker도 교수의 수행책무를 역시 일곱 가지로 분류하였지만, 그
내용은 앞서 Lorents가 제시한 것과는 다소 다르다. Yuker에 따르면,
교수의 수행책무는, ① 강의업무(실제수업, 강의준비, 학생평가 포
함) ② 학생과의 상호작용(학생지도) ③ 연구 및 창작활동 ④ 전문개
발(professional development) 활동(학술회의 참석, 독서 및 연구활동)
⑤ 학교봉사(각종 위원회 활동, 행정업무, 추천서 작성 및 취업알선
등과 같은 학생지원 봉사활동) ⑥ 공공봉사 ⑦ 개인적 활동이다
(Yuker, 1974, pp. 16~23).

끝으로, 특정 단일대학에서의 교수의 수행책무 내용을 구명한 미국
대학의 실례를 한 가지만 더 든다면, 1978년 캘리포니아 대학교 전체
교수들의 시간활용에 관한 연구보고서를 지적할 수 있다(Institute for
Research in Social Behavior, 1978, pp. 49~51). 이 연구보고서는 교수
들의 책무를 〈표 2-1〉과 같이 네 가지 영역으로 대별하여 규정하고
있다. 여기에서는 교수들의 수행책무를 수업활동, 연구·창작활동,
대학봉사, 전문활동·공공봉사로 구별하고, 보다 구체적인 내용을 예
시하고 있다. 물론 이것은 아홉 개의 독립 캠퍼스를 지니고 있으며,
당시 총학생수 12만 8천 명이 넘는 거대한 4년제 연구종합대학교 교
수들의 수행책무를 생각한 것임을 분명히 해둘 필요가 있다.

이상에서 논의된 한국과 미국 대학교수들의 수행책무 내용 구명에
관한 연구들을 종합해 볼 때, 결국 교수의 수행책무는 네 가지 영역
으로 대별할 수 있다. 첫째는 교육활동이다. 이는 개인으로든 집단으

〈표 2-1〉 미국 캘리포니아 대학교의 교수 수행책무 내용

영 역	책 무 내 용	
수업활동	·정기적인 교과목 강의 ·학점을 부여하지 않는 수업 ·개별 연구지도 ·논문심사	·학생지도 ·구두시험 ·교과목 강의준비 ·교육과정개발
	·기타 수업활동(시험출제, 채점, 조교와의 회의, 추천서 작성 등)	
연구·창작 활동	·새로운 지식이나 작품의 창조 ·연구진용의 지도 ·연구계획서 작성 ·동료와의 연구의견 교환	·논문이나 저서 집필 ·연구조교와의 접촉 ·학술지 및 전문도서 읽기 ·운동경기 연습(체육학 교수만)
	·음악·연극·무용 등의 공연 및 리허설	
대학봉사	·학과행정 및 위원회 활동 ·학과간의 행정업무 ·학생조직 활동에의 참여	·교수평의회 활동 ·대학 전체 내 행정 ·기타 대학위원회 활동
전문활동· 공공봉사	·학술지 논문심사위원 및 편집위원 활동 ·기타 전문학술단체에서의 행정 활동 ·전문학회나 기타 학술모임 참석 ·타 대학 평가활동에의 참석 ·공공봉사(지역사회, 주정부, 연방정부 등) ·기타 전문학술 대담활동	

로든, 또 교실 내에서든 교실 밖에서든 학생들을 가르치고 지도하고
지원해 주는 일체의 교육적 활동을 의미한다. 이는 교수가 하나의 지
도적 삶(disciplinary career)을 살아가는 데 관련된 활동이다. 둘째는
연구활동이다. 이는 교수가 한평생 과학적 삶(scientific career)을 살
아가는 데 관련된 모든 형태의 연구 및 창작활동을 포함한다. 셋째는
대외봉사활동이다. 교수는 자신의 전문지식과 경험을 사회에 제공함
으로써, 대학 내에만 존재하는 교수가 아니고 하나의 전문가로서 대
외적 삶(external career)을 꾸려나가는 데 따른 책무를 수행하게 되는

것이다. 끝으로 넷째는 대내행정 봉사활동, 즉 교수가 소속되어 있는 기관(대학)에 대하여 봉사하는 행정활동이다. 즉, 교수는 한 기관의 구성원으로서, 기관적 또는 조직적 삶(institutional career)을 유지하는 데 필요한 책무를 수행하게 되는 것이다.

이 연구에서는 이렇듯 네 가지 영역으로 교수들의 기본책무를 나누어서 그들의 구체적인 활동특성을 논의하게 될 것이다. 이들 네 가지 영역을 기준틀로 하여 이제까지 앞에서 논의한 여러 선행 연구를 종합 비교해 보면 〈표 2-2〉와 같다.

〈표 2-2〉 대학교수의 수행책무 영역 구분에 관한 선행연구 비교

이 연구 에서의 구분	Davis (1924)	Knowles & White (1939)	Knapp (1962)	Bolton (1965)	Lorents (1971)	Yuker (1974)	California 대학 (1978)	김란수 등 (1982)
교육활동 (지도적 삶)	·강의 ·수업준비 ·성적평가	·강의	·지식전달 ·상담지도	·강의 ·논문 및 생활지도	·강의 ·개별지도 ·학생조력 업무	·강의 ·학생지도	·수업	·강의 ·상담지도 ·논문지도
연구활동 (과학적 삶)	·논문작성 ·개인적 학술연구	·연구	·연구		·연구 ·전문적 발전	·연구 및 창작활동 ·전문개발	·연구 및 창작활동	·연구 및 수업자료 개발
대외봉사 활동 (대외적 삶)	·사회적 시민적 활동 ·타 대학 과의 교 류활동	·기타업무		·봉사업무	·공공봉사	·공공봉사 ·개인적 활동	·전문활동 ·공공봉사	·자문봉사 활동
행정관리 활동 (조직적 삶)		·행정		·교내 각 종 위원 회 업무 ·행정적 업무	·학과 내 행정업무	·학교봉사	·대학봉사	·행정보직 및 위원 회 활동

2. 수행책무의 산정방식

대학교수의 수행책무에 관한 논의에서 그 영역을 설정하는 일 못지 않게 중요한 것은 그러한 책무내용을 어떻게 산정하느냐 하는 문제이다. 미국의 경우, 교수들의 수행책무를 산정하고 적정화시키는 것도 곧 고등교육의 모형계획이라고 불러도 좋을 만큼 행정적 차원의 활용목적으로 행정가들에 의하여 널리 주도되어 왔다. 즉, 책무의 불균형을 확인하고, 업무할당 지침을 설정하고 개개 교수활동을 구명하여 승진과 봉급산정을 위한 기초자료를 수집하며, 교수의 충원요청 및 교육과정 개혁변화의 근거를 확인하는 일 등이 교수들의 수행책무 산정의 주된 동기가 되어왔다 (Stecklein, 1969). 이러한 동기로, 미국에서는 일찍이 1950년대 말부터 교수들의 수행책무 산정방식에 대한 연구가 수행되었다. 특히, 1970년대에 들어와서는 서부주간 고등교육위원회 (WICHE ; Western Interstate Commission for Higher Education)의 국립 고등교육 경영체제센터 (NCHEMS ; National Center for Higher Education Management Systems)의 지원 아래 대학교수의 수행책무 산정에 관한 일련의 종합적인 연구사업이 이루어졌는데, 그 첫째는 1971년 L.C. Romney가 주도한 교수활동 분석 특별위원회의 제반활동 결과의 분석 제시이고, 둘째는 1973년 C.W. Manning과 Romney의 교수활동 분석절차에 관한 연구, 그리고 셋째는 1974년 Manning의 교수활동 분석과 그 자료의 활용에 관한 연구였다.

교수의 수행책무 산정에는 두 가지 방식이 있다. 이는 곧 어떠한 유형의 자료에 기초하여 이루어지느냐에 따라 구별되는 것이다. 하나는 교수들의 시간활용에 대한 정기적인 보고에 기초하는 방식이다. 이때는 대체로 시간표집법 (time sampling technique)이나 활동표집법 (work sampling technique)을 활용하게 된다. 이러한 방식은 1959년에 J.A. Ritchey에 의해 제안된 이래, 매우 널리 활용되기 시작하였다.

교수들의 수행책무 산정의 또다른 방식은 대학 자체의 각종 경성자료(institutional hard data)를 활용하는 것이다. 여기에는 세 가지의 구체적인 방식이 있다. 첫째는 학생 접촉시간수(student contact hours)를 산출하는 방식이다. 이는 글자 그대로 교실에서 정기적으로 학생들과 만나는 시간수로 교수의 수행책무를 측정하는 것이다. 여기에는 학점시간 이외에 학생들과 접촉하는 실험시간 등이 모두 포함된다. 둘째는 학점시간수(credit hours)를 산출하는 방식이다. 이 방식은 기본적으로 학점시간수와 전체 업무부담 간에는 일정한 비(2~8배)가 있음을 가정하고 있다. 셋째는 학생 학점시간수(student credit hours)를 산출하는 방식이다. 이는 특히 첫번째 방식인 학생 접촉시간수의 산출방식이 학급크기(수강학생수)를 고려하지 않았다는 단점을 보완하기 위한 방식이다. 즉 학생 학점시간수는 한 과목의 학점수를 수강생수와 곱해서 산출한다. 이 방식은 특히 학과간 또는 대학별로 비교가 용이하며, 학생 학점시간당 비용산출이 가능하여 중요한 예산정보로 쓰일 수 있는 이점이 있다. 이들 세 가지 방식은 강의부담을 위주로 다른 부담들을 환산하여 삽입하는 절차를 채택하기도 한다. 이들 세 가지 방식은 공통적으로 강좌의 수준(학부 하급학년, 학부 상급학년, 대학원 수준), 강좌의 유형(강의, 실험, 개인지도 등)을 고려하여 비중을 두는 절차를 택하기도 한다.

위의 세 방식 가운데 어느것이 가장 합리적이고 신뢰할 만한 방식이냐에 대해서는 아직도 상당한 논란이 계속되고 있다. 1970년에 수행된 오하이오 주 대학간심의회(Inter-University Council of Ohio)의 연구를 보면, 그들은 위의 세 방식 중에서 그 어느것도 신뢰할 만한 지수가 아니라고 주장하고 있다. 그러나 많은 대학에서 실제로는 학점시간수의 환산방식을 주로 사용한다고 보고하고 있다. 미국 대학교수연합(AAUP ; American Association of University Professors)에서는 학부의 경우 주당 9학점시간(최고 12학점시간), 대학원의 경우에는 주당 6학점시간(최고 9학점시간)의 학점시간수로 교수의 기본책무 부담을 규정하고 있다(AAUP, 1970). 플로리다 주에서는 2년제대학의 경우에는 주당 15학점시간수, 4년제의 경우에는 12학점시간수를 교수들의 기본책무 부담으로 하고 있다. 워싱턴 주에서는 2년제의 경우에는 15학점시간수, 4년제 주립 단과대학의 경우에는 12학점시간수, 4년제 주립 종합대학교의 경우에는 10학점시간수를 기본책무 부담으로 하고 있다(Quigley, 1979, p. 5). 1980년대에 들어와서 미국의 많은 연구중심 엘리트 대학에서는 주당 3학점 내지 6학점시간수로 기본책무 부담을 하향조정하고 있다.

우리나라에서는 4년제대학의 경우 대체로 9~10학점시간수 내외를 기본책무 부담으로 하고 있다. 그러나 최근 연세대학교와 같은 대학에서는 교수들의 연구활성화를 조성하기 위하여, 단계적으로 6학점시간수로 기본책무 부담을 줄이기 시작하였다. 한편, 학생 접촉시간수로 교수의 기본책무 부담을 책정하려는 노력도 적지 않게 이루어졌다. 이러한 방식을 적용할 때, 교수의 주당 기본책무수행으로서의 학생 접촉시간수는 미국 대학의 경우 대체로 45시간에 이르는 것으로 집계되고 있다(Inter-University Council of Ohio, 1970).

이상에서 살펴보았듯이 교수의 수행책무 산정에서, 문제는 어떠한 산정방식을 택하느냐에서 끝나는 것이 아니다. 무엇을 얼마만큼이나 고려해야 하느냐에 더욱 어려움을 겪게 된다. 담당 학생수, 전체 교수의 수, 학점수, 가용한 조교의 수 등 여러 요인들이 작용하게 되는 것이다. 게다가 양적인 분석과 질적인 분석을 어떻게 병행시킬 것이냐가 문제의 곤란을 가중시키고 있다. 예컨대, 교수에 따라서는 같은 1시간의 강의라도 그 질적인 수준에 따라 부담의 차이가 현저할 수도 있기 때문이다. 그렇기에 R.P. Fairfield는 교수 수행책무를 계량화하는 작업의 어려움은 바로 교수와 학생 간의 인간상호작용이 기본적으로 질적이라는 점에 기인한다고 보고 있다(Fairfield, 1977, p. 148).

따라서 교수의 책무는 단순히 그가 몇 시간을 투자하느냐로만 보아서는 안되고 질적인 노력의 정도를 함께 고려해야 한다는 것이다. 그렇다면 어떻게 질적인 노력을 최대한 반영할 수 있겠는가? 그러한 노력을 객관화시켜 반영한다고 할 때, 우리는 어떠한 요소들에 대하여 얼마만큼이나 비중을 두어야 하겠는가? 여기에 대한 몇 가지 보다 구체적인 예를 들어보기로 하겠다.

1) 학급의 크기(수강생수)와 교과목 수준

일찍이 F.W. Reeves 등은 「학급크기와 교수의 시간 및 에너지 소비는 +0.18±0.03의 상관관계를 갖고 있다」고 하였다 (Reeves, 1933, p. 193). 학급크기는 과목에 따라, 가르치는 교수에 따라, 또는 과목의 유형·수준·수업시간(요일 및 시간) 등 제반요인에 따라 크게 달라진다. 학급크기를 고려하는 것에 대하여 비교적 냉소적인 입장을 취하는 사람들은 흔히 600명의 학급을 가르친다고 해서 100명의 학급보다 6배가 더 힘든 것은 아니고, 거의 무시해도 좋을 만큼 약간 더 힘든 것뿐이라고 주장한다. 물론 교실에서 소비하는 시간의 양은 학급크기에 상관이 없다. 그러나 따져보면 학급크기가 커짐에 따라 강의 준비 시간이 더 오래 걸리는 경우가 있다. 예컨대, 과목의 유형이 대학원 수준의 세미나 코스일 때가 그렇다. 채점이라든가 성적평가에 소비되는 시간도 훨씬 길어진다. 어떤 이는 그만큼 조교의 수가 많지 않느냐는 반문을 제기하기도 하지만, 비록 조교의 수가 많다 하더라도 교수의 부담은 그만큼 커진다. 게다가 교실 밖에서 수업에 관련해 학생들과 접촉하는 시간은 더욱 많아지게 된다. 학급크기가 교수의 기본수행책무 산정에 중요한 요인이 됨은 더이상 논의의 여지가 없다고 본다. 문제는 얼마만큼의 비중을 어떻게 반영하느냐에 있다.

단순히 학급크기만을 고려하는 경우를 보면, 코네티컷 주립대학을 예로 들 수 있다. 코네티컷 주립대학에서는 수강학생수가 43~80명일

때는 1학점시간분, 81~175명일 때는 2학점시간분, 176명 이상일 때
는 3학점시간분의 추가산정을 실시하고 있다(Connecticut State
College, 1979, p. 26). 그러나 많은 대학의 경우에는 학급크기와 교과
목의 수준을 병행하여 고려한다. 예컨대, 피바디 사범대학은 교과목
의 수준을 학부 하급학년(100)에서 대학원 석사과정(200) 및 박사과
정(300)까지 세 수준으로 구분하고, 학급크기에 대한 학점시간수의
비중을 〈표 2-3〉에서와 같이 달리하고 있다(George Peabody College
for Teachers, 1977, p. 24). 피바디 사범대학에서는 기본책무 부담을
12학점시간분으로 규정하고, 교수의 개별지도·논문지도 등을 모두
학점시간분으로 환산하여 포함시키고 있다. A.J. Hill은 학생수와 무
관하게 대학원 수준의 교과목을 무조건 학부의 4배로 환산할 것을 주
장하기도 한 반면에, J.D. Russel은 오히려 과목 수준별 고려를 반대
하기도 하였다(Yuker, 1974, p. 35). 특히, Russel은 대학원 수업은 오
히려 학부 수업준비보다 시간이 적게 걸린다고 내세우기도 하였다.

　　한편, 우리나라의 경우를 보면, 대체로 많은 대학에서 학급크기를
고려하기 시작하였으나 과목의 수준을 고려하지는 않고 있다. 학급크
기 고려는 대체로 수강생이 일정수 이상을 넘어설 때, 초과강사료의
지급 형식으로, 시간당 기본강사료의 몇 %를 추가지급해 주는 것으
로 실시되고 있다. 예컨대, 연세대학교에서는 1992학년도의 경우 수
강생이 100명 미만인 경우의 강사료를 100으로 기준하였을 때, 100

〈표 2-3〉 미국 피바디 사범대학에서의 학급크기 및 과목 수준별 학점시간수

과목 수준	기준학생수	정상학점 시간수범위	정상의 0.5배 학점시간수	정상의 1.5배 학점시간수	정상의 2배 학점시간수
100	25명	13~17명	12명 이하	18~50명	51명 이상
200	20명	10~30명	9명 이하	31~40명	41명 이상
300	15명	8~22명	7명 이하	23~30명	31명 이상

명에서 149명까지는 1.13배, 150명에서 199명까지는 1.27배, 200명 이상일 때는 1.45배의 강사료를 지급하였다.

그러나 1982년에 실시된 김란수·이종성·이성호의 연구에서는 〈표 2-4〉에서와 같이 학급크기(수강학생수)와 과목 수준을 동시에 고려하여, 강의부담의 정상부담 표준을 정하고 부담을 산정하는 방법을

<표 2-4> 김란수 등이 제안한 교수의 강의부담 산정방식

수준＼부담 비중	0.5배	정상부담	1.5배	2배
학부 1,2학년 강의	20명 이하	21～40명	41～80명	81명 이상
학부 3,4학년 강의	15명 이하	16～30명	31～60명	61명 이상
대학원 석사과정 강의	10명 이하	11～20명	21～40명	41명 이상
대학원 박사과정 강의	5명 이하	6～10명	11～20명	21명 이상

제안한 바 있다. 그들이 실시한 델파이(Delphi) 조사결과에는 과목 수준에 따라 찬성률에 차이가 있었다. 학부 1, 2학년 과목 수준에 대해서는 대체로 91.1%, 학부 3, 4학년 수준에 대해서는 87.1%, 석사과정 과목 수준에 대해서는 61.5%, 박사과정 과목 수준에 대해서는 55.8%의 응답자들이 찬성하는 것으로 나타났다. 그리고 반대자들의 대다수는 표준학생수가 부적합하다고 느낀다는 것도 밝혀졌다.

2) 기타 강의부담 관계요소

학급크기나 과목 수준 이외에도 강의부담에 관련하여 고려되어야 할 요소에는 여러 가지가 있을 수 있다. 예컨대, A.S. Knowles와 W. C. White는 과목의 수, 과목의 난이도, 학생들의 이질성 등을 추가하여 고려할 것을 주장하였다(Romney, 1971, p. 77). D.L. Bolton은 처음으로 개설되는 과목일 때는 그 부담을 좀더 고려해야 한다고 제언한 바 있다(Bolton, 1965). 새로운 과목을 가르치려면 그만큼 더 많

은 준비부담이 따르기 때문이다. 또한 미국의 일부 대학에서는 과목의 유형까지 고려하기도 한다. 이러한 생각은 일찍이 H.W. Stickler에 의해서도 주장된 바 있다(Stickler, 1960).

N.L. Sheets는 학급크기나 과목 수준 이외에, 하루의 강의시간수, 그날의 수업시간 배열, 교수의 경험도(직급), 상이한 과목의 수, 교수조교의 수 등도 종합적으로 고려할 것을 주장하였다. 즉, 이러한 제반요소들을 양적으로 점수화시킬 수 있는 방안을 강구해야 한다고 하였다(Romney, 1971, pp. 86~87). 우리나라의 일부 대학에서도 과목이 동일하고 학급만 다를 경우, 그것을 교수부담 산정이나 초과강사료 지급과정에서 비중을 낮춰 고려하는 경우가 있음을 밝혀둔다.

3) 논문지도(또는 개별지도)

일반적으로 미국 대학의 경우, 논문지도는 교수의 기본책무 부담에 있어 강의부담 못지않게 중요하게 고려되고 있다. 앞서 예를 든 피바디 사범대학의 경우, 학부생들의 개별지도는 3학점×4명(즉 12학생학점)을 1학점분의 강의부담으로 산정하고 있다. 현장 실습지도는 3학점×3명(9학생학점)을 1학점분의 강의부담으로 산정한다. 논문지도의 경우, 석사학위 논문은 3학점×3명(9학생학점)을, 박사학위 논문지도는 4학점×2명(8학생학점)을 각각 1학점분의 수행책무 부담으로 산정하고 있다(George Peabody College for Teachers, 1977, p. 23).

우리나라의 경우, 논문지도 또는 개별지도는 수행책무 부담으로 산정하지 않고, 대체로 지도비를 별도로 지급하고 있는데, 그 지도비는 대학마다 상당한 차이가 있다. 앞서 언급한 김란수 등의 연구는 논문지도 및 개별지도를 교수의 수행책무 부담으로 산정하는 한 가지 예를 제안하였다(김란수·이종성·이성호, 1982, pp. 111~115). 그들은 〈표 2-5〉에서와 같이, 학생 상담지도 및 논문지도를 수준별로 나누고, 학생수에 따라 표준 1학점분을 설정한 다음, 그 가중비율을 제

<표 2-5> 김란수 등이 제안한 교수의 상담·논문지도 부담 산정방식

수 준 \ 학점분	0.5학점	표준 1학점분	1.5학점	2학점
학부학생 상담지도	10명 이하	11~20명	21~40명	41명 이상
학사학위 논문지도	5명 이하	6~10명	11~15명	16명 이상
석사학위 논문지도	4명 이하	5~ 8명	9~12명	13명 이상
박사학위 논문지도	1명	2명	3명	4명 이상

안하였다. 학부학생의 상담지도에 대해서는 약 91%, 학사학위 논문지도에 대해서는 81%, 석사학위 논문지도에 대해서는 58%, 그리고 박사학위 논문지도에 대해서는 79%의 응답교수들이 그러한 교수부담의 책정방식에 찬성하는 것으로 나타났다.

4) 연구활동

연구활동이 대학교수의 중요한 기본책무라는 인식은 오래 전부터 이루어져 왔다. 특히, 그것은 교수의 수업활동에 따른 책무와 갈등을 일으키고 있는 양대 교수책무 중 하나이기도 하다. 예컨대, 현행과 같이 교수의 수업부담이 크다고 할 때, 연구를 정말로 해낼 수 있겠느냐의 문제인식이나, 연구활동에 대한 편향적 선호 때문에 교수들이 수업활동을 소홀히 하고 있다는 문제인식과 같은 갈등이다. 이러한 갈등에 관해서는 다음에 보다 깊이 있게 생각해 보기로 하고, 여기서는 그러한 논의는 생략한다. 다만 한 가지 언급해 둘 일은 연구활동을 교수의 기본책무 속에 환산하여 삽입하여야 하는가, 그렇다면 어떠한 방식으로 삽입할 수 있겠는가 하는 문제가 있다는 점이다.

이미 상당수의 미국 대학에서는 교수의 연구기능을 강조하여, 특정 연구를 진행하고 있는 교수에게는 일반 강의 등의 책무부담을 6학점 시간분으로 줄여주고 있기도 하다. 그러나 이들 역시 연구의 성격, 연구에의 투입시간 등에 대한 공통보편적인 기준을 설정하는 데에는 아직도 미흡하다. 우리나라의 경우, 연구활동을 교수들의 기본책무에 환산하여 반영하여야 할 필요성은 대체로 95%의 응답교수들이 느끼고 있는 것으로 나타났다(김란수·이종성·이성호, 1982, p. 113). 그러나 역시 연구활동을 어떻게 기본책무 부담 속에 반영할 수 있겠느냐는 점은 앞으로 연구되어야 할 과제로 남아 있다.

5) 행정업무

대학교수들의 대학 내 행정참여는 대부분 기본책무 부담 산정에 고려되고 있다. 미국은 물론 우리나라에서도 학장·처장·과장 등의 행정업무는 거의 모든 대학에서 업무부담에 반영한다. 그러나 얼마만큼의 비중으로, 어떻게 반영시키느냐에 대해서는 대학마다 상당한 차이가 있다. 예컨대, 어느 대학에서는 학과 내의 전임교원수에 비례하여 학과장의 업무부담을 산정하는 경우도 있다. 미국의 코네티컷 주립대학의 경우, 학과 내 전임교원수가 1~5명일 때는 3학점시간분, 6~15명일 때는 6학점시간분, 16~25명일 때는 9학점시간분으로 업무부담을 산정한다(Connecticut State College, 1979). 각종 위원회의 경우, 아델피 대학교에서는 다음과 같이 산정한다(Adelphi University, 1978). 즉, 교수의 기본책무 부담은 4코스(12시간)분으로서, 교과과정위원회·인사위원회·학생위원회의 위원장은 1코스(3학점)의 업무부담을 산정받는다. 업적평가인정 특별위원회 위원장은 1.25코스분, 도서위원회와 장학위원회 위원장은 0.75코스분의 업무부담을 산정받는다. 그 외 각종 위원회의 위원은 정기모임이 한 달에 4번 이상일 때는 0.5코스분, 한 달에 2번일 때는 0.25코스분으로 환산하도록 규정되어 있다. 이에 대하여, 김란수 등은 행정관리업무 부담을 보직의 직급에 따라, 학·처장급은 6학점시간분, 학과장급은 3학점시간분, 각종 위원회 위원급은 0.5학점시간분으로 환산 책정하는 방법을 제안하였는데, 이는 응답교수들로부터 적합하다는 지지를 많이 받았다(김란수·이종성·이성호, 1982, pp. 111~115).

　이상에서 교수들의 수행책무의 기본요소별 산정과 관련된 구체적인 예들을 몇 가지 살펴보았다. 앞에서도 한번 언급한 바 있듯이, 이들 각 요소에 대한 반영 여부 자체가 각 대학마다 다르고, 또 반영한다고 해도 그 비중 산정방식은 각 대학마다 현저한 차이를 나타내고 있다. 따라서 이 연구에서는 어떠한 특정 준거를 사용하여 여러 대학들을 비교·분석하지 못하고 대표적으로 1~2개 대학의 예만을 개략적으로 소개하였다. 그러나 앞으로 우리나라 각 대학에서도 각기 특성 있는 책무부담 적정화 및 산정에 대한 자체의 제도적 연구를 수행해야 할 필요성이 매우 크다는 점에서, 끝으로 대학교수의 수행책무를 산정하는 데 있어 고려해야 할 요소를 가장 종합적으로 다룬 한 연구를 소개하기로 하겠다. K.C. Miller는 1968년 '고등교육에서의 교수책무 연구'라는 박사학위 논문에서 〈표 2-6〉과 같은 25개의 요소를 설정하여 제시하였다.

　Miller는 이러한 25가지의 요소 하나하나마다의 투입시간과 책임 또

〈표 2-6〉 Miller가 제시한 대학교수의 수행책무 산정요소

① 학부 하급학년과목 담당 학점시간수	⑭ 대학 내 참여 위원회수
② 학부 상급학년과목 담당 학점시간수	⑮ 대학 내 참여 위원회 위원장 역할수
③ 대학원과목 담당 학점시간수	⑯ 학과장으로서의 직무수행
④ 실험 교수 시간수	⑰ 지도·감독하고 있는 직원수
⑤ 세미나 교수 시간수	⑱ 전문학술단체에서의 임무
⑥ 40명 이상 되는 학급수	⑲ 수행하고 있는 연구의 양
⑦ 통신교과 교수요목 작성량	⑳ 간행 또는 발표한 연구의 양
⑧ 통신교과 수강생수	㉑ 대학과 관련된 공무출장(여행)의 양
⑨ 학생지도 담당 학생수	㉒ 자문상담역으로서의 작업의 양
⑩ 석사학위 논문지도 학생수	㉓ 공공관계 활동의 양
⑪ 박사학위 논문지도 학생수	㉔ 특강 또는 초청강연의 횟수
⑫ 논문심사위원으로서의 참여횟수	㉕ 공식모임 또는 회의 참여 정도
⑬ 학생단체 지도교수로서의 참여횟수	

는 능력의 정도를 측정하는 방안을 강구하여, 교수의 전체 수행책무 측정에 포함시켜야 한다고 주장한다. 이 가운데 우리나라 대학현실에 부적합한 것이 몇 가지 있고, 또한 모든 요소가 모든 대학교수에게 공통적으로 적용될 수 있는 것이 아니라고 하더라도 교수의 수행책무 산정에서 고려해야 할 여러 요소들을 포괄적으로 망라하여 제시하였다는 점에서 의의가 크다.

3. 영역별 책무수행의 시간

그렇다면, 이상에서 논의한 교수의 기본책무 영역과 산정방식에 의거하여 볼 때, 세계 각국 대학교수들의 책무수행은 어느 정도인가?

가장 전형적인 한 주간을 놓고 생각할 때, 세계 각국의 대학교수들은 교육, 연구, 대외봉사 및 행정관리 책무수행을 위하여 주당 평균 몇 시간씩이나 일을 하는가? 우선, 이 연구에서의 조사결과를 보면, 〈표 2-7〉에 제시된 바와 같다.

첫째, 전체적으로 볼 때, 자료가 누락된 네덜란드와 러시아를 제외한 12개국 중 가장 많은 일을 하는 대학교수는 독일의 대학교수들로 나타났다. 이들은 개하기간중에는 주당 평균 61.2시간, 방학기간중에는 주당 평균 59.2시간 일하고 있다. 다음으로 일본 대학교수들이 많이 일하고 있고(개학중 56.7시간, 방학중 53.5시간), 영국의 대학교수들도 그만큼 많이 일하고 있는 것(개학중 56.3시간, 방학중 51.8시간)으로 나타났다. 한국의 대학교수들도 미국이나 이스라엘, 스웨덴의 대학교수들과 비슷한 수준에서 많은 시간 일하고 있는 것으로 나타났다. 즉, 주당 평균 책무수행 시간수로 볼 때, 한국의 대학교수들은 다른 나라 대학교수들 못지않게 많은 시간 일하고 있다. 한국의 대학교수들은 개학기간중에는 주당 평균 54.1시간, 방학기간중에는

<표 2-7> 각국 대학교수의 주당 책무수행 평균 시간수   (괄호 안은 %)

국가 \ 구분 \ 활동영역	교 육	연 구	봉 사	행 정	기 타	전 체
호 주 개학중	22.4 (42.3)	13.6 (25.7)	5.1 (9.6)	8.5 (16.1)	3.3 (6.2)	52.9 (100.0)
호 주 방학중	10.2 (19.8)	22.1 (42.9)	6.1 (11.8)	9.0 (17.5)	4.1 (7.9)	51.5 (100.0)
브라질 개학중	17.3 (37.4)	12.3 (26.6)	6.6 (14.3)	6.0 (12.9)	4.0 (8.7)	46.2 (100.0)
브라질 방학중	7.9 (17.4)	15.5 (34.1)	11.7 (25.8)	6.0 (13.2)	4.3 (8.8)	45.4 (100.0)
칠 레 개학중	20.7 (41.7)	11.4 (22.9)	6.6 (13.3)	7.1 (14.3)	3.8 (7.7)	49.6 (100.0)
칠 레 방학중	10.5 (21.6)	17.0 (34.9)	8.5 (17.5)	8.1 (16.7)	4.5 (9.3)	48.6 (100.0)
독 일 개학중	17.3 (28.3)	19.5 (31.9)	7.0 (11.4)	13.3 (21.7)	4.1 (6.7)	61.2 (100.0)
독 일 방학중	9.2 (15.5)	25.8 (43.6)	5.9 (9.9)	13.6 (22.9)	4.7 (7.9)	59.2 (100.0)
홍 콩 개학중	19.0 (36.3)	13.9 (26.5)	6.6 (12.6)	8.7 (16.6)	4.2 (8.0)	52.4 (100.0)
홍 콩 방학중	8.7 (16.9)	22.3 (43.4)	6.7 (13.0)	8.8 (17.1)	4.9 (9.5)	51.4 (100.0)
이스라엘 개학중	17.7 (32.3)	20.7 (37.8)	6.2 (11.3)	6.1 (11.1)	4.1 (7.5)	54.8 (100.0)
이스라엘 방학중	7.4 (13.3)	30.8 (55.2)	7.0 (12.5)	5.7 (10.2)	4.9 (8.8)	55.8 (100.0)
일 본 개학중	19.4 (34.2)	21.0 (37.0)	5.6 (9.9)	6.4 (11.3)	4.3 (7.6)	56.7 (100.0)
일 본 방학중	8.8 (16.4)	29.0 (54.2)	5.7 (10.7)	5.1 (9.5)	4.9 (9.2)	53.5 (100.0)
한 국 개학중	23.1 (42.7)	17.2 (31.8)	4.6 (8.5)	5.1 (9.4)	4.1 (7.6)	54.1 (100.0)
한 국 방학중	9.4 (17.6)	28.4 (53.3)	6.2 (11.6)	4.5 (8.4)	4.8 (9.0)	53.3 (100.0)
멕시코 개학중	16.9 (32.7)	11.8 (22.9)	11.2 (21.7)	7.0 (13.6)	4.7 (9.1)	51.6 (100.0)
멕시코 방학중	9.5 (19.2)	14.5 (29.3)	11.9 (24.0)	7.7 (15.6)	5.9 (11.9)	49.5 (100.0)
스웨덴 개학중	16.5 (31.1)	17.1 (32.2)	6.7 (12.6)	8.0 (15.1)	4.8 (9.0)	53.1 (100.0)
스웨덴 방학중	8.0 (15.1)	23.5 (44.3)	7.4 (13.9)	8.6 (16.2)	5.6 (10.5)	53.1 (100.0)
영 국 개학중	21.8 (38.7)	13.6 (24.2)	6.6 (11.7)	10.1 (17.9)	4.2 (7.5)	56.3 (100.0)
영 국 방학중	8.2 (15.8)	23.1 (44.6)	7.0 (13.5)	8.4 (16.2)	5.1 (9.8)	51.8 (100.0)
미 국 개학중	21.6 (39.6)	13.9 (25.5)	8.3 (15.2)	7.0 (12.8)	3.8 (6.9)	54.6 (100.0)
미 국 방학중	8.1 (16.2)	22.6 (45.2)	8.7 (17.4)	6.5 (13.0)	4.1 (8.2)	50.0 (100.0)

(네덜란드·러시아 ; 자료 누락)

주당 평균 53.3시간 일하고 있다. 일주일 중 토요일 오후와 일요일을 쉬는 것으로 간주할 때, 우리나라 대학교수들은 개학기간중에는 하루 평균 9.84시간, 방학기간중에는 하루 평균 9.69시간씩이나 일을 하고 있는 셈이다. 14개 조사대상국가 중 비교적 적게 일하는 대학교수들은 브라질(개학중 46.2시간, 방학중 45.4시간), 칠레(개학중 49.6시간, 방학중 48.6시간), 멕시코(개학중 51.6시간, 방학중 49.5시간)와 같은 남미국가의 대학교수들인 것으로 나타났다.

둘째, 대학교수들이 방학이라고 해서 그들의 책무수행에 시간을 사용하지 않는 것이 아니라는 점이 분명히 밝혀졌다. 각국 교수들은 방학기간중에도 개학기간중 수행책무시간의 90%가 넘는 많은 시간 일을 하고 있다. 특히, 호주·브라질·칠레·독일·홍콩·이스라엘·한국·멕시코·스웨덴의 대학교수들은 방학기간중에도 개학기간중 수행책무시간수의 95%를 넘는, 거의 비슷한 시간수를 일하고 있는 것으로 나타났다. 이스라엘의 경우에는 개학기간중에는 54.8시간 일하고, 방학기간중에는 오히려 이보다 더 많은 55.8시간 일하고 있는 것으로 나타났다.

셋째, 개학기간중에 책무영역별 시간배분비를 살펴보면, 대부분의 교수들은 교육책무에 가장 많은 시간을 사용하고 있다. 그러나 독일·이스라엘·일본·스웨덴의 4개국 대학교수들은 가장 많은 시간을 연구책무에 사용하고 있다. 호주·칠레·한국·영국·미국의 5개국 대학교수들은 주당 20시간 넘게 많은 시간을 교육활동에 사용하고 있으며, 그중에서도 특히 한국의 대학교수들이 전체 14개국 중 가장 많은 시간(주당 23.1시간)을 교육활동에 사용하고 있는 것으로 나타났다. 특기할 점은, 한국의 대학교수들은 그렇듯 가르치는 일에 많은 시간을 사용하면서도, 앞서 제시한 교육보다는 연구에 더 치중하고 있는 4개국을 제외한 그 어떤 나라 교수들에 비하여 더 많은 시간을 연구활동에 사용하고 있다는 점이다. 이는 한국의 대학교수들은 상대적으로 봉사나 행정활동에는 극히 적은 시간을 사용하고 있음을 간접적으로 의미하기도 한다.

넷째, 방학기간중의 책무영역별 시간배분비를 살펴보면, 각국 대학교수들이 교육보다는 연구활동에 많은 시간을 사용하고 있다. 특히 이스라엘은 주당 평균 30.8시간을, 일본은 29.0시간을, 한국은 28.4시간을, 독일은 25.8시간을 방학기간중 연구활동에 사용하고 있다. 한국의 대학교수들도 방학기간중에는 다른 나라 대학교수들 못지않게 많은 시간을 연구에 쏟고 있는 것으로 나타났다. 또한 호주와 칠레의 대학교수들은 방학기간중에도 주당 평균 10시간 넘게 교육활동에 시간을 사용하고 있는 것으로 나타났다.

다섯째, 봉사활동에 많은 시간을 사용하는 교수는 멕시코의 대학교수들이다. 행정활동에 많은 시간을 사용하는 교수는 독일의 대학교수들인 것으로 나타났다. 독일의 대학교수들은 개학기간중에는 주당 평균 13.3시간, 방학기간중에는 주당 평균 13.6시간을 행정활동에 사용하고 있는 것으로 나타났다.

끝으로 여섯째, 전체적으로 볼 때 교수들이 가장 많은 시간을 사용하고 있는 것은 교육활동과 연구활동이다. 이 두 가지에 사용되는 시간수를 합쳐보면, 한국의 대학교수들이 전체 책무수행시간 중 개학기간중에는 74.5%, 방학기간중에는 70.9%로 14개국 중 가장 높게 나타났다. 그 다음은 일본의 대학교수들로서 이들은 개학기간중에는 71.2%를, 방학기간중에는 70.6%를 교육과 연구활동에 사용하고 있다. 그리고 3위는 이스라엘 대학교수로서, 이들도 개학기간중에는 70.1%, 방학기간중에는 68.5%를 교육과 연구활동에 사용하고 있다. 즉, 한국·일본·이스라엘의 대학교수들은 주당 평균 책무수행시간수도 다른 나라에 비하여 크게 뒤짐이 없지만, 전체 책무수행시간수 중 70% 이상을 교수의 양대 기본책무인 교육과 연구에 쏟고 있다는 데서 특징을 찾아볼 수 있다.

　그 외 국가들은 개학기간중 멕시코(55.6%)를 제외하고 60~68%를 교육과 연구활동에 사용하고 있고, 역시 방학기간중 멕시코(48.5%)를 포함하여 브라질(51.5%), 칠레(56.3%) 같은 남미 3국을 제외하고는 59~63% 범주에서 교육과 연구활동에 시간을 사용하고 있다.

　앞에서 논의한 것처럼, 한국의 대학교수들은 14개국 중 가장 많은 시간(주당 평균 23.1시간, 전체 책무수행시간 중 42.7%)을 교육활동에 사용하고 있는데, 이는 우리나라 대학교수들이 가르치는 데에 부담이 큼을 간접적으로 시사하고 있는 것이다. 1982년 김란수 등이 조사한 우리나라 대학교수들의 강의부담 실태에 따르면, 우리나라 대학교수들은 학부와 대학원을 포함하여, 주당 평균 14.1시간의 교실 내 수업을 하고 있는 것으로 나타났다(김란수·이종성·이성호, 1982, p. 112). 이 연구결과를 기준으로 삼을 때, 개학기간중 우리나라 대학교수들은 23.1시간의 교육활동 중 14.1시간의 교실 내 실제수업 시간을 빼면, 나머지 9.0시간을 수업준비, 성적처리, 학생지도 등에 활용하고 있음을 의미한다. 이러한 결과에 대하여 한 가지 우리가 생각하여야 할 점은 교육활동에 사용되는 시간이 수업의 질을 유지하기에 충분한가의 문제이다. G.F. Hauck는 1시간 수업을 해내기 위해서는 최소 1.53시간의 수업에 따른 준비 및 처리부담을 산정하고 있다(Yuker, 1974, p. 18). 즉, 1시간의 수업을 제대로 해내려면 실제 1시간의 수업을 포함하여 모두 2.53시간이 소요되는 셈이다. 그렇다면 14.1시간의 수업을 제대로 해내기 위해 우리나라 대학교수들이 교육활동에 투입하여야 하는 최소의 시간은 35.7시간(14.1+14.1×1.53)이 되는 셈인 것이다.

　이렇게 볼 때, 우리나라 대학교수들이 주당 23.1시간을 교육활동에 보내는 것은 수업을 제대로 해내기에는 너무나 부족한 것임을 알 수 있다. 바꾸어 말하면, 담당 수업시간수가 너무 지나치게 많아서 맡는 수업도 제대로 해내기 어렵고, 더불어 다른 책무수행에도 지장을 받고 있는 것이다. 물론, 모든 교수들이 기본 강의부담 시간수인 9학점 시간만을 맡고 있다고 할 때는, 모두 22.8시간(9.0＋9.0×1.53)이 필요한데, 앞서의 23.1시간은 기본 강의부담인 9시간만을 맡아 수업을 할 때에 적절한 교육활동 투입시간량이 된다.

4. 교육활동과 연구활동 책무수행 간의 갈등

앞에서 살펴보았듯이, 대학교수의 다양한 책무 가운데 교육활동과 연구활동은 가장 중핵적인 책무이다. 그러나 이 두 가지 책무는 여러 가지 이유로 교수들에게 선호의 대상으로서 경쟁적 관계에 놓일 때가 많다. 예컨대, 교수들의 시간과 능력, 대학의 재정여건 또는 시설이라든가, 소속된 대학의 특성 등 여러 가지 측면에서 이들 두 가지 책무수행은 대립과 경쟁을 가져온다. T.W. Martin과 K.J. Berry는 이들 두 가지 책무수행을 근본적인 교수들 개개인의 역할갈등이라고 지적하였다. 그리고 그에 대한 이유를, 일단 교수를 가르치라고 채용해 놓고는 가르치는 일보다 연구하는 업적에 기초하여 교수를 계속 고용하기 때문이라고 하였다. 또한 그들은 이러한 역할갈등은 교수의 기능을 교육과 연구기능으로 분리하여 교수를 구성함으로써 해결될 수 있다고 하였다(Martin & Berry, 1969, pp. 691~703). 이러한 주장에 반하여, C. Jencks와 D. Riesman은 교육활동과 연구활동은 결코 대립적인 것이 아니며, 문제는 그 두 활동을 어떻게 조화시키느냐에 있다고 하였다(Jencks & Riesman, 1969, pp. 532~533).

이러한 주장들은 이들에 의해서만 이루어진 것이 아니라, 수많은 교수들이 그 어느쪽을 강조하거나, 그러한 갈등 자체를 부정 혹은 긍정하는 입장에 서서 자신들의 주장을 펴왔다. 결국 교수들 개개인이 스스로 자신의 입장을 세워서 교수로서의 책무를 수행하고 있음은 확인하기 어렵지 않다.

그렇다면 교수들 개개인은 이들 두 가지 책무 중 어느쪽을 더 선호하고 있는가? 14개국 대학교수들의 선호양태를 우선 하나의 표로 제시해 보면, 〈표 2-8〉에 나타난 바와 같다.

이 표에서 보면, 기본적으로 가르치는 일을 연구하는 일보다 더 선호하는 교수들의 비율이 높은 나라는 러시아와 칠레, 멕시코, 미국, 브라질과 같은 아메리카 대륙의 국가들이다. 기본적으로 가르치는 일을 선호한다와 두 가지 모두이나 그래도 가르치는 일을 더 선호한다를 합쳐보면, 러시아의 경우는 67.9%, 칠레의 경우는 66.7%, 멕시코의 경우는 65.3%, 미국의 경우는 62.9%, 그리고 브라질의 경우는 62.0%의 교수들이 교수의 책무 중 연구활동보다는 교육활동을 더 선호하는 것으로 나타났다. 그러나 이에 반하여, 네덜란드 대학교

〈표 2-8〉 각국 대학교수의 교육과 연구책무 중 선호양태별 분포　　(%)

구분 국가	전 체	기본적으로 가르치는 일을 선호한다	두 가지 모두이나 그래도 가르치는 일을 더 선호한다	두 가지 모두이나 그래도 연구하는 일을 더 선호한다	기본적으로 연구하는 일을 선호한다
호　주	100.0	13.0	35.0	43.0	9.0
브 라 질	100.0	20.0	42.0	35.5	2.5
칠　레	100.0	17.9	48.8	28.3	5.0
독　일	100.0	7.6	26.6	46.7	19.0
홍　콩	100.0	11.1	34.7	46.1	8.1
이스라엘	100.0	11.2	27.2	47.9	13.7
일　본	100.0	3.5	24.0	55.3	17.2
한　국	100.0	4.6	39.7	50.0	5.7
멕 시 코	100.0	22.0	43.3	31.3	3.5
네덜란드	100.0	6.7	18.0	45.7	29.5
러 시 아	100.0	17.9	50.0	29.2	2.9
스 웨 덴	100.0	12.1	21.0	43.7	23.3
영　국	100.0	12.2	32.2	40.3	15.3
미　국	100.0	26.8	36.1	30.4	6.8

수 중 75.3%, 일본 대학교수 중 72.5%, 스웨덴 대학교수 중 66.9%, 독일 대학교수 중 65.8%, 그리고 이스라엘 대학교수 중 61.6%는 가르치는 교육책무보다는 연구책무를 더 선호하고 있는 것으로 나타났다. 이들 5개국 중 자료가 확보되지 않은 네덜란드를 제외한 일본·스웨덴·독일·이스라엘 대학의 교수들은 앞서 〈표 2-7〉에서도 나타났듯이 그들의 책무수행시간 중 역시 가장 많은 시간을 연구책무수행에 사용하고 있는 것으로 반응하였던 것과 그들의 선호태도가 일치하고 있다.

한편, 호주·홍콩·한국·영국의 대학교수들은 교육책무보다는 연구책무를 교수의 중요한 책무로 선호하고 있지만, 그 기울기는 강하지 않은 것으로 나타났다. 이를테면, 한국의 대학교수들 중 44.3%는 교육활동을, 55.7%는 연구활동을 더 선호하고 있는 것으로 나타났는데, 이는 영국의 경우(교육선호 44.4%, 연구선호 55.6%)와 매우 흡사한 반응결과였다.

교수들이 연구활동보다 교육활동을 더 강조하는 이유는, 우선 연구와 그 출판이 결코 효율적인 수업을 보장해 주지는 못한다는 점, 전공분야에 대한 지식이 그것을 전달하는 데 부차적이라는 점, 그리고 연구는 자신의 전문직업을 위한 것이지만 교육은 대학을 위한 것이며 대학교수는 우선 소속된 대학 내 봉사에 충실하여야 한다는 점 때문이다. 그것은 곧 교수의 전일봉사에 대한 학생들의 요구를 충족시키는 일이기도 하다. 학생들은 마땅히 배울 권리를 갖고 있으며, 배우고자 할 때 언제든 교수를 만날 수 있어야 한다는 것을 의미한다. 즉, 교수들이 결코 연구 때문에 굳게 닫힌 '연구실' 안에 머물면서, 또는 도서관에 머물면서, 학생들을 멀리하는 일은 없어야 한다는 것을 의미한다. 이러한 점에 대해 E.D. McDaniel과 J.F. Feldhusen이 퍼듀 대학 76명의 교수와 4,484명의 학생들을 대상으로 조사한 바에 의하면, 가장 효율적인 교수는 오히려 책을 출판하지 않는 교수이며,

연구활동과 수업효율성과는 아무런 관계가 없다는 결과가 나오기도 하였다(McDaniel & Feldhusen, 1970, pp. 619~620). 또한 연구활동보다는 교육활동에 보다 강한 규범적 책무를 느끼는 교수들이 학생들이나 동료교수들에 의하여 '탁월한 교수'로 인식되고 있기도 하였다(Wilson et al., 1975).

한편, 교육활동보다 연구활동을 더 중시하고 선호하는 경향은 미국의 경우, 대체로 독일식 대학원중심 고등교육체제를 옹호하는 연구종합대학 또는 세칭 엘리트 대학의 교수들에게서 두드러지게 나타나고 있다. 특정한 4년의 기간을 놓고, 연구중심대학 교수들의 연구업적과 다른 유형의 대학에 소속된 교수들의 연구업적을 비교한 연구결과를 보면, 연구중심대학의 교수들은 다른 유형 대학의 교수들보다 약 3배에 가까운 논문을 발표하는 것으로 나타났다(Baldridge et al., 1978). Ladd의 연구에 따르면, 연구중심대학의 교수들은 인문 단과대학의 교수들보다는 4배, 일반종합대학의 교수들보다는 2배에 가까운 출판연구 업적을 올리는 것으로 나타났다(Ladd, 1979). 이러한 사실들로 미루어볼 때, 연구중심대학의 교수들은 다른 유형 대학의 교수들보다 더 많은 시간을 연구와 출판에 사용하고 있고, 그 대신 보다 적게 가르침으로써 가르치는 일보다는 연구하는 일을 더 중시하고 선호하고 있다고 볼 수 있다. 그리고 다음의 제5장에서 구체적으로 논의하겠으나 이러한 성향은 한국의 대학교수들에게서도 마찬가지로 나타나고 있다.

연구중심대학과 그렇지 않은 대학의 교수들에게서 각기 달리 나타나는 연구중심성향과 교육중심성향의 원인은 대체로 세 가지로 분석할 수 있다. 첫째는 연구중심 엘리트 대학에서는 보상체제가 연구중심의 풍토를 보다 강조한다. 즉, 연구중심대학에서는 연구비도 많고, 연구 기회도 매우 폭 넓게 부여되는 연구지향적 보상체제를 갖추고 있다. 이에 비하여, 교육중심대학에서는 보상체제가 대체로 교육지향적이다. 예컨대, 강의부담 초과수당제도가 잘 발전되어 있다든가, 초과수당 그 자체가 경제적으로 충분한 유인력을 갖추고 있다든가 하는 식으로 보상체제가 교육지향적인 보상체제이다. 둘째는 연구중심대학에서는 대체로 기본 수업부담 시간수가 적다. 미국의 경우, 상당히 많은 연구중심대학에서 교수의 학기당 수업책무를 주 6시간으로, 더 나아가서는 주 3시간 정도로까지 낮추고 있다. 앞에서도 언급한 바 있듯이, 우리나라에서도 연세대학교의 경우, 1992학년도 3월부터 우선 연령이 60세가 넘은 교수들 중심으로 수업부담을 주 6시간으로 낮추기 시작하였다가 현재 1995학년도에는 일시적으로 중단되고 있다. 그러나 그렇지 않은 교육중심대학에서는 기본 수업부담 시간수가 대체로 주당 9~10시간 이상으로 높게 책정되어 있다. 셋째는 교수의 채용, 승진 등에 있어서 연구중심대학은 연구업적을 매우 중요한 준거로 삼는다. 이에 비하여, 교육중심대학에서는 비록 채용할 때는 연구업적을 기준으로 채용하였다 하더라도, 후에 승진이나 정년보장임용을 결정할 때는 연구업적과 더불어 교육업적을 준거로 삼는 경우가 많다.

가르치는 일보다 연구하는 일을 더 중시하고 선호하는 교수들의 공통된 주장은 연구는 곧 가르치는 일을 강화시키며 수업준비의 한 가지 형태라는 점이다. 특히, 급속한 학문발전의 추세에 뒤떨어지지 않고, 그것을 수업에 반영시키기 위해서는 오히려 연구가 선행되어야 함을 내세운다. 아울러, 학생들은 교수가 연구를 하여 그것을 출판하였을 때, 그의 지식과 가르침에 대한 권위를 더 인정한다는 것이다. 예컨대, 미국 터프츠 대학의 학생들을 대상으로 조사한 바에 따르면, 학생들은 저술을 출판하는 교수나 정부의 연구비를 지급받는 교수들을 더욱 효율적인 수업을 하는 교수로 인식하고 있는 것으로 나타났다(Bresler, 1968, pp. 164~167).

이상에서는 연구활동을 선호하는 입장과 교육활동을 선호하는 각각의 입장에서 그 선호 이유를 살펴보았다. 그러나 이 두 가지 책무는 결코 분리되어 논의되고 생각될 수 없을 만큼 교수들의 중핵적인 책무이다. 그렇다면 이 두 가지는 진실로 제로섬(zero-sum)의 관계인가? 즉, 그 어느 한쪽을 선호하다 보면, 다른 한쪽을 희생시키게 되는 것인가? 연구활동에 진력하면서도 교육활동의 효율성을 높여나갈 수는 없는 것인가? 이 점에 관하여 J. Harry와 N.S. Goldner는 다섯 가지 가설을 아래와 같이 세우고 그것을 검정하였다(Harry & Goldner, 1972, pp. 47~60).

〈연구생산성과 교육효율성은 상호 정적인 관계를 지니고 있다〉

① 연구생산적인 교수는 끊임없이 전공분야의 새로운 지식을 받아들임으로써, 자기 교과목에 대하여 보다 높은 수준의 흥미와 전문지식을 갖게 되는데, 이는 곧 그로 하여금 보다 나은 교수자가 되게 한다.

② 연구생산성과 교육효율성은 공통된 능력요소를 지니고 있으므로 탁월한 연구자는 탁월한 교수자가 될 수 있는 필요충분의 성격을 띠고 있다.

〈연구생산성과 교육효율성은 상호 부적인 관계를 지니고 있다〉

③ 연구생산적인 교수는 결국 많은 시간을 연구에 소모하기 때문에 가르치는 일에는 어쩔 수 없이 적은 시간을 보낸다. 이렇듯 적은 시간, 적은 노력은 결국 가르치는 일의 질을 떨어뜨리게 된다.

④ 연구적인 교수와 교육적인 교수는 서로 다른 종류의 성격과 능력을 갖추고 있다. 가르치는 효율성은 높은 연구생산성과 결부되는 인성과는 역으로 상관되는 다른 인성요소에 크게 의존한다.

<연구생산성과 교육효율성은 상호 아무런 관계를 지니지 않고 있다>
⑤ 연구생산성과 교육효율성은 총체적으로 서로 독립된 특성을 지
니고 있고, 그러한 특성은 무선적으로 분배되어 있는 것이다.

이러한 다섯 가지 가설을 놓고 그 동안 이루어진 많은 선행 연구결
과들을 분석해 보면, 다섯 번째 가설 「연구생산성과 교육효율성은 상
호 독립된 특성을 지님으로써 아무런 관계가 없다」는 것이 분명하게
입증되었다. 즉, 연구에서 높은 생산성을 올렸다고 해서, 그 교수가
그만큼 가르치는 일에는 부실한 교수자가 되는 것도 아니고, 또 그
반대로 훌륭한 교수자가 되는 것도 아니다. 연구하느라고 많은 시간
을 빼앗긴다고 하지만 그렇다고 해서 '잘 가르치는 일'을 해내지 못한
다는 증거도 입증되지 않고 있다. Finkelstein에 의하면, 결국 연구활
동에 남보다 많은 시간을 보내는 교수들은 남들만큼 가르치는 일에도
많은 시간을 보내면서, 연구에 필요한 시간은 자신의 여가시간을 줄
여서 해내는 것이지, 결코 가르치는 데 필요한 시간을 줄여서 하는
것이 아니라는 것을 지적하고 있다 (Finkelstein, 1984, pp. 122~126).
말하자면, 교수가 자신의 책무수행에 있어서 어느 한쪽 일을 선호한
다고 해서 다른 한쪽의 시간을 희생시키는 것이 아니라 자신의 사생
활시간을 희생시킨다는 것이다. 쉽게 말하면, 남보다 덜 놀고, 남보
다 덜 쉬면서, 더 많은 시간을 일한다는 말이다.
이상에서 살펴본 바와 같이 교수들은 제한된 시간, 제한된 능력의
범주 안에서 연구활동과 교육활동의 조화로운 균형을 유지하기 위해
번민하고 있다. 이 두 가지 활동은 교수들간의 업무분담 형식으로 배
분될 수 있는 성질의 것은 결코 아니다. 비록, 대학의 기능적 역할분
담, 즉 대학원중심이냐 학부중심이냐에 따라 그 대학 전체의 정책적
우선순위가 바뀔 수는 있겠으나, 궁극적으로 이는 교수 개개인의 균
형유지 의지와 철학에 의해서 해결되어야 할 것이라고 본다. 그러나

여기서 한 가지 주목할 만한 사실은 A.M. Mood의 미래의 추세에 대한 전망이다. 그에 따르면, 전문학술연구는 캠퍼스로부터 분리되어, 캠퍼스 밖의 전문연구기관으로 그 역할이 넘어갈 것이라는 점이다(Mood, 1973, pp. 34~35). 이러한 전망은 이미 1973년에 그가 내린 것이고, 그러한 현상이 구체적으로 실현되고 있음을 한국에서도 볼 수 있다.

앞으로 대학교수들의 연구활동은 교수 또는 수업활동과의 통합체제 하에서 더욱 다져져 나가야만 하리라고 생각한다. 그리고 대학원 수준의 교육을 질적으로 강화하고 선도해 나가기 위한 교수들의 연구활동이 더욱 촉성되어야 하리라고 본다. 그것은 비단 전통적인 캠퍼스 밖의 전문연구기관들이 연구시설의 우수성을 내세워 대학원 수준의 교육기능을 수행하려는 데 대해 경쟁적으로 대처하기 위한 방어적 노력의 차원이기보다는, 대학 본래의 교육과 연구기능을 알차게 수행하려는 자성적 차원에서 이루어져야 하리라고 본다. 교수들의 교육활동과 연구활동의 통합적 조화를 촉성하기 위해서는 제도적인 뒷받침도 강구되어야 한다. 예컨대, 비록 연구업적은 외형적 증거가 뚜렷하고 양적 기준의 평가가 쉬운 반면에 교육업적은 그렇지 못하다고 하여 교수업적평가에 있어서 연구업적 일변도의 편향적인 제도적 운영은 지양되어야 할 것이다.

제3장

책무수행 환경조건

각국의 대학교수들은 어떠한 환경조건에서 그들의 책무를 수행하고 있는가?

대학 밖에서 교수들을 보는 눈길은 두 가지 갈래로 나뉜다. 하나는 요즈음 같은 세상에 교수직은 최고의 직업이라는 것이다. 자유롭고, 돈도 그만큼 벌면 먹고 살기에는 부족함이 없고, 사회적으로도 존중받고, 또 늘상 젊은 학생들과 함께 시간을 보내니 좋고, 게다가 1년에 서너 달이나 되는 방학도 있고 65세까지는 그만두라는 사람도 없이 정년을 보장받고 있지 않느냐 하는 식으로 교수직을 그야말로 이 시대 최고의 직업으로 생각하는 사람들이 있다. 그런가 하면 다른 한 편으로는, 교수들도 요즈음엔 해내기가 어렵지 않느냐, 월급도 시원치 않고, 늘 학생들한테 시달리고, 항상 무엇인가 연구업적을 내지 않으면 안되는 부담에 쫓기고, 그래서 집에 가도 편히 쉬지 못하고 주말도 없이 늘상 무엇인가 읽고 써야 하고 또 사회적 존중도 예전만큼 받지 못한다는 식으로 교수직을 별로 탐탁하게 여기지 않는 사람들이 있다.

그렇다면 교수들 자신은 어떻게 생각하고 있는가? 각국의 대학교수들은 어디에서 얼마나 돈을 벌고, 어떠한 물리적, 심리적 환경조건에서 얼마나 교수직에 대한 만족을 느끼면서 그들의 책무를 수행하고 있는가? 이 장에서는 그러한 문제들에 대한 해답을 몇 가지 실증적 조사결과에 기초하여 논의해 보고자 한다.

1. 경제적 보상체제

교수들의 특성을 이야기할 때, 흔히들 언급하는 것이 교수들의 수입은 일정하지 않다는 것이다. 교수들은 소속된 대학 이외의 소득원으로부터 개개인에 따라 크게 다른 수입을 얻고 있다는 것이다. 즉,

학교로부터 정기적으로 받는 월급이야 경력이나 직급에 따라 대체로 그 수준이 정해져 있지만, 그 외에 활동을 얼마나 하느냐에 따라 부정기적 수입이 있을 수 있음을 고려할 때, 교수들 개개인의 수입은 서로 다를 수밖에 없고, 경우에 따라 그 차이는 매우 클 수도 있는 것이다. 그렇다면 과연 교수들은 전체 수입 중, 얼마만큼이 소속대학으로부터의 정기적인 급여를 통한 수입이고, 얼마만큼이 소속대학 밖으로부터의 부정기적인 수입이겠는가? 〈표 3-1〉은 14개국 대학교수들의 소득원별 분포를 나타낸 것이다.

〈표 3-1〉에서 보면, 호주·독일·홍콩, 그리고 영국의 대학교수들의 경우, 그들 수입 중 90% 이상을 소속대학으로부터 받고 있다. 반면, 브라질의 대학교수들은 자신들의 수입 중 무려 36.4%가 대학 밖으로부터의 수입인 것으로 보고하였다. 이러한 경향은 특히 남미국가 대학교수들에게서 공통적으로 나타나는데, 칠레 대학교수들의 경우는

<표 3-1> 각국 대학교수의 소득원별 평균 비중 (%)

국 가 \ 소득원	소속대학 내	소속대학 외	전　체
호　　　주	94.6	5.4	100.0
브　라　질	63.6	36.4	100.0
칠　　　레	77.6	22.4	100.0
독　　　일	93.9	6.1	100.0
홍　　　콩	97.3	2.7	100.0
이 스 라 엘	84.1	15.9	100.0
일　　　본	89.5	10.5	100.0
한　　　국	89.9	10.1	100.0
멕　시　코	71.5	28.5	100.0
네 덜 란 드	89.2	10.8	100.0
러　시　아	83.1	16.9	100.0
스　웨　덴	85.4	14.6	100.0
영　　　국	93.8	6.2	100.0
미　　　국	86.5	13.5	100.0

수입 중 22.4%가, 멕시코 대학교수들의 경우는 수입 중 28.5%가 대학 밖으로부터의 수입인 것으로 나타났다. 앞의 〈표 2-7〉에서 나타났듯이, 이들 세 나라 중 멕시코 대학교수들의 경우, 다른 나라 대학교수들에 비해 학교 밖에서의 봉사 활동에 사용하는 시간의 비가 상대적으로 매우 높게 나타났다(개학기간중 21.7%, 방학기간중 24.0%)는 점으로 미루어보아, 그들이 대학 밖으로부터 상당한 수입을 얻고 있음을 쉽게 짐작하게 한다. 그리고 그러한 성향은 브라질 대학교수들의 경우에도 비슷하게 나타나고 있다(개학기간중 14.3%, 방학기간중 25.8%). 그러나 칠레 대학교수들의 경우만은 그러한 일반화된 해석이 가능할 만큼, 교수들이 많은 시간을 학교 밖 봉사활동에 사용하지는 않는 것으로 나타났다.

소속대학 밖으로부터의 수입이 전체 수입의 10% 미만을 차지하는 호주·독일·홍콩·영국의 경우에는, 역시 그 나라 대학교수들이 봉사에 사용하고 있는 시간의 비중이 다른 나라들에 비하여 상대적으로 매우 낮았다는 점을 〈표 2-7〉에서 확인할 수 있다.

한편, 한국 대학교수들의 경우에는 전체 수입 중 약 90%가 학교로부터 정기적으로 받는 급여이며, 나머지 10%가 학교 밖의 활동으로 얻게 되는 수입인 것으로 나타났다. 물론 이러한 수치는 전체 교수들의 평균치이며, 교수에 따라서는 소득원별 비중이 크게 다를 수도 있다.

소속대학으로부터 받는 급여 이외에 외부로부터 얻는 수입이 많은 교수들은 매우 활동적인 교수라고 할 수 있다. 사실, 유능하고 활동적인 교수들은 학생들을 가르치고 연구하는 일에서도 남달리 뛰어난 능력과 업적을 성취하면서, 대학 밖으로부터도 많은 봉사활동을 통해 수입을 얻고 있음을 우리는 쉽게 찾아볼 수 있다. 따라서 외부로부터의 수입이 상대적으로 많다고 해서 그러한 교수들이 연구와 같은 기본책무를 소홀히 한다고 획일적으로 단정짓기는 어렵다. 그러나 다른

한편으로는, 외부수입이 그만큼 많을수록 교수들은 대학 내에서의 책
무수행에는 결과적으로 시간을 적게 투자하고 소홀히 하였던 것이 아
닌가 하는 추정도 가능하다. 앞서 제2장에서 논의하였듯이, 교수들의
책무수행의 본질상 소속대학 밖으로부터의 부정기적인 외부수입이 있
을 수 있다. 그러나 교수들의 그러한 대외적 봉사활동으로 인한 수입
이, 단순히 대학으로부터의 적은 정기적 급여를 보충하기 위한 수단
으로서 또는 그저 돈을 벌기 위한 활동으로 얻어진 수입이라면, '봉
사활동' 본래의 의미도 퇴색할 것이고, 더불어 다른 기본책무수행에
대한 시간과 노력을 감소시키는 결과를 초래할 수도 있는 것이다. 만
약 그저 단순히 경제적 환급만을 위해서 교수들이 대학 밖의 활동에
관심을 기울이고 있다면, 그것은 어쩌면 소속대학으로부터의 정기적
인 급여에 만족하지 못하기 때문은 아니겠는가? 아니면 만족하고 있
는데도, 그저 돈을 벌기 위한 욕심이 지나쳐서 그러는 것인가?

〈표 3-2〉는 세계 각국 대학교수들이 소속대학으로부터의 급여에 대
하여 어떻게 느끼고 있는가를 나타낸 것이다.

홍콩의 대학교수들은 거의 대부분이 자신의 소속대학으로부터 받는
자신의 급여에 대하여 긍정적이다. 홍콩 대학교수들은 자신의 급여에
관하여 24.8%는 매우 좋다, 45.7%는 대체로 좋다, 23.1%는 괜찮은
편이라고 응답하였고, 좋지 않다는 부정적인 반응을 보인 교수들은
불과 5.4%였다.

홍콩 대학교수들 다음으로, 소속대학으로부터의 급여에 관하여 긍
정적인 느낌을 갖고 있는 교수들은 네덜란드 교수들로서, 이들 중
89.5%가 괜찮은 편 이상의 반응을 보였다. 독일 대학교수들도 12.5
%만이 부정적으로 느끼고 있었을 뿐, 85.0%는 소속대학으로부터의
급여에 관하여 긍정적인 것으로 나타났다.

그 외 미국 대학교수들은 79.7%가, 호주 대학교수들은 78.3%가,
영국 대학교수들은 70.9%가, 그리고 스웨덴 대학교수들은 61.3%가

<표 3-2> 각국 대학교수의 자신의 급여에 대한 느낌별 분포　　　(%)

국가＼느낌	매우 좋음	대체로 좋음	괜찮은 편	좋지 않음	모르겠음	전　체
호　　　주	2.7	31.3	44.3	21.4	0.3	100.0
브　라　질	3.3	21.3	27.0	47.4	1.0	100.0
칠　　　레	0.1	4.7	28.1	65.9	1.1	100.0
독　　　일	6.7	39.9	38.4	12.5	2.5	100.0
홍　　　콩	24.8	45.7	23.1	5.4	1.1	100.0
이 스 라 엘	0.6	6.1	29.6	63.4	0.4	100.0
일　　　본	1.4	9.8	44.2	43.1	1.4	100.0
한　　　국	1.3	11.5	35.0	50.3	1.9	100.0
멕　시　코	0.7	13.4	31.9	53.2	0.8	100.0
네 덜 란 드	8.8	49.8	30.9	9.8	0.7	100.0
러　시　아	0.5	7.1	15.9	76.3	0.2	100.0
스　웨　덴	1.5	19.6	40.2	37.9	0.8	100.0
영　　　국	2.0	22.2	46.7	28.5	0.6	100.0
미　　　국	8.6	36.6	34.5	19.4	0.9	100.0

소속대학으로부터의 급여에 대하여 긍정적으로 느끼고 있었다. 일본 대학교수들은 55.4%, 그리고 브라질 대학교수들은 51.6%가 소속대학으로부터의 급여에 대하여 긍정적으로 느끼고 있었다.

그러나 러시아 대학교수들은 76.3%가, 칠레 대학교수들은 65.9%가, 이스라엘 대학교수들은 63.4%가, 멕시코 대학교수들은 53.2%가, 그리고 한국 대학교수들은 50.3%가 소속대학으로부터의 급여에 대하여 좋지 않게 느끼고 있는 것으로 나타났다.

다른 나라에 비해 소속대학으로부터의 급여에 대하여 많은 수의 교수들이 긍정적으로 느끼고 있는 국가들(홍콩·독일·호주·영국)은 앞서 제시된 <표 3-1>에서 보면, 그들의 수입 중 90% 이상이 소속대학으로부터의 급여로 이루어지는 국가들과 일치하고 있음을 찾아볼 수 있다. 반면에, 대학 외부로부터의 수입 비중이 상대적으로 높은 브라질·칠레·멕시코 등의 대학교수들은 역시 다른 나라에 비해 소속대학으로부터의 급여에 대해 훨씬 더 부정적으로 느끼고 있는 것으로 나타났다. 이는 곧 소속대학으로부터의 급여가 충분하지 못하거나, 교수들을 만족시키지 못함으로써, 그들이 결국 대학 밖의 외부수입원에 관심을 쏟도록 만들고 있음을 간접적으로 암유하고 있는 것이기도 하다.

교수들이 대학으로부터 받는 급여에 불만을 갖고 있다면, 대학은 그러한 교수들의 불만을 상쇄시키거나 또는 다소 누그러뜨릴 만큼의 다른 경제적 보상체제를 갖추고 있는가? 대학이 교수들에게 제공해 줄 수 있는 월급여 이외의 경제적 보상에는 여러 가지가 있다. 예컨대, 급여 전액을 지불해 주는 안식년이라든가, 학술여행시의 여행비 보조, 그리고 각종 보험혜택의 부여 등이다. 그렇다면 그러한 보상체제에 대하여 각국의 대학교수들은 어떻게 느끼고 있는가? 다음의 〈표 3-3〉이 그것을 설명해 주고 있다.

첫째, 정년퇴임 후 보상에 대해서는, 미국 대학교수들 중 88.7%, 호주 대학교수들 중 84.4%, 이스라엘 대학교수 중 76.5%, 한국 대학교수들 중 70.2%, 그리고 홍콩 대학교수들 중 70.1%가 좋거나 괜찮은 편 이상이라고 반응하였다. 다음으로 대학교수들 중 50% 이상이 긍정적으로 느끼고 있는 나라는 브라질(57.8%), 일본(65.4%), 러시아(53.5%), 그리고 스웨덴(69.7%)의 대학교수들이었다. 이와는 반대로, 칠레 대학교수들 중 60.0%, 멕시코 대학교수들 중 40.3%는 정년 후에 대한 보상체제에 대하여 좋지 않다고 느끼고 있었다.

둘째, 급여 전액을 지불하는 안식년에 대해서는 이스라엘 대학교수 중 85.5%와 러시아 대학교수 중 78.2%가 긍정적으로 느끼고 있었다. 그 외 호주·브라질·홍콩·멕시코·미국의 대학교수들 중 각각 53~64%의 교수들이 급여 전액을 지불하는 안식년에 대해서 적어도 괜찮은 편 이상으로 긍정적인 반응을 보였다. 그러나 반대로 칠레 대학교수들 중 77.0%, 일본 대학교수들 중 63.6%, 한국 대학교수들

〈표 3-3〉 각국 대학교수의 소속대학 보상체제에 대한 느낌별 분포　(%)

국 가	보상체제	매우 좋음	대체로 좋음	괜찮은 편	좋지 않음	그런제도 없음	전 체
호 주	정년퇴임 후에 대한 보상	6.8	39.0	38.6	11.8	3.8	100.0
	급여 전액을 지불하는 안식년	4.1	26.7	33.2	26.4	9.6	100.0
	학술여행시의 여행비 보조	2.6	15.2	29.4	48.2	4.6	100.0
	의료보험, 생명보험, 주택 등 보상	1.1	9.0	22.1	46.3	21.6	100.0
브 라 질	정년퇴임 후에 대한 보상	8.6	23.8	25.4	26.9	15.3	100.0
	급여 전액을 지불하는 안식년	6.1	27.5	19.5	15.1	31.8	100.0
	학술여행시의 여행비 보조	1.0	6.3	16.3	38.4	38.0	100.0
	의료보험, 생명보험, 주택 등 보상	4.2	18.9	29.7	28.2	19.0	100.0
칠 레	정년퇴임 후에 대한 보상	0.9	5.1	21.3	60.0	12.8	100.0
	급여 전액을 지불하는 안식년	1.7	7.2	14.0	24.9	52.1	100.0
	학술여행시의 여행비 보조	0.5	2.9	14.9	59.7	22.0	100.0
	의료보험, 생명보험, 주택 등 보상	0.2	3.6	13.5	41.5	41.3	100.0
홍 콩	정년퇴임 후에 대한 보상	6.9	40.5	22.7	7.1	22.7	100.0
	급여 전액을 지불하는 안식년	7.2	28.6	29.7	19.7	14.8	100.0
	학술여행시의 여행비 보조	5.6	23.8	39.5	24.2	6.9	100.0
	의료보험, 생명보험, 주택 등 보상	15.9	49.5	26.9	5.2	2.6	100.0
이스라엘	정년퇴임 후에 대한 보상	4.4	27.9	44.2	19.2	4.4	100.0
	급여 전액을 지불하는 안식년	23.7	41.3	20.5	5.0	9.5	100.0
	학술여행시의 여행비 보조	22.2	35.3	16.6	8.9	16.8	100.0
	의료보험, 생명보험, 주택 등 보상	1.9	12.0	30.5	32.0	23.6	100.0
일 본	정년퇴임 후에 대한 보상	0.8	8.8	55.8	28.4	6.2	100.0
	급여 전액을 지불하는 안식년	1.7	9.3	25.3	39.9	23.7	100.0
	학술여행시의 여행비 보조	0.8	6.8	26.7	63.8	2.0	100.0
	의료보험, 생명보험, 주택 등 보상	0.8	8.9	58.3	30.9	1.2	100.0
한 국	정년퇴임 후에 대한 보상	2.3	15.9	52.0	27.3	2.5	100.0
	급여 전액을 지불하는 안식년	3.2	9.1	12.7	22.9	52.1	100.0
	학술여행시의 여행비 보조	0.1	3.1	13.8	53.1	29.8	100.0
	의료보험, 생명보험, 주택 등 보상	0.2	5.6	30.2	50.2	13.7	100.0
멕 시 코	정년퇴임 후에 대한 보상	3.2	15.9	26.9	40.3	13.7	100.0
	급여 전액을 지불하는 안식년	9.1	34.7	19.5	11.1	25.6	100.0
	학술여행시의 여행비 보조	3.8	17.2	22.4	36.3	20.3	100.0
	의료보험, 생명보험, 주택 등 보상	7.0	25.6	28.9	29.9	8.5	100.0

(계속)

국 가	보상체제 \ 느 낌	매우 좋음	대체로 좋음	괜찮은 편	좋지 않음	그런제도 없음	전 체
네덜란드	정년퇴임 후에 대한 보상	—	—	—	—	—	—
	급여 전액을 지불하는 안식년	—	—	—	—	—	—
	학술여행시의 여행비 보조	3.9	36.5	30.5	21.9	7.2	100.0
	의료보험, 생명보험, 주택 등 보상	—	—	—	—	—	—
러 시 아	정년퇴임 후에 대한 보상	2.4	7.8	43.3	42.1	4.4	100.0
	급여 전액을 지불하는 안식년	8.2	33.7	36.3	19.4	2.3	100.0
	학술여행시의 여행비 보조	0.0	0.5	1.9	25.6	72.0	100.0
	의료보험, 생명보험, 주택 등 보상	0.2	2.2	15.9	43.5	38.2	100.0
스 웨 덴	정년퇴임 후에 대한 보상	4.8	28.7	36.2	14.6	15.7	100.0
	급여 전액을 지불하는 안식년	3.7	13.4	16.9	27.7	38.4	100.0
	학술여행시의 여행비 보조	4.2	16.1	29.8	41.9	8.0	100.0
	의료보험, 생명보험, 주택 등 보상	4.1	24.0	32.6	23.1	16.3	100.0
영 국	정년퇴임 후에 대한 보상	—	—	—	—	—	—
	급여 전액을 지불하는 안식년	—	—	—	—	—	—
	학술여행시의 여행비 보조	1.5	12.3	32.2	50.2	3.9	100.0
	의료보험, 생명보험, 주택 등 보상	—	—	—	—	—	—
미 국	정년퇴임 후에 대한 보상	24.4	43.8	20.5	6.6	4.8	100.0
	급여 전액을 지불하는 안식년	12.4	26.3	22.3	18.9	20.1	100.0
	학술여행시의 여행비 보조	5.5	15.9	25.6	41.4	11.6	100.0
	의료보험, 생명보험, 주택 등 보상	12.5	37.1	32.7	12.6	5.2	100.0

(독일 ; 자료 누락, 네덜란드·영국 ; 일부자료 누락)

중 75.0%, 그리고 스웨덴 대학교수들 중 66.1%는 급여 전액을 지불하는 안식년제도가 자기네 대학에서는 아예 실시되지 않고 있거나, 실시되고 있어도 좋지 않다고 느끼고 있는 것으로 나타났다.

셋째, 학술여행시의 여행비 보조에 관해서 응답자의 70% 이상이 긍정적으로 느끼고 있는 나라는 이스라엘(74.1%)과 네덜란드(70.9%)뿐이었다. 다음으로는 홍콩 대학교수들의 68.9%가, 스웨덴 교수들의 50.1%가 긍정적으로 느끼고 있었다. 이에 반하여, 러시아의 대학교수들 중 97.6%는 그러한 제도가 아예 없거나, 있어도 그저 형식적이어서 불만스럽게 느끼고 있었다. 다음으로는 한국 대학교수들 중

82.9%, 칠레 대학교수들 중 81.7%, 브라질 대학교수들 중 76.4%, 그리고 일본 대학교수들 중 65.8%가 부정적으로 느끼고 있는 것으로 나타났다. 그 외에 호주·멕시코·영국·미국의 경우에는 50%를 조금 웃도는 수의 교수들이 학술여행시 여행비 보조에 관하여 부정적으로 느끼고 있었다.

넷째, 의료보험, 생명보험, 주택지원 등에 관해서는 홍콩과 미국 대학교수들 중 대부분이 좋은 느낌을 갖고 있었다. 홍콩은 92.3%, 미국은 82.3%의 교수들이 의료보험, 생명보험, 주택 등을 대학에서 지원해 주고 있는 것에 관해 좋거나 괜찮은 편이라고 생각하고 있었다. 그 외에 브라질(52.8%)·일본(68.0%)·멕시코(65.1%)·스웨덴(60.7%) 대학교수들도 절반 이상이 대학당국의 보상에 대해 긍정적으로 느끼고 있었다. 그러나 칠레 대학교수들은 82.8%가, 러시아 대학교수들은 81.7%가 부정적인 느낌을 지니고 있었다. 그러한 부정적인 느낌은 호주 대학교수의 67.9%, 한국 대학교수의 63.9%, 이스라엘 대학교수의 55.6%에게서도 공유되고 있었다.

끝으로 다섯째, 이상 네 가지 소속대학의 보상체제에 관한 교수들의 느낌을 종합할 때, 전체적으로 긍정적인 반응을 보인 교수들은 이스라엘과 홍콩의 대학교수들이다. 미국·일본·브라질·스웨덴·멕시코·호주의 대학교수들은 대체로 긍정적인 느낌을 갖고 있는 편이다. 그러나 한국을 비롯해 러시아, 칠레의 대학교수들은 소속대학의 경제적 보상체제에 대하여 불만을 느끼고 있음이 분명하다. 이들 세 나라의 대학교수들은 앞서 〈표 3-2〉에서 나타났듯이, 소속대학으로부터의 급여에 대해서도 부정적으로 느끼고 있었는데, 경제적 보상체제에 있어서도 다른 나라 대학에 비하여 매우 뒤떨어지고 있다고 하겠다.

2. 심리적 분위기와 직업만족도

교수들이 책무를 수행하는 데 있어 영향을 미치는 또다른 중요한 환경조건은 심리적 환경조건이다. 여기에는 특히 두 가지 측면이 중요한 요인이 되는데, 하나는 소속대학의 심리적 분위기에 대한 교수의 지각이고, 다른 하나는 교수로서의 직업에 대한 자기 자신의 지각이다.

대학의 심리적 환경을 권장하는 하위요소에는 여러 가지가 있을 수 있겠으나, 이 연구에서는 다섯 가지 측면을 설정해 놓고 그 각각에 대한 교수들의 느낌이 어떠한가를 구명해 보았다. 〈표 3-4〉는 세계 각국 대학교수들의 소속대학의 심리적 분위기에 대한 지각을 나타낸 것이다.

첫째로, 자기 자신이 소속된 대학의 지적인 분위기를 어떻게 지각하고 있는가에 대해 대부분 나라의 교수들은 소속대학의 지적인 분위기를 매우 긍정적으로 지각하고 있다. 특히, 미국·러시아·브라질의 대학교수들은 각각 90% 이상이 소속대학의 지적인 분위기에 대해서 긍정적으로 지각하고 있었다. 그 외 호주·칠레·홍콩·이스라엘·멕시코·네덜란드·스웨덴의 대학교수들도 각각 80% 이상이 긍정적으로 지각하고 있는 것으로 나타났다. 그러나 일본과 한국의 대학교수들은 그렇지 않았다. 일본의 대학교수들은 79%만이 긍정적으로 지각하고 있었고, 21%의 교수들은 소속대학의 지적인 분위기를 좋지 않게 느끼고 있었다. 특히, 14개국 중 한국의 대학교수들이 가장 부정적인 시각을 가지고 있었다. 한국 대학교수들 중 소속대학의 지적인 분위기에 대하여 긍정적으로 지각하고 있는 사람은 66%였고, 나머지 34%의 교수들은 부정적으로 지각하고 있었다.

둘째로, 교수와 학교행정진 간의 관계에 대해서도 14개국 중 한국 대학교수들의 지각이 가장 부정적이었다. 62.0%의 교수들만이 비교

<표 3-4> 각국 대학교수의 소속대학의 심리적 분위기에 대한 느낌별 분포

(%)

국 가 \ 분위기 \ 지각	매우 좋음	대체로 좋음	괜찮은 편	좋지 않음	해당 없음	전체
호 주 지적인 분위기	7.6	40.9	36.5	15.0	0.1	100.0
교수와 학교행정진 간 관계	3.1	28.0	38.7	30.2	0.1	100.0
교수들의 사기	2.4	20.8	37.5	39.1	0.2	100.0
대학의 사명에 대한 분명성	4.0	25.7	38.7	30.3	1.3	100.0
공동체로서의 인식	2.9	22.9	37.5	36.3	0.4	100.0
브 라 질 지적인 분위기	9.1	51.1	30.9	8.7	0.1	100.0
교수와 학교행정진 간 관계	6.2	45.9	34.8	12.1	0.9	100.0
교수들의 사기	6.0	38.7	35.4	18.3	1.5	100.0
대학의 사명에 대한 분명성	7.2	33.3	39.1	18.5	1.9	100.0
공동체로서의 인식	4.6	26.4	41.0	26.5	1.6	100.0
칠 레 지적인 분위기	5.0	33.6	46.4	14.3	0.8	100.0
교수와 학교행정진 간 관계	3.2	24.7	47.8	23.4	0.9	100.0
교수들의 사기	1.6	21.1	44.6	32.6	0.1	100.0
대학의 사명에 대한 분명성	3.7	24.1	42.8	28.1	1.2	100.0
공동체로서의 인식	1.6	16.4	40.5	38.6	3.0	100.0
홍 콩 지적인 분위기	3.9	37.0	41.5	17.3	0.2	100.0
교수와 학교행정진 간 관계	2.6	28.3	46.3	22.3	0.6	100.0
교수들의 사기	3.6	29.1	40.0	27.1	0.2	100.0
대학의 사명에 대한 분명성	4.1	27.8	41.3	26.6	0.2	100.0
공동체로서의 인식	3.0	28.6	39.7	28.2	0.4	100.0
이스라엘 지적인 분위기	12.8	45.3	30.7	9.8	1.4	100.0
교수와 학교행정진 간 관계	9.1	38.9	30.0	19.0	3.0	100.0
교수들의 사기	6.3	37.6	37.2	16.8	2.2	100.0
대학의 사명에 대한 분명성	11.0	34.8	31.5	19.1	3.7	100.0
공동체로서의 인식	7.6	27.4	35.4	16.6	13.1	100.0
일 본 지적인 분위기	6.0	25.7	46.9	21.3	0.2	100.0
교수와 학교행정진 간 관계	2.9	21.5	56.5	17.3	1.8	100.0
교수들의 사기	4.6	29.4	48.6	17.2	0.2	100.0
대학의 사명에 대한 분명성	5.0	23.6	48.1	22.9	0.4	100.0
공동체로서의 인식	3.5	23.7	48.1	24.5	0.3	100.0
한 국 지적인 분위기	2.9	20.1	43.0	33.8	0.2	100.0
교수와 학교행정진 간 관계	1.1	14.5	46.4	37.6	0.3	100.0
교수들의 사기	1.0	15.4	42.0	41.4	0.2	100.0

(계속)

국가	분위기 \ 지각	매우 좋음	대체로 좋음	괜찮은 편	좋지 않음	해당 않음	전체
한 국	대학의 사명에 대한 분명성	3.1	22.1	44.6	29.8	0.4	100.0
	공동체로서의 인식	2.7	18.7	48.0	30.1	0.4	100.0
멕 시 코	지적인 분위기	6.9	43.9	36.6	12.3	0.4	100.0
	교수와 학교행정진 간 관계	6.0	42.4	36.6	14.4	0.7	100.0
	교수들의 사기	4.2	37.9	41.9	14.7	1.2	100.0
	대학의 사명에 대한 분명성	9.4	43.8	31.7	14.0	1.0	100.0
	공동체로서의 인식	6.5	35.1	37.9	18.9	1.6	100.0
네덜란드	지적인 분위기	6.7	52.2	30.8	6.2	4.2	100.0
	교수와 학교행정진 간 관계	2.4	26.9	43.4	20.5	6.8	100.0
	교수들의 사기	—	—	—	—	—	—
	대학의 사명에 대한 분명성	—	—	—	—	—	—
	공동체로서의 인식	16.2	42.1	25.8	14.4	1.5	100.0
러 시 아	지적인 분위기	10.0	53.4	32.5	3.7	0.5	100.0
	교수와 학교행정진 간 관계	2.8	47.1	41.8	7.6	0.7	100.0
	교수들의 사기	7.1	51.5	37.2	3.9	0.2	100.0
	대학의 사명에 대한 분명성	6.4	33.3	47.2	12.7	0.5	100.0
	공동체로서의 인식	4.7	32.4	49.8	12.2	0.9	100.0
스 웨 덴	지적인 분위기	9.9	51.0	28.6	10.1	0.5	100.0
	교수와 학교행정진 간 관계	3.6	33.2	40.2	20.6	2.4	100.0
	교수들의 사기	5.0	38.1	39.9	13.9	3.1	100.0
	대학의 사명에 대한 분명성	4.2	36.6	41.7	15.8	1.8	100.0
	공동체로서의 인식	4.7	35.7	40.3	17.4	1.9	100.0
미 국	지적인 분위기	15.1	46.5	30.0	8.0	0.4	100.0
	교수와 학교행정진 간 관계	7.2	35.9	35.7	21.0	0.2	100.0
	교수들의 사기	4.8	32.2	39.8	22.8	0.4	100.0
	대학의 사명에 대한 분명성	10.8	35.5	35.4	17.6	0.8	100.0
	공동체로서의 인식	8.0	30.2	38.8	22.6	0.5	100.0

(독일·영국 ; 자료 누락, 네덜란드 ; 일부자료 누락)

적 긍정적으로 지각하고 있었으며, 37.0%의 한국 대학교수들은 교수
와 학교행정진 간의 관계를 부정적으로 지각하고 있었다. 한국 다음
은 호주로 30.3%의 대학교수들이 부정적으로 지각하고 있었다. 반면
에, 러시아의 경우는 91.7%의 교수들이, 브라질과 일본은 각각 86.9

%의 교수들이, 그리고 멕시코의 경우는 85.0%의 교수들이 교수와 학교행정진 간의 관계를 긍정적으로 지각하고 있었다. 그 외 칠레·홍콩·이스라엘·네덜란드·스웨덴·미국의 경우에도 각각 75% 내외의 교수들이 교수와 학교행정진 간의 관계를 긍정적으로 느끼고 있었다.

셋째로, 교수들의 사기에 관하여 살펴보면, 14개국 중 교수의 사기가 떨어져 있다고 생각하는 교수의 비율이 가장 높은 나라는 한국의 대학교수들이었다. 한국 대학교수들 중 58.4%만이 교수들의 사기에 관하여 긍정적이었고, 41.4%는 교수들의 사기를 부정적으로 지각하고 있었다. 한국 대학교수들 다음으로, 교수들의 사기에 관하여 부정적으로 지각하고 있는 교수가 많았던 나라는 호주(39.1%)와 칠레(32.6%)였다. 한편, 교수의 사기에 대하여 가장 많은 교수들이 긍정적으로 생각하고 있는 나라는 러시아(95.8%)였다. 그리고 멕시코(84.0%), 스웨덴(83.0%), 일본(82.6%), 이스라엘(81.1%), 브라질(80.1%)의 대학교수들은 각각 80% 이상이 교수의 사기에 관하여 긍정적으로 느끼고 있었다.

넷째로, 학술적 삶에 영향을 미치는 심리적 환경요소의 하나로서, 소속대학의 사명에 대하여 어느 정도나 분명하게 설정하고 있는가에 대한 느낌에 관해서도, 앞서 교수들의 사기처럼 한국·호주·칠레의 대학교수들의 부정적인 인식이 상대적으로 높았다. 호주 대학교수들 중 30.3%, 한국 대학교수들 중 29.8%, 그리고 칠레 대학교수들 중 28.1%가 소속대학이 대학의 사명에 대한 분명성을 제대로 갖추지 못하고 있는 것으로 지각하고 있었다. 그 외 다른 나라들은 3/4 이상이 소속대학의 사명에 대한 분명성을 긍정적으로 지각하고 있었다.

끝으로 다섯째, 공동체로서의 인식에 관해서도, 각국 대학교수들의 지각은 앞서 적시한 네 가지 요소들에 대한 지각과 비슷한 성향을 보이고 있었다. 즉, 한국·호주·칠레 이들 세 나라 대학교수들의 지각이 가장 부정적이었다. 칠레 대학교수들 중 38.6%, 호주 대학교수들 중 36.3%, 그리고 한국 대학교수들 중 30.1%가 소속대학에서의 공동체 인식이 좋지 않은 것으로 반응하였다. 그 외 다른 나라 대학교수들의 경우에는 최소한 70% 이상이 소속대학에서의 공동체 인식에 관하여 긍정적으로 지각하고 있는 것으로 나타났다.

이상에서 논의한 결과를 종합할 때, 교수의 학술적 삶에 영향을 미치는 심리적 분위기에 대하여 부정적으로 생각하고 있는 교수들이 가장 많은 나라는 한국·호주·칠레였다. 특히 이 가운데서도, 한국의 대학교수들은 다섯 가지 항목 모두에서 부정적인 시각이 다른 나라에 비하여 유독 강한 것으로 나타났다. 한마디로, 한국의 대학교수들은 현재 대학의 심리적 분위기가 그들의 학술적 삶을 영위하는 데 있어 지극히 부적절하다고 인식하고 있으며, 따라서 전체적으로 볼 때 교수들의 사기가 극히 저하되어 있는 것으로 인식하고 있다.

그렇다면, 교수들의 사기를 결정하는 요인은 무엇인가? 그것에 대한 심층적인 분석을 실시하지는 못했기에 단정적으로 규정할 수는 없다. 그러나 미국 대학교수들의 경우를 보면, 교수들의 사기는 그 대학행정진의 지도성, 대학 밖으로부터의 대학에 대한 참여와 간섭, 교수에 대한 보상체제, 근무조건의 충분성, 그 대학의 재정적 상황, 교수로서의 역할수행에 대한 자신의 가치체제 정립, 교수라는 직업에서 느낄 수 있는 정체감(stuckness)에 대한 자신의 태도 정리 등이 복합적으로 작용하는 것으로 나타났다(Bowen & Schuster, 1986, pp. 140~142). 이러한 영향요인을 우리가 인정한다면, 결국 한국 대학교수들의 사기가 그렇게 높지 못한 것은 위에 적은 여러 가지 요인들에 대해 교수들이 만족을 느끼지 못하고 있기 때문임을 추정할 수 있다.

교수들은 진실로 자신의 직업에 대하여 어느 정도나 만족을 느끼고 있는가? 구체적으로 어떠한 요인들이 교수들의 직업만족도를 결정하는가? 밖에서는 많은 사람들이 교수직같이 좋은 직업이 천하에 없는 줄로 생각하고 있는데 교수들은 실제로 자신의 직업에 대하여 어떻게 생각하고 있는가? 이미 앞에서 제시한 〈표 3-4〉에서처럼, 교수들의 사기가 그렇게 높은 편이 아니라고 할 때, 결과적으로 교수들의 직업 만족도도 떨어지고 있는가?

　교수들의 직업만족도에 대한 보다 구체적인 조사결과를 제시하기 이전에, 우선 교수들의 직업만족도를 결정하는 요인에 대한 몇 가지 선행 연구결과를 개관해 보면 다음과 같다. 첫째, 교수들의 직업만족 도는 교수로서의 생애발달 단계에 따라 다소 다르다. 신임교수들에게 있어 직업만족도는 가장 낮게, 그리고 은퇴를 얼마 앞둔 교수들에게 있어 직업만족도는 가장 높게 나타났다(Baldwin, 1979ⓑ). 둘째, 교 수들의 직업만족도는 소속대학 행정진의 지도성 또는 경영관리 방식 과 관계가 있다. 즉, 그 대학의 총장이나 실·처장, 학장 등 행정보 직자들의 전문성과 일의 방식, 그리고 그들에 대한 인간적 존중 등이 어우러져서 교수들의 직업만족도에 영향을 미친다는 점이다. 셋째, 대학 또는 학과의 조직구조 양태에 따라 교수들의 만족도는 달라진다 는 것이다. 예컨대, 조직구조가 좀더 자율적이고 개방적인 대학에서 는 교수들의 만족도가 높지만, 그렇지 않은 대학에서는 교수들의 만 족도가 떨어진다는 것이다. 특히, 전문적 자율성 또는 학문적 자유에 대한 교수들의 지각은 교수직에 대한 만족도를 결정하는 하나의 독립 변인이 된다고 한다(Finkelstein, 1984, p. 146). 넷째, 교수들의 급여 체제는 교수직의 만족도를 결정하는 또다른 요인이 된다는 점이다. 그리고 그 외에도 교수직의 만족도를 결정하는 데 영향을 미치는 요 인은 여러 가지가 있을 수 있다. 예컨대, 가르치는 학생들의 지적 수 준, 가르치는 교과목이나 전공분야에 대한 느낌, 뒤에 가서 장을 달 리하여 논의하겠지만 여러 가지 연구여건, 교육시설여건, 교수로서의 신분보장, 승진에 대한 전망 등 수많은 요인들이 복합적으로 작용하 여 교수들의 교수직에 대한 만족도를 결정한다.

교수들의 직업만족도에 대한 선행연구들 중 한 가지 재미있는 발견은 J. Leon의 연구이다. 그에 따르면, 교수들의 직업에 대한 만족을 느끼게 해주는 결정적 요인은 교수로서의 책무 그 자체에 대한 교수 자신의 느낌과 그러한 책무를 수행하는 데 있어서의 자율성이라고 한다. 이에 비하여, 교수가 직업에 대하여 불만을 느끼게 되는 결정적 요인은 급여 또는 보상체제나 그 대학의 행정적 지도성이라고 한다 (Leon, 1973). 즉, 만족을 느끼게 하는 데 작용하는 요인은 교수 자신의 내적인 요인이고, 불만을 느끼게 하는 데 작용하는 요인은 교수 자신 외부로부터 초래되는 외적인 요인이라는 것이다. 여기서, 봉급과 같은 외적인 요인은 만족을 가져다주는 데는 약하게 작용하지만, 불만을 가져다주는 데는 크게 작용한다는 점이 흥미롭다. 즉, 봉급을 많이 주어도 교수가 그것만으로 교수직에 대한 만족을 느끼지는 않지만, 봉급이 적으면 불만을 느끼게 된다는 것이다.

또 한 가지 교수들의 직업만족도에 관한 논의에서 언급할 것은 업적과의 관련이다. 즉, 교수들은 업적, 특히 연구업적이 많을수록 직업만족도가 높겠는가이다. 이러한 문제에 대한 연구결과를 살펴보면, 연구업적을 많이 올려야만 하는 압력이 강한 대학에 소속된 교수들에게서는 역시 연구업적의 높은 성취가 교수직에 대한 높은 만족도를 가져오는 것으로 나타났다. 그러나 연구업적에 대한 압력이 적은 조건에서는, 오히려 업적성취가 높을 때, 교수들의 직업만족도 수준은 거꾸로 낮은 것으로 분석되고 있음에 주목할 필요가 있다 (Clark, 1973).

한편, J. Ferguson의 연구에서는 교수가 과거에 쌓은 많은 연구업적으로 승진 등의 혜택을 입었을 때는, 현재 이루는 연구업적에 대하여 높은 만족도를 느끼지만, 반면 과거에 쌓은 연구업적에 대하여 승진 등의 보상을 받지 못한 교수들은 현재 연구업적을 이루고 있음에도 오히려 만족도는 낮은 수준에 머물고 있는 것으로 밝혀졌다 (Ferguson,

1960). 그리고 A.L. Boberg와 R.T. Blackburn의 연구에서는 학생, 동료교수, 근무환경의 질적 수준이 교수들의 직업만족도에 중요한 영향 요소로 작용하고 있음을 밝히고 있다(Bowen & Schuster, 1986, p. 47).

그렇다면, 세계 각국의 대학교수들은 교수직에 대하여 어느 정도나 만족을 느끼고 있는가? 〈표 3-5〉는 위에서 논의한 교수의 직업만족도 영향요인들 중 몇 가지 요인에 대한 세계 각국 교수들의 만족도를 나타낸 것이다.

이 표에서 보면, 우선 첫째, 한국·이스라엘·미국의 대학교수들 중 각각 80% 이상은 자신들이 가르치는 교과목에 대해서 만족을 느끼고 있는 것으로 나타났다. 호주·칠레·홍콩·멕시코·영국의 대학교수들은 각각 70% 이상이, 브라질과 스웨덴의 경우에는 각각 60% 이상의 교수들이 만족을 느끼고 있었다. 그러나 독일·일본·러시아 대학교수들은 60%를 밑돌고 있었다. 특히, 독일과 일본의 교수들 중 10% 이상은 자신들이 가르치는 교과목에 대하여 만족하지 않는 것으로 나타났다.

둘째, 동료교수와의 관계지음에 관해서는 브라질·일본·러시아를 제외하고는 모든 나라의 교수들 중 각각 2/3 이상이 만족하고 있는 것으로 나타났다. 브라질의 경우에는 58.1%, 일본의 경우에는 51.3%, 그리고 러시아의 경우에는 48.5%의 교수들만이 만족하고 있었다. 동료교수들과의 관계지음에 관하여 불만족하고 있는 교수들의 비율이 비교적 높았던 나라는 미국(12.8%)과 브라질(12.9%)인 것으로 나타났다.

셋째, 교수직으로서의 신분보장에 관해서는 한국 대학교수들의 만족 정도가 비교적 높은 것으로 나타났다. 즉, 한국 대학교수들 중 70.6%가 교수직으로서의 신분보장에 관하여 만족하고 있다. 만족하는 교수가 가장 적었던 나라는 러시아(27.5%)였으며, 그 외에 독일(56.9%), 홍콩(54.4%), 스웨덴(52.6%), 호주(57.2%)와 같은 나라

<표 3-5> 각국 대학교수의 직업만족도 영향요인에 대한 만족정도별 분포 (%)

국 가	영향 요인	만족	중간	불만족	해당없음	전체
호 주	가르치는 교과목들	72.8	14.7	6.8	5.6	100.0
	동료교수들과의 관계지음	69.1	20.5	10.3	0.1	100.0
	교수직으로서의 신분보장	57.2	16.1	25.7	1.0	100.0
	승진에 대한 전망	23.8	27.9	42.9	5.4	100.0
	아이디어를 추구할 수 있는 기회	65.2	18.2	16.3	0.2	100.0
	소속대학이 경영관리되고 있는 방식	17.8	27.4	54.5	0.4	100.0
	총체적인 직업상황	48.6	26.5	24.7	0.1	100.0
브 라 질	가르치는 교과목들	63.8	30.7	5.1	0.4	100.0
	동료교수들과의 관계지음	58.1	29.1	12.9	0.0	100.0
	교수직으로서의 신분보장	65.5	18.3	12.9	3.3	100.0
	승진에 대한 전망	26.2	24.8	39.4	9.6	100.0
	아이디어를 추구할 수 있는 기회	43.8	29.7	24.8	1.6	100.0
	소속대학이 경영관리되고 있는 방식	26.9	35.1	36.7	1.2	100.0
	총체적인 직업상황	34.4	45.9	19.5	0.2	100.0
칠 레	가르치는 교과목들	76.8	17.9	3.8	1.4	100.0
	동료교수들과의 관계지음	69.2	20.4	10.1	0.3	100.0
	교수직으로서의 신분보장	68.4	15.7	14.6	1.2	100.0
	승진에 대한 전망	29.6	21.8	39.4	9.2	100.0
	아이디어를 추구할 수 있는 기회	56.2	20.4	20.6	2.9	100.0
	소속대학이 경영관리되고 있는 방식	24.7	25.3	48.3	1.7	100.0
	총체적인 직업상황	36.7	32.4	30.5	0.3	100.0
독 일	가르치는 교과목들	54.2	24.9	12.3	8.6	100.0
	동료교수들과의 관계지음	70.3	19.5	9.3	0.9	100.0
	교수직으로서의 신분보장	56.9	11.9	26.6	4.7	100.0
	승진에 대한 전망	12.8	18.5	53.0	15.7	100.0
	아이디어를 추구할 수 있는 기회	50.6	25.0	22.6	1.7	100.0
	소속대학이 경영관리되고 있는 방식	10.2	23.3	61.8	4.7	100.0
	총체적인 직업상황	40.0	29.8	27.6	2.6	100.0
홍 콩	가르치는 교과목들	71.6	22.6	5.2	0.6	100.0
	동료교수들과의 관계지음	66.0	22.9	11.1	0.0	100.0
	교수직으로서의 신분보장	54.4	21.3	21.9	2.4	100.0
	승진에 대한 전망	21.9	30.1	39.8	8.2	100.0
	아이디어를 추구할 수 있는 기회	56.6	22.2	20.1	1.1	100.0
	소속대학이 경영관리되고 있는 방식	15.7	32.8	51.1	0.4	100.0
	총체적인 직업상황	50.2	32.7	17.1	0.0	100.0

(계속)

국 가	영향 요인	만족	중간	불만족	해당없음	전체
이스라엘	가르치는 교과목들	80.6	17.0	1.6	0.8	100.0
	동료교수들과의 관계지음	73.1	18.4	7.8	0.6	100.0
	교수직으로서의 신분보장	68.1	14.1	16.1	1.6	100.0
	승진에 대한 전망	32.1	23.7	27.2	17.0	100.0
	아이디어를 추구할 수 있는 기회	23.1	35.8	36.4	4.7	100.0
	소속대학이 경영관리되고 있는 방식	35.3	36.2	21.5	7.0	100.0
	총체적인 직업상황	—	—	—	—	—
일 본	가르치는 교과목들	53.7	34.4	10.9	1.0	100.0
	동료교수들과의 관계지음	51.3	38.1	10.3	0.3	100.0
	교수직으로서의 신분보장	62.1	30.7	6.3	0.9	100.0
	승진에 대한 전망	27.2	38.7	13.6	20.5	100.0
	아이디어를 추구할 수 있는 기회	69.3	20.5	9.8	0.5	100.0
	소속대학이 경영관리되고 있는 방식	29.6	42.0	27.5	0.9	100.0
	총체적인 직업상황	53.4	32.2	14.3	0.2	100.0
한 국	가르치는 교과목들	82.1	14.5	3.4	0.0	100.0
	동료교수들과의 관계지음	64.7	25.6	9.7	0.1	100.0
	교수직으로서의 신분보장	70.6	21.4	8.0	0.0	100.0
	승진에 대한 전망	69.2	17.7	4.3	8.8	100.0
	아이디어를 추구할 수 있는 기회	25.2	42.0	31.0	1.8	100.0
	소속대학이 경영관리되고 있는 방식	14.6	32.9	51.9	0.6	100.0
	총체적인 직업상황	55.9	36.1	7.7	0.3	100.0
멕 시 코	가르치는 교과목들	77.6	15.6	5.5	1.2	100.0
	동료교수들과의 관계지음	68.4	20.5	9.9	1.3	100.0
	교수직으로서의 신분보장	62.9	18.2	16.0	3.0	100.0
	승진에 대한 전망	38.5	20.0	36.6	5.0	100.0
	아이디어를 추구할 수 있는 기회	61.7	17.5	19.0	1.8	100.0
	소속대학이 경영관리되고 있는 방식	42.6	24.4	30.9	2.1	100.0
	총체적인 직업상황	46.0	26.0	27.4	0.6	100.0
러 시 아	가르치는 교과목들	59.7	36.0	3.8	0.5	100.0
	동료교수들과의 관계지음	48.5	49.4	2.1	0.0	100.0
	교수직으로서의 신분보장	27.5	60.3	9.7	2.4	100.0
	승진에 대한 전망	7.5	68.7	16.1	7.7	100.0
	아이디어를 추구할 수 있는 기회	27.7	44.8	23.8	3.6	100.0
	소속대학이 경영관리되고 있는 방식	8.2	65.7	22.0	4.1	100.0
	총체적인 직업상황	20.8	70.7	7.7	0.7	100.0

(계속)

국 가	영향 요인	만족	중간	불만족	해당없음	전체
스 웨 덴	가르치는 교과목들	68.5	19.7	4.2	7.6	100.0
	동료교수들과의 관계지음	69.9	21.9	8.2	0.0	100.0
	교수직으로서의 신분보장	52.6	21.9	20.3	5.2	100.0
	승진에 대한 전망	17.7	37.0	33.6	11.7	100.0
	아이디어를 추구할 수 있는 기회	72.5	18.5	8.6	0.5	100.0
	소속대학이 경영관리되고 있는 방식	36.7	34.6	28.2	0.5	100.0
	총체적인 직업상황	59.8	26.7	13.2	0.3	100.0
영 국	가르치는 교과목들	72.1	15.6	6.9	5.4	100.0
	동료교수들과의 관계지음	73.5	17.3	9.0	0.2	100.0
	교수직으로서의 신분보장	60.0	21.5	16.7	1.8	100.0
	승진에 대한 전망	18.9	28.1	42.8	10.2	100.0
	아이디어를 추구할 수 있는 기회	66.3	16.8	16.5	0.5	100.0
	소속대학이 경영관리되고 있는 방식	21.0	25.6	53.4	0.1	100.0
	총체적인 직업상황	48.8	23.8	27.0	0.4	100.0
미 국	가르치는 교과목들	83.7	10.2	3.6	2.5	100.0
	동료교수들과의 관계지음	69.1	17.8	12.8	0.3	100.0
	교수직으로서의 신분보장	66.6	13.9	17.7	1.8	100.0
	승진에 대한 전망	31.1	21.4	23.7	23.8	100.0
	아이디어를 추구할 수 있는 기회	76.5	11.4	11.5	0.6	100.0
	소속대학이 경영관리되고 있는 방식	26.6	28.3	44.6	0.6	100.0
	총체적인 직업상황	59.5	23.5	16.7	0.3	100.0

(네덜란드 ; 자료 누락, 이스라엘 ; 일부자료 누락)

들에서 만족정도가 비교적 높게 나타났다. 특히, 이들 호주·독일·홍콩·스웨덴 네 나라의 교수들 중 각각 20%가 넘는 교수들은 교수직에 대한 신분보장에 불만을 느끼고 있는 것으로 나타났다.

넷째, 승진전망에 대해서는 한국을 제외한 모든 나라에서 만족하는 교수들의 비율이 현저하게 낮았다. 한국의 경우에만, 69.2%의 교수들이 승진전망에 대하여 만족하고 있는 것으로 나타났다. 그 외 나머지 국가들에서는 모두 40% 이하의 교수들만이 만족하고 있었다. 이러한 결과는 한국 대학에서의 승진이 엄격한 심사과정을 거치지 않고, 교수로서 대학에 일단 발을 들여놓으면 65세 정년 때까지 탈락됨이 없이 그저 자동적으로 승진되고, 정년을 보장받는 이제까지의 관행으로부터 비롯된 것은 아닌가 함을 느끼게 한다.

다섯째, 교수의 직업만족에 영향을 미치는 또다른 요인으로서, 대학교수로서 아이디어를 추구할 수 있는 기회에 대하여 어느 정도나 만족하고 있는가를 조사한 결과, 미국과 스웨덴 대학교수들이 70% 이상으로 가장 높게 나타났다. 그 외에, 영국·호주·일본·멕시코 대학교수들의 경우에는 각각 60% 이상이, 칠레·독일·홍콩 대학교수들의 경우에는 각각 50% 이상이 아이디어를 추구할 수 있는 기회에 관하여 만족을 느끼고 있었다. 브라질 대학교수들의 경우에는 약 44%만이 만족을 느끼고 있었다. 그러나 이스라엘·한국·러시아 대학교수들의 경우에는 만족하고 있는 교수들의 비율이 30%가 되지 않았다. 오히려 불만을 느끼고 있는 교수들의 비율이 30%를 상회하고 있었다.

여섯째, 소속대학이 경영관리되고 있는 방식에 대해서는 설문에 응한 모든 국가에서 만족하는 교수들의 비율이 매우 낮았다. 멕시코 대학교수들 중 42.6%가, 스웨덴 대학교수들 중 36.7%가, 이스라엘 대학교수들 중 35.3%가 만족하고 있을 뿐, 그 외의 나머지 11개국에서는 30%를 넘지 못하였다. 특히 호주·영국·홍콩·독일·한국의 대학교수들은 각각 50% 이상이 소속대학의 경영관리방식에 관하여 불만스럽게 생각하고 있음을 토로하고 있다.

끝으로 일곱째, 교수로서의 총체적인 직업상황에 관하여는 미국·스웨덴·한국·일본·홍콩의 대학교수들 중 각각 50% 이상이 만족하고 있는 것으로 나타났다. 러시아가 20.8%로서 가장 낮았고, 그 외 나라들의 경우에는 각각 30~50%의 교수들이 교수로서의 총체적인 직업상황에 만족하고 있는 것으로 나타났다.

이상의 일곱 가지 직업만족도 영향요인에 대한 각국 교수들의 반응 결과를 종합하면, 우선 우리 한국 대학교수들은 다른 나라 교수들에 비하여 비교적 많은 교수들이 만족하고 있는 것으로 나타났다. 즉, 가르치는 교과목에 관해서나, 교수직으로서의 신분보장에 관해서나, 승진전망, 그리고 총체적인 직업상황 등에 관하여 다른 나라 교수들보다는 만족하는 교수들의 비율이 높았다. 반대로 직업만족도 영향요인에 관하여 만족하는 교수들의 비율이 낮았던 경우는 러시아의 교수들인 것으로 나타났다. 일곱 가지 영향요인 중, 모든 나라의 교수들에게서 가장 불만족스러운 요인은 소속대학의 경영관리방식이었다. 즉, 소속대학의 경영관리체제에 대한 불만은 모든 나라에서 나타난 공통된 성향이었다.

한편, 교수직에 대한 직업만족도를 간접적으로 알아보기 위하여, 교수직의 전망을 어떻게 인식하고 있는가를 분석한 결과는 〈표 3-6〉에서와 같이 나타났다.

이 표에서 보면, 공통적으로 각국의 50~70%의 교수들은 지금은 나의 전공분야에서 창의적이고 생산적인 시기라는 데 찬성하고 있다. 특히, 14개국 중에서도 한국의 대학교수들이 가장 그렇게 생각하고 있었다. 즉, 75%의 한국 대학교수들은 지금이 자신의 전공분야에서 창의적이고 생산적인 시기라고 생각하고 있었다.

그리고 젊은 사람들이 지금 자신의 전공분야에서 교수로 새로이 시작하기에는 나쁜 시기라고 생각하는 교수들의 비중도 14개국 모두에서 매우 낮게 나타났다. 특히, 일본·한국·스웨덴 대학교수들의 비율이 20% 이하로 14개국 중 매우 낮게 나타났다.

내가 다시금 내 인생을 시작한다면, 교수가 되고 싶지 않다라는 생각에 대해서는 찬성하는 교수의 비율이 대부분의 나라에서 20% 이하인 것으로 나타났다. 특히, 이스라엘·한국·스웨덴 세 나라의 경우에는 그렇게 생각하는 교수가 각각 10% 이하인 것으로 나타났다. 이를 역으로 보면, 이들 세 나라 교수들 중 대다수는 다시 태어나도 교수가 되겠다고 할 만큼 교수로서의 삶에 만족을 느끼고 있는 것으로

<표 3-6> 각국 대학교수의 교수직 전망에 대한 찬·반별 분포   (%)

국 가	전 망	찬 성	중 간	반 대	해당없음	전 체
호 주	(1) 창의적이고 생산적인 시기	66.6	21.4	11.9	0.2	100.0
	(2) 신진교수들에게는 나쁜 시기	33.5	19.9	45.6	0.9	100.0
	(3) 다시는 교수가 되고 싶지 않다	16.0	17.5	66.2	0.4	100.0
	(4) 교수직은 직업적 긴장의 근원	45.7	21.1	33.0	0.3	100.0
브 라 질	(1) 창의적이고 생산적인 시기	54.0	22.5	21.8	1.7	100.0
	(2) 신진교수들에게는 나쁜 시기	47.5	17.6	33.2	1.7	100.0
	(3) 다시는 교수가 되고 싶지 않다	14.7	6.9	75.4	3.0	100.0
	(4) 교수직은 직업적 긴장의 근원	24.9	14.1	59.8	1.1	100.0
칠 레	(1) 창의적이고 생산적인 시기	61.5	28.3	8.8	1.3	100.0
	(2) 신진교수들에게는 나쁜 시기	31.3	23.5	40.8	4.4	100.0
	(3) 다시는 교수가 되고 싶지 않다	15.5	11.9	69.4	3.2	100.0
	(4) 교수직은 직업적 긴장의 근원	34.3	26.2	36.9	2.7	100.0
독 일	(1) 창의적이고 생산적인 시기	50.9	28.5	17.3	3.2	100.0
	(2) 신진교수들에게는 나쁜 시기	34.4	19.6	42.3	3.7	100.0
	(3) 다시는 교수가 되고 싶지 않다	15.8	14.1	65.5	4.6	100.0
	(4) 교수직은 직업적 긴장의 근원	36.6	19.7	40.6	3.0	100.0
홍 콩	(1) 창의적이고 생산적인 시기	66.5	20.7	12.6	0.2	100.0
	(2) 신진교수들에게는 나쁜 시기	22.7	22.5	53.4	1.3	100.0
	(3) 다시는 교수가 되고 싶지 않다	16.3	14.6	67.9	1.3	100.0
	(4) 교수직은 직업적 긴장의 근원	38.4	27.0	34.1	0.4	100.0
이스라엘	(1) 창의적이고 생산적인 시기	62.1	25.4	10.5	2.0	100.0
	(2) 신진교수들에게는 나쁜 시기	29.9	14.2	50.3	5.6	100.0
	(3) 다시는 교수가 되고 싶지 않다	8.5	6.1	83.4	2.0	100.0
	(4) 교수직은 직업적 긴장의 근원	18.2	17.0	61.9	2.8	100.0
일 본	(1) 창의적이고 생산적인 시기	62.8	28.9	7.6	0.8	100.0
	(2) 신진교수들에게는 나쁜 시기	12.9	24.6	60.7	1.8	100.0
	(3) 다시는 교수가 되고 싶지 않다	15.8	29.3	52.3	2.6	100.0
	(4) 교수직은 직업적 긴장의 근원	55.6	30.0	13.8	0.5	100.0
한 국	(1) 창의적이고 생산적인 시기	74.9	18.6	6.2	0.2	100.0
	(2) 신진교수들에게는 나쁜 시기	19.4	18.6	59.9	2.0	100.0
	(3) 다시는 교수가 되고 싶지 않다	9.8	13.6	74.3	2.3	100.0
	(4) 교수직은 직업적 긴장의 근원	49.8	18.4	31.0	0.9	100.0

(계속)

국 가	전 망	찬 성	중 간	반 대	해당없음	전 체
멕 시 코	(1) 창의적이고 생산적인 시기	71.5	16.5	10.6	1.5	100.0
	(2) 신진교수들에게는 나쁜 시기	24.2	15.0	58.3	2.6	100.0
	(3) 다시는 교수가 되고 싶지 않다	—	—	—	—	—
	(4) 교수직은 직업적 긴장의 근원	20.2	18.8	58.3	2.7	100.0
네덜란드	(1) 창의적이고 생산적인 시기	62.9	26.9	9.1	1.1	100.0
	(2) 신진교수들에게는 나쁜 시기	27.8	18.5	48.8	4.9	100.0
	(3) 다시는 교수가 되고 싶지 않다	12.6	16.9	64.7	5.8	100.0
	(4) 교수직은 직업적 긴장의 근원	—	—	—	—	—
러 시 아	(1) 창의적이고 생산적인 시기	50.0	34.0	13.6	2.4	100.0
	(2) 신진교수들에게는 나쁜 시기	30.3	24.7	40.4	4.5	100.0
	(3) 다시는 교수가 되고 싶지 않다	10.2	16.1	67.2	6.6	100.0
	(4) 교수직은 직업적 긴장의 근원	49.9	33.4	14.3	2.4	100.0
스 웨 덴	(1) 창의적이고 생산적인 시기	66.1	23.7	9.4	0.8	100.0
	(2) 신진교수들에게는 나쁜 시기	17.6	23.1	58.1	1.2	100.0
	(3) 다시는 교수가 되고 싶지 않다	7.5	8.1	82.2	2.2	100.0
	(4) 교수직은 직업적 긴장의 근원	44.0	25.9	28.5	1.5	100.0
영 국	(1) 창의적이고 생산적인 시기	62.4	23.6	13.5	0.5	100.0
	(2) 신진교수들에게는 나쁜 시기	41.6	20.7	36.5	1.2	100.0
	(3) 다시는 교수가 되고 싶지 않다	19.7	16.5	61.7	2.1	100.0
	(4) 교수직은 직업적 긴장의 근원	47.3	20.5	32.0	0.3	100.0
미 국	(1) 창의적이고 생산적인 시기	70.6	17.7	11.5	0.3	100.0
	(2) 신진교수들에게는 나쁜 시기	29.6	16.0	53.7	0.8	100.0
	(3) 다시는 교수가 되고 싶지 않다	10.7	10.1	78.0	1.1	100.0
	(4) 교수직은 직업적 긴장의 근원	32.7	20.1	46.5	0.6	100.0

(1) 지금은 나의 전공분야에서 창의적이고 생산적인 시기이다.
(2) 지금은 나의 전공분야에서 젊은 사람들이 교수로 새로이 시작하기에는 나쁜 시기이다.
(3) 내가 다시금 내 인생을 시작한다면, 나는 교수가 되고 싶지 않다.
(4) 내게 있어 교수라는 직업은 항상 개인적인 긴장의 근원이 된다.

(멕시코·네덜란드 ; 일부자료 누락)

보인다.

그럼에도 불구하고, 교수들은 교수직에서 상당한 직업적 긴장을 느끼고 있음을 토로하고 있다. 특히 러시아 대학교수들은 66.1%가, 일본 대학교수들은 55.6%가, 그리고 한국 대학교수들은 49.8%가 「내게 있어 교수라는 직업은 항상 개인적인 긴장의 근원이 된다」라고 생각하고 있었다. 호주·스웨덴·영국의 대학교수들은 각각 40% 이상이 그렇게 생각하고 있었다. 교수직이 긴장의 근원이 되고 있다는 데 대하여 그렇지 않다고 생각하고 있는 교수들이 많은 나라는 이스라엘(61.9%), 브라질(59.8%), 멕시코(58.3%) 등이었다.

심리적 환경조건에서 끝으로 한 가지 더 살펴보아야 할 것은 교수들은 학생들의 질적인 수준을 어떻게 지각하고 있느냐 하는 점이다. 이는 앞에서 이미 논의하였듯이, 교수들의 직업만족도나 사기와 깊은 관련이 있는 요소이기 때문이다. 각국의 대학교수들이 자국 학생들의 질적인 수준을 어떻게 평가하고 있느냐 하는 것은 〈표 3-7〉에서와 같이 나타났다.

자국 학생들의 질적인 수준에 대하여 가장 긍정적으로 생각하고 있

〈표 3-7〉 각국 대학교수의 학생의 질에 대한 평가수준별 분포　　　(%)

질적 수준 국가	매우 우수	대체로 우수	괜찮은 편	우수하지 않음	모르겠음	전　체
호　　　주	9.4	46.0	35.5	6.1	2.9	100.0
브　라　질	2.3	32.0	54.2	10.8	0.6	100.0
칠　　　레	3.3	34.6	48.9	12.3	0.9	100.0
독　　　일	1.7	24.7	50.8	14.7	8.1	100.0
홍　　　콩	1.5	36.2	51.8	10.4	0.0	100.0
이 스 라 엘	8.2	45.2	39.4	7.2	0.0	100.0
일　　　본	3.0	17.4	49.9	28.1	1.5	100.0
한　　　국	3.6	18.2	39.9	38.1	0.2	100.0
멕　시　코	2.5	35.7	48.5	12.3	1.0	100.0
네 덜 란 드	0.8	41.8	36.9	3.0	17.5	100.0
러　시　아	0.5	26.3	61.0	11.3	0.9	100.0
스　웨　덴	5.6	53.7	33.2	3.3	4.3	100.0
미　　　국	11.2	49.8	33.3	5.2	0.4	100.0

(영국 ; 자료 누락)

는 교수들은 미국과 스웨덴 교수들이며, 반대로 가장 부정적으로 생
각하고 있는 교수들은 한국과 일본의 교수들이다. 미국 교수들 중 61
%, 스웨덴 교수들 중 59%는 자기네 학생들의 질적인 수준을 우수한
것으로 지각하고 있다. 그러나 일본의 경우는 20.4%의 교수들만이,
그리고 한국의 경우는 21.8%의 교수들만이 학생들의 자질을 긍정적
으로 평가하고 있다. 특히, 자국 학생들의 질적인 수준을 우수하지
않다고 판단하고 있는 비율이 가장 높았던 나라는 한국으로서, 한국
대학교수들 중 무려 38%가 학생들의 질적인 수준이 우수하지 않다고
보고 있다.

3. 물리적 환경조건

교수의 책무수행에 영향을 미치는 요인들 중 경제적, 심리적 환경
조건에 덧붙여 또하나 생각해 볼 필요가 있는 것은 물리적 환경조건
이다. 즉, 교수들은 어떠한 물리적 환경의 지원을 받으면서 그들의
책무를 수행하고 있는가? 그들은 그들에게 현재 제공되고 있는 제반
물리적 지원에 대하여 어떻게 평가하고 있는가? 그 대체적인 흐름을
분석하기 위하여, 이 연구에서는 모두 8가지 항목에 걸쳐 그 우수성
정도를 평가하도록 응답자들에게 요구하였다. 〈표 3-8〉은 그 결과를
모아놓은 것이다.

〈표 3-8〉을 일견하여 살펴보면, 우선 첫째로, 8가지 물리적 환경
조건 가운데서, 교실(강의실), 가르치는 데 필요한 기자재, 컴퓨터
설비, 그리고 도서관의 장서의 네 가지 항목에 대해서는 다른 네 항
목에 비하여 그 우수함을 인정하는 성향이 공통적으로 나타남을 알
수 있다. 그중에서도 특히 컴퓨터 설비의 우수함을 인정하는 정도가
상대적으로 가장 높았다. 달리 표현하면, 현재 세계 여러 나라 대학

〈표 3-8〉 각국 대학교수의 소속대학의 물리적 조건에 대한 평가수준별 분포　(%)

국　가	물리적 조건	매우 우수	대체로 우수	괜찮은 편	우수하지 않음	해당 없음	전　체
호　주	교실 (강의실)	3.3	27.6	39.9	25.1	4.1	100.0
	가르치는 데 필요한 기자재	3.3	31.2	41.4	20.4	3.7	100.0
	실험실	3.2	19.8	27.3	18.7	31.0	100.0
	연구시설 및 도구	2.8	19.2	30.5	26.9	20.5	100.0
	컴퓨터 설비	12.1	40.8	34.1	12.3	0.7	100.0
	도서관의 장서	6.5	33.3	37.4	22.6	0.1	100.0
	교수연구실	5.3	34.3	35.0	24.9	0.5	100.0
	사무비서들의 조력	6.4	29.4	32.0	30.9	1.3	100.0
브 라 질	교실 (강의실)	4.0	34.4	42.0	19.3	0.3	100.0
	가르치는 데 필요한 기자재	—	—	—	—	—	—
	실험실	1.7	16.3	31.6	33.0	17.5	100.0
	연구시설 및 도구	1.5	11.2	29.5	44.0	13.7	100.0
	컴퓨터 설비	3.9	17.5	28.8	35.1	14.7	100.0
	도서관의 장서	8.2	25.5	39.2	26.8	0.3	100.0
	교수연구실	4.1	24.2	28.4	37.4	5.8	100.0
	사무비서들의 조력	5.1	29.0	35.3	28.7	1.8	100.0
칠　레	교실 (강의실)	1.9	24.8	48.1	24.9	0.3	100.0
	가르치는 데 필요한 기자재	1.7	20.2	45.4	31.1	1.6	100.0
	실험실	1.5	13.0	38.2	32.3	15.0	100.0
	연구시설 및 도구	1.2	11.4	32.7	41.8	12.9	100.0
	컴퓨터 설비	4.4	27.1	38.5	25.3	4.7	100.0
	도서관의 장서	3.7	18.7	39.1	38.4	0.1	100.0
	교수연구실	2.0	19.7	40.6	35.8	2.0	100.0
	사무비서들의 조력	2.4	17.5	40.3	37.5	2.3	100.0
독　일	교실 (강의실)	8.6	34.8	37.8	16.3	2.6	100.0
	가르치는 데 필요한 기자재	5.2	36.3	39.7	13.1	5.8	100.0
	실험실	7.7	28.3	27.1	11.8	25.1	100.0
	연구시설 및 도구	8.8	33.1	32.3	15.9	9.9	100.0
	컴퓨터 설비	16.5	42.3	26.5	13.2	1.6	100.0
	도서관의 장서	12.0	40.8	31.5	15.0	0.7	100.0
	교수연구실	8.3	28.8	30.8	30.5	1.6	100.0
	사무비서들의 조력	12.7	31.3	29.5	23.7	2.8	100.0

(계속)

국 가	물리적 조건	매우 우수	대체로 우수	괜찮은 편	우수하 지않음	해당 없음	전 체
홍 콩	교실 (강의실)	8.0	42.8	35.9	12.9	0.4	100.0
	가르치는 데 필요한 기자재	12.9	47.2	31.3	7.8	0.9	100.0
	실험실	6.9	35.0	24.4	8.6	25.1	100.0
	연구시설 및 도구	6.7	31.2	34.2	14.0	14.0	100.0
	컴퓨터 설비	20.6	48.2	24.0	6.6	0.6	100.0
	도서관의 장서	7.9	41.0	33.7	17.0	0.4	100.0
	교수연구실	7.3	42.9	31.0	18.2	0.6	100.0
	사무비서들의 조력	9.2	30.4	32.5	26.1	1.7	100.0
이스라엘	교실 (강의실)	4.3	35.1	41.4	18.7	0.6	100.0
	가르치는 데 필요한 기자재	4.9	22.3	44.9	22.7	5.1	100.0
	실험실	2.3	15.1	32.3	20.2	30.0	100.0
	연구시설 및 도구	1.1	16.7	33.3	30.7	18.3	100.0
	컴퓨터 설비	10.5	42.8	30.0	12.2	4.5	100.0
	도서관의 장서	6.0	32.0	34.6	26.6	0.8	100.0
	교수연구실	6.5	23.5	30.0	37.7	2.4	100.0
	사무비서들의 조력	3.9	18.5	29.4	46.5	1.8	100.0
일 본	교실 (강의실)	1.9	13.0	45.1	39.4	0.6	100.0
	가르치는 데 필요한 기자재	1.2	13.0	45.3	38.9	1.6	100.0
	실험실	0.9	8.9	30.1	41.7	18.3	100.0
	연구시설 및 도구	1.7	11.8	36.7	45.7	4.0	100.0
	컴퓨터 설비	3.7	19.8	50.4	20.7	5.4	100.0
	도서관의 장서	7.3	24.0	44.2	24.2	0.3	100.0
	교수연구실	2.0	15.1	42.8	39.2	0.9	100.0
	사무비서들의 조력	1.8	9.9	39.6	47.8	0.9	100.0
한 국	교실 (강의실)	3.0	16.3	39.0	41.6	0.1	100.0
	가르치는 데 필요한 기자재	0.8	8.2	30.0	57.2	3.8	100.0
	실험실	0.7	6.5	22.1	51.9	18.9	100.0
	연구시설 및 도구	0.9	7.4	24.6	60.9	6.2	100.0
	컴퓨터 설비	1.8	10.3	35.7	43.4	8.9	100.0
	도서관의 장서	0.6	6.6	27.3	65.0	0.6	100.0
	교수연구실	4.1	16.9	46.9	31.9	0.1	100.0
	사무비서들의 조력	0.2	5.6	26.2	46.3	21.7	100.0

(계속)

국 가	물리적 조건	매우 우수	대체로 우수	괜찮은 편	우수하 지않음	해당 없음	전 체
멕 시 코	교실 (강의실)	7.0	40.0	37.7	15.0	0.4	100.0
	가르치는 데 필요한 기자재	4.6	27.8	43.0	21.9	2.7	100.0
	실험실	4.1	22.3	34.9	22.6	16.1	100.0
	연구시설 및 도구	2.1	16.8	35.1	31.7	14.3	100.0
	컴퓨터 설비	8.0	32.7	36.5	17.0	5.7	100.0
	도서관의 장서	6.9	31.5	38.7	22.1	0.8	100.0
	교수연구실	3.4	31.0	39.2	21.7	4.8	100.0
	사무비서들의 조력	3.9	29.3	33.8	26.0	7.0	100.0
네덜란드	교실 (강의실)	5.0	46.3	29.9	9.5	9.3	100.0
	가르치는 데 필요한 기자재	3.9	46.3	26.6	8.6	14.6	100.0
	실험실	3.1	30.5	11.2	2.8	52.4	100.0
	연구시설 및 도구	2.8	33.2	21.6	5.6	36.8	100.0
	컴퓨터 설비	11.5	55.4	22.6	7.3	3.2	100.0
	도서관의 장서	10.9	53.4	25.7	8.3	1.7	100.0
	교수연구실	4.7	31.5	35.0	28.0	0.8	100.0
	사무비서들의 조력	3.8	37.0	32.6	25.2	1.3	100.0
러 시 아	교실 (강의실)	1.4	10.4	39.4	41.2	7.6	100.0
	가르치는 데 필요한 기자재	0.7	15.9	53.7	24.7	5.0	100.0
	실험실	0.5	9.4	42.9	40.0	7.3	100.0
	연구시설 및 도구	0.5	5.5	34.3	46.1	13.5	100.0
	컴퓨터 설비	1.0	12.2	32.5	39.5	14.8	100.0
	도서관의 장서	4.0	33.5	40.0	19.4	3.0	100.0
	교수연구실	0.7	10.9	25.8	42.3	20.2	100.0
	사무비서들의 조력	2.4	16.4	37.1	27.6	16.6	100.0
스 웨 덴	교실 (강의실)	9.3	37.2	30.8	18.9	3.8	100.0
	가르치는 데 필요한 기자재	5.8	39.0	37.3	13.8	4.0	100.0
	실험실	7.9	29.9	23.5	11.0	27.7	100.0
	연구시설 및 도구	10.7	30.5	29.1	12.5	17.1	100.0
	컴퓨터 설비	22.2	45.1	24.5	7.3	0.9	100.0
	도서관의 장서	18.0	43.5	25.6	12.8	0.2	100.0
	교수연구실	7.2	34.0	40.8	14.2	3.9	100.0
	사무비서들의 조력	9.5	26.5	31.8	27.9	4.3	100.0

(계속)

국 가	물리적 조건	매우 우수	대체로 우수	괜찮은 편	우수하 지않음	해당 없음	전 체
영 국	교실 (강의실)	2.6	27.9	45.2	21.8	2.6	100.0
	가르치는 데 필요한 기자재	2.1	25.7	45.8	19.6	6.8	100.0
	실험실	2.5	17.5	23.3	13.8	42.8	100.0
	연구시설 및 도구	3.7	17.5	28.1	19.7	31.1	100.0
	컴퓨터 설비	8.1	38.9	37.8	12.8	2.3	100.0
	도서관의 장서	6.5	30.5	38.5	24.1	0.3	100.0
	교수연구실	4.1	28.6	35.5	24.4	7.3	100.0
	사무비서들의 조력	5.7	26.4	34.1	32.5	1.4	100.0
미 국	교실 (강의실)	11.2	45.6	31.4	10.5	1.3	100.0
	가르치는 데 필요한 기자재	8.7	38.2	33.9	16.3	2.9	100.0
	실험실	6.7	27.2	24.0	14.0	28.1	100.0
	연구시설 및 도구	7.3	25.0	27.5	18.2	22.1	100.0
	컴퓨터 설비	18.0	41.1	27.0	10.4	3.6	100.0
	도서관의 장서	14.9	34.2	32.2	18.1	0.6	100.0
	교수연구실	13.0	40.6	30.0	15.8	0.7	100.0
	사무비서들의 조력	12.4	31.6	32.0	23.1	1.0	100.0

(브라질 ; 일부자료 누락)

의 물리적 환경조건 가운데 컴퓨터 설비가 다른 것에 비하여 상대적으로 잘 갖추어져 있다고 말할 수 있다. 그리고 그 다음으로는 도서관의 장서 구비가 비교적 잘 갖추어진 것으로 보인다. 그러나 실험실 설비와 연구시설 및 도구는 상대적으로 좀 부실한 것으로 평가되었다. 실험실의 우수성을 가장 많은 교수들이 인정한 나라는 홍콩이었는데, 그것도 홍콩 대학교수들 중 약 42%만이 우수성을 인정하고 있을 뿐이다.

둘째, 14개국 중에서 소속대학의 이러한 8가지 물리적 환경조건 구비에 관하여 그 우수함을 인정하고 있는 교수의 비율이 상대적으로 높게 나타난 나라는 홍콩·네덜란드·미국·스웨덴·독일의 5개국이다. 홍콩의 경우에는 가르치는 데 필요한 기자재와 컴퓨터 설비에 관해서는 60%가 넘는 교수들이, 교실(강의실) 및 교수연구실에 관해서는 50%가 넘는 교수들이, 그리고 실험실, 도서관의 장서 등에 관해서는 40%가 넘는 교수들이 우수하다고 지각하고 있었다. 그 외 연구시설 및 도구나, 사무비서들의 조력에 관해서도 다른 나라 경우에 비하여 상대적으로 많은 교수들이 우수하다고 평가하고 있다. 독일 대학의 경우에는 특히 컴퓨터 설비, 도서관의 장서에 관해서, 네덜란드의 경우에는 교실(강의실), 컴퓨터 설비, 도서관의 장서, 사무비서의 조력 등에 관해서, 스웨덴 대학의 경우에는 컴퓨터 설비, 도서관의 장서, 연구시설 및 도구에 관해서, 그리고 미국 대학의 경우에는 교실(강의실), 컴퓨터 설비, 도서관의 장서, 교수연구실 등에 관해서 우수하다고 평가하는 교수들의 수가 상대적으로 다른 나라들에 비해 많았다.

셋째, 8가지 물리적 환경조건에 관해서 우수함을 인정하지 못하고 불만스럽게 생각하고 있는 교수들이 다른 나라들에 비하여 월등히 많은 대표적인 국가는 한국이었다. 한국의 대학교수들은 8가지 항목 중 6개 항목에서 우수하지 않다고 판단하는 교수들의 비율이 14개국 중 가장 높게 나타났다. 즉, 교실(강의실), 가르치는 데 필요한 기자재, 실험실, 연구시설 및 도구, 컴퓨터 설비, 그리고 도서관 장서 등 6개 항목에서 우수하지 않다고 보는 교수들의 비율이 14개국 중 가장 높았다. 물론 나머지 2개 항목(교수연구실과 사무비서들의 조력)에 관해서도 우수하지 않다고 보는 교수들의 비율이 다른 나라들의 경우에 비하여 상대적으로 높게 나타났다. 한국 다음으로 이러한 8가지 물리적 환경조건에 대하여 우수하지 않다고 판단하는 교수들이 많은 경우는 러시아·칠레·일본·브라질이었다.

4. 정년보장임용과 승진

마지막으로, 교수들의 책무수행에 하나의 조건으로 영향을 미칠 수 있는 정년보장임용과 승진에 관련된 문제들에 관한 몇 가지 사실들을 제시하면 다음과 같다.

우선, 각국 교수들의 임용양태를 살펴보면 〈표 3-9〉에 제시된 바와 같다.

14개국 중, 정년보장임용 교수의 비율이 가장 높은 나라는 일본이었다. 일본의 경우 93.7%의 대학교수들이 정년보장임용 교수들이었다. 다음으로 높은 나라로는 러시아인데, 86.2% 교수들이 정년보장임용을 받고 있었으며, 그 외 호주·브라질·칠레·이스라엘·멕시코·네덜란드·스웨덴·영국·미국은 교수들 중 50~70%가 정년보장임용을 받고 있었다.

〈표 3-9〉 각국 대학교수의 임용양태별 분포 (%)

국가＼구분	전 체	정년보장임용	정년보장 없는 무기한 계약제	일정기한 계약제 임용	기타 계약
호 주	100.0	60.9	10.9	27.1	1.1
브 라 질	100.0	64.7	25.5	8.3	1.4
칠 레	100.0	60.3	26.5	11.1	2.1
홍 콩	100.0	45.4	5.8	45.6	3.2
이스라엘	100.0	76.5	4.9	15.9	2.7
일 본	100.0	93.7	3.2	2.3	0.8
한 국	100.0	32.2	17.5	50.0	0.3
멕 시 코	100.0	63.8	18.4	15.9	1.9
네덜란드	100.0	63.8	3.7	8.6	23.9
러 시 아	100.0	86.2	0.9	10.7	2.1
스 웨 덴	100.0	66.9	6.0	25.0	2.2
영 국	100.0	52.1	30.9	14.4	2.6
미 국	100.0	60.4	11.6	19.5	8.5

(독일 ; 자료 누락)

정년보장임용 비율이 가장 낮은 나라는 한국이었다. 한국의 경우, 교수들 중 32.2%만이 정년보장임용을 받고 있었다. 홍콩의 경우도 정년보장임용 비율이 비교적 낮았는데, 45.4%의 교수들만이 정년보장임용을 받고 있었다. 한국의 경우는 50.0%의 교수들이 일정기한 계약제 임용으로 일하고 있는 것으로 나타났다. 이는 한국 대학에서의 보편적인 교수임용 양태가 최초 임용의 해당 직급에 따라 일정 기간 계약임용을 실시한 다음, 재임용시에는 다시금 심의과정을 거쳐 역시 직급에 따라 정해진 일정기간을 계약임용하는 것으로 되어 있기 때문에 나타난 결과로 보여진다.

그러나 한국의 경우, 교수들이 계약기간 만료 후 재임용과정에서 탈락한 경우는 그렇게 많지 않은 것으로 보고되고 있다. 교수 재임용제도를 오히려 정치적 목적으로, 또는 일부 사학에서 교내의 통어적 목적으로 이용하여 몇몇 교수를 의도적으로 탈락시킨 경우는 가끔 보고되고 있으나, 본래의 취지대로 엄격한 심사과정을 거쳐 교수들을 재임용에서 탈락시킨 경우는 거의 찾아보기 어려웠던 것이 한국 대학의 현실이다(한국대학교육협의회, 1990, p. 85). 결국, 재임용제도 또는 계약임용제도는 형식적인 문서조항으로 전락하고 있다. 그렇기 때문에, 신임교수들조차 계약임용과 재임용에 대하여 느끼는 심리적 불안은 거의 없는 것으로 나타났다(이성호, 1992).

한편, 1991학년도부터 일부 대학에서는 정년보장임용제도를 채택하기 시작하였다. 연세대학교에서는 정교수로 승진된 교수부터, 그리고 서울대학교 등 몇몇 국립대학에서는 부교수로 승진된 교수부터 정년보장임용을 실시하고 있다. 물론 이러한 대학들에서는 부교수로 또는 교수로의 승진과정에서 매우 엄격한 기준을 설정하고, 까다로운 심사과정을 거쳐 승진을 시키기 때문에, 정년보장임용은 매우 바람직한 제도라고도 볼 수 있다. 그러나 여기서 한 가지 깊이 생각해 볼 문제는 그 동안 그렇지 않아도 계약임용이 형식적인 절차로 실시되어

왔는데, 이제는 부교수부터 정년보장임용을 실시한다고 할 때, 교수들의 임용은 결국 신규임용 때부터 정년보장임용이 보장되는 것이 아닌가 하는 우려이다. 이는 교수들의 책무수행의 질을 제고함으로써, 교육의 질을 높이고 한국 대학의 질적 향상을 가져와야 한다는 근본명제에서 상당히 벗어나는 결과를 초래할지도 모른다는 시각에서 우려를 나타내지 않을 수 없는 것이다. 여기에서 참고로, 미국의 4년제 대학 교수들 중 직급별로 정년보장임용(tenure)을 받은 교수들의 분포를 제시해 보면 〈표 3-10〉과 같다(Bowen & Schuster, 1986, p. 45).

이 표가 우리에게 설명해 주고 있는 것은 세 가지 점이다. 첫째로, 미국 대학에서는 대체로 부교수급 이상에서 정년보장임용제가 실시되고 있다는 점이다. 둘째는, 그렇다고 해서 부교수 이상, 또는 정교수급 모두가 100% 정년보장임용을 받는 것은 아니라는 점이다. 부교수급 이상 중에서도 정년보장임용을 받지 못한, 즉 계약임용 상태에 있는 교수들이 상당수 있다는 점이다. 그리고 셋째는, 조교수나 전임강사라 하더라도 요건만 갖추면 정년보장임용을 받을 수 있다는 사실이다.

부교수 또는 교수로 승진만 되면 무조건 모두가 정년보장임용이 되는 우리의 제도와는 본질적으로 차원이 다른 것이 아닌가 생각된다.

다음으로, 교수들의 승진제도이다. 현재 한국의 대학에서 보편적으로 설정하고 있는 승진심사의 기준으로는 해당 직급에서의 근무년수,

〈표 3-10〉 미국 대학교수들 중 정년보장임용 교수의 비중　　　　(%)

직　급	공　립　대		사　립　대	
	종 합 대	기 타 대	종 합 대	기 타 대
교수　　중	96.9	95.5	96.6	92.3
부교수　중	84.9	82.4	75.6	73.3
조교수　중	17.1	35.5	10.0	18.3
전임강사 중	5.9	10.2	3.1	2.6

연구업적, 학교발전에의 기여도, 직급별 정원수 등을 들 수 있다. 대학에 따라서는 비교적 엄격한 승진심사기준을 설정해 놓고 이를 지키려 하기도 하지만, 많은 대학에서는 앞서 논의한 재임용심사의 경우처럼 형식적으로 이루어지고 있음을 부인하기 어렵다(한국대학교육협의회, 1990).

교수들의 승진은 급여와 관계가 있는 대학도 있고 그렇지 않은 대학도 있다. 즉, 승진이 되면 급여가 그만큼 상승하는 경우도 있지만, 대학에 따라서는 승진과 급여체계가 분리되어 있기도 하다. 급여와 승진이 연계되어 있을 때는 대체로 승진심사가 까다롭게 이루어지기 마련이나, 그 둘이 서로 무관할 때 승진심사는 더욱 형식적으로 흐르게 된다.

한국 대학의 경우, 이번 조사에서는 그러한 내용들에 대한 설문 문항이 마련되지 않아 통계적 자료를 제시하기 어렵고, 대신 미국 대학에 대해서 수행된 몇 가지 연구결과를 고찰하면 다음과 같다. 미국의 경우, 명문 엘리트 대학에서는 봉급과 직급이 상호 연계되어 있는데, 봉급수준이 매우 높은 반면에 승진은 매우 느리게 이루어지고 있는 것으로 보고되고 있다(Muffo, 1979, pp. 25~35). 그런가 하면 교회계통 대학이나 사립대학에서는 봉급수준이 낮은 반면에 승진은 빠르게 이루어지는 것으로 나타나 있다(Cohn, 1973, pp. 124~135). 이러한 현상은 전공분야별로도 다소 다르게 나타났는데, 특히 인문과학분야에서는 승진도 느리고 봉급도 상대적으로 적은 것으로 보고되고 있다(Tuckman & Tuckman, 1976).

교수들의 승진에 있어서 한 가지 특기할 점은, 해당 직급에서의 최저 근무년수가 승진의 주요 요건으로 작용하고 있다는 점이다. 즉, 아무리 탁월한 연구업적을 쌓았어도, 승진을 하기 위해서는 해당 직급에서 최소 정해진 몇 년 이상을 근무하여야만 한다는 것이다. 미국 대학의 경우, 조교수에서 부교수로 승진하기 위해서는 최소 6~7년간을 봉직해야 하는 것으로 나타났다(Lewis, et al., 1979).

우리나라의 경우 연세대학교를 예로 들면, 전임강사에서 조교수로 승진하기 위해서는 전임강사로서 최소 2년, 조교수에서 부교수로 승진하기 위해서는 조교수로서 최소 4년, 그리고 부교수에서 교수로 승진하기 위해서는 부교수로서 최소 5년 이상을 봉직하여야만 승진할 수 있도록 규정하고 있다. 이러한 최소 근무년수제도는 결국 교수조직에서 직급간의 균형적 분포를 이룸으로써 조직 내의 구조적 효율성을 제고하는 데도 도움이 될 수 있을 뿐만 아니라, 봉급과 직급이 연계되어 있을 때는, 대학의 임금지출을 효율적으로 관리하는 데도 도움을 줄 수 있다.

제 4 장

교육활동

이미 앞서 제2장에서 논의하였듯이, 교육활동, 즉 학생을 가르치고 지도하는 일은 교수의 중핵적인 책무 중 하나이다. 대학이 근본적으로 하나의 교육기관으로서의 사명을 거부하지 않는 한, 교수들의 그러한 가르치는 사람으로서의 책무수행은 거부할 수 없는 필수적인 일이다. A.M. Cartter는 일찍이 「대학교육에서의 탁월성 추구는 곧 가르치는 일의 질에 대한 관심이다. ……대학의 전체는 곧 가르치는 사람이며 그들의 일이다(Cartter, 1967, pp. 149∼163)」라고 지적함으로써, 대학교육에 있어서 교수들이 수행해야 할 교육책무의 중요성을 크게 내세우고 있다.

그렇다면, 세계 여러 나라 대학교수들은 도대체 얼마만큼이나, 어떻게 교육활동에 전념하고 있는가? 이 장에서는 각국의 대학교수들이 수행하고 있는 교육활동의 실제 모습을 이번 연구에서의 조사결과에 기초하여 보다 구체적으로 살펴보고자 한다.

1. 수업부담

각국의 대학교수들은 어느 정도의 수업부담을 지고 있는가? 얼마나 많은 시간에, 얼마나 많은 과목을 담당하여 가르치고 있는가? 교수들의 수업부담을 알아보기 위하여, 우선 이 연구에서는 교수들이 학부와 대학원의 수업을 모두 담당하고 있는지, 아니면 그중 어느 한쪽의 수업만을 담당하고 있는지 알아보았다. 그 결과는 〈표 4-1〉에 제시된 바와 같다.

14개국 중 학부학생들만 가르치고 있는 교수들의 비율이 높은 경우는, 멕시코(78.2%), 브라질(63.3%), 독일(62.6%)의 대학교수들이다. 반면, 호주·이스라엘·일본·한국·영국 등의 국가에서는 60% 이상의 교수가 학부와 대학원 양쪽 모두에서 수업을 담당하고 있었다.

〈표 4-1〉 각국 대학교수의 가르치는 대상집단별 분포　　　　(%)

구분 국가	전체	학부만 가르친다	학부와 일반 및 전문대학원에서 모두 가르친다	일반 및 전문 대학원에서만 가르친다	금년도에는 가르치지 않고 있다
호　　주	100.0	28.6	61.8	7.9	1.7
브 라 질	100.0	63.3	30.1	2.0	4.6
칠　　레	100.0	58.2	37.1	2.6	2.0
독　　일	100.0	62.6	15.0	1.4	21.1
홍　　콩	100.0	37.4	55.5	5.8	1.3
이 스 라 엘	100.0	29.8	61.4	6.2	2.7
일　　본	100.0	37.3	60.1	2.0	0.6
한　　국	100.0	30.5	65.8	2.2	1.5
멕 시 코	100.0	78.2	14.9	4.1	2.8
네 덜 란 드	100.0	35.2	8.1	38.5	18.2
러 시 아	100.0	54.8	43.3	1.4	0.5
스 웨 덴	100.0	31.5	48.5	8.9	11.1
영　　국	100.0	29.8	61.1	7.4	1.6
미　　국	100.0	29.2	47.4	20.0	3.4

학부에서는 가르치지 않고, 오직 대학원 수업만 맡고 있는 교수들의 비율이 다른 나라들에 비하여 높은 나라는, 네덜란드와 미국이다. 네덜란드에서는 38.5%의 교수들이, 미국에서는 20%의 교수들이 대학원 수업만 맡고 있다. 〈표 4-1〉에 나타난 결과 중 흥미로운 것은 수업을 담당하지 않고 있는 교수들이 독일에서는 21.1%, 네덜란드에서는 18.2%, 그리고 스웨덴에서는 11.1%나 되고 있다는 점이다. 또한 네덜란드의 경우는, 학부와 대학원 양쪽 모두에서 가르치는 교수의 비율이 불과 8.1%로 현저히 낮고, 대신에 학부만 가르치는 교수가 35.2%, 대학원에서만 가르치는 교수가 38.5%로 비교적 균등하게 나누어져 있다는 점도 주목할 만하다.

〈표 4-2〉에서는 각국의 교수들이 개학기간중에 소속대학에서 주당 몇 시간이나 가르치고 있는지, 또 몇 과목이나 담당하고 있는지에 관해 살펴보고자 한다.

<표 4-2> 각국 대학교수의 평균 주당 수업시간수 및 평균 담당과목수

구분 / 국가	주당 수업시간수		담당과목수		
	교실·실험실에서의 집단수업	개별화 수업	학부 개론과목	그 외 학부 과목	대학원 과목
호 주	10.5	5.1	1.9	2.5	1.8
브 라 질	11.0	5.8	2.4	2.2	1.7
칠 레	12.4	6.2	2.2	2.3	1.5
독 일	8.3	3.9	2.0	2.8	1.7
홍 콩	8.2	4.8	1.7	2.0	1.7
이스라엘	7.6	4.7	1.7	2.3	1.7
일 본	10.2	8.2	2.4	3.3	1.9
한 국	12.5	5.1	2.3	2.2	2.2
멕 시 코	12.9	6.8	1.9	2.5	1.7
네덜란드	6.3	6.3	1.6	2.4	1.4
러 시 아	13.2	6.5	1.7	2.1	1.3
스 웨 덴	9.2	5.1	2.2	2.1	1.6
영 국	10.3	4.5	2.0	2.9	1.9
미 국	9.1	5.7	1.9	1.9	2.0

우선 주당 수업시간수를 알아보기 위하여 수업을 두 가지로 분류하였다. 하나는 우리가 흔히 언급하는 교실수업, 즉 여러 학생을 집단으로 모아서 가르치는 정규수업이고, 다른 하나는 논문지도 등과 같이 학생을 개별적으로 접촉하여 가르치는 수업이다. 전자의 경우는 대체로 교수들의 수업부담에 산정되지만, 후자의 경우는 그렇지 않은 것이 상례이다. 학생들을 집단으로 모아서 실험실습을 시키는 정규수업은 전자의 경우에 속한다. 전자의 경우는 그 시간이 해당학기 내내 매주 일정하겠지만, 후자의 경우는 그렇지 않을 수도 있다. 이는 교수들이 수업부담에 관계 없이, 정해진 보상을 받지 않고 자발적으로 시행하는 수업인 경우가 많다.

결과를 살펴보면 첫째, 교실 또는 실험실에서 직접 수업을 하는 담당 수업시간수는 칠레가 주당 12.4시간, 한국이 12.5시간, 멕시코가 12.9시간, 러시아가 13.2시간으로 상대적으로 높게 나타났다. 이에 반하여, 독일·홍콩·이스라엘·네덜란드·스웨덴·미국 대학교수들의 교실·실험실 내 집단수업 담당시간수는 주당 평균 10시간이 안되는 것으로 나타났다. 특히 네덜란드의 경우는 주당 7시간이 안되는, 14개국 중 가장 낮은 시간수를 기록하고 있다.

한국 대학교수들의 경우, 논문지도 등 개별지도 시간을 합치면, 주당 평균 17.6시간이나 학생들을 가르치고 있는 것으로 나타났다. 즉, 우리나라 대학교수들은 학생접촉시간(student contact hour)을 기준으로 할 때, 주당 평균 17.6시간의 수업부담을 지니고 있는 것이다. 이 가운데서 개별화 수업시간을 제외하고 교실 내 집단수업 시간수만을 놓고 보더라도, 이는 우리나라 대부분의 대학에서 규정하고 있는 교수들의 주당 기본 수업책무 시간수가 9~10시간(학점을 기준으로 해도 9~10학점)인 점을 고려해 볼 때, 매우 과중한 수업부담을 교수들이 떠맡고 있음을 뜻한다. 물론, 초과시간 부담분에 대해서는 대학마다 적절한 초과강사료를 지급하고 있기 때문에, 경우에 따라서는 교수들이 그러한 초과강사료로부터 얻게 되는 수입증대라는 이유와 자신의 교과목 영역을 보다 확대하고 공고하게 하려는 숨은 이유로, 그만큼 과중한 부담을 자진해서 안을 수도 있었을 것이다. 그러나 대부분의 경우에는 소속학과의 전임교수의 수가 절대적으로 부족하여 어쩔 수 없이 그러한 과중한 부담을 안을 수밖에 없었을 것이다.

한편, 교수들은 학부와 대학원에서 몇 개의 과목을 가르치고 있는가를 분석해 보면, 일본의 대학교수들이 평균 7.6과목으로 가장 많고, 그 다음이 영국 6.8과목, 한국 6.7과목의 순으로 나타나고 있다. 호주·독일·브라질·칠레의 대학교수들도 평균 6과목 이상 담당하고 있다. 이에 비하여 홍콩이나 이스라엘·네덜란드·러시아·스웨덴·미국의 대학교수들은 평균 5~6과목을 담당하여 가르치고 있다. 물론, 이것은 한 학기에 이들 과목을 모두 동시에 맡아서 가르치는 것이 아니고, 또 대체로 과목개설이 1년 주기로 이루어진다고 할 때,

110

이들은 대체로 1학기에 평균 3과목 내외를 담당하고 있는 셈이다.

다음으로, 세계 각국의 대학교수들은 한 학급당 몇 명의 학생들을 가르치고 있는가? 〈표 4-3〉은 세계 각국 교수들이 담당하고 있는 교과목 유형별 평균 학급규모를 나타낸 것이다.

이 표에서 보면, 한 교수가 여러 과목을 가르칠 경우, 가장 작은 학급규모의 평균 학생수는, 학부 개론과목의 경우 호주가 60.5명으로 제일 많았고, 학부의 그 외 과목의 경우에는 홍콩이 98.9명으로 제일 많았으며, 대학원 과목의 경우에도 역시 홍콩이 98.3명으로 제일 많았다. 반면, 가장 큰 학급규모의 평균 학생수는, 학부 개론과목의 경우 호주가 161.4명, 학부 외 과목의 경우 역시 호주가 93.9명, 대학원 과목의 경우에는 홍콩이 85.8명으로 제일 많았다.

한편, 교수가 한 과목만을 가르칠 경우의 평균 학생수를 보면, 호주가 14개국 중 가장 큰 학급규모를 나타냈는데, 학부 개론과목의 경우에는 182.8명, 학부 외 과목의 경우에는 85.4명, 그리고 대학원 과목의 경우에는 23.4명으로 설문에 응한 국가 중 학급규모가 가장 컸다.

세계 각국과 한국의 경우를 비교해 보면, 학부나 대학원에서의 과목당 학생수는 다른 나라들에 비하여 그리 많지 않은 것으로 나타났다. 흔히들 생각하기에는 한국 대학의 경우, 학급규모가 다른 나라에 비하여 너무 커서 수업의 효율성이 떨어지고, 교수들의 부담이 그만큼 과중한 것으로 인식되고 있으나, 〈표 4-3〉에서 보면, 많은 국가들이 한국의 경우보다도 훨씬 규모가 큰 학급편제로 수업을 하고 있음이 나타났다. 한국 대학의 경우, 학부 개론과목에서는 수강생이 적은 경우 평균 39명 내외, 많은 경우에는 평균 75명 내외, 그리고 그 외 학부과목의 경우에는 적게는 평균 31명 내외, 많게는 55~60명 수준으로 나타났다. 대학원 수업에서는 수강생이 적게는 평균 8.1명, 많게는 평균 17.3명인 것으로 나타났다. 이러한 규모의 학급크기는 대학에서의 수업으로서는 그렇게 문제되는 상황은 아닌 것으로 보인다.

<표 4-3> 각국 대학교수의 담당과목 유형별 평균 학급규모

국가	과목의 종류	여러 과목을 가르칠 경우		한 과목만을 가르칠 경우
		가장 작은 규모 학급의 학생수	가장 큰 규모 학급의 학생수	학급의 학생수
호 주	학부 개론과목	60.5	161.4	182.8
	학부 그 외 과목	37.0	93.9	85.4
	대학원 과목	18.3	43.8	23.4
브 라 질	학부 개론과목	30.6	54.0	41.3
	학부 그 외 과목	24.3	46.5	35.8
	대학원 과목	10.0	19.3	14.1
칠 레	학부 개론과목	26.0	52.9	52.1
	학부 그 외 과목	22.3	46.5	32.9
	대학원 과목	8.3	20.7	13.4
독 일	학부 개론과목	41.7	107.2	92.7
	학부 그 외 과목	20.0	72.7	36.4
	대학원 과목	12.7	29.1	15.2
홍 콩	학부 개론과목	48.8	32.6	18.9
	학부 그 외 과목	98.9	75.5	39.4
	대학원 과목	98.3	85.8	22.7
이 스 라 엘	학부 개론과목	32.1	70.9	72.3
	학부 그 외 과목	21.4	41.9	35.6
	대학원 과목	11.7	22.2	15.8
일 본	학부 개론과목	57.7	136.9	132.0
	학부 그 외 과목	32.2	100.0	78.5
	대학원 과목	6.6	11.7	12.5
한 국	학부 개론과목	39.4	76.6	75.0
	학부 그 외 과목	30.8	59.5	55.2
	대학원 과목	8.1	17.3	9.0
멕 시 코	학부 개론과목	22.0	37.4	32.4
	학부 그 외 과목	20.2	35.0	27.0
	대학원 과목	7.6	13.1	12.3
네 덜 란 드	학부 개론과목	32.7	97.5	122.3
	학부 그 외 과목	24.0	87.8	53.4
	대학원 과목	14.2	38.9	20.0

(계속)

구분 국가	과목의 종류	여러 과목을 가르칠 경우		한 과목만을 가르칠 경우
		가장 작은 규모 학급의 학생수	가장 큰 규모 학급의 학생수	학급의 학생수
러 시 아	학부 개론과목 학부 그 외 과목 대학원 과목	44.8 31.8 12.1	78.2 59.6 27.3	73.7 74.1 19.4
스 웨 덴	학부 개론과목 학부 그 외 과목 대학원 과목	28.5 22.7 11.3	73.5 61.1 25.7	54.2 34.8 14.2
영 국	학부 개론과목 학부 그 외 과목 대학원 과목	43.6 23.8 13.9	88.0 65.1 37.7	81.8 53.6 22.7
미 국	학부 개론과목 학부 그 외 과목 대학원 과목	26.8 19.0 14.4	57.6 39.4 45.3	58.5 30.6 22.2

　학급규모의 적절성은 교수방법에 따라, 교과목의 성격에 따라, 주어진 수업환경 여건에 따라 크게 달라질 수밖에 없다. 그러나 우리나라 대학에서의 보편적인 수업방법이 강의식 수업임을 감안하면, 그 규모는 그렇게 문제가 되지 않는다. 대학수업에서 학급크기에 따른 강의법의 효율성을 연구한 E. Hudelson에 의하면, 학급 크기가 35～150명으로 비교적 큰 경우가 30명 이하의 적은 규모의 학급에서보다 강의법의 효율성이 높았다고 하는데 (Hudelson, 1928), 현재 우리나라 대학교수들이 담당하고 있는 교과목 중 대부분의 학급은 수업효율성을 저해할 만큼의 상황은 아니라고 하겠다.

　가르치는 학생수가 많으면, 교수의 부담이 그만큼 늘어나는 것은 당연하다. 수강학생들을 개별지도해 주는 데 있어서는 물론, 학생들의 성적을 처리하고, 과제물을 평가하는 일 등 여러 가지로 교수의 부담이 늘어나는 것이다. 그러나 앞서 논의한 우리나라 교수들의 과목당 평균 수강생수를 볼 때, 가르치는 학생수의 과다로 인한 교수의 부담은 그렇게 크지는 않을 것으로 판단된다. 다시 말해, 가르치고 있는 과목수가 많고 시간수가 많아서 부담이 큰 것이지, 과목당 수강 생수의 과다로 인한 교수부담은 크지 않다고 볼 수 있다.

2. 교수방법

대학에서 교수들은 학생들을 어떠한 방법으로 가르치고 있는가? 어떠한 교수방법들을 얼마만큼의 교수들이 활용하고 있는가? 교수방법의 유형을 대별하여 강의식 수업, 토의식 수업, 그리고 실험실 작업의 세 가지로 구분한 다음, 한 과목 수업시간에서 이들 세 가지 수업방법을 각각 몇 퍼센트나 활용하는가를 따져본 결과는, 〈표 4-4〉에서와 같이 나타났다. 이는 학부의 개론과목 수업만을 대상으로 조사 분석한 것이다.

여기에서 보면, 14개국 중 우리나라 교수들이 가장 많이 강의식 수업방법을 활용하고 있는 것으로 나타났다. 우리나라 대학교수들은 수업의 약 76%를 강의식 방법으로 수업하고 있다. 그러나 호주·브라질·칠레·러시아·영국 같은 나라의 대학교수들에게 있어서 강의식 수업방법의 활용비중은 50% 미만인 것으로 나타났다. 그리고 한국 다음으로 강의식 수입방법 활용비중이 높은 나라는 이스라엘(69.3%), 일본(68.3%), 그리고 네덜란드(63.9%)인 것으로 나타났다.

한편, 토의식 수업방법 활용비중이 가장 낮은 나라는 일본의 대학교수들(6.5%)이고, 그 다음이 한국의 대학교수들(19.0%)인 것으로 나타났다. 결국, 동양권의 두 나라인 일본과 한국의 대학교수들은 토의식 수업방법보다는 강의식 수업방법을 많이 사용하고 있는 셈이다.

이러한 조사결과로 볼 때, 우리나라 대학수업이 강의일변도의 수업이라는 불명예스러운 비난을 면하기 어려운 실정에 놓여 있다. 이러

〈표 4-4〉 각국 대학교수의 수업방법별 평균 활용비중　　　　(%)

수업방법 국가	강의식 수업방법	토의식 수업방법	실험실 작업법	기　타
호　　　　주	46.3	31.3	31.5	19.7
브　라　질	49.0	28.9	31.6	23.4
칠　　　레	46.7	26.3	33.8	21.2
독　　　일	59.3	31.8	36.5	25.3
홍　　　콩	55.5	35.7	26.5	17.6
이 스 라 엘	69.3	26.5	29.4	20.3
일　　　본	68.3	6.5	18.0	8.1
한　　　국	75.7	19.0	19.8	9.2
멕　시　코	50.9	29.4	29.0	18.2
네 덜 란 드	63.9	—	50.4	44.9
러　시　아	49.4	30.7	35.6	22.8
스　웨　덴	52.8	29.0	29.4	24.6
영　　　국	44.1	30.5	29.6	—
미　　　국	60.5	26.2	25.9	17.9

(네덜란드·영국 ; 일부자료 누락)

한 현상은, 1985학년도에 필자가 서울시내 1개 사립종합대학교의 125개 수업 (교과목)을 관찰하여 분석하였을 때 나타난 결과와도 비슷하다 (이성호, 1987, p. 244). 즉, 〈표 4-5〉에서와 같이, 당시 조사결과에 의하면, 전공과목이나 교양과목의 구별 없이, 인문·사회·자연계의 교과목 수업에서는 고전적 교수방법, 즉 강의식 수업방법이 60~80%를 차지하였고, 다음으로 상호작용 교수방법, 즉 토의식 수업방법이 20% 내외를 차지하였던 것으로 나타났다. 물론, 앞서 제시한 〈표 4-4〉는 각각의 교수방법을 어느 정도의 비중으로 사용하는가에 따른 교수들의 평균 활용비중(%)을 나타낸 것이었고, 〈표 4-5〉는 어떤 수업방법을 가장 주된 수업방법으로 활용하느냐에 따른 수업방법별 과목(수업)수의 분포를 나타낸 것이어서, 두 표가 제시하는 성격은 서로 다르다. 그러나 이러한 두 가지 조사결과가 우리에게 분명

<표 4-5> 한국 대학교수의 수업방법별 수업수 분포　　　　(%)

수 업 방 법	전 공 과 목				교 양 과 목			전체
	인문계	사회계	자연계	예체능계	인문계	사회계	자연계	
고전적 방법(강의법)	76.7	60.0	82.6	57.1	64.3	68.8	90.0	72.0
지력개발 방법	3.3	8.0	4.3	0.0	7.1	6.3	0.0	4.8
상호작용(토의) 방법	20.0	32.0	8.7	14.3	28.6	18.8	0.0	19.2
개별화 방법	0.0	0.0	0.0	14.3	0.0	6.3	0.0	1.6
공학적 방법	0.0	0.0	4.3	14.3	0.0	0.0	10.0	2.4
치유적 방법	0.0	0.0	0.0	0.0	0.0	0.0	0.0	0.0
계	100.0	100.0	100.0	100.0	100.0	100.0	100.0	100.0

히 암시해 주는 것은 한국의 대학교수들은 대부분이 '강의식' 방법으로 수업을 하고, 부분적으로 '토의식' 방법을 활용하고 있다는 사실이다.

대학에서의 수업의 질은 교수들이 어떠한 교수방법을 활용하여 가르치느냐에 따라 크게 좌우되기도 하지만, 그에 못지않게 중요한 것은 어떠한 방법으로, 어떠한 내용으로 학생들의 성적을 평가하느냐에 따라서 많은 영향을 받는다는 점이다. 이는 달리 표현하면, 교수들이 학생들로 하여금 자신의 교과목을 성공적으로 이수하도록 만들기 위해서 학생들에게 어떠한 필수적 이수조건을 부과하느냐 하는 문제이다.

<표 4-6>은 대학 수업에서 교수들이 학생들에게 부과할 수 있는 다양한 형태의 이수조건, 즉 성적평가 요인별로 그것을 얼마만큼의 교수들이 필수이수조건으로 부과하고 있는가를 나타낸 것이다. 이는 앞서와 같이 세 가지 유형의 과목, 즉 학부 개론과목, 그 외 일반 학부 과목, 그리고 대학원 과목별로 나누어서 조사 분석되었다.

<표 4-6>에서 보면, 우선 정기적인 출석을 학부수업이나 대학원 모두에서 강조하는 국가는 브라질·멕시코·독일·한국과 같은 나라들

116

<표 4-6> 각국 대학교수의 교과목 이수조건별 분포　　　(%) (복수응답)

국　　가	이수조건 과목유형	(1) 출석 수업	(2) 다수 보고서	(3) 보 고서1	(4) 발표	(5) 토의 참여	(6) 1회 시험	(7) 2회 시험	(8) 특별 조건없음
호　　주	학부 개론과목	69.4	72.1	40.8	28.5	45.0	42.8	34.3	0.7
	학부 그 외 과목	62.2	73.4	62.4	47.2	52.4	44.2	33.0	0.8
	대학원 과목	53.4	65.4	80.2	60.9	55.3	32.7	13.8	3.1
브 라 질	학부 개론과목	83.9	55.7	34.4	34.1	66.7	8.8	76.9	2.2
	학부 그 외 과목	86.5	62.1	52.5	47.4	74.9	10.8	73.5	2.1
	대학원 과목	74.4	46.6	77.3	74.8	79.2	22.0	36.1	2.6
칠　　레	학부 개론과목	62.4	36.6	23.1	37.9	50.1	19.4	71.0	3.3
	학부 그 외 과목	50.7	41.2	37.1	48.9	57.5	17.4	68.8	2.4
	대학원 과목	37.8	35.1	53.8	60.5	57.3	30.3	42.7	4.3
독　　일	학부 개론과목	80.5	25.7	10.3	23.3	54.7	39.8	5.6	5.9
	학부 그 외 과목	74.9	20.5	28.1	44.3	67.8	40.0	5.8	2.7
	대학원 과목	66.2	12.1	23.4	58.3	71.7	23.2	4.1	5.6
홍　　콩	학부 개론과목	63.0	34.4	27.9	31.2	58.0	56.9	32.6	2.5
	학부 그 외 과목	55.8	38.8	35.1	43.1	56.1	55.0	31.4	1.4
	대학원 과목	45.7	38.3	62.2	53.0	60.0	44.8	22.2	1.7
이스라엘	학부 개론과목	61.9	48.3	12.9	6.3	33.8	61.3	30.8	2.6
	학부 그 외 과목	63.8	46.3	37.1	28.9	52.6	56.1	16.6	2.5
	대학원 과목	58.8	37.2	63.8	45.8	59.1	36.9	6.3	2.3
일　　본	학부 개론과목	71.6	34.5	7.3	18.2	16.2	37.5	46.7	4.5
	학부 그 외 과목	66.6	41.0	17.9	28.9	20.3	52.4	35.4	3.5
	대학원 과목	47.9	35.4	48.8	50.3	25.5	15.5	4.1	10.7
한　　국	학부 개론과목	83.8	46.6	18.2	20.5	24.1	10.2	81.2	3.2
	학부 그 외 과목	71.3	56.0	27.2	31.1	31.9	10.7	77.1	2.6
	대학원 과목	57.0	44.4	61.5	61.3	38.3	25.2	28.2	2.5
멕 시 코	학부 개론과목	83.2	63.9	23.5	50.1	77.6	13.2	81.2	3.2
	학부 그 외 과목	81.5	65.1	37.1	58.4	80.5	13.8	77.5	1.9
	대학원 과목	69.5	44.1	50.3	65.0	76.3	23.7	53.1	2.3
네덜란드	학부 개론과목	71.8	21.6	12.0	15.0	32.0	85.2	33.5	0.8
	학부 그 외 과목	65.5	43.4	55.5	52.7	52.5	78.7	23.8	1.4
	대학원 과목	55.8	37.0	51.6	64.8	66.2	39.1	16.2	4.2
러 시 아	학부 개론과목	72.6	48.9	19.4	29.6	57.0	61.8	8.6	5.4
	학부 그 외 과목	65.1	59.4	34.6	29.1	50.1	66.0	12.7	3.7
	대학원 과목	43.5	24.1	53.7	38.0	40.7	38.0	12.0	6.5

(계속)

국　　가	이수조건 과목유형	(1)출석 수업	(2)다수 보고서	(3)보 고서1	(4) 발표	(5)토의 참여	(6)1회 시험	(7)2회 시험	(8)특별 조건없음
스웨덴	학부 개론과목	65.3	30.2	12.9	33.5	50.3	54.4	25.0	3.6
	학부 그 외 과목	58.2	36.6	31.4	44.4	56.0	55.1	23.6	2.9
	대학원 과목	55.3	33.6	53.7	53.4	59.1	38.3	19.8	5.3
영　국	학부 개론과목	58.8	66.6	29.3	25.5	30.2	51.5	32.8	0.6
	학부 그 외 과목	53.3	59.8	55.1	40.1	31.8	57.2	32.6	1.0
	대학원 과목	52.5	45.8	69.0	40.1	34.7	34.8	21.0	5.4
미　국	학부 개론과목	74.5	44.2	18.5	16.5	56.3	6.4	84.4	0.6
	학부 그 외 과목	67.8	51.2	42.4	40.8	69.3	8.6	32.6	1.0
	대학원 과목	64.9	39.5	56.0	56.3	70.7	18.8	51.1	3.5

(1) 정기적인 출석　　　(2) 여러 개의 짧은 보고서　　　(3) 하나의 주요 보고서 작성
(4) 공식적인 구두발표　　(5) 학급토의에의 활동적인 참여 (6) 1회의 시험응시
(7) 2회 이상의 시험응시 (8) 특별한 이수조건 없음

이다. 이들 국가의 교수들은, 학부 수업의 경우 70~90%의 교수들이 정기적인 출석을 이수조건으로 설정하고 있고, 대학원 수업일 경우에는 60~70%의 교수들이 정기적인 출석을 이수조건으로 설정하고 있다. 반면에, 칠레·홍콩·영국과 같은 국가에서는 다른 나라에 비하여 월등히 적은 수의 교수들이 정기적인 출석을 이수조건으로 내세우고 있다. 이들 세 국가에서는 학부 수업의 경우에는 대체로 50~60%의 교수들이, 대학원 수업의 경우에는 30~50%의 교수들이 정기적인 출석을 이수조건으로 내세우고 있다.

한편, 여러 개의 짧은 보고서 제출을 이수조건으로 가장 많이 내세우고 있는 경우는 호주의 대학교수들이다. 이들은 학부 수업에서는 72~73%의 교수들이, 대학원 수업에서는 65%의 교수들이 여러 개의 짧은 보고서 제출을 이수조건으로 내세우고 있다. 또한 호주 대학교수들은 하나의 주요한 보고서 제출에 대해서도 다른 국가에 비해 상당수가 이수조건으로 제시하고 있는 것으로 나타났다.

공식적인 구두발표와 학급토의에의 활동적인 참여를 가장 많은 교수들이 이수조건으로 내세우고 있는 경우는 멕시코의 대학교수들이었

다. 이들 중 50~58%의 교수들은 학부 수업에서 공식적인 구두발표를, 65%는 대학원 수업에서 공식적인 구두발표를 이수조건으로 내세웠고, 또한 그들 중 78~81%의 교수들은 학부 수업에서, 그리고 76%는 대학원 수업에서 학생들이 학급토의에 활동적으로 참여할 것을 이수조건으로 설정하고 있었다.

한 학기중 1회의 시험응시를 이수조건으로 가장 많이 내세우고 있는 경우는 네덜란드의 교수들로서, 이들 중 80% 내외가 학부 수업에서, 약 40%가 대학원 수업에서 1회의 시험을 중요한 이수조건으로 설정하고 있다. 그 외에 러시아·이스라엘·홍콩의 대학교수들도 1회의 시험을 중요한 이수조건으로 내세우고 있다. 반면에, 2회 이상의 시험응시를 실시하며 그것을 중요한 이수조건으로 삼고 있는 경우는 미국·한국·멕시코이다. 미국의 경우, 84%의 교수들이 학부 수업에서, 51%의 교수들이 대학원 수업에서 2회 이상의 시험응시를 이수조건으로 설정하고 있다. 한국의 경우에는 학부 수업에서는 약 80% 내외의 교수들이, 대학원 수업에서는 약 30%의 교수들이 이를 중요한 이수조건으로 내세우고 있다. 멕시코 역시 2회 이상의 시험을 중요한 이수조건으로 내세우고 있는데, 특히 대학원 수업에서도 53%의 교수들이 2회 이상의 시험을 실시하고 있는 것으로 나타났다.

〈표 4-6〉에서 또한 재미있는 것은 일본의 대학교수들은 대학원 수업에서는 거의 시험을 치르지 않고, 독일의 대학교수들은 시험을 보되 많은 교수들이 한 학기중에 1회의 시험을 주로 치른다는 점이다. 〈표 4-6〉에 나타난 각국의 많은 교수들이 강조하는 주요 이수조건을 중심으로 하여, 학부 수업과 대학원 수업의 유형을 정리해 보면, 우선 학부 수업은 다음의 다섯 가지 유형으로 나눌 수 있다.

① 출석해서 교수의 강의를 듣고 몇 개의 짧은 보고서를 작성하는 유형의 수업——호주

② 출석해서 교수의 강의를 듣고 1회 또는 2회 이상 시험에 응시하
는 유형의 수업——일본·한국·이스라엘·네덜란드
③ 출석해서 교수의 강의를 듣고 토의에 참여하며 1회 또는 2회 이
상 시험에 응시하는 유형의 수업——독일·홍콩·러시아·스웨
덴·브라질·칠레·미국
④ 출석해서 교수의 강의를 듣고 몇 개의 짧은 보고서를 작성하고
1회의 시험에 응시하는 유형의 수업——영국
⑤ 출석해서 교수의 강의를 듣고 몇 개의 짧은 보고서를 작성하고
발표와 토의를 하며 2회 이상의 시험에 응시하는 유형의 수업
——멕시코

위와 같은 방식에 따라 대학원 수업의 유형을 정리해 보면, 다음의
네 가지 유형으로 나눌 수 있다.

① 출석해서 교수의 강의를 듣고 주요 보고서를 작성하는 유형의
수업——영국·러시아
② 출석해서 교수의 강의를 듣고 주요 보고서를 작성한 다음 발표
하고 토의하는 유형의 수업——한국·일본·칠레·홍콩·브라
질·스웨덴·네덜란드·호주·이스라엘
③ 출석해서 교수의 강의도 듣지만 발표와 토의를 주로 하는 유형
의 수업——독일
④ 출석해서 교수의 강의를 듣고 주요 보고서도 작성하고 발표와
토의도 하며, 또 2회에 걸쳐 시험도 보는 유형의 수업——멕시
코·미국

3. 수업의 영향요인

대학의 수업은 가르치는 교수만의 행위로 이루어지는 것이 아니라, 가르치는 사람으로서의 교수, 배우는 사람으로서의 학생, 그리고 이들의 교수·학습행위를 지원해 주는 기관(사람)으로서의 행정당국이라는 세 집단의 유기적인 협동적 집단과정으로 이루어지는 것이다. 또한 이들 세 집단은 각기 자신의 역할에 관하여 충분한 능력을 갖추어야 하고, 그러한 능력을 발휘할 수 있는 기회를 찾거나 제공받아야 하며, 그렇게 능력을 발휘하고자 할 때는 그들의 자발성을 촉성시키는 유인체가 개발되어 있어야 하는 것이다. 이를 하나의 표로 체계화시켜 제시하면, 〈표 4-7〉과 같다(이성호, 1992, p. 269).

이를 좀더 생각해 보면, 교수들이 잘 가르치기 위해서는 잘 가르칠 수 있는 능력을 갖추고 있어야 하고, 잘 가르치려면 가르칠 수있는 기회가 주어져야 한다. 수업부담 시간수를 적절하게 맞추어주거나, 담당 지도학생수를 줄여주는 등과 같은 것은 교수가 가르칠 수 있는 기회를 확대시켜 주는 것이다. 또한 잘 가르치려면 가르칠 수 있는 기분이나 의욕이 생겨야 한다. 예컨대, 학생들이 그저 학점 따기 위해 공부를 한다거나, 열심히 가르쳐도 학생들이 따라오지 않는다고 했을 때, 교수들은 가르칠 수 있는 유인체를 상실하는 것이다. 이러한 식의 생각은 학생과 행정가에게도 똑같이 적용된다. 학생들은 우선 학습을 할 수 있는 학습능력을 갖추고 있어야 하고, 학습할 수 있는 기회를 갖고 있어야 한다. 그리고 학습할 수 있는 내면적 동기 형성을 가져오는 유인체가 적절히 개발되어야 한다. 행정가들에게 있어서도 교수·학습을 지원해 줄 수 있는 능력개발과 기회신장이 요구된다. 더불어, 교수·학습을 적극 지원해 줄 수 있는, 지원해 주고 싶어하는 유인동기체가 개발되어야 한다.

이러한 세 가지 측면의 관련집단, 세 가지 측면의 준거요소에서,

〈표 4-7〉 대학의 수업 관련집단과 준거요소

준거요소 \ 관련집단	교 수 (가르치는 사람)	학 생 (배우는 사람)	행 정 (지원해 주는 사람)
능 력	교수능력	학습능력	능력개발
기 회	교수기회	학습기회	기회신장
유 인	교수유인	학습유인	유인확대

그 어느 하나라도 제대로 이루어지지 않는다면, 완벽한 수업의 효율성은 기대하기 어려운 것이다. 즉, 이들 각 요소들은 교수들의 수업에 있어 하나의 저해요인으로 작용되어서는 안된다. 그러나 수업실제에서는 이러한 요소들이 다면적으로 수업을 저해하고 있는 것이 사실이다.

이제 이러한 준거틀에서 몇 가지 요소들만을 선별하여 조사된 결과를 중심으로 논의를 해보고자 한다.

우선, 〈표 4-8〉를 통해서, 이 연구에서 조사된 결과를 제시하면서 논의해 보기로 하겠다.

〈표 4-8〉에서 보면, 수업에 영향을 미칠 수 있는 9가지 요인 중, 수업에 긍정적인 영향을 주는 요인으로는, 14개국 대학교수들 중 10개국 대학교수들이 내가 담당하고 있는 과목종류의 수를 영향을 제일 크게 미치는 요인으로 지적하였다. 나머지 4개국 대학교수들은 제일의 긍정적 영향요인으로 내가 해내야만 하는 연구과업을 꼽은 다음에, 담당과목의 종류를 두 번째의 큰 영향요인으로 꼽았다.

결과적으로 수업에 긍정적으로 영향을 미치는 요인은 내가 담당하는 과목의 종류수와 내가 해내야만 하는 연구과업으로 나타났다. 그다음으로는 내가 가르치는 과목의 수강생수, 내가 지도하고 있는 학생의 수, 그리고 가르치는 데 필요한 설비와 자원 등의 순으로 이들 요인이 수업에 긍정적인 영향을 미치고 있는 것으로 나타났다.

국　　가	구　분	긍정적 영　향	영향없음	부정적 영　향	해당없음	전　체
호　　주	담당과목수	26.4	35.5	33.2	4.9	100.0
	담당과목의 종류	59.1	24.6	11.7	4.6	100.0
	수업의 수강생수	35.7	29.9	31.7	2.7	100.0
	지도학생수	30.5	44.3	19.3	5.9	100.0
	교수설비와 자원	34.0	33.4	30.3	2.4	100.0
	연구과업	28.7	37.1	27.5	6.8	100.0
	행정적 과업	13.8	33.6	49.1	3.5	100.0
	연구비 수혜 기회	14.4	49.4	25.9	10.4	100.0
	비학술적 전문활동	19.2	55.4	11.1	14.3	100.0
브 라 질	담당과목수	35.5	31.4	21.3	11.7	100.0
	담당과목의 종류	55.5	26.5	7.9	10.1	100.0
	수업의 수강생수	32.9	21.7	40.9	4.6	100.0
	지도학생수	50.5	28.3	10.6	10.6	100.0
	교수설비와 자원	36.5	14.4	43.6	5.5	100.0
	연구과업	56.3	17.4	9.3	17.0	100.0
	행정적 과업	13.5	32.6	35.5	18.5	100.0
	연구비 수혜 기회	—	—	—	—	—
	비학술적 전문활동	30.4	24.1	12.1	33.4	100.0
칠　　레	담당과목수	30.6	38.7	19.6	11.1	100.0
	담당과목의 종류	51.2	31.2	6.8	10.7	100.0
	수업의 수강생수	32.4	32.6	27.4	7.5	100.0
	지도학생수	30.0	29.4	16.4	24.2	100.0
	교수설비와 자원	25.6	33.0	37.1	4.2	100.0
	연구과업	28.5	32.7	17.1	21.7	100.0
	행정적 과업	13.6	29.6	33.7	23.1	100.0
	연구비 수혜 기회	15.2	21.7	35.0	28.1	100.0
	비학술적 전문활동	12.7	21.2	10.7	55.4	100.0
독　　일	담당과목수	14.6	31.0	31.9	22.4	100.0
	담당과목의 종류	44.3	27.1	6.6	21.9	100.0
	수업의 수강생수	29.4	26.2	30.2	14.2	100.0
	지도학생수	16.9	31.1	23.2	28.7	100.0
	교수설비와 자원	21.4	30.3	28.0	20.3	100.0

(계속)

국 가	구 분	긍정적 영 향	영향없음	부정적 영 향	해당없음	전 체
독 일	연구과업	25.9	25.5	26.2	22.5	100.0
	행정적 과업	2.2	18.9	54.8	24.1	100.0
	연구비 수혜 기회	11.8	27.9	23.2	37.1	100.0
	비학술적 전문활동	13.8	20.1	11.9	54.3	100.0
홍 콩	담당과목수	33.1	32.9	26.3	7.7	100.0
	담당과목의 종류	58.8	25.1	11.0	5.1	100.0
	수업의 수강생수	35.5	38.8	21.4	4.2	100.0
	지도학생수	29.9	44.9	17.1	8.1	100.0
	교수설비와 자원	47.4	35.9	13.8	2.9	100.0
	연구과업	41.8	32.2	20.0	6.0	100.0
	행정적 과업	19.2	27.9	46.5	6.4	100.0
	연구비 수혜 기회	29.3	48.7	10.0	12.0	100.0
	비학술적 전문활동	14.4	49.3	15.6	20.7	100.0
이스라엘	담당과목수	26.5	37.3	32.8	3.4	100.0
	담당과목의 종류	54.0	31.4	10.5	4.1	100.0
	수업의 수강생수	32.6	37.8	28.3	1.3	100.0
	지도학생수	22.1	46.6	20.8	10.4	100.0
	교수설비와 자원	29.3	34.9	22.0	13.8	100.0
	연구과업	30.3	37.6	22.2	9.8	100.0
	행정적 과업	7.0	43.2	34.0	15.7	100.0
	연구비 수혜 기회	11.7	46.5	20.1	21.6	100.0
	비학술적 전문활동	11.4	55.3	12.5	20.9	100.0
일 본	담당과목수	23.7	44.4	26.2	5.6	100.0
	담당과목의 종류	32.0	44.9	17.5	5.6	100.0
	수업의 수강생수	17.0	47.5	30.9	4.6	100.0
	지도학생수	23.0	41.0	31.2	4.7	100.0
	교수설비와 자원	24.4	41.1	31.1	3.4	100.0
	연구과업	38.7	40.6	14.5	6.2	100.0
	행정적 과업	11.6	41.9	38.8	7.7	100.0
	연구비 수혜 기회	21.2	48.0	21.2	9.5	100.0
	비학술적 전문활동	28.9	47.9	13.9	9.2	100.0
한 국	담당과목수	31.8	37.5	23.1	7.6	100.0
	담당과목의 종류	35.9	28.5	30.6	5.0	100.0

(계속)

국 가	구 분	긍정적 영향	영향없음	부정적 영향	해당없음	전 체
한 국	수업의 수강생수	30.8	37.3	27.6	4.3	100.0
	지도학생수	32.6	39.0	20.7	7.7	100.0
	교수설비와 자원	31.9	27.0	34.5	6.6	100.0
	연구과업	40.9	35.4	19.7	4.1	100.0
	행정적 과업	12.0	32.4	33.3	22.2	100.0
	연구비 수혜 기회	27.1	35.4	24.6	12.9	100.0
	비학술적 전문활동	11.7	37.1	23.5	27.7	100.0
멕 시 코	담당과목수	42.7	35.8	12.9	8.6	100.0
	담당과목의 종류	57.0	28.8	7.4	6.9	100.0
	수업의 수강생수	42.8	26.5	27.6	3.1	100.0
	지도학생수	44.8	38.5	7.3	9.3	100.0
	교수설비와 자원	37.5	27.6	29.2	5.7	100.0
	연구과업	35.9	24.7	12.3	27.0	100.0
	행정적 과업	15.6	25.7	20.2	38.5	100.0
	연구비 수혜 기회	21.4	25.2	28.9	24.5	100.0
	비학술적 전문활동	27.8	28.1	10.4	33.7	100.0
네덜란드	담당과목수	24.1	45.3	13.4	17.2	100.0
	담당과목의 종류	52.5	27.5	4.2	15.8	100.0
	수업의 수강생수	34.3	37.4	15.3	13.0	100.0
	지도학생수	37.8	38.0	13.1	11.1	100.0
	교수설비와 자원	25.9	46.0	22.2	5.9	100.0
	연구과업	24.1	34.7	30.0	11.3	100.0
	행정적 과업	3.7	45.8	30.3	20.2	100.0
	연구비 수혜 기회	10.5	50.7	19.6	19.2	100.0
	비학술적 전문활동	11.4	46.3	11.6	30.6	100.0
러 시 아	담당과목수	28.4	56.0	15.3	0.3	100.0
	담당과목의 종류	48.1	43.3	7.3	1.3	100.0
	수업의 수강생수	21.6	66.2	12.3	0.0	100.0
	지도학생수	25.0	62.9	11.6	0.5	100.0
	교수설비와 자원	38.5	23.8	30.8	6.9	100.0
	연구과업	52.2	42.3	5.0	0.5	100.0
	행정적 과업	7.3	56.3	30.3	6.1	100.0
	연구비 수혜 기회	30.0	38.6	23.1	8.4	100.0
	비학술적 전문활동	24.0	61.1	8.3	6.6	100.0

(계속)

국 가	구 분	긍정적 영향	영향없음	부정적 영 향	해당없음	전 체
스 웨 덴	담당과목수	17.6	37.7	32.0	12.7	100.0
	담당과목의 종류	57.4	25.1	7.3	10.2	100.0
	수업의 수강생수	32.4	38.4	23.7	5.5	100.0
	지도학생수	27.4	45.3	14.3	13.0	100.0
	교수설비와 자원	31.9	47.0	15.4	5.8	100.0
	연구과업	42.5	26.4	18.4	12.8	100.0
	행정적 과업	8.3	36.3	44.7	10.7	100.0
	연구비 수혜 기회	23.9	42.2	15.2	18.6	100.0
	비학술적 전문활동	18.8	37.5	7.4	36.3	100.0
영 국	담당과목수	27.8	36.6	30.8	4.9	100.0
	담당과목의 종류	58.7	25.5	11.5	4.3	100.0
	수업의 수강생수	35.0	33.2	29.9	1.9	100.0
	지도학생수	39.0	38.7	18.7	3.6	100.0
	교수설비와 자원	32.5	37.7	28.0	1.8	100.0
	연구과업	30.6	38.3	22.7	8.4	100.0
	행정적 과업	13.7	28.9	54.4	3.1	100.0
	연구비 수혜 기회	9.6	52.6	20.3	17.5	100.0
	비학술적 전문활동	14.5	52.1	10.1	23.4	100.0
미 국	담당과목수	31.5	29.6	29.9	9.0	100.0
	담당과목의 종류	58.8	23.1	10.0	8.2	100.0
	수업의 수강생수	41.2	28.4	25.6	4.8	100.0
	지도학생수	23.8	46.3	15.4	14.6	100.0
	교수설비와 자원	34.8	35.5	24.0	5.8	100.0
	연구과업	30.4	33.6	21.8	14.3	100.0
	행정적 과업	12.0	34.5	37.3	16.2	100.0
	연구비 수혜 기회	14.4	39.2	23.3	23.0	100.0
	비학술적 전문활동	23.0	45.9	11.2	19.9	100.0

(브라질 ; 일부자료 누락)

긍정적 영향요인을 지적하는 데 있어, 호주·칠레·독일·이스라엘, 그리고 미국과 같은 5개국 대학교수들은 모두 똑같이 첫번째로 내가 담당하고 있는 과목의 종류수를, 그리고 두 번째로 내가 가르치는 과목의 수강생수를 지적하고 있었다. 반면, 브라질·일본·한국·러시아 4개국 대학교수들은 똑같이 첫번째로 내가 해내야만 하는 연구과업을, 그리고 두 번째로 내가 담당하는 과목의 종류수를 선택하였다. 멕시코·네덜란드·영국의 대학교수들은 공통적으로 내가 담당하고 있는 과목의 종류수를 첫번째로, 내가 지도하고 있는 학생의 수를 두 번째로 수업에 긍정적인 영향을 미치는 요인으로 보고 있었다.

　반면에, 수업에 부정적인 영향을 미치는 요인으로서는 14개국 중 9개국의 대학교수들이 내가 행정적으로 맡고 있는 일을 가장 큰 영향요인으로 꼽고 있었다. 그리고 나머지 5개국 대학교수들은 가르치는 데 필요한 설비와 자원을 첫번째의 영향요인으로 꼽았다. 이로써 미루어볼 때, 대학에서 교수들이 수업을 하는 데 어려움을 가져다주는 기본적인 요인은 교수들의 과도한 행정업무 부담과 교수설비의 부족이라는 두 가지 요인이다. 이들 두 가지 요인 다음으로, 각국의 대학교수들이 공통적으로 많이 지적하고 있는 부정적 영향요인으로서는 내가 담당하고 있는 과목(학급)의 수, 연구비를 수혜받을 수 있는 기회, 내가 가르치는 과목의 수강생수, 그리고 내가 해내야만 하는 연구과업 등의 순으로 나타나고 있다.

　수업에 부정적으로 영향을 미치는 요인에 있어서도, 국가 상호간의 공통점이 있었다. 호주·독일·홍콩·이스라엘·스웨덴·영국·미국 등 7개국 대학교수들은 첫번째 영향요인으로 행정적 과업을, 두 번째 영향요인으로 담당과목(학급)수를 똑같이 꼽고 있었다. 한국과 러시아 대학교수들은 첫번째 영향요인으로 교수설비와 자원을, 두 번째 영향요인으로 행정적 과업을 꼽았다. 또한 칠레와 멕시코, 남미의 두 국가 대학교수들은 첫번째 영향요인으로 교수설비와 자원을, 두 번째 영향요인으로 연구비 수혜 기회를 들고 있었다.

　앞서 〈표 4-7〉에서 밝혔듯이, 교수가 보다 잘 가르치기 위해서는, 교수 자신의 교수능력이나 태도가 구비되어야 하는 것 못지않게 학생들의 학습능력이나 태도도 중요하다. 교수가 제아무리 잘 가르치려고 하여도 학생들이 교수의 그러한 노력을 따라올 만큼의 기능이나 태도를 보여주지 않으면, 교수·학습의 효율성은 확보되기 어렵다. 그렇다면 세계 각국 대학교수들은 학부학생들의 능력이나 태도에 관하여 어떻게 인식하고 있는가?

〈표 4-9〉는 학부학생들의 능력 및 태도에 관련된 진술에 대한 교수들의 찬·반 의견에 따른 분포를 나타낸 것이다.

〈표 4-9〉에서 보면 우선 첫째로, 학생들의 의사소통 능력에 관해서는 한국의 대학교수들이 가장 긍정적으로 보고 있다. 한국 대학교수들 중 58.6%가 학부학생들은 글과 말로써 의사소통을 할 수 있는 기능을 충분히 갖추고 있다고 보고 있다. 그러나 대부분의 다른 나라 교수들은 자국의 학생들을 그렇게 보고 있지 않았다. 스웨덴은 31.4%가, 일본은 29.7%가, 러시아는 26.3%가, 그리고 멕시코는 24.3%가 학부생들의 의사소통 기능 구비를 인정하고 있었고, 그 외 나머지 국가들의 대학에서는 20% 미만의 교수들만이 학생들의 그러한 능력을 인정하고 있었다.

학생들의 계량적인 수리기능에 대해서도, 역시 한국 대학교수들이 가장 긍정적으로 보고 있었는데, 34.6%의 한국 대학교수들은 「학부생들은 수학이나 계량적인 수리기능을 충분히 갖추고 있다」고 인식하고 있었다. 다음으로 학부생들의 계량적인 수리기능 구비를 많은 교수들이 인정하고 있는 나라는 홍콩이었다. 홍콩 교수들 중 31.8%가 학부생들의 계량적인 수리기능 구비를 인정해 주었다.

다음으로 학생들의 학업태도에 관한 각국 대학교수들의 인식을 살펴보면, 전체적으로 스웨덴과 한국의 대학교수들이 다른 나라 대학교수들에 비하여 상대적으로 아주 긍정적으로 보고 있음이 밝혀졌다. 이를테면, 학부생들은 학점을 받을 만큼만 겨우 겨우 해낸다는 데에 대해서 긍정하고 있는 교수들의 비율은 스웨덴이 26.6%로서 전체

<표 4-9> 각국 대학교수의 학생 능력 및 태도에 대한 찬·반별 분포 (%)

국 가	능력 및 태도	찬성	중간	반대	해당없음	전체
호 주	(1) 의사소통기능 구비	19.5	14.9	64.5	1.1	100.0
	(2) 계량적인 수리기능 구비	15.3	22.4	46.7	15.6	100.0
	(3) 간신히 학점 취득	50.5	21.2	27.1	1.2	100.0
	(4) 좋은 성적을 위해 속임수 사용	21.3	27.8	48.3	2.6	100.0
	(5) 5년 전 학생들보다 열심이다	21.2	28.0	31.0	19.8	100.0
	(6) 학생과의 교실외적인 관계형성	35.4	35.1	28.2	1.3	100.0
브 라 질	(1) 의사소통기능 구비	—	—	—	—	—
	(2) 계량적인 수리기능 구비	—	—	—	—	—
	(3) 간신히 학점 취득	58.3	12.4	26.4	2.9	100.0
	(4) 좋은 성적을 위해 속임수 사용	42.0	21.0	35.0	2.1	100.0
	(5) 5년 전 학생들보다 열심이다	14.9	17.5	57.3	10.3	100.0
	(6) 학생과의 교실외적인 관계형성	66.0	20.4	9.7	3.9	100.0
칠 레	(1) 의사소통기능 구비	16.4	21.3	61.6	0.7	100.0
	(2) 계량적인 수리기능 구비	19.4	26.2	43.8	10.6	100.0
	(3) 간신히 학점 취득	62.0	20.1	17.3	0.7	100.0
	(4) 좋은 성적을 위해 속임수 사용	43.9	27.0	24.8	4.3	100.0
	(5) 5년 전 학생들보다 열심이다	14.1	30.6	49.9	5.4	100.0
	(6) 학생과의 교실외적인 관계형성	66.9	21.8	9.7	1.7	100.0
홍 콩	(1) 의사소통기능 구비	18.5	15.2	65.6	0.7	100.0
	(2) 계량적인 수리기능 구비	31.8	21.4	27.8	19.1	100.0
	(3) 간신히 학점 취득	54.0	22.5	23.0	0.5	100.0
	(4) 좋은 성적을 위해 속임수 사용	20.7	24.5	50.8	4.0	100.0
	(5) 5년 전 학생들보다 열심이다	8.1	21.1	43.8	27.0	100.0
	(6) 학생과의 교실외적인 관계형성	57.3	28.2	13.8	0.7	100.0
이스라엘	(1) 의사소통기능 구비	14.5	26.1	57.9	1.5	100.0
	(2) 계량적인 수리기능 구비	14.5	18.8	43.7	23.1	100.0
	(3) 간신히 학점 취득	48.5	21.7	29.3	0.4	100.0
	(4) 좋은 성적을 위해 속임수 사용	26.5	20.0	49.9	3.6	100.0
	(5) 5년 전 학생들보다 열심이다	15.6	23.0	55.5	5.9	100.0
	(6) 학생과의 교실외적인 관계형성	49.8	16.2	30.8	3.3	100.0
일 본	(1) 의사소통 기능 구비	29.7	26.8	41.6	1.9	100.0
	(2) 계량적인 수리기능 구비	21.4	31.7	42.3	4.6	100.0
	(3) 간신히 학점 취득	59.6	25.1	13.8	1.6	100.0
	(4) 좋은 성적을 위해 속임수 사용	16.4	31.9	45.1	6.5	100.0

(계속)

국 가	능력 및 태도	찬성	중간	반대	해당 없음	전체
일 본	(5) 5년 전 학생들보다 열심이다	12.6	44.7	38.8	3.8	100.0
	(6) 학생과의 교실외적인 관계형성	57.8	32.3	8.4	1.5	100.0
한 국	(1) 의사소통기능 구비	58.6	24.2	17.0	0.2	100.0
	(2) 계량적인 수리기능 구비	34.6	30.7	28.8	5.8	100.0
	(3) 간신히 학점 취득	43.5	25.1	31.0	0.5	100.0
	(4) 좋은 성적을 위해 속임수 사용	24.3	24.7	49.8	1.1	100.0
	(5) 5년 전 학생들보다 열심이다	35.0	29.3	29.2	6.5	100.0
	(6) 학생과의 교실외적인 관계형성	25.6	31.4	41.8	1.2	100.0
멕 시 코	(1) 의사소통기능 구비	24.3	17.5	57.7	0.4	100.0
	(2) 계량적인 수리기능 구비	21.5	17.4	53.0	8.0	100.0
	(3) 간신히 학점 취득	66.7	11.9	20.9	0.5	100.0
	(4) 좋은 성적을 위해 속임수 사용	52.5	19.8	26.3	1.4	100.0
	(5) 5년 전 학생들보다 열심이다	19.6	23.6	48.9	7.9	100.0
	(6) 학생과의 교실외적인 관계형성	70.4	18.3	10.1	1.3	100.0
러 시 아	(1) 의사소통기능 구비	26.3	36.7	36.5	0.5	100.0
	(2) 계량적인 수리기능 구비	26.1	35.9	35.1	3.0	100.0
	(3) 간신히 학점 취득	65.3	23.7	10.0	1.0	100.0
	(4) 좋은 성적을 위해 속임수 사용	15.7	37.4	44.5	2.4	100.0
	(5) 5년 전 학생들보다 열심이다	15.2	33.9	49.4	1.5	100.0
	(6) 학생과의 교실외적인 관계형성	48.4	33.2	17.0	1.5	100.0
스 웨 덴	(1) 의사소통기능 구비	31.4	23.8	42.7	2.1	100.0
	(2) 계량적인 수리기능 구비	26.1	26.8	30.0	17.1	100.0
	(3) 간신히 학점 취득	26.6	30.3	40.0	3.2	100.0
	(4) 좋은 성적을 위해 속임수 사용	7.0	17.3	70.7	4.9	100.0
	(5) 5년 전 학생들보다 열심이다	29.0	35.3	21.3	14.4	100.0
	(6) 학생과의 교실외적인 관계형성	37.6	35.1	23.9	3.5	100.0
미 국	(1) 의사소통기능 구비	19.9	16.3	62.5	1.3	100.0
	(2) 계량적인 수리기능 구비	12.0	16.2	49.8	22.0	100.0
	(3) 간신히 학점 취득	45.0	24.1	29.7	1.1	100.0
	(4) 좋은 성적을 위해 속임수 사용	22.9	27.6	45.0	4.4	100.0
	(5) 5년 전 학생들보다 열심이다	14.5	26.7	46.0	12.8	100.0
	(6) 학생과의 교실외적인 관계형성	49.9	29.4	18.7	2.0	100.0

(1) 글과 말로써 의사소통을 할 수 있는 기능을 갖추고 있다.
(2) 수학이나 계량적인 수리기능을 갖추고 있다.
(3) 학점을 딸 만큼만 겨우 해낸다.
(4) 좋은 성적을 얻기 위해 속임수를 기꺼이 사용한다.

(5) 5년 전에 가르쳤던 학생들보다 열심이다.
(6) 교수들은 교실 밖에서 학생들과 더 많은 시간을 보내야 한다.
(독일 · 네덜란드 · 영국 ; 자료 누락, 브라질 ; 일부자료 누락)

14개국 중 가장 낮았고, 한국이 43.5%로서 두 번째로 낮았다. 또한, 학부생들은 좋은 성적을 얻기 위해 속임수를 기꺼이 사용한다에 관해서도 그렇다고 인정하는 비율이 스웨덴은 불과 7.0%뿐으로 전체 14개국 중 가장 낮았고, 한국은 24.3%로서 다른 나라들에 비하여 상대적으로 낮은 경향을 나타냈다. 그리고 요즈음 학부학생들은 내가 5년 전에 가르쳤던 학생들보다 더 열심이라는 데에 대해 찬성하는 비율은 전체 14개국 중 한국이 가장 높았다. 즉, 한국 교수들 중 35.0%가 그렇게 생각하고 있었고, 다음으로 스웨덴 교수들 중 29.0%가 그렇게 생각하고 있었다.

반대로, 학생들의 학업태도에 대하여 부정적으로 생각하고 있는 교수들은 브라질 · 칠레 · 멕시코 등 남미국가들과 러시아의 대학교수들이었다. 이들 국가에서는 50% 이상의 교수들이 학생들은 그저 학점을 받을 만큼만 겨우 해내고, 좋은 성적을 얻기 위해 속임수를 기꺼이 사용하고 있고, 또 자신이 5년 전에 가르쳤던 학생들보다 더 열심이라고 보기 어렵다고 반응하고 있었다.

끝으로, 교실 밖에서의 교수와 학생 간의 만남의 증대 필요성에 관해서는 유독 한국 대학교수들의 찬성비율이 가장 낮았다. 한국 대학교수들 중 25.6%만이 그러한 필요성에 찬성하였고 41.8%가 반대를 하였다. 그러나 브라질 · 칠레 · 멕시코와 같은 남미 3개국 교수들은 모든 70% 내외의 교수들이 그러한 교수와 학생 간의 만남의 증대 필요성을 찬성하고 있었다. 우연의 일치인지는 모르겠으나, 이들 세 나라 대학교수들은 앞에서 보았듯이 학생들의 학업태도에 관하여 14개국 중 가장 부정적으로 보고 있는 사람들이라는 점이 재미있는 사실이다. 그 외 홍콩과 일본 대학교수들 중 각각 58%가 교실 밖에서의 교수와 학생 간의 만남이 증대되어야 한다고 찬성하고 있어, 비교적 높은 찬성비율을 나타냈다. 반대로 호주와 스웨덴 대학교수들의 경우는 그 찬성비율이 각각 35.4%와 37.6%로서 다른 국가에 비하여 상대적으로 낮게 나타났다.

이상의 논의에서, 특별히 관심을 갖고 논의해 볼 문제는 교수와 학생 간의 교실 밖에서의 접촉이다. 흔히들 교수의 책무를 논의할 때, 그 책무를 수행하는 교수들이나 그러한 책무수행을 요구하고 부담을 산정하는 행정진에서는 교수들이 교실 안에서 행하는 정규수업만을 중요한 것으로 단정해 버리기 일쑤이다. 그러나 교수와 학생 간의 시·공간을 초월한 다양한 형태의 접촉을 통한 교육이 중요하다는 것은 이론의 여지가 없이 분명한 교육적 명제이다. 그럼에도 우리나라 대학에서 교수와 학생 간의 그러한 다양한 접촉 또는 만남은 그렇게 활성화되어 있지 못한 편이다.

필자가 1986년 전국 487명의 대학생을 대상으로 실시한 '대학생 집단문화의 분석연구'에서 밝혀진 바로는, 교수와의 개별적인 접촉 또는 상담에 관한 학생들의 경험 정도는 5점 만점 평정척에서 1.85점, 경험만족도는 역시 5점 만점 평정척에서 1.66점으로 나타났다. 결국, 학생들은 교수와의 접촉경험도 별로 없는 데다, 설혹 있었다 해도 만족스럽지 않다고 반응한 것이다(이성호, 1992, p. 144). 이유인즉슨, 교수들이 우선 바쁘고, 게다가 학생들도 몹시 바쁘기 때문이다. 또 학생들 눈에 교수연구실은 찾아가 만나기에 그저 어렵고 힘든 곳으로 느껴지고, 또 가서 만나봐야 별로 뚜렷이 할 이야기도 없는 것 아닌가 하는 것이 학생들이 갖는 느낌이다. 교수들 입장에서는 학생들이 찾아오지 않는데 어떻게 만나느냐에서부터, 국민학교도 아닌데 저희들이 알아서 하는 것이지, 뭐 그렇게 교수들이 학생들을 만나 지도해 줄 일이 있겠느냐고 생각하는 듯싶다.

미국의 많은 대학에서는 교수들이 학생들을 만나기 위한 목적으로, '사무시간(office hour)'이란 이름 아래, 자신들의 연구실 문앞에 학생들을 만나주는 시간을 무슨 요일 몇 시부터 몇 시까지라고 써 붙여놓기도 한다. 우리의 경우에도, 주로 미국에서 공부하고 돌아온 젊은 교수들이 그러한 시도를 하지만, 그것이 학생과의 접촉을 조장하고 있지는 않는 듯하다. 그렇기에 연세대학교에서는 1995학년도 1학기부터, 모든 교수들이 주당 3시간 이상씩의 학생면담시간을 교과목 수업시간처럼 정해서 교무처에 제출하여 학교가 이를 모든 학생들에게 알리고 관리하는 방식을 채택하기 시작하였다.

교수와 학생 간의 교실 밖에서의 상호작용, 즉 만남은 대체로 세 가지 영향요인에 의하여 좌우된다고 볼 수 있다(Wilson et al., 1975). 첫째는 교수들의 신념이다. 학생과의 개인적인 만남이 교육에 있어서 무엇보다 중요한 한 가지 방법이라는 신념이다. 둘째는, 교수의 수업 방식이다. 교실수업에서 좀더 개방적인 교수, 학생들의 참여를 조장하는 교수, 평가절차에서도 보다 개방적이고 다양한 방략을 동원하는 교수들의 경우에는 교수와 학생 간의 교실 밖 상호접촉 빈도가 높은 것으로 나타난다. 셋째는 신체적 가용성이다. 즉, 연구실을 늘 지키는 교수는 학생들과 빈번한 접촉을 하게 된다.

교수와 학생 간의 교실 밖 상호접촉의 양과 질은 또한 교수의 특성과도 관계가 있다. 예컨대, 박사학위를 가진 교수들이 박사학위를 갖지 않은 교수들보다 교실 밖에서의 학생과의 접촉 빈도가 떨어진다(Kennen, 1974)는 것이다. 전공분야별로는 자연과학분야의 교수들은 과업지향적으로 학생들을 만난다. 즉, 공부에 관련되거나 연구에 관련되는 용건이 있으면 어떤 학생도 가림 없이 만나준다. 그 속에 감정이 개입되지는 않는다. 그러나 사회과학분야의 교수들은 학생을 선택적으로 만난다. 그들은 관심 있는 학생들을 만나고, 만날 때도 자신의 감정이 개입되는 사회정서적 지향의 만남을 갖는다(Gamson,

1967, pp. 279~301). 교수와 학생 간의 교실 밖 상호접촉은 대학의 특성과도 관계된다. 예컨대, 연구중심대학 교수들의 교실 밖에서의 학생접촉 빈도는 그렇지 않은 대학의 교수들보다 훨씬 떨어지는 것으로 나타났다(Wilson, 1975). 이렇듯, 교수와 학생 간의 교실 밖 상호접촉은 교수 자신 또는 그 대학이나 학과의 풍토 등에 따라 크게 다르다. 중요한 것은, 교수들이 보다 적극적으로 학생들을 불러서 만나는 일이다. 교수의 책무 중, 교육이 중요한 책무로 받아들여지는 한, 그리고 교수가 학생을 위해서 존재하는 것이라면, 교수가 보다 적극적으로 학생들을 접촉하려는 자세가 필요하다.

4. 교육업적에 대한 평가

요즈음, 한국 대학사회에서 크게 논의되기 시작한 것 중 한 가지가 교수에 대한 평가이다. 특히 교수의 수업을 학생들이 평가하는 일에 대한 찬·반 논의가 번지고 있다. 교수들의 업적에 대한 평가는 그동안 많은 대학에서 오랫동안 실시되어 왔다. 교수의 업적을 평가한다는 일에 대해서는 대체로 교수 자신을 포함하여 많은 사람들이 동의를 하고 있다. 교수의 업적평가가 교수의 학문적 자유를 구속하지 않는 것이라면, 교수의 교육 및 연구업적 성취에 대한 평가가 교육발전에 긍정적으로 작용하고 있음은 이미 많은 연구들을 통하여 밝혀졌다. 교수의 업적평가는 근본적으로 교수들의 책무수행 동기를 강화, 보상, 조장하는 목적으로 시행되는 것이며, 더불어 한 대학의, 한 학과의 학술적 질을 결정하기 위한 하나의 준거자료를 확보하는 데 목적이 있어 시행되는 것이다. 그러나 그러한 교수업적평가에 대하여 본질적인 취지나 목적에는 이해를 표하면서도 갈등을 느끼거나 이의를 제기하는 사람들도 많이 있다(이성호, 1992, pp. 79~103).

첫째, 사회의 모든 부문과 모든 하위체제에서 최고의 지성이고 권리와 책임의 자율을 최고의 생명으로 여기는 교수 자신들의 업적을 누군가가 평가한다는 사실 그 자체를 받아들이기 어려워 갈등을 겪는 경우가 있다.

둘째, 교수업적을 평가한다고 할 때, 교수들이 갖는 의문은 어떠한 업적을 평가하느냐 하는 것이다. 이미 앞에서도 논의하였지만 교수의 책무를 교육, 연구, 봉사, 행정으로 규정할 때, 이들 네 가지 책무의 업적 모두를 평가할 것인가에 대한 의문이다. 그리고 그 각각의 책무별 업적의 범위를 어디까지로 정할 것이냐에서 교수들은 갈등을 경험한다.

셋째, 교수의 책무 중, 교육과 연구업적을 교수업적평가의 가장 타당한 범주로 설정한다 해도, 이것에 관하여 교수들은 내적 갈등을 겪는다. 교수직에 처음 채용되었을 때, 교수들에게 기대되는 책무는 「우선 열심히 가르치고, 또 연구하라」는 것이다. 그러나 그러한 채택된 이론(espoused theory)과 업적평가에서 실제로 사용되는 이론(theory in use) 간에는 상당한 괴리가 있다. 그것은 다름아니라, 교수업적평가가 주로 연구업적에 대한 평가만으로 시행되어 왔을 뿐, 교육업적에 대한 평가는 실제로 잘 이루어지지 못하고 있다는 것이다.

넷째, 교수업적평가로 인한 교수 상호간의 갈등도 나타나고 있다. 특히, 그것은 경쟁심리 속에서 생성되기도 하지만, 평가과정에서의 기준설정이나 절차에 관한 의견대립으로 야기되는 경우가 많다.

다섯째, 교수업적평가에 관한 교수들의 갈등 가운데 또다른 측면은 이념적인 갈등이다. 교수업적평가 그 자체의 필요성에 대한 근본적인 철학 또는 이념상의 대립일 수도 있고, 또는 평가의 내용과 방법, 절차 등에 대한 관점과 시각의 대립일 수도 있다.

끝으로 여섯째, 교수업적평가는 결코 모든 대학, 모든 전공분야, 모든 교수들에게 동일한 기준과 절차에 의해서 획일적으로 시행될 수 없는데도 단순히 행정적인 편의만을 위해서 맹목적으로 일관하여 실시되는 데서 교수들은 심한 갈등을 경험한다.

이러한 갈등과 이의제기가 있음에도, 교수업적을 평가함에 있어서 교육 또는 교수(teaching)활동에 대한 업적평가가 매우 중요한 요소라는 점에는 많은 사람들이 이론적으로 공감한다. 그렇다면, 교육업적평가는 어떤 내용을 대상으로, 어떤 방법으로 이루어져야만 하겠는가? 우선 이 연구의 조사결과에서 나타난 각국 대학교수들의 의견부터 살펴본 다음, 보다 구체적인 논의를 하도록 하겠다.

〈표 4-10〉은 교수들의 교육업적평가에 관련된 세 가지 설문내용에 대한 각국 대학교수들의 찬·반 의견에 따른 분포를 나타낸 것이다. 이 표에서 보면, 첫째로, 교수의 가르치는 활동의 효율성을 평가하는 데 있어 학생들의 의견은 반영되어야 한다는 데에 관해서 브라질, 스웨덴 대학교수들은 80% 이상이, 영국, 멕시코, 호주, 홍콩, 미국 대학교수들은 70% 이상이, 그리고 칠레, 독일, 이스라엘, 한국, 네덜란드, 러시아 대학교수들은 60% 이상이 찬성을 하고 있었다. 유독, 일본 대학교수들만 그 찬성비율이 48.7%로서 가장 낮았다. 둘째로, 교수활동평가를 위한 보다 나은 방법을 개발할 필요성에 관해서는, 독일 대학교수들의 경우만 32.5%라는 낮은 비율로 찬성을 하였고, 그 외 모든 국가의 대학교수들은 높은 비율로 찬성하였다. 즉, 거의 모든 국가에서 교수들의 가르치는 활동을 효율적으로 평가하기 위한 적절한 방법을 찾지 못해 고심하고 있는 것으로 보인다. 셋째로, 가르치는 활동의 효율성 평가결과가 교수 승진심사의 주기준으로 사용되어야 하는가에 대한 각국 교수들의 찬·반 의견을 보면, 러시아와 호주의 대학교수들 가운데는 80% 이상이, 멕시코와 칠레 대학교수들 가운데는 60% 이상이 적극 찬성하고 있는 것으로 나타났다. 그러나 독일의 대학교수들 중에는 오직 24.9%만이 찬성함으로써, 교육활동 평가 결과가 교수의 승진심사의 주요 기준으로 활용되는 것에 부정

<table>
<tr><td colspan="7">〈표 4-10〉 각국 대학교수의 교수평가에 대한 찬·반별 분포   (%)</td></tr>
<tr><th>국 가</th><th>구 분</th><th>찬성</th><th>중간</th><th>반대</th><th>해당
없음</th><th>전체</th></tr>
<tr><td rowspan="3">호 주</td><td>(1) 교육활동평가에 학생들의 의견 반영</td><td>79.1</td><td>11.0</td><td>9.8</td><td>0.2</td><td>100.0</td></tr>
<tr><td>(2) 교육활동 평가방법 개발의 필요성</td><td>66.6</td><td>20.6</td><td>12.4</td><td>0.4</td><td>100.0</td></tr>
<tr><td>(3) 교육활동은 승진심사의 주기준</td><td>33.9</td><td>20.5</td><td>45.0</td><td>0.5</td><td>100.0</td></tr>
<tr><td rowspan="3">브 라 질</td><td>(1) 교육활동평가에 학생들의 의견 반영</td><td>81.9</td><td>7.6</td><td>9.1</td><td>1.3</td><td>100.0</td></tr>
<tr><td>(2) 교육활동 평가방법 개발의 필요성</td><td>72.0</td><td>14.1</td><td>10.1</td><td>3.8</td><td>100.0</td></tr>
<tr><td>(3) 교육활동은 승진심사의 주기준</td><td>51.7</td><td>14.1</td><td>32.2</td><td>1.9</td><td>100.0</td></tr>
<tr><td rowspan="3">칠 레</td><td>(1) 교육활동평가에 학생들의 의견 반영</td><td>69.7</td><td>16.9</td><td>11.8</td><td>1.6</td><td>100.0</td></tr>
<tr><td>(2) 교육활동 평가방법 개발의 필요성</td><td>73.3</td><td>17.7</td><td>6.7</td><td>2.2</td><td>100.0</td></tr>
<tr><td>(3) 교육활동은 승진심사의 주기준</td><td>62.7</td><td>18.4</td><td>17.9</td><td>1.1</td><td>100.0</td></tr>
<tr><td rowspan="3">독 일</td><td>(1) 교육활동평가에 학생들의 의견 반영</td><td>65.0</td><td>16.2</td><td>15.8</td><td>3.1</td><td>100.0</td></tr>
<tr><td>(2) 교육활동 평가방법 개발의 필요성</td><td>32.5</td><td>14.9</td><td>12.8</td><td>9.8</td><td>100.0</td></tr>
<tr><td>(3) 교육활동은 승진심사의 주기준</td><td>24.9</td><td>28.0</td><td>42.3</td><td>4.9</td><td>100.0</td></tr>
<tr><td rowspan="3">홍 콩</td><td>(1) 교육활동평가에 학생들의 의견 반영</td><td>72.4</td><td>13.4</td><td>13.8</td><td>0.4</td><td>100.0</td></tr>
<tr><td>(2) 교육활동 평가방법 개발의 필요성</td><td>73.1</td><td>18.7</td><td>7.4</td><td>0.9</td><td>100.0</td></tr>
<tr><td>(3) 교육활동은 승진심사의 주기준</td><td>41.9</td><td>20.1</td><td>37.8</td><td>0.2</td><td>100.0</td></tr>
<tr><td rowspan="3">이스라엘</td><td>(1) 교육활동평가에 학생들의 의견 반영</td><td>69.9</td><td>16.1</td><td>13.6</td><td>0.4</td><td>100.0</td></tr>
<tr><td>(2) 교육활동 평가방법 개발의 필요성</td><td>68.3</td><td>12.1</td><td>17.0</td><td>2.7</td><td>100.0</td></tr>
<tr><td>(3) 교육활동은 승진심사의 주기준</td><td>38.6</td><td>22.4</td><td>38.6</td><td>0.4</td><td>100.0</td></tr>
<tr><td rowspan="3">일 본</td><td>(1) 교육활동평가에 학생들의 의견 반영</td><td>48.7</td><td>27.4</td><td>22.3</td><td>1.6</td><td>100.0</td></tr>
<tr><td>(2) 교육활동 평가방법 개발의 필요성</td><td>69.3</td><td>22.3</td><td>5.9</td><td>2.5</td><td>100.0</td></tr>
<tr><td>(3) 교육활동은 승진심사의 주기준</td><td>36.3</td><td>37.3</td><td>24.3</td><td>2.1</td><td>100.0</td></tr>
<tr><td rowspan="3">한 국</td><td>(1) 교육활동평가에 학생들의 의견 반영</td><td>62.9</td><td>21.0</td><td>15.0</td><td>1.1</td><td>100.0</td></tr>
<tr><td>(2) 교육활동 평가방법 개발의 필요성</td><td>68.6</td><td>20.7</td><td>8.0</td><td>2.7</td><td>100.0</td></tr>
<tr><td>(3) 교육활동은 승진심사의 주기준</td><td>45.2</td><td>30.0</td><td>22.9</td><td>1.9</td><td>100.0</td></tr>
<tr><td rowspan="3">멕 시 코</td><td>(1) 교육활동평가에 학생들의 의견 반영</td><td>77.3</td><td>13.0</td><td>9.0</td><td>0.6</td><td>100.0</td></tr>
<tr><td>(2) 교육활동 평가방법 개발의 필요성</td><td>78.7</td><td>12.4</td><td>7.7</td><td>1.3</td><td>100.0</td></tr>
<tr><td>(3) 교육활동은 승진심사의 주기준</td><td>69.5</td><td>13.5</td><td>16.4</td><td>0.7</td><td>100.0</td></tr>
<tr><td rowspan="3">네덜란드</td><td>(1) 교육활동평가에 학생들의 의견 반영</td><td>68.8</td><td>17.1</td><td>11.1</td><td>3.2</td><td>100.0</td></tr>
<tr><td>(2) 교육활동 평가방법 개발의 필요성</td><td>57.8</td><td>23.9</td><td>9.5</td><td>8.8</td><td>100.0</td></tr>
<tr><td>(3) 교육활동은 승진심사의 주기준</td><td>—</td><td>—</td><td>—</td><td>—</td><td>—</td></tr>
<tr><td rowspan="3">러 시 아</td><td>(1) 교육활동평가에 학생들의 의견 반영</td><td>64.3</td><td>23.2</td><td>11.0</td><td>1.4</td><td>100.0</td></tr>
<tr><td>(2) 교육활동 평가방법 개발의 필요성</td><td>58.8</td><td>34.8</td><td>6.0</td><td>0.5</td><td>100.0</td></tr>
<tr><td>(3) 교육활동은 승진심사의 주기준</td><td>82.8</td><td>11.8</td><td>5.4</td><td>0.0</td><td>100.0</td></tr>
</table>

(계속)

국 가	구 분	찬성	중간	반대	해당 없음	전체
스 웨 덴	(1) 교육활동평가에 학생들의 의견 반영	85.0	9.0	5.4	0.7	100.0
	(2) 교육활동 평가방법 개발의 필요성	57.7	25.1	15.8	1.3	100.0
	(3) 교육활동은 승진심사의 주기준	30.2	26.9	41.4	1.5	100.0
영 국	(1) 교육활동평가에 학생들의 의견 반영	77.9	11.7	10.2	0.2	100.0
	(2) 교육활동 평가방법 개발의 필요성	60.6	24.0	14.4	1.0	100.0
	(3) 교육활동은 승진심사의 주기준	32.4	23.7	43.8	0.1	100.0
미 국	(1) 교육활동평가에 학생들의 의견 반영	72.3	12.2	14.9	0.6	100.0
	(2) 교육활동 평가방법 개발의 필요성	72.7	15.8	10.9	0.6	100.0
	(3) 교육활동은 승진심사의 주기준	44.7	15.9	39.3	0.4	100.0

(1) 교수의 가르치는 활동의 효율성을 평가하는 데 있어 학생들의 의견은 반영
되어야 한다.
(2) 우리 대학에서는 교수들의 가르치는 활동을 평가하기 위한 보다 좋은 방법
을 강구할 필요가 있다.
(3) 가르치는 활동의 효율성은 교수 승진심사의 주기준이 되어야 한다.

(네덜란드 ; 일부자료 누락)

적이었다. 이러한 부정적인 견해는 그 외에도 스웨덴·영국·일본·
이스라엘 대학교수들에게서 강하게 나타났다. 브라질이나 미국·한
국·홍콩의 대학교수들 가운데는 대체로 40~50% 범주의 교수들이
교수의 교육활동을 승진심사의 주요 기준으로 활용하는 것에 찬성하
고 있었다.

교수의 교육활동 업적평가에서 평가의 자료가 되는 내용은 크게 두
가지로 나눌 수 있다. 우선은 동적인 연성자료(soft data)로서, '교실
내 수업활동' 그 자체이다. 이는 교실 내에서 교수가 행하는 모든 형
태의 교수활동을 의미한다. 이러한 교실 내 수업활동에서 평가의 대
상이 되는 가장 중핵적인 요소는 교수방법이다. 즉, 어떠한 종류의
교수방법을 어떠한 상황에서 어떻게 적절히 활용하고 있는가 하는 점
이다. 다음으로 교수의 가르치는 활동에 관련된 업적평가의 자료에는
정적인 경성자료(hard data)가 있다. 예컨대, 교수계획서(syllabus),

각종 교수자료, 학생들에게 부과되는 시험의 내용 및 방법, 그리고 학생들에게 최종적으로 형성되는 학업성취도 등이 경성자료의 범주에 속한다. 물론, 이러한 자료들이 교육업적평가에서 실제로 얼마만큼 고려되어야 하고, 또 반드시 포함되어야 하는가에 대한 절대적인 정답은 있을 수 없다. 다만 위에서 이야기한 두 가지 범주의 자료들은 그 교수의 수업이 어느 정도나 효율적이었던가, 즉 수업의 효율성(effectiveness of teaching)을 판단하는 데 있어서 우리가 어떠한 자료를 통해 정보를 얻을 수 있는가 하는 폭넓은 가능성을 제시하는 것이다.

교수의 교육업적, 특히 가르치는 능력 또는 수업의 효율성을 평가하는 데 있어서는 그 내용 못지않게 어려운 것이 어떻게 평가하느냐의 문제이다. 여기에는 크게 네 가지 측면의 문제가 있다.

첫째는 누가 평가를 실시하느냐에 따른 평가방법이다. 세 부류의 평가자를 상정할 수 있다. 우선은 교수 자신이 평가를 하여 스스로 보고할 수 있다. 교수들의 자율능력에 대한 공인과 신뢰가 확보되어 있을 때, 교수들에 의한 자체평가는 교수업적평가의 좋은 방법임에 틀림없다. P. Seldin의 1983년도 조사에 의하면, 전체 응답 학장들 중 42%가 이러한 교수 자신에 의한 평가를 찬성하고 있는 것으로 나타났다(Seldin, 1984, p. 53). 다음으로는 동료교수에 의한 평가방법이다. 즉, 교수들 상호간에 얼마나 잘 가르치고 있느냐를 평가하는 것이다. 그러나 이러한 동료교수에 의한 평가에 대하여 부정적인 사람도 있다. 한 예로, M. Scriven은 동료교수에 의한 교수업적평가 방법을 지극히 부정적으로 인식하고 있다. 그에 따르면「동료교수들은 어떻게 가르치는 것이 정말 효율적으로 잘 가르치는 것이냐에 대해서 서로 충분한 합의를 이루지 못하고 있으며, 또 신뢰로운 평가가 될 수 있을 만큼 평가가 깊이 있게, 폭넓게, 그리고 세밀하게 이루어지지도 않는다」(Scriven, 1981)는 것이다. 교수의 교육업적평가에서 동원되는 세 번째 부류의 평가자는 학생들이다. 이 점에 대해서는 이 장의 맨 끝에서 별도로 논의하기로 하겠다.

둘째는 평가의 자료원에 의해 구분되는 평가방법이다. 여기에는 두 가지 방법이 있다. 하나는 직접 방문·관찰하여 평가를 실시하는 방법이고, 다른 하나는 나타난 문서로 평가하는 방법이다. 이들 두 가지 방식 모두에서 객관적인 평정척이 사용되는 것은 공통적이다. 전자의 경우에는 특히 현장기술적인 방법으로 평가가 이루어진다는 독특성을 지닌다.

셋째는 평가시기에 따른 구분이다. 교수업적평가의 목적이 단순히 인사상의 의사결정을 위한 자료수집에 국한되는 것이 아니라 교수들의 업적성취 동기를 강화하고 개선하는 데 더 큰 뜻이 있다면, 평가시기상의 평가방법 구분은 매우 중요하다. 여기에는 두 가지 방법이 고려되는데, 하나는 형성평가이고 다른 하나는 총합평가이다.

넷째는 평가의 횟수에 관한 문제이다. 수업능력을 평가한다고 할 때, 그것은 특정 시기에, 특정 교과목의 수업 한 가지만을 갖고 일회적으로 이루어져서는 안되고, 복수적인 방법으로 이루어져야 한다. 특정한 하나의 수업 또는 특정한 한 학기 동안의 교수업적만으로 그 교수의 교육업적이나 교육능력을 평가, 판단할 수는 없다.

이제 이 장을 끝맺으면서, 한 가지 좀더 논의하고자 하는 것은 학생에 의한 수업평가이다. 이미 앞서 〈표 4-10〉에서 보았듯이, 많은 교수들이 교수평가에서 학생들의 의견반응을 찬성하고 있다. 학생들은 교수들보다 훨씬 더 강도 높게 찬성하고 있는 것으로 나타났다.[1] 그러나 실제로 그것을 시행한다고 하였을 때, 그것에 대한 찬·반의 견해는 더욱 심각한 대립을 보일 것으로 생각한다. 학생에 의한 수업평가가 이론적으로는, 그리고 그 취지에 있어서는 크게 문제가 없고,

---

1) 최근 각 대학 총학생회의 사업계획으로 제시된 학생활동 목표 중에는 학생들에 의한 교수수업평가가 여러 대학에서 공통적으로 나타나고 있다.

바람직한 것으로 보이지만, 실제로 시행한다고 하였을 때, 예측되는 문제는 여러 가지가 있다. 학생에 의한 수업평가에 대하여 반대하는 입장에 서서 그 문제를 살펴보면, 다음과 같은 것을 들 수 있다.

우선, 학생들은 어떠한 수업이, 어떻게 가르치는 것이 최적의 수업방법이고 가장 효율적인 수업인가를 판단할 수 있을 만큼 교육이론 그 자체에 대하여 잘 모른다는 이유를 들 수 있다. 수업의 효율성이란 여러 가지 요인의 복합적인 작용으로 결정되는 것이다. 한 가지만 예를 들면, M.J. Finkelstein은 대학에서의 수업효율성은 ① 교수의 지위특성(전공분야, 직급, 경력기간, 성, 연령, 정치적 성향, 교육과 연구 중 선호 성향 등) ② 교수의 인성특성(자아개념 등) ③ 상황적 요인(교과목 성격, 교과목 수준, 학급크기, 교수·학생 간 관계 특성 등) ④ 구체적인 교실 내 행동(제시스타일, 비구두행동, 학급관리, 학생에 대한 교수의 감정 등)의 네 가지 요소가 복합적으로 작용하여 결정된다는 것이다(Finkelstein, 1984, p. 109). 그러나 학생들은 이러한 복합적인 여러 가지 요인을 인식하지도 못하고 판별해 내지 못한다. 따라서 학생들은 자기 자신의 느낌, 또는 의견이나 지각, 학습경험 등에 비추어본 자신의 반응을 표현하기 쉽다. 학생들의 반응은 결국 개인의 감정표현에 불과할 뿐, 교과목 전체의 성격이나 학급구성원 전체의 학습효율성이라는 관점에서 교수의 수업능력 전체를 제대로 평가하여 자신의 견해를 나타내기 어렵다.

다음으로, 학생들에 의한 수업평가는 결국 교수 개개인의 인기도를 측정하는 것에 불과하고, 학생들에게 부과되는 과제의 양이나 시험의 곤란도, 또는 부여되는 성적 등에 따라서 감정적으로 흐르기 쉽다. 학생들은 교수의 수업을 평가할 때, 다면적으로 신중하게 평가하지 않고, 어느 일면만을 보고 그 교수의 수업능력 전체를 평가하기 쉽다는 것이다. 따라서, 학생들에 의한 수업평가는 타당도와 신뢰도를 결여하기 쉽다는 점이 이러한 평가를 부정적으로 생각하게 하는 최대의 합리적 근거를 이룬다.

그러나 이러한 시각에 반하여, 거꾸로 학생에 의한 교수들의 수업 능력평가를 적극 지지하고 나서는 사람들도 많다. 특히, 이들은 실증적 연구를 통하여, 학생에 의한 수업평가가 상당한 신뢰도와 타당도를 지니고 있음을 구명한다. 예컨대, W.J. McKeachie(1979), J.U. Overall과 H.W. Marsh(1982), K.E. Feldman(1976), L.A. Braskamp (1983) 등은 자신들의 연구결과는 물론 많은 선행 연구결과들을 분석하여, 학생에 의한 수업평가가 통계적으로 상당히 유의한 신뢰도와 타당도를 지니고 있다고 밝히고 있다. 이 가운데서도, Feldman은 학생들이 평가하는 훌륭한 수업, 효율적인 수업의 특성을 세 가지 범주로 구체화시켰다. 즉 ① 교수의 교수학습자료의 제시방법(정열, 분명성, 교과 전문지식, 학생 흥미자극 능력 등) ② 조장자로서의 교수의 인간관계 역할(학생들에 대한 애정, 토론의 조장, 학생과의 접촉 개방성 등) ③ 교수의 경영적 역할(교과목 조직과 준비, 목표설정과 이수조건의 분명성, 평가의 공정성, 학급관리 등)이다. 학생들이 평가하여 발견하는 이들 세 가지 범주의 효율적인 수업의 특성은 결국 학생들에 의한 수업평가가 그만큼 타당성이 있음을 의미하는 것이다 (Feldman, 1976, pp. 243~288).

또한, P. Seldin은 학생들에 의한 수업평가에 영향을 미치는 요소들을 여러 가지 실증적 연구결과들을 토대로 하여 추출하였는데, 놀랍게도 학생들의 제특성(예컨대 연령, 성별, 인성, 학생의 수준), 교과 및 학급특성(교과목의 필수·선택 여부, 학급크기), 그리고 교수의 특성(성별, 연령, 직급, 성적산출 근거와 성적분포 수준 등)은 학생의 수업평가에 별다른 영향을 미치지 않는 것으로 나타났다. 다만 여기에 영향을 미치는 것은 두 가지로서, 하나는 교수의 수업에 대해서 학생들이 가지고 있었던 사전의 기대이고, 다른 하나는 교수의 인성특성(예컨대, 정열적이고 유머감각이 있느냐, 또는 내용이 있는 수업이냐 등)이다 (Seldin, 1984, p. 135). 이러한 Seldin의 분석은 학생들에 의한 교수의 수업평가는 어느 정도의 신뢰도와 타당도를 지니고 있음을 간접적으로 시사한 것이라고 하겠다.

결국, 문제는 학생들에 의한 교수의 수업평가를 어떠한 방식으로, 어떠한 절차로 실시하느냐가 관건이라고 생각한다. 그것을 결정하는 데는 어떠한 획일적인 모형이 적용되기 어려울 것이다. 각 교과목에서, 각각의 교수들에 의해서 방법과 절차가 개발되어야 할 것이다. 그리고 거듭 강조해 둘 것은 교수의 교육업적, 특히 수업능력을 평가함에 있어서, 학생들에 의한 수업평가 결과만이 유일한 자료원이 되어서는 안된다는 점이다.

제 5 장

연구활동

　연구란 한마디로 지식의 폭을 넓히고 깊이를 더해가는 제반 지적
활동이다. 전통적으로 대학은 기존 지식에 대한 끝없는 반성적 검증
과 새로운 지식의 창출을 통한 지식의 증진, 확산, 그리고 전수를 주
기능 중 한 가지로 수행하여 왔다. 이것은 곧 대학교수들에게 있어서
연구활동이 교육활동과 통정체제를 이루며 하나의 책무적인 활동인
동시에 성스러운 권리행사로서 생각되어 온 까닭이기도 하다. 또한
지적 호기심에 기초한 동기의 자발성, 지식의 창출과 전수라는 목적
의 순수성, 그리고 과학적 추구라는 전문적 활동의 자율성과 윤리성
을 근간으로 하여 수행되어 왔다고 본다.

　그러나 대학교수들의 연구활동에 대한 이러한 전통적인 사고는 금
세기에 들어서면서, 대학 내외의 다양한 변화와 더불어 많은 도전과
갈등에 봉착하게 되었음을 부인하기 어렵게 되었다. 예컨대, 교수들
의 연구활동은 대학 내의 복잡한 학술조직구조의 내면적 역동성에 휘
말려 교수들에 대한 대학의 내적 통제의 강력한 한 가지 수단으로 사
용되기 시작한 것이다. 그뿐만 아니라, 박사학위가 대학이라는 학술
세계로의 진입을 위한 필수적인 요건으로 인식되는 가운데 발전하기
시작한 연구 위주의 대학원 교육의 확산은 교수들이 연구활동에 대한
선호적 가치관을 형성하는 데 부분적으로 작용하였다. 교수들의 연구
선호 태도는 경우에 따라서는 교수들의 또다른 중요한 책무인 수업활
동을 희생 내지 위축시키는 결과를 초래하기도 하였다. 또한, 대학의
사회에 대한 공공봉사적 책무의 강조는 순수 기초연구 위주였던 대학
교수들의 전래의 연구활동 범위를 응용연구, 개발연구로까지 확산시
키면서, 대학교수들에 대한 국가나 산업계의 연구비 지원을 급격히
증가시켰다. 이러한 발전의 과정 속에서 교수들의 연구활동의 자율성
과 전문성은 상업주의적으로 전락하고 있다는 비판을 받게 되었다.

　오늘날 대학교수들이 연구활동에 관련해 경험하는 어려움과 갈등은
이러한 문제들에만 국한되는 것이 아니라 그 속에는 여러 가지 문제

들이 복잡하게 관련되어 있을 것이다. 이 장에서는 이러한 인식하에, 교수들의 연구활동 동기와 연구업적 및 연구활동에 관련된 몇 가지 측면의 구체적인 내용과 연구업적에 대한 평가문제 등을 실증적인 조사결과들을 기초로 하여 논의해 보고자 한다.

1. 연구활동 동기와 연구업적

1) 연구활동의 동기

교수들은 어떠한 욕구 또는 유인체에 기초하여 연구활동을 수행하는가? H.C. Kelman은 일찍이 태도변화의 세 가지 과정을 인간의 세 가지 욕구 수준에 기초하여 밝힌 바 있다. 즉, 생리·경제적 욕구(physio-economic needs)에 기초한 순종, 사회적 욕구(social needs)에 기초한 동일시, 자아욕구(ego needs)에 기초한 내면화의 과정이 바로 그 세 가지이다(Kelman, 1958, pp. 51~60). 여기에서는 편의상, 대학교수들의 연구활동에 대한 동기를 위의 세 가지 욕구 측면에서 생각해 보기로 하겠다.

첫째, 비록 그 수는 적을지 모르지만, 대학교수들이 생리·경제적 욕구에 기초하여 연구활동을 수행하는 경우가 있다. 이는 어떻게 보면 쾌고의 원리에 입각한, 지극히 원시적이고도 본능적인 행동이라고 할 수 있다. 또한 외부의 보상과 벌이라는 통제적 기제에 순응하기 위한 행동과도 같은 것이다. 예컨대, 대학사회에서 이미 제도적으로 정착된 지 오래된 행정적 촉진 또는 규제책으로서의 연구업적요건을 충족시키지 않으면 안된다는 의무감에서 연구를 수행하는 경우이다. 승진, 승급 또는 임용계약의 갱신이나 연장, 정년보장임용(tenure) 등에 필요한 요건을 충족시키고자 일정기간 안에 요구되는 최소량의 연구를 해내지 않으면 안되는 상황하에 이루어지는 연구이다. 물론,

148

이렇게 수행된 모든 연구가 연구로서의 본래 가치를 망실하거나 질이 극히 떨어지는 것은 아니다. 어떻게 보면, 이러한 시한적 부담이 있었기에 그만큼 연구가 수행되고 활성화되기도 하였다.

그러나 그러한 연구 중 상당수는 단순히 외적인 동기유발에 근거한, 연구를 위한 연구는 아니었는가를 자성해 볼 필요가 있다. 문제는 교수들의 연구활동이 대학 내에서 그들 자신의 지위존속과 유지만을 위한 도구적 수단으로 전락할 우려가 있다는 데서 기인하는 것이다. 생리·경제적 욕구에 기초한 연구동기의 또다른 하나는, 연구에 따른 경제적 이득이 연구 그 자체의 목적이나 가치보다 먼저 추구되는 데 있다. 예컨대, 연구비는 물론이거니와 그 연구결과의 출판을 통한 수입 또는 특허 등의 권리획득을 통한 수입의 증대가 연구수행의 목적이자 동기로 작용하는 경우라고 하겠다.

둘째, 상당수의 교수들은 사회적 욕구에 기초하여 연구를 수행하고 있다고 말해도 과언이 아닐 것이다. 경쟁적 학술사회에서 자신의 위치를 공고히 하는 것은 물론이거니와 학술집단조직사회(learned society)의 구성원으로서의 소속감을 확보하기 위한 수단으로 연구가 수행될 수 있다. 나아가서는 학술사회 내외에서의 위신과 명성을 획득하기 위한 수단으로서 연구가 수행되기도 한다. 그것은 물론 수업활동의 탁월성으로 획득하는 명성이 국지적이고 한시적인 데 반해, 연구결과의 출판을 통한 명성은 대학 캠퍼스 내외로 확산되고 또 장기적으로 유지될 수 있다는 이점에서도 기인한다. 획득된 명성이나 학술사회에서의 견고한 위치 확보는 곧 교수 개인의 심리적 안정감을 높여줄 수 있으며, 그것은 다시금 연구를 수행할 수 있는 원동력으로 작용하는 이점을 갖고 있기도 하다.

일반적으로 위에서 밝힌 두 가지의 경우, 학술연구활동의 의미는 출판에서 최종적으로 확인된다. 즉, 출판되지 않은 연구는 소용이 없는 것이다. 한때 대학사회를 풍미하였던, 어떤 면에서는 아직도 그

잔흔이 남아 있다고 할 수 있는 「출판하라, 그렇지 않으면 자멸하리라(publish or perish)」의 원리가 실감 있게 들렸던 것은, 새롭게 창출된 지식의 확산이라는 관점이기보다는 연구의 생리·경제적 욕구나 사회적 욕구의 관점을 더욱 충족시켜 주었기 때문이라고 하겠다. 그렇기에 제한된 학술지에 논문을 게재하기 위해 그토록 불티나는 경쟁을 벌여야 했다. 예컨대, 학술연구의 최소한의 질적 수준을 유지해야겠다는 신념에서 까다로운 기준과 엄격한 심사절차를 내세운 많은 학술지들이 있음은 주지의 사실이다. 그러나 그 반면, 그렇지 못한 학술연구결과들을 자체적으로 모은 학술지들이, 학술사회에서의 공동생존이라는 이기적 목적의 학술지들이 우후죽순으로 간행된 일은 결코 없었는가 생각해 볼 필요가 있다. 한 기관의, 한 연구소의 장식품으로서 대외적인 체면유지와 더불어 연구자의 사회적 욕구를 충족시키고자 하는 연구논문집의 간행이 이루어졌다면, 그것은 학문공동체의 건전함을 해치는 지극히 위해스러운 일이라 아니할 수 없다.

셋째로, 자아욕구에 기초하여 연구를 수행하는 교수들이 상당수 있음을 볼 수 있다. 이들은 내면적으로 형성된 진리탐구에 대한 욕구가 강하며, 그것을 연구활동으로 옮기는 지적 자극을 강하게 느낀다. 문제를 느끼기에 연구에 착수하며, 새로운 개념이 형성되기에 그것을 체계화시키고 발전시키기 위하여 연구에 착수한다. 결코, 연구를 하여야겠다는 전제하에 연구문제를 찾는 것이 아니라, 연구를 하지 않으면 안되는 지적 탐구의 마지막 과정에서 결단을 내려 연구를 수행하는 것이다. 이들이야말로 진정한 의미에서의 학술연구정신(scholarship)을 발휘하는 교수들이다. 이들은 결코 자멸의 위협 때문에 연구결과를 출판하지는 않는다. 이들은 그들의 연구결과가 곧 그 학술사회에서의 지식발전에 공헌할 만한 가치가 있다고 스스로 판단할 때에 그것을 출판한다. 즉, 출판하여 지식을 계발하고(publish and enlighten), 출판하여 지식의 융성을 기하고자(publish and flourish) 한다. 이들은 연구를 통하여 얻을 수 있는 경제적 또는 사회적인 외적 보상보다는 내면적 보상, 즉 지적 탐구 그 자체의 기쁨을 더욱 소중하게 생각한다. 그러한 기쁨은 곧 수업활동을 통하여 학생들과 나누어 갖게 되며 그 새로운 지식을 전수하고 발전시켜 나가는 것이다.

이상에서 밝힌 교수들의 연구활동 동기 가운데, 연구의 본질에 비추어 가장 바람직한 것은 물론 세 번째의 자아욕구에 기초한 연구동기라고 할 수 있다. 그러나 그렇다고 해서 생리·경제적 욕구나 사회적 욕구에 기초한 교수들의 연구활동 동기는 모두 그릇되고 바람직하지 못하다는 것을 의미하는 것은 아니다. 문제는 앞서도 지적하였듯이, 그것이 단순히 연구를 위한 연구 또는 형식적 요건에 의한 연구로 전락될 때에 심각한 것이다. 근본적으로 대학교수들의 연구활동은 결코 전문연구기관에서의 연구가 아니라 교육기관으로서의 대학에서 수행되는 것이다. 즉, 교수들의 연구활동은 수업 또는 교육활동에 생동력을 불어넣으며 서로 통정될 수 있을 때 의미가 있는 것이다. 그러나 교수들이 생리·경제적 욕구 또는 사회적 욕구에만 기초하여 연구를 수행할 때, 다분히 학생들에 대한 교육과는 거리가 먼, 오로지 자신들의 이기적인 삶을 영위하기 위한 게임이 될 가능성이 높다는 데서 문제의 심각성을 느껴야 한다고 본다.

2) 연구업적

그렇다면, 세계 각국의 대학교수들은 실제로 얼마만큼의 연구업적을 성취하고 있는가? 우선 이 연구에서 수행된 14개국 대학교수들의 연구업적을 살펴보면, 〈표 5-1〉에 제시된 바와 같다. 이는 조사시점을 기준으로 연구업적을 조금이라도 이룬 교수들에 한하여 3년간의 평균 연구업적을 10종의 연구결과물 유형별로 산출해 놓은 것이다.

〈표 5-1〉에서 우선, 학술서적의 저술과 편집의 경우를 합쳐서 살펴보면, 네덜란드 대학교수들의 연구업적이 14개국 중 가장 뛰어나다.

〈표 5-1〉 각국 대학교수의 3년간 평균 연구업적

구분 국가	저술한 학술서적 (권)	편집한 학술서적 (권)	책·저널 게재논문 (편)	연구비에 의한 연구 (편)	학술회의 발표논문 (편)	신문·잡지 게재논문 (편)	출원한 특허·발명 (종)	컴퓨터 프로그램 (종)	공연·전시 예술작품 (종)	비디오 ·필름 (종)	기 타
호 주	0.5	0.5	5.4	2.0	4.4	2.2	0.1	0.4	1.4	0.6	2.7
브 라 질	1.7	0.4	3.3	1.6	4.9	2.4	0.2	0.1	1.4	1.0	6.9
칠 레	1.1	0.9	4.4	2.3	4.2	2.3	0.2	0.5	3.3	0.7	1.2
독 일	1.0	0.9	6.3	2.1	4.8	2.2	0.4	0.7	0.9	0.5	1.5
홍 콩	0.6	0.6	5.4	2.0	3.8	2.0	0.2	0.3	0.6	0.8	2.3
이스라엘	1.1	1.4	7.1	3.5	4.6	4.8	0.6	0.6	0.7	0.3	3.6
일 본	1.9	0.7	8.4	2.2	8.4	2.8	0.3	0.2	2.2	0.3	4.4
한 국	0.9	0.7	6.0	1.9	3.2	1.5	0.1	0.1	0.8	0.3	0.2
멕 시 코	0.9	0.6	3.4	2.1	3.1	4.7	0.1	0.6	1.0	1.3	4.9
네덜란드	1.2	3.0	8.9	3.1	6.1	4.0	0.3	1.7	1.1	0.6	4.0
러 시 아	1.2	0.9	4.4	1.8	2.9	2.1	1.2	1.6	0.5	0.1	3.5
스 웨 덴	0.8	0.7	7.4	2.8	4.4	3.2	0.2	0.4	1.0	0.4	1.7
영 국	0.9	0.7	5.4	2.4	4.0	2.4	0.1	0.4	1.1	0.4	3.0
미 국	1.1	0.4	4.8	2.0	4.2	2.3	0.1	0.3	2.0	1.2	3.6

이들은 3년 동안에 평균 1.2권의 책을 저술하였고 3.0권의 책을 편저하였다. 네덜란드 다음으로 연구업적이 높은 국가는 일본으로서, 일본의 대학교수들은 3년 동안에 평균 1.9권의 책을 저술하였고 0.7권의 책을 편저하였다. 저술한 학술서적만 놓고 보면, 14개국 중 일본 대학교수들의 평균 연구업적이 가장 높았다. 이스라엘 교수들은 3년 동안에 평균 2.5권의 책을 저술 또는 편저하였다. 네덜란드·일본·이스라엘 대학교수들 다음으로 연구업적이 높았던 교수들은 브라질·러시아·칠레·독일 대학교수들이었다. 한국 대학교수들의 3년간 연구업적은 평균 0.9권의 책 저술과 평균 0.7권의 편저를 합쳐 평균 1.6권의 연구업적을 보이고 있다. 이는 멕시코·스웨덴·영국·미국 교수들의 평균 연구업적과 비슷한 수준이다. 14개국 중 저술 연구업적이 가장 낮은 교수들은 호주의 대학교수들인 것으로 나타났다.

둘째, 각종 논문형태의 연구업적을 살펴보면, 역시 앞서의 책 저술을 통한 연구업적의 경우처럼 네덜란드·일본·이스라엘 교수들의 논문 연구업적이 다른 나라 교수들에 비하여 월등하였다. 네덜란드 대학교수들은 3년 동안 평균 22.1편의 각종 논문을 발표하였다. 일본 대학교수들은 평균 21.8편, 그리고 이스라엘 대학교수들은 평균 20.0편의 각종 논문을 발표하였다. 14개 국가 중 학술논문업적이 상대적으로 적은 나라는 브라질·러시아·한국이다. 브라질 대학교수들은 3년 동안에 평균 12.2편, 러시아 대학교수들은 11.2편, 그리고 한국 대학교수들은 12.6편의 논문을 발표하였다. 이 가운데 브라질 대학교수들과 러시아 대학교수들은 그래도 저술업적이 14개국 중 4, 5위인데, 한국 대학교수들은 저술업적에 있어서도 14개국 중 하위에 머물고 있으면서, 논문업적도 이처럼 최하위에 머물고 있다는 데에 문제의 심각성을 느껴야 할 것이다.

셋째, 각종 특허, 발명, 예술작품 전시, 공연, 컴퓨터 프로그램 개발, 비디오·필름 개발 등의 학술연구업적에 있어서는 칠레·네덜란드·미국·러시아의 교수들이 다른 나라에 비하여 월등히 많은 업적을 올리고 있었다. 한국 대학교수들은 이러한 유형의 업적에 있어서도 14개국 중 최하위에 머물고 있었다.

교수들의 학술연구업적을 논의할 때 한 가지 더 생각하여야 할 점은, 그러한 연구업적을 올린 교수가 결국 전체 교수들 중 몇 퍼센트를 차지하고 있는가 하는 점이다. 필자가 이번의 연구에 관련하여 실시한 제1차 조사결과에 따르면, 우리나라의 경우 학술서적 저술은 전체 교수들 중 28%만이 해내고 있다는 점이다. 논문의 경우에는 전체 교수의 86%가 연구업적을 올리고 있어 앞에서 제시한 학술서적의 경우와는 달리 대다수의 교수들이 활발한 참여를 보이고 있다. 물론, 학술서적의 저술 대신에 논문발표를 많이 해낸 교수도 있을 수 있다. 또 그 반대로 논문발표는 하지 않은 대신에 학술서적을 저술한 교수도 있을 수 있다. 그렇다면 3년 동안 1권의 학술서적도 저술하지 않고 학술논문을 책이나 저널에 1편도 발표하지 않은 교수가 어느 정도 인가를 확인·산정하였는데, 그 수는 전체 응답자의 8.9%에 달하고 있었다. 즉, 우리나라 대학교수들 중, 약 9%는 3년 동안 단 1권의 저술도, 단 1편의 논문발표도 하지 않은 것으로 나타났다.

  이러한 한국 교수들의 연구업적 수준은 국제적으로 비교할 때 어느 정도인가를 알아보기 위하여, 앞서 제시한 것과 같은 형태의 조사자료는 없으나, 유관한 자료를 한 가지 제시하면 〈표 5-2〉와 같다.

〈표 5-2〉 미국 대학교수의 평생 연구업적별 분포　　　　(전체 ; 100%)

출판저서권수	발표논문편수							
	0	1~2	3~4	5~10	11~20	21~30	31~50	51편이상
0	Ⓐ 24.4%	Ⓑ 11.3%	6.9%	Ⓓ 7.8%	4.2%	Ⓕ 1.7%	1.4%	1.0%
1~2	Ⓒ 4.0%	6.4%	3.9%	5.6%	3.4%	1.4%	0.8%	1.0%
3~4	Ⓔ 0.5%	1.6%	0.7%	2.0%	1.2%	0.8%	0.5%	1.0%
5~10	0.3%	0.2%	0.6%	0.7%	1.3%	Ⓖ 0.3%	0.4%	0.6%
11권이상	0.4%	0.0%	0.1%	0.2%	0.2%	0.1%	0.2%	0.9%

Ⓐ＝24.4% (전혀 연구가 없는 사람)

Ⓑ＝18.2% (거의 연구가 없는 사람)

Ⓒ＝14.3% (다소 연구가 있는 사람)

Ⓓ＝21.0% (적절히 연구가 있는 사람)

Ⓔ＝10.0% (저서출판만 많은 사람)

Ⓕ＝ 9.6% (논문발표만 많은 사람)

Ⓖ＝ 2.5% (양쪽 다 연구활동이 많은 사람)

이는 미국 대학교수들의 생애에 걸친 학술논문 발표와 저술·출판 활동을 대비시켜 놓은 유관분할표이다(Ladd, 1979, p. 7). 일곱 유형의 교수들로 대별하였는데, 전체 미국 대학교수들 중 약 24%(A집단)는 논문이나 저서가 전혀 없고, 약 18%(B집단)는 평생 동안 많아야 서너 편의 논문을 쓰고 저서는 한 권도 내지 못하는 교수들이다. 또한 약 14%(C집단)는 논문 서너 편과 저서 한두 권 정도를 내는 교수들이다. 이들 A, B, C 세 집단을 합치면 약 57%로, 미국 대학교수들 중 절반 가량은 생애 동안의 연구실적이 저조한 편임을 말해준다. 21%(D집단)는 논문과 저서출판 간의 수적인 균형을 유지하면서 적절히 연구를 해내는 교수들이며, 또다른 20%(E와 F집단)는 저서와 학술논문 중에서 한쪽으로 편향되어 활발한 연구업적을 쌓는 교수들이다. 끝으로 2.5%(G 집단)는 생애 동안 저서는 최소한 5권 이상, 논문은 21편 이상 써내는 연구활동이 매우 활발한 교수들이다.

한편, 1967년에 발표된 L. Wilson의 보고에 의하면, 미국 대학의 경우 출판된 모든 연구물의 90%가 전체 과학자의 약 10%에 의해 이루어졌다고 한다. 또 1973년에 발표된 A.E. Bayer의 연구에 의하면, 미국 대학교수 중 1/3 이상이 연구나 학술적 집필에 전혀 시간을 사용하지 않고 있으며, 3/5 이상은 단 한 편의 논문도, 단 한 권의 책도 저술하지 못하였다. 연구중심대학에서도 이러한 현상은 비슷하게 나타났다. Bayer와 Dutton의 연구(1977)에 의하면, 연구중심대학에서도 교수들의 1/4은 한해 동안 학술지에 단 한 편의 논문도 게재하지 못하였고, 또 1/2은 단 한 권의 저서도 출판하지 못한 것으로 나타났다.

이상에서 제시한 미국의 경우와 우리나라의 경우를 비교해 볼 때, 교수임에도 불구하고 역시 어디든 간에 평생 연구 안하는 사람은 있기 마련인 듯싶다. 우리나라의 경우 최근 3년이라는 특정한 기간을 놓고 산정한 것이기 때문에 비록 3년 동안 9%의 교수들이 단 한 편의 논문도 발표하지 않고 단 한 권의 저술도 출판하지 않았다고 해서 그들이 평생 연구업적이 없는 것은 아닐 것이다. 그러나 미국의 경우에는 그것이 생애 동안의 연구업적임을 따져볼 때, 무려 24%의 교수들이 단 한 편의 논문도 발표하지 않았고, 단 한 권의 저술도 내지 못하였음은 매우 흥미로운 일이다. 그런가 하면 2.5%의 교수들은 학술서적에 있어서나 발표논문에 있어서나 양쪽 모두 엄청난 양의 연구업적을 올리고 있음도 흥미롭다. 물론, 연구업적이 전혀 없거나 거의 없다고 해서 그들이 모두 교수로서의 다른 책무까지 소홀히 하였던 것으로 해석하거나 판단할 수는 없다. 또한 그들을 모두 연구능력이 없는 교수로 규정할 수도 없을 것이다. 연구업적이 전혀 없거나, 어느 한쪽으로 치우쳐 있다거나, 또는 연구업적이 아주 많은 데에는 여러 가지 원인들이 복합적으로 작용하였을 것이다. 다음에서는 연구활동에 영향을 미치는 요인을 구체적으로 살펴보겠다.

2. 연구활동의 영향요인

1) 연구생산성에 작용하는 요인

그렇다면, 연구업적을 많이 내는 교수들은 어떠한 특성을 지니고 있으며, 어떠한 요인들이 연구업적의 생산성에 영향을 미치고 있는가? 이 연구에서는 그러한 면을 실증적으로는 조사하지 못하였기에, 미국에서 수행된 선행 연구결과들을 가지고 논의해 보기로 하겠다.

M.J. Finkelstein에 의하면, 교수들의 전문적인 특성 중에 다음과 같은 일곱 가지가 연구생산성의 주요한 예언변인들인 것으로 밝혀졌다. 즉, ① 교수의 연구성향 ② 교수의 최종학위 ③ 첫 출판시기 ④ 과거의 출판활동 ⑤ 학술동료들과의 관계지음 ⑥ 구독하고 있는 정기간행 학술지의 수 ⑦ 교수의 책무영역별 시간의 할당 배분이다 (Finkelstein,

1984, p. 98). 그리고 그는 이러한 일곱 가지 변인에 기초하여 연구업적에서 지극히 생산적인 교수들의 특징을 묘사해 냈는데, 그들은 대체로 다음과 같은 다섯 가지 공통적인 특성을 지닌 것으로 나타났다.

첫째, 그들은 박사학위를 소지하고 있었다. 둘째, 연구에 대한 강한 성향을 지니고 있었다. 셋째, 아주 일찍부터 출판하기 시작하였다. 빠른 경우는 박사학위를 받기 이전부터 출판하기 시작했으며, 그것으로 인해 학계에서 인정을 받기 시작하였다. 넷째, 그들은 동료들과의 긴밀한 접촉을 통해 전공분야에서의 새로운 발전을 위해 힘써왔고, 문헌 탐구에도 꾸준히 관심을 기울여왔다. 끝으로 다섯째, 그들은 가르치는 일에는 시간을 가급적이면 덜 보내고, 즉 가르치는 부담은 될 수 있는 한 덜 맡고 연구하는 일에 시간을 많이 투자하였다. 더불어, 대학 내에서의 행정적인 보직을 맡지 않고 행정적인 잡무에 시달리지 않도록 노력하여 왔다. [1]

교수의 연구생산성에 영향을 미치는 요인은 필자가 접근할 수 있는 문헌을 탐색한 결과, 다음 여섯 가지로 나타나고 있었다.

첫째로, 소속대학의 명성, 즉 소속대학의 지적인 풍토에 따라 그 대학 교수들의 연구생산성에 차이를 가져온다는 것이다. 이를테면, 미국 대학교수들의 연구업적에 대한 많은 연구결과를 종합하면, 연구중심종합대학의 교수들이 그렇지 않은 소규모 단과대학 교수들의 경우보다 많은 연구업적을 올리고 있음이 드러났다. 이는 우리나라의 경우에서도 밝혀졌는데, 1983학년도 한국대학교육협의회의 대학평가 결과에 의하면 학술논문 발표건수의 경우, 교수 1인당 연평균 발표실적이 종합대학 교수들은 0.78편인 데 비하여 단과대학 교수들은 0.46편으

---

1) 이 점에 관해서는 다음 6장의 논의를 참고하기 바란다. 왜냐하면, 미국의 엘리트 대학에서는 연구업적이 많은 교수들이 대학행정에도 적극 참여하는 것으로 연구된 결과도 있기 때문이다.

로 나타났다. 또한 단행본 출판편수에서는 종합대학 교수들은 연평균 0.09편인 데 비하여, 단과대학 교수들은 0.06편인 것으로 나타났다 (한국대학교육협의회, 1983, p. 72~74). 여기에서 보면, 우리나라의 경우에도 종합대학에 소속된 교수들의 연구업적이 단과대학에 소속된 교수들보다 훨씬 높게 나타났다.

연구중심종합대학이 반드시 명문대학인 것은 아니다. 그렇기에, 대학의 규모에 관계없이 대학을 세칭 명문 엘리트 대학과 비명문대학으로 구별하였을 때, 교수들의 연구업적에는 어떠한 차이가 있겠는가? 미국에서 대학원 학과의 명성, 교수의 자질, 학생선발 기준 등을 복합적으로 활용하여 명문과 비명문대학으로 구분한 다음, 양쪽 대학교수들의 연구업적을 비교해 보았다. 역시 명문대학 교수들의 연구업적이 비명문대학 교수들의 연구업적보다 훨씬 높았다는 것이 밝혀졌다 (Finkelstein, 1984, p. 96).

둘째로, 연구동기 요인이 교수들의 연구업적 생산성에 커다란 영향을 미치는 것으로 밝혀지고 있다. 연구동기에는 이미 앞에서 논의한 바 있듯이, 내재적인 동기와 외재적인 동기가 있다. 내재적인 동기는 연구에 대한 순수한 학술적 흥미나 연구지향적인 동료들과의 학술적인 교류로 인해 형성되는 동기이다. 외재적인 동기는 승진, 재임용, 정년보장임용 등 인사적 목적을 위하여 교수가 갖게 되는 의무적인 연구부담과, 그런 인사적 목적이 아니더라도 교수로서 평소에 출판을 해내야만 한다는 스스로 지각하는 압력으로 형성되는 동기를 의미한다. 이러한 두 가지 동기 중 내재적 동기가 높은 사람들은 외재적 동기가 높은 사람들보다 연구생산성이 훨씬 높다. 즉, 내재적 동기가 형성되어 있지 않은 사람들에게는 아무리 외재적 동기가 강하더라도 그 교수로 하여금 실제로 연구를 하도록 유인하지는 못한다는 것이다 (Blau, 1973 및 Behymer, 1974).

셋째는, 교수들이 어느 교수로부터 어떠한 대학원 교육을 받으면서 이수하였는가가 교수들의 연구생산성에 영향을 미친다는 것이다. 예컨대, S.W. Cameron과 R.T. Blackburn의 연구에 따르면, 대학원 재학중 지도교수와 매우 밀접한 학술적 관계 (professional involvement)를 가진, 즉 도제로서 지도교수의 연구 프로젝트 등에 적극 참여를 한 사람들이 박사과정 재학중일 때 지도교수와 출판을 하였거나, 또는 명문대학의 명문학과에서 박사과정을 이수한 사람들이 대체로 교수재직 초기에 많은 연구출판업적을 내는 것으로 밝혀졌다 (Cameron & Blackburn, 1981, pp. 369~377). 이는 연구지향적인 지도교수 밑에서 여러 개의 연구출판일에 참여하면서 박사과정을 이수한 사람들이 훗날 교수가 된다면 과거의 지도교수처럼 연구지향적으로 성장하게 됨을 의미하기도 한다.

넷째는, 전공분야별로 연구의 생산성이 크게 다르다는 것이다. Finkelstein이 여러 선행 연구결과들을 종합해서 제시한 바에 따르면, 자연과학분야의 교수들이 가장 생산적이었으며 인문과학 및 예술계분야의 교수들이 가장 비생산적이었다. 사회과학분야 교수들은 그 중간쯤에 위치하고 있는 것으로 나타났다 (Finkelstein, 1984, p. 100). 또한, 자연과학분야의 교수들은 학술지에 논문을 게재하거나 연구보고서를 작성·발표하는 경우가 매우 많은 반면에, 저서 형태의 출판은 비교적 적은 것으로 나타났다. 저서는 대체로 사회과학이나 인문과학분야의 교수들에 의해서 많이 생산되는데, 특히 사회과학분야에서는 공저 (coauthorship)로 저서를 출판하는 경우가 빈번하다 (Roe, 1972, pp. 940~941).

다섯째로, 직급에 따라 연구생산성의 차이가 있음이 발견되고 있다. 직급이 높을수록, 즉 교수로서의 경력이 많을수록 누적된 연구업적이 많은 것은 지극히 당연하다. 그러나 여기서 한 가지 특기할 점은 직급이 높을수록 출판율이 높다는 점이다. 결국 시간상으로 동일한 기간을 놓고 볼 때, 그 기간중에 직급이 높은 교수들은 직급이 낮은 교수들보다 많은 양의 연구업적을 출판한다는 것이다(Blackburn, 1978, pp. 132~141). 이러한 이유를 O. Fulton과 M. Trow는 다음과 같이 설명한다. 상위직급 교수들은 그들의 높은 지명도 때문에 출판의 기회도 많고, 또한 저서 출판의 절차도 잘 안다. 뿐만 아니라 그들에게는 저서 출판시에 도와줄 수 있는 보조인력도 많고, 때로는 그로부터 지도를 받는 대학원생들의 도움을 집중적으로 받을 수 있는 기회도 많기 때문이다(Fulton & Trow, 1974, pp. 29~73). 여기에서 우리가 의미를 새길 수 있는 분명한 사실은, 직급이 높은 교수들은 직급상 이제 더이상 승진할 것이 없는데도 불구하고 그들의 강한 연구성향으로 인하여 계속적으로 연구출판을 한다는 사실이다. 결국, 교수들의 연구생산성은 이미 앞에서 논의하였듯이, 승진이나 재임용 등의 외재적 동기보다는 연구성향이나 연구호기심과 같은 지극히 내재적인 동기에 의하여 이루어진다는 점이다.

끝으로 여섯째, 교수들의 연구생산성은 연령과 밀접한 관련이 있다는 것이다. 앞에서 밝힌 것처럼 직급이 높아질수록 연구출판의 비율이 증가하듯이, 연령이 높아질수록 연구출판의 비율이 늘어날 것이라는 가정을 할 수 있다. 물론, 누적된 연구업적이 연령의 증가와 더불어 증대됨은 지극히 당연한 일이다.

〈표 5-3〉은 미국 대학교수들의 생애에 걸친 연구업적을 연령집단별로 제시한 것이다. 여기서 쉽게 읽을 수 있는 것은 역시 연령이 많아질수록 상대적으로 학술연구업적이 누적된 교수들의 비율이 높아지고 있다는 것이다(Ladd, 1979, p. 8).

그러나 연구의 생산비율은 연령에 따라 감소한다는 주장(Lehman, 1953 및 Behymer, 1974)과 연령에 따라 증가한다는 주장(Roe, 1953 및 Lazarsfeld & Thielens, 1958) 등 여러 가지 연구결과들이 있다. 예컨대 여러 가지 연구결과를 종합해 볼 때, 가장 보편적인 결론은 특정한 연령이 되면, 연구업적 생산성의 비율이 증대되기도 하고 감소

<표 5-3> 미국 대학교수의 연령집단별 연구업적 분포   (%)

연 구 업 적	전　체	35세 미만	35~44세	45~54세	55세 이상
Ⓐ 전혀 연구가 없다	24	28	26	25	17
Ⓑ 거의 연구가 없다	18	24	16	19	10
Ⓒ 다소 연구가 있다	14	20	13	11	18
Ⓓ 적절히 연구가 있다	21	21	27	19	14
Ⓔ 저서출판만 많다	10	5	7	12	18
Ⓕ 논문발표만 많다	10	2	11	11	17
Ⓖ 양쪽 다 연구가 많다	3	0	1	4	7
합　　계	100	100	100	100	100

되기도 한다는 것이다. 이를테면 '안장형'으로서 생애 초기에는 연구업적 생산비율이 증대되다가 생애 중간에는 낮아지고 다시금 생애 후기에 들어가서는 상승한다는 것이다(Pelz & Andrews, 1966 ; Parsons & Platt, 1968 ; Blackburn, 1972 및 Bayer & Dutton, 1977). 특히 그중에서 Bayer와 Dutton의 연구를 보면, 교수들의 연령상승에 따른 연구생산성은 <그림 5-1>에서와 같이 안장형을 이루면서 두 번의 정점을 형성한다는 것이다.

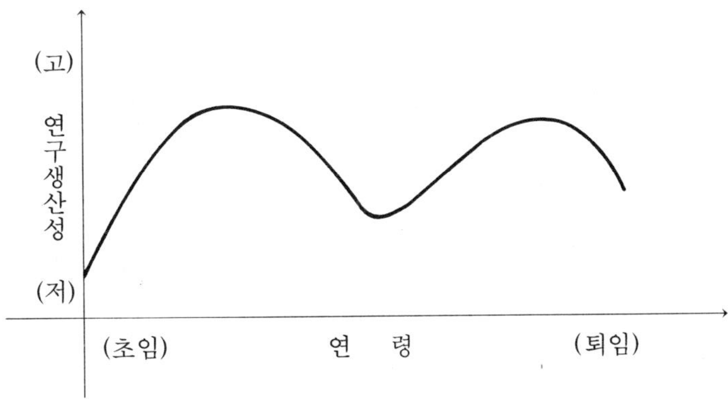

<그림 5-1> 연령증대에 따른 연구생산성의 변화

즉, 박사학위를 받고 교수가 된 처음 10년간은 연구생산성의 곡선이 상승하다가 정점에 이르러 하강하기 시작한다. 그러나 정년퇴임이 가까워오면서 또한번 상승곡선을 타서 정점에 이르게 된다는 것이다. 이러한 현상은 Parsons와 Platt에 의해서도 확인되었는데, 그들은 특히 처음 정상에 이른 다음 연구생산성이 감소하는 이유를 이렇게 설명하고 있다. 젊었을 때, 즉 교수초임기에 교수들은 대체로 자신의 전공분야에서 지극히 미세한 문제에 초점을 맞추어 경험적이고 분석적인 연구를 수행함으로써 연구의 양적인 증대가 나타난다. 그러나 나이를 먹으면서, 연구의 초점과 방법은 확대된다. 주제의 폭도 넓어지고 연구방법도 이론적이고 종합적이며 간학문적(interdisciplinary)으로 변화됨으로써, 연구결과를 출판하려고 해도 상당 기간의 배양(incubation)이 필요하게 된다. 따라서 교수초임기 때처럼 쉽게 많이 출판을 하기가 어려워진다는 것이다.

그러나 이러한 Parsons와 Platt의 분석에 대하여 1974년 Fulton과 Trow는 다른 견해를 펴고 있다. 세칭 명문일류대학에서는 교수들의 연구태도나 관심이 연령에 따라 그렇게 변화된다고 보기 어려우며, 따라서 연령에 따른 연구생산성의 감소 또는 굴곡이 나타나지 않는다는 것이다. 그들은 오히려 중간 연령층이라고 할 수 있는 40세 전후에 이르게 되면 학교행정이나 그 외 전문분야 봉사활동에 참여하는 경우가 많아짐으로써 연구생산성이 다소 줄어들게 되는 것이지, 연구에 대한 열정이 식은 것도 아니고 연구적 관심과 태도가 변화되는 것도 아닌 것으로 추론하고 있다.

또한, E.T. Lightfield나 P.D. Allison과 J.A. Smart와 같은 사람들은 교수들 중에는 원래 생산적인 교수와 비생산적인 교수의 두 유형이 있는데, 생산적인 유형의 교수들은 연령이 많아짐에 따라 더욱 생산적이게 되나, 비생산적인 교수들은 더욱 비생산적이 되어서, 종국에는 이들 두 유형의 교수집단 간에 형성되는 연구업적의 차이는 매우

162

커질 수밖에 없게 된다는 것이다(Lightfield, 1971 및 Allison & Smart, 1974).

2) 연구비와 연구영향 요인

현재 세계 각국 대학교수들은 얼마만큼의, 어떠한 유형의 연구활동에 종사하고 있는가? 그리고 그들은 어느 정도의 연구비를 지원받고 있으며, 그들이 연구를 수행하는 데 있어 어떠한 요인들이 저해요인으로 작용하고 있는가? 이 연구에서 수행된 조사결과를 토대로 이러한 문제들에 대해 논의해 보고자 한다.

〈표 5-4〉는 현재 세계 각국 대학교수들의 연구 프로젝트 수행여부와 연구를 수행하는 경우 그 프로젝트의 형태를 조사분석한 결과이다. 이 표에서 보면, 호주·홍콩·이스라엘·스웨덴의 대학교수들은 90% 이상이 현재 연구 프로젝트를 수행하고 있어, 교수들의 연구활동이 매우 활발함을 알 수 있다. 다음으로 미국·러시아·영국의 대학교수들도 80% 이상이, 그리고 칠레·독일·멕시코 대학교수들의 경우에는 70% 이상이 연구 프로젝트를 수행하면서 연구활동을 활발히 전개하고 있다. 그러나 브라질·일본·한국의 대학교수들 중 연구 프로젝트를 수행하는 교수는 70%가 되지 않는 것으로 나타났다. 한국의 경우는 68.6%의 교수들만이 연구 프로젝트를 수행하고 있어, 14개국 중 13위의 연구 프로젝트 수행률을 보이고 있다.

연구 프로젝트를 하나 이상 수행할 경우, 그중 개인연구 프로젝트를 갖고 있느냐에 관한 설문에서는 미국 대학교수들의 개인연구 수행률이 82.9%로 가장 높았고, 반대로 멕시코 대학교수들의 비율은 불과 12.6%이었다. 한국 대학교수들은 52.9%로 나타났다. 한편, 공동연구 프로젝트에 참여하고 있는 비율은 개인연구 프로젝트를 수행하고 있는 교수들의 비율보다 훨씬 높아 교수들이 개인연구 프로젝트보다는 공동연구 프로젝트에 많이 참여하고 있었다. 칠레·러시아·스

<표 5-4> 각국 대학교수의 연구 프로젝트 수행여부와 형태별 분포　(%)

국　　가	구　분	연구수행여부	개인연구	공동연구
호　　주	예	92.2	76.2	76.4
	아니오	7.8	23.8	23.6
브　라　질	예	63.2	52.6	73.1
	아니오	36.8	47.4	26.9
칠　　레	예	77.9	30.7	89.9
	아니오	22.1	69.3	10.1
독　　일	예	73.8	42.8	77.9
	아니오	26.2	57.2	22.1
홍　　콩	예	92.5	74.2	78.6
	아니오	7.5	25.8	21.4
이 스 라 엘	예	96.6	79.3	69.9
	아니오	3.4	20.7	30.1
일　　본	예	60.8	68.9	87.2
	아니오	39.2	31.1	12.8
한　　국	예	68.6	52.9	68.0
	아니오	31.4	47.1	32.0
멕　시　코	예	78.5	12.6	69.6
	아니오	21.5	87.4	30.4
러　시　아	예	81.6	63.6	89.5
	아니오	18.4	36.4	10.5
스　웨　덴	예	91.4	74.9	84.8
	아니오	8.6	25.1	15.2
영　　국	예	87.8	72.8	73.0
	아니오	12.2	27.2	27.0
미　　국	예	89.5	82.9	70.7
	아니오	10.5	17.1	29.3

(네덜란드 ; 자료 누락)

웨덴·일본 대학교수들 가운데는 80% 이상이, 호주·브라질·독일·
홍콩·영국·미국 대학교수들 가운데는 70% 이상이, 이스라엘·한
국·미국 대학교수들 가운데는 70% 이상이, 이스라엘·한국·멕시코

대학교수들 가운데는 60% 이상이 공동연구 프로젝트에 참여하고 있었다.

다음으로, 지난 3년간 세계 각국 대학교수들의 연구비 수혜 경험 유무와 연구비를 수혜한 경우 3년간의 연구비 총액을 조사한 결과 〈표 5-5〉와 같이 나타났다. 지난 3년간 연구비 수혜 경험이 가장 많았던 경우는 스웨덴 대학교수들이다. 그들 중 88.0%가 지난 3년간에 연구비를 받은 경험이 있었다. 다음으로는 한국을 비롯해서, 호주·홍콩·이스라엘·일본 대학교수들의 70% 이상이 연구비를 받은 적이 있다고 응답하여 연구비 수혜 경험이 높은 것으로 나타났다. 지난 3년간에 연구비를 받은 경험이 적었던 경우는 브라질·멕시코·러시아의 대학교수들이다. 브라질의 경우는 31.7%만이, 멕시코의 경우는 37.0%가, 러시아의 경우는 48.3%가 지난 3년간에 연구비를 수혜한

〈표 5-5〉 각국 대학교수의 3년간 연구비 수혜 경험 및 총액별 분포 (%)

국 가	수혜경험		연구비 총액 (단위 ; US$ 1,000)						
	예	아니오	5 미만	5~25 미만	25~50 미만	50~100 미만	100~250 미만	250~500 미만	500 이상
호 주	74.0	26.0	19.1	28.2	13.6	12.6	16.3	4.6	5.6
브 라 질	31.7	68.3	46.2	31.7	9.2	4.6	5.0	1.0	2.3
칠 레	66.7	33.3	46.2	24.4	12.6	8.6	4.8	2.0	1.1
독 일	51.9	48.1	—	—	—	—	—	—	—
홍 콩	74.9	25.1	21.4	30.1	18.1	16.8	11.3	1.3	1.0
이스라엘	71.0	29.0	29.0	22.0	19.3	12.0	12.7	3.7	1.3
일 본	72.6	27.4	23.1	36.2	15.5	12.9	8.5	2.2	1.5
한 국	75.3	24.7	32.9	45.2	12.2	5.9	3.1	0.7	0.0
멕 시 코	37.0	63.0	56.2	28.4	8.8	3.6	1.5	1.5	0.0
러 시 아	48.3	51.7	—	—	—	—	—	—	—
스 웨 덴	88.0	12.0	6.8	14.6	10.0	19.3	21.1	14.6	13.8
영 국	68.6	31.4	22.9	19.6	7.1	11.3	15.8	10.4	12.9
미 국	52.3	47.7	20.2	24.1	8.7	9.5	15.0	10.8	11.8

(네덜란드 ; 자료 누락, 독일·러시아 ; 일부자료 누락)

경험이 있었다.

그렇다면, 이들이 지난 3년간에 수혜한 각 교수별 연구비 총액은 얼마나 되겠는가? 〈표 5-5〉를 보면, 연구비 총액규모가 가장 적었던 경우는 역시 브라질·칠레·멕시코 등 남미국가들의 교수였다. 브라질의 경우는 46.2%가, 칠레의 경우도 46.2%가, 그리고 멕시코의 경우는 56.2%가 3년간에 총 $5,000 미만의 영세한 연구비를 수혜하였다. 그런가 하면, 스웨덴의 경우는 49.5%가, 영국의 경우는 39.1%가, 미국의 경우는 37.6%가 총 10만 달러 이상의 많은 연구비를 수혜함으로써 큰 대조를 이루고 있다. 한국의 경우도, 브라질·멕시코·칠레의 경우보다는 조금 나은 형편이지만, 전체적으로 볼 때, 남미 세 나라 다음으로 영세한 연구비를 수혜한 것으로 나타났다. 한국 대학교수들의 경우 32.9%가 3년간 $5,000도 안되는 연구비를 수혜하였고 45.2%는 $5,000~25,000의 연구비를 수혜하였다. 즉, 연구비를 수혜받은 교수 중 78.1%의 교수들이 3년간에 $25,000 미만으로, 원화로 환산해 보면 2,000만 원(연간 약 670만 원)도 안되는 연구비를 수혜한 것이다.

교수들이 연구비를 받을 수 있는 출처는 매우 다양하다. 크게 소속대학, 정부 및 그 부속기관, 기업 및 그 부속기관, 사립재단, 국제조직(기구) 등으로 구별할 수 있다. 다음의 〈표 5-6〉은 앞서 지난 3년간에 연구비를 수혜한 경험이 있는 교수들이 연구비를 어디에서 받았는가를 나타낸 것이다.

이 표에서 보면, 다른 국가들의 경우에 비하여 칠레와 홍콩의 대학교수들은 많은 수가 소속대학으로부터 연구비를 받았다. 러시아와 한국, 스웨덴 교수들이 소속대학으로부터 연구비를 받은 비율은 다른 국가들에 비하여 아주 떨어지고 있다. 정부 및 그 부속기관으로부터 연구비를 수혜한 비율이 높은 경우는 스웨덴과 한국 대학교수들이다. 연구비를 수혜한 경험이 있는 영국의 대학교수들 가운데 정부 및 그

<표 5-6> 각국 대학교수의 연구비 출처별 분포　　　　　(%) (복수응답)

출처 국가	소속대학	정부 및 그 부속 기관	기업 및 그 부속 기관	사립재단	국제조직 (기구)	기타	전체
호　　주	64.1	68.2	18.6	10.7	8.7	6.3	100.0
칠　　레	73.5	52.2	18.9	10.4	26.3	3.6	100.0
홍　　콩	76.7	37.4	8.5	15.7	6.2	9.5	100.0
이스라엘	36.0	47.9	15.1	23.3	27.4	5.1	100.0
일　　본	44.5	56.9	26.5	25.6	1.4	3.1	100.0
한　　국	38.8	73.6	18.3	10.5	2.0	1.8	100.0
멕 시 코	61.1	53.8	5.1	3.4	11.1	3.4	100.0
러 시 아	26.3	69.0	16.9	2.3	2.8	8.5	100.0
스 웨 덴	33.4	77.2	19.4	36.5	12.3	4.6	100.0
영　　국	51.2	12.1	30.7	36.7	18.0	12.7	100.0
미　　국	46.3	56.7	19.6	29.9	5.8	4.3	100.0

(브라질 · 독일 · 네덜란드 ; 자료 누락)

부속기관으로부터 연구비를 수혜한 교수는 불과 12.1%이었다. 반면, 영국의 대학교수들은 다른 나라의 경우에 비하여 많은 수의 교수들이 기업 및 그 부속기관과 사립재단으로부터 연구비를 수혜한 것으로 나타났다. 스웨덴 대학교수들도 다른 나라에 비하여 사립재단으로부터 연구비를 수혜한 경우가 훨씬 많은 것으로 나타났다. 국제조직 (기구) 으로부터 연구비를 수혜한 비율이 높은 경우는 칠레 · 이스라엘 · 영국의 대학교수들이다. 한국 대학교수들 중 국제조직 (기구)으로부터 연구비를 수혜한 비율(2.0%)은 일본(1.4%)과 더불어 최하위에 머물고 있다.

<표 5-7>은 교수들의 학술연구 수행에 미치는 영향요인을 나타낸 것이다.

학술연구에 영향을 미칠 수 있는 9가지 요인 중 긍정적으로 영향을 미치는 요인으로는, 14개국 대학교수들 중 9개국의 대학교수들이 첫 번째로 연구비 수혜 기회를 그리고 두 번째로 연구설비와 자원을 지

<표 5-7> 각국 대학교수의 연구수행 영향요인에 대한 평가수준별 분포 (%)

국 가	영향 요인	긍정적 영 향	영향 없음	부정적 영 향	해당 없음	전 체
호 주	연구비 수혜 기회	56.6	21.3	19.2	2.9	100.0
	연구설비와 자원	51.9	23.4	22.4	2.3	100.0
	가르치는 과목의 수	19.0	21.2	52.7	7.1	100.0
	가르치는 과목의 종류	25.5	45.5	21.0	8.0	100.0
	가르치는 과목의 수강생수	14.5	39.6	38.0	7.9	100.0
	연구조교 학생의 질	37.0	29.2	10.5	23.3	100.0
	지도하는 학생의 수	15.0	40.8	34.8	9.4	100.0
	비학술적인 전문활동	14.2	51.4	19.6	14.8	100.0
	행정적인 업무	12.7	25.2	56.9	5.2	100.0
브 라 질	연구비 수혜 기회	29.2	7.0	50.3	13.5	100.0
	연구설비와 자원	29.5	10.4	46.2	13.9	100.0
	가르치는 과목의 수	19.7	34.1	31.5	14.7	100.0
	가르치는 과목의 종류	31.9	39.4	14.1	14.5	100.0
	가르치는 과목의 수강생수	17.6	40.3	27.4	14.8	100.0
	연구조교 학생의 질	28.0	24.1	20.3	27.6	100.0
	지도하는 학생의 수	—	—	—	—	—
	비학술적인 전문활동	18.3	24.0	18.3	39.4	100.0
	행정적인 업무	9.9	29.0	31.3	29.8	100.0
칠 레	연구비 수혜 기회	49.2	14.2	33.4	3.2	100.0
	연구설비와 자원	45.6	16.0	34.2	4.1	100.0
	가르치는 과목의 수	18.8	37.3	38.7	5.2	100.0
	가르치는 과목의 종류	22.3	46.5	22.9	8.2	100.0
	가르치는 과목의 수강생수	18.5	41.0	33.3	7.3	100.0
	연구조교 학생의 질	19.8	41.6	21.2	17.4	100.0
	지도하는 학생의 수	12.0	21.7	12.3	54.0	100.0
	비학술적인 전문활동	10.9	27.2	38.0	23.9	100.0
	행정적인 업무	—	—	—	—	—
독 일	연구비 수혜 기회	46.9	18.2	21.3	13.5	100.0
	연구설비와 자원	41.0	20.9	27.7	10.5	100.0
	가르치는 과목의 수	6.7	27.5	45.5	20.3	100.0
	가르치는 과목의 종류	13.2	36.2	20.9	29.7	100.0
	가르치는 과목의 수강생수	7.1	37.3	24.3	31.3	100.0

(계속)

168

국 가	영향 요인	긍정적 영 향	영향 없음	부정적 영 향	해당 없음	전 체
독 일	연구조교 학생의 질	39.2	19.9	13.2	27.7	100.0
	지도하는 학생의 수	5.7	31.9	26.7	35.7	100.0
	비학술적인 전문활동	8.2	21.4	19.0	51.3	100.0
	행정적인 업무	1.6	16.7	57.0	24.7	100.0
홍 콩	연구비 수혜 기회	67.6	24.4	6.1	2.0	100.0
	연구설비와 자원	65.9	21.0	12.0	1.2	100.0
	가르치는 과목의 수	28.8	26.8	42.0	2.4	100.0
	가르치는 과목의 종류	33.3	38.2	25.0	3.4	100.0
	가르치는 과목의 수강생수	17.4	49.8	28.7	4.2	100.0
	연구조교 학생의 질	45.7	26.5	16.3	11.4	100.0
	지도하는 학생의 수	19.3	48.3	24.9	7.6	100.0
	비학술적인 전문활동	16.5	45.5	20.9	17.2	100.0
	행정적인 업무	19.0	25.1	51.8	4.1	100.0
이스라엘	연구비 수혜 기회	49.5	25.5	19.1	5.9	100.0
	연구설비와 자원	29.7	32.7	16.6	21.0	100.0
	가르치는 과목의 수	11.9	44.0	39.9	4.1	100.0
	가르치는 과목의 종류	13.9	56.7	22.8	6.7	100.0
	가르치는 과목의 수강생수	5.2	66.1	21.8	6.9	100.0
	연구조교 학생의 질	39.3	29.9	9.0	21.9	100.0
	지도하는 학생의 수	15.4	56.6	18.5	9.5	100.0
	비학술적인 전문활동	8.9	47.0	20.2	23.9	100.0
	행정적인 업무	4.8	36.8	41.6	16.8	100.0
일 본	연구비 수혜 기회	46.8	31.7	17.0	4.5	100.0
	연구설비와 자원	44.7	29.4	22.7	3.1	100.0
	가르치는 과목의 수	13.3	45.0	36.6	5.2	100.0
	가르치는 과목의 종류	17.5	52.9	23.4	6.2	100.0
	가르치는 과목의 수강생수	8.3	58.1	27.2	6.4	100.0
	연구조교 학생의 질	24.2	31.4	9.7	34.8	100.0
	지도하는 학생의 수	19.2	45.3	25.7	9.8	100.0
	비학술적인 전문활동	38.0	42.1	8.7	11.3	100.0
	행정적인 업무	7.8	34.9	46.4	10.8	100.0
한 국	연구비 수혜 기회	47.3	20.8	22.2	9.6	100.0
	연구설비와 자원	26.2	28.3	33.5	12.0	100.0

(계속)

국 가	영향 요인	긍정적 영 향	영향 없음	부정적 영 향	해당 없음	전 체
한 국	가르치는 과목의 수	18.7	39.5	33.7	8.1	100.0
	가르치는 과목의 종류	23.3	40.8	26.9	9.0	100.0
	가르치는 과목의 수강생수	13.6	44.9	27.6	14.0	100.0
	연구조교 학생의 질	26.2	26.1	27.2	20.5	100.0
	지도하는 학생의 수	20.7	41.7	22.5	15.1	100.0
	비학술적인 전문활동	13.0	33.9	19.8	33.3	100.0
	행정적인 업무	7.5	32.5	32.0	28.0	100.0
멕 시 코	연구비 수혜 기회	31.2	17.4	41.6	9.8	100.0
	연구설비와 자원	37.3	20.6	33.8	8.3	100.0
	가르치는 과목의 수	19.6	36.3	33.0	11.0	100.0
	가르치는 과목의 종류	26.9	44.1	17.3	11.8	100.0
	가르치는 과목의 수강생수	21.3	44.3	23.0	11.4	100.0
	연구조교 학생의 질	27.8	26.8	19.3	26.0	100.0
	지도하는 학생의 수	22.1	45.3	19.3	13.3	100.0
	비학술적인 전문활동	14.8	27.4	15.0	42.7	100.0
	행정적인 업무	7.4	23.2	26.9	42.5	100.0
네덜란드	연구비 수혜 기회	45.2	24.6	26.1	4.1	100.0
	연구설비와 자원	41.5	26.1	28.2	4.2	100.0
	가르치는 과목의 수	6.3	37.3	29.7	26.7	100.0
	가르치는 과목의 종류	17.6	46.0	7.9	28.5	100.0
	가르치는 과목의 수강생수	5.2	55.7	10.3	28.9	100.0
	연구조교 학생의 질	18.2	31.7	5.8	44.3	100.0
	지도하는 학생의 수	27.9	33.4	18.7	20.0	100.0
	비학술적인 전문활동	10.2	37.6	21.0	31.2	100.0
	행정적인 업무	3.6	34.9	37.0	24.5	100.0
러 시 아	연구비 수혜 기회	22.6	17.6	56.7	3.0	100.0
	연구설비와 자원	23.0	28.9	44.6	3.5	100.0
	가르치는 과목의 수	26.6	66.8	4.9	1.7	100.0
	가르치는 과목의 종류	10.0	69.8	19.1	1.2	100.0
	가르치는 과목의 수강생수	12.1	81.8	3.5	2.6	100.0
	연구조교 학생의 질	6.1	50.6	38.4	4.9	100.0
	지도하는 학생의 수	10.7	79.2	8.3	1.8	100.0
	비학술적인 전문활동	13.4	56.5	21.7	8.3	100.0

(계속)

국 가	영향 요인	긍정적 영 향	영향 없음	부정적 영 향	해당 없음	전 체
러 시 아	행정적인 업무	26.2	63.1	3.1	7.7	100.0
스 웨 덴	연구비 수혜 기회	75.8	11.0	10.9	2.3	100.0
	연구설비와 자원	65.1	22.8	9.2	2.8	100.0
	가르치는 과목의 수	11.8	32.9	44.4	10.9	100.0
	가르치는 과목의 종류	19.0	49.1	18.5	13.3	100.0
	가르치는 과목의 수강생수	9.4	55.3	22.7	12.6	100.0
	연구조교 학생의 질	33.4	34.1	7.5	25.0	100.0
	지도하는 학생의 수	16.5	45.3	23.1	15.2	100.0
	비학술적인 전문활동	14.4	40.1	11.4	34.1	100.0
	행정적인 업무	6.6	31.7	51.1	10.6	100.0
영 국	연구비 수혜 기회	51.7	24.9	20.0	3.5	100.0
	연구설비와 자원	48.2	26.1	23.1	2.6	100.0
	가르치는 과목의 수	14.9	26.2	50.7	8.2	100.0
	가르치는 과목의 종류	23.5	45.3	22.4	8.8	100.0
	가르치는 과목의 수강생수	10.6	43.5	37.3	8.6	100.0
	연구조교 학생의 질	26.3	33.7	14.2	25.8	100.0
	지도하는 학생의 수	13.2	38.7	39.5	8.6	100.0
	비학술적인 전문활동	12.7	48.7	14.4	24.2	100.0
	행정적인 업무	12.0	21.5	60.1	6.4	100.0
미 국	연구비 수혜 기회	47.1	22.5	20.4	10.0	100.0
	연구설비와 자원	46.2	22.7	22.2	9.0	100.0
	가르치는 과목의 수	21.4	23.8	44.0	10.9	100.0
	가르치는 과목의 종류	24.8	41.0	22.0	12.2	100.0
	가르치는 과목의 수강생수	15.0	41.5	31.8	11.7	100.0
	연구조교 학생의 질	34.1	27.3	16.9	21.7	100.0
	지도하는 학생의 수	11.5	46.5	24.0	18.0	100.0
	비학술적인 전문활동	15.0	46.4	17.4	21.2	100.0
	행정적인 업무	9.8	30.8	41.1	18.2	100.0

(브라질・칠레 ; 일부자료 누락)

적하였다. 호주・칠레・독일・홍콩・일본・네덜란드・스웨덴・영국 및 미국의 대학교수들 중 최저 45.2%에서 최고 75.8%의 교수들이 연구비 수혜 기회가 학술연구 수행에 긍정적인 영향을 미쳤다고 반응하였다. 그리고 이들 9개국의 교수들 중 최저 41.0%에서 최고 65.9%의 교수들은 연구설비와 자원이 연구비 수혜 기회 다음으로 학술연구 수행에 긍정적인 영향을 미쳤다고 반응하였다. 한국 대학교수들 중 47.3%도 역시 연구비 수혜 기회가 학술연구 수행에 긍정적으로 영향을 미쳤다고 생각하였다. 그러나 그 외 나머지 7가지 요인은 그다지 긍정적으로 영향을 미치지는 못하였던 것으로 인식하고 있었다. 브라질 대학교수들 중 31.9%는 담당과목의 종류가 연구수행에 긍정적으로 영향을 미쳤다고 보았고, 멕시코 대학교수들과 러시아 대학교수들은 9가지 영향요인 모두에 대해 긍정적으로 영향을 미쳤다고 보지 않았다.

반면, 학술연구 수행에 부정적으로 영향을 미친 요인으로는 호주·독일·홍콩·이스라엘·일본·네덜란드·스웨덴·영국 등 8개국 대학교수들이 첫번째로 행정적인 업무(각국 교수들 중 최저 37.0%~최고 60.1%)를, 두 번째로 담당과목의 수(각국 교수들 중 최저 29.7%~최고 52.7%)를 지적하였다. 즉, 많은 교수들이 행정적인 업무와 가르치는 과목의 수 때문에 학술연구 수행에 지장을 받고 있음을 나타낸 것이다. 많은 미국 대학교수들의 경우도 위에 적은 두 가지 요인이 연구에 부정적으로 영향을 미쳤다고 보았으나, 그 순위는 8개국과 달리 첫번째가 담당과목의 수(44.0%), 두 번째가 행정업무(41.0%)로 나타났다. 한국 대학교수들의 경우에는 33.7%가 담당과목의 수를, 그리고 33.5%가 설비와 자원을 학술연구 수행에 부정적인 영향요인으로 꼽았다. 브라질과 멕시코 대학교수들은 연구비 수혜 기회와 연구설비 및 자원이, 칠레 대학교수들은 담당과목의 수와 비학술적인 전문활동이 학술연구 수행에 부정적으로 영향을 미친다고 보았다.

3. 연구 분위기와 연구업적평가

이제 끝으로 다음의 〈표 5-8〉은 각국 대학교수들이 인식하는 연구 분위기와 연구업적평가에 대한 설문조사 결과를 정리해 놓은 것이다. 우선 이 표에서 나타난 몇 가지 결과부터 살펴본 다음에, 교수들의 연구업적평가에 관련된 문제들을 구명해 보고자 한다.

첫째로, 각국의 많은 교수들은 현재 자신들의 학술적 위치(지위)로 보아 일정한 연구활동을 기대받고 있다고 인식하고 있다. 그러한 기대에 대한 인식은 특히, 영국·홍콩·호주의 대학교수들에게서 높이

〈표 5-8〉 각국 대학교수의 연구 분위기와 연구업적평가에 대한 찬·반별 분포 (%)

국 가	구 분	찬 성	중 간	반 대	해당 없음	전 체
호 주	(1) 성공적인 연구업적 중요	84.3	7.8	7.3	0.6	100.0
	(2) 출판해야 정년보장 가능	62.3	14.7	19.8	3.3	100.0
	(3) 출판연구심사는 질보다 양	50.6	26.3	19.5	3.6	100.0
	(4) 연구에 대한 심리적 압력	30.0	22.0	44.4	3.5	100.0
	(5) 정치적·이념적 제한 없음	57.1	20.0	19.2	3.6	100.0
	(6) 5년 전보다 연구비획득 수월	12.9	19.7	53.0	14.4	100.0
	(7) 일정한 연구활동이 기대됨	82.0	9.5	6.9	1.6	100.0
	(8) 국제적인 연계활동 중시	56.6	27.9	13.7	1.9	100.0
브 라 질	(1) 성공적인 연구업적 중요	60.6	13.2	18.1	8.1	100.0
	(2) 출판해야 정년보장 가능	21.2	17.7	46.9	14.2	100.0
	(3) 출판연구심사는 질보다 양	37.5	18.2	28.4	15.9	100.0
	(4) 연구에 대한 심리적 압력	10.9	14.0	59.5	15.7	100.0
	(5) 정치적·이념적 제한 없음	39.7	20.9	26.8	12.6	100.0
	(6) 5년 전보다 연구비획득 수월	16.3	17.6	49.9	16.2	100.0
	(7) 일정한 연구활동이 기대됨	43.4	13.8	30.6	12.2	100.0
	(8) 국제적인 연계활동 중시	35.6	18.5	30.7	15.2	100.0

(계속)

국 가	구 분	찬 성	중 간	반 대	해당 없음	전 체
칠 레	(1) 성공적인 연구업적 중요	77.9	12.1	7.4	2.6	100.0
	(2) 출판해야 정년보장 가능	26.3	27.3	25.2	21.2	100.0
	(3) 출판연구심사는 질보다 양	47.5	22.4	20.0	7.9	100.0
	(4) 연구에 대한 심리적 압력	31.6	22.0	29.5	16.9	100.0
	(5) 정치적 · 이념적 제한 없음	70.3	15.3	8.7	5.8	100.0
	(6) 5년 전보다 연구비획득 수월	43.2	23.2	24.8	8.8	100.0
	(7) 일정한 연구활동이 기대됨	63.8	18.8	9.4	8.0	100.0
	(8) 국제적인 연계활동 중시	56.1	20.9	14.0	8.9	100.0
독 일	(1) 성공적인 연구업적 중요	—	—	—	—	—
	(2) 출판해야 정년보장 가능	69.9	7.4	12.2	10.7	100.0
	(3) 출판연구심사는 질보다 양	—	—	—	—	—
	(4) 연구에 대한 심리적 압력	24.3	15.0	48.1	12.6	100.0
	(5) 정치적 · 이념적 제한 없음	66.0	9.8	13.7	10.6	100.0
	(6) 5년 전보다 연구비획득 수월	4.3	9.2	67.1	19.4	100.0
	(7) 일정한 연구활동이 기대됨	67.7	10.3	13.2	8.8	100.0
	(8) 국제적인 연계활동 중시	—	—	—	—	—
홍 콩	(1) 성공적인 연구업적 중요	81.8	9.2	7.7	1.3	100.0
	(2) 출판해야 정년보장 가능	58.5	15.5	22.8	3.1	100.0
	(3) 출판연구심사는 질보다 양	56.6	22.9	16.9	3.6	100.0
	(4) 연구에 대한 심리적 압력	35.5	20.5	41.7	2.2	100.0
	(5) 정치적 · 이념적 제한 없음	64.9	14.5	18.4	2.2	100.0
	(6) 5년 전보다 연구비획득 수월	39.0	22.9	21.1	17.0	100.0
	(7) 일정한 연구활동이 기대됨	82.6	9.9	6.2	1.3	100.0
	(8) 국제적인 연계활동 중시	48.0	30.5	18.4	3.1	100.0
이스라엘	(1) 성공적인 연구업적 중요	81.1	6.2	9.6	3.1	100.0
	(2) 출판해야 정년보장 가능	75.5	4.1	14.1	6.2	100.0
	(3) 출판연구심사는 질보다 양	31.1	18.4	41.0	9.5	100.0
	(4) 연구에 대한 심리적 압력	11.4	10.1	66.6	11.8	100.0
	(5) 정치적 · 이념적 제한 없음	74.6	5.0	14.5	5.9	100.0
	(6) 5년 전보다 연구비획득 수월	12.9	15.2	60.5	11.4	100.0
	(7) 일정한 연구활동이 기대됨	71.5	7.7	13.3	7.5	100.0
	(8) 국제적인 연계활동 중시	66.5	11.3	14.7	7.5	100.0

(계속)

국 가	구 분	찬 성	중 간	반 대	해당 없음	전 체
일 본	(1) 성공적인 연구업적 중요	79.4	13.5	6.7	0.4	100.0
	(2) 출판해야 정년보장 가능	34.0	16.5	21.0	28.4	100.0
	(3) 출판연구심사는 질보다 양	43.1	26.2	25.0	5.7	100.0
	(4) 연구에 대한 심리적 압력	36.0	29.9	31.6	2.5	100.0
	(5) 정치적·이념적 제한 없음	51.2	24.5	17.3	7.0	100.0
	(6) 5년 전보다 연구비획득 수월	25.4	46.2	23.4	4.9	100.0
	(7) 일정한 연구활동이 기대됨	62.3	26.6	8.0	3.0	100.0
	(8) 국제적인 연계활동 중시	62.9	24.8	9.8	2.4	100.0
한 국	(1) 성공적인 연구업적 중요	51.0	21.3	26.0	1.7	100.0
	(2) 출판해야 정년보장 가능	31.9	12.3	40.2	15.6	100.0
	(3) 출판연구심사는 질보다 양	50.1	16.3	29.6	3.9	100.0
	(4) 연구에 대한 심리적 압력	35.1	17.7	43.7	3.4	100.0
	(5) 정치적·이념적 제한 없음	32.2	19.8	39.4	8.6	100.0
	(6) 5년 전보다 연구비획득 수월	35.6	20.7	36.5	7.1	100.0
	(7) 일정한 연구활동이 기대됨	66.2	24.0	8.1	1.7	100.0
	(8) 국제적인 연계활동 중시	31.2	23.4	41.1	4.3	100.0
멕 시 코	(1) 성공적인 연구업적 중요	73.1	12.6	7.0	7.4	100.0
	(2) 출판해야 정년보장 가능	20.7	17.5	35.7	26.2	100.0
	(3) 출판연구심사는 질보다 양	46.3	17.8	20.7	15.2	100.0
	(4) 연구에 대한 심리적 압력	15.1	18.9	41.0	25.0	100.0
	(5) 정치적·이념적 제한 없음	54.0	14.8	24.8	6.4	100.0
	(6) 5년 전보다 연구비획득 수월	29.9	20.6	35.9	13.6	100.0
	(7) 일정한 연구활동이 기대됨	41.9	16.5	24.9	16.6	100.0
	(8) 국제적인 연계활동 중시	44.5	18.7	19.4	17.5	100.0
네덜란드	(1) 성공적인 연구업적 중요	—	—	—	—	—
	(2) 출판해야 정년보장 가능	—	—	—	—	—
	(3) 출판연구심사는 질보다 양	41.1	15.0	29.3	14.5	100.0
	(4) 연구에 대한 심리적 압력	19.5	23.7	47.6	9.2	100.0
	(5) 정치적·이념적 제한 없음	50.5	17.0	19.7	12.8	100.0
	(6) 5년 전보다 연구비획득 수월	16.9	20.9	37.2	24.9	100.0
	(7) 일정한 연구활동이 기대됨	—	—	—	—	—
	(8) 국제적인 연계활동 중시	—	—	—	—	—

(계속)

국 가	구 분	찬 성	중 간	반 대	해당 없음	전 체
러 시 아	(1) 성공적인 연구업적 중요	46.9	35.0	16.2	1.9	100.0
	(2) 출판해야 정년보장 가능	31.2	40.1	25.9	2.8	100.0
	(3) 출판연구심사는 질보다 양	60.8	24.6	13.6	1.0	100.0
	(4) 연구에 대한 심리적 압력	11.0	44.2	38.7	6.0	100.0
	(5) 정치적·이념적 제한 없음	39.2	37.9	20.1	2.8	100.0
	(6) 5년 전보다 연구비획득 수월	8.8	12.1	70.4	8.8	100.0
	(7) 일정한 연구활동이 기대됨	60.1	27.1	11.8	1.0	100.0
	(8) 국제적인 연계활동 중시	19.7	36.8	38.4	5.1	100.0
스 웨 덴	(1) 성공적인 연구업적 중요	73.8	13.9	10.1	2.3	100.0
	(2) 출판해야 정년보장 가능	54.3	17.4	22.6	5.8	100.0
	(3) 출판연구심사는 질보다 양	24.6	26.0	41.5	7.9	100.0
	(4) 연구에 대한 심리적 압력	23.3	19.4	50.7	6.6	100.0
	(5) 정치적·이념적 제한 없음	76.2	10.5	11.6	1.7	100.0
	(6) 5년 전보다 연구비획득 수월	17.9	31.7	43.3	7.1	100.0
	(7) 일정한 연구활동이 기대됨	70.9	10.3	16.5	2.3	100.0
	(8) 국제적인 연계활동 중시	62.0	23.1	12.2	2.6	100.0
영 국	(1) 성공적인 연구업적 중요	80.2	9.0	9.4	1.4	100.0
	(2) 출판해야 정년보장 가능	—	—	—	—	—
	(3) 출판연구심사는 질보다 양	—	—	—	—	—
	(4) 연구에 대한 심리적 압력	33.0	23.0	41.3	2.7	100.0
	(5) 정치적·이념적 제한 없음	53.6	19.3	24.5	2.6	100.0
	(6) 5년 전보다 연구비획득 수월	7.6	22.9	62.8	6.6	100.0
	(7) 일정한 연구활동이 기대됨	83.4	8.1	7.5	1.0	100.0
	(8) 국제적인 연계활동 중시	—	—	—	—	—
미 국	(1) 성공적인 연구업적 중요	74.7	9.0	14.1	2.2	100.0
	(2) 출판해야 정년보장 가능	73.2	7.2	16.8	2.8	100.0
	(3) 출판연구심사는 질보다 양	42.1	16.1	36.0	5.8	100.0
	(4) 연구에 대한 심리적 압력	27.4	18.5	46.5	7.5	100.0
	(5) 정치적·이념적 제한 없음	46.6	16.2	32.7	4.5	100.0
	(6) 5년 전보다 연구비획득 수월	6.9	19.2	64.0	9.9	100.0
	(7) 일정한 연구활동이 기대됨	68.5	10.3	16.4	4.7	100.0
	(8) 국제적인 연계활동 중시	30.6	26.2	37.5	5.7	100.0

(1) 우리 대학의 교수평가에서는 교수의 성공적인 연구업적이 중요하다.
(2) 우리 학과에서는 출판된 연구업적이 없으면, 정년보장임명을 받기 어렵다.

(3) 우리 대학에서는 승진심사에서 출판연구업적을 사용할 때, 단순히 수만 헤아리지 연구의 질은 평가하지 않는다.

(4) 나는 실제 내가 연구하고 싶어하는 것보다도 더 많은 연구를 수행해야 하는 압력을 자주 느낀다.

(5) 우리나라에서는 학자가 어떤 것을 연구·출판하든 정치적 또는 이념적인 제한이 없다.

(6) 나의 전공분야를 놓고 볼 때, 5년 전에 비해 연구비를 얻기가 쉬워졌다.

(7) 우리 대학에서 현재 나의 학술적 위치(지위)로는 일정한 연구활동이 기대되고 있다.

(8) 우리 대학에서는 교수들을 평가할 때, 그 교수의 국제적인 연계활동이 중요하게 고려된다.

(독일·네덜란드·영국 ; 일부자료 누락)

나타났다. 이들 3개국에서는 각각 80% 이상의 교수들이 연구활동 기대를 느끼고 있다고 보고하였다. 그 외에 스웨덴과 이스라엘의 경우에는 각각 70% 이상의 교수들이, 그리고 독일·미국·칠레·한국·일본·러시아 등의 경우에는 각각 60% 이상의 교수들이 자신들의 지위로 보아 연구활동을 기대받고 있다고 생각하였다. 브라질과 멕시코의 경우는 각각 40%를 약간 넘는 교수들만이 그렇게 생각하고 있었다.

또한, 출판된 연구업적이 없으면 정년보장임명을 받기 어렵다고 생각하는 교수들이 많은 나라는 이스라엘·미국·독일·호주·홍콩·스웨덴이었다. 이들 나라에서는 최저 54%~최고 76%의 교수들이 그렇게 인식하고 있었다. 일본과 러시아의 경우에는 30%를 약간 넘는 교수들만이 그렇게 인식하고 있었다. 그러나 유독 한국 대학교수들 중 40.2%, 브라질 대학교수들 중 46.9%, 그리고 멕시코 대학교수들 중 35.7%는 연구업적이 없으면 정년보장임명을 받기 어렵다는 데 대하여 그렇게 생각하지 않는다고 답변하였다. 바꾸어 말하면, 연구업적이 없어도 정년보장임명을 받는 데 별 어려움이 없다고 생각하고 있는 것이다. 이는 앞에서 논의한 각국 교수들의 연구업적 비교·분석

결과와도 무관하지 않을 듯싶다.

여러 나라에서 교수들은 자신들의 지위로 보아 연구활동을 기대받고 있고, 또 연구업적이 없으면 정년보장임명을 받기 어렵다고 생각하면서도, 실제로 자신들의 연구욕보다 더 많은 연구를 수행해야 하는 심리적 압력을 자주 느끼지는 않는 것으로 나타났다. 일본과 이스라엘을 제외한 나머지 국가의 교수들 중 각각 40~70%의 교수들이 심리적 압력을 자주 느끼지 않는 것으로 응답하고 있다. 일본의 경우에는 36.0%의 교수들이, 그리고 칠레의 경우에는 31.6%의 교수들이 심리적 압력을 느낀다고 동의하고 있다. 이토록 여러 나라에서 많은 교수들이 심리적 압력을 별로 느끼지 않는 까닭은 그들이 기대받고 요구되는 양적, 질적 수준 이상으로 평소에 늘상 연구업적을 충분히 쌓고 있기 때문일 수도 있고, 아니면 연구활동에 대한 기대를 무시하거나 연구업적 위주의 정년보장임명이 그저 형식적으로 이루어지고 있기 때문일 수도 있다.

둘째로, 각국 교수들의 연구 분위기를 살펴본 설문 중, 연구에 있어서의 정치·이념적 제한에 관한 지각을 보면, 한국을 제외한 나머지 13개국의 대부분의 교수들은 자기 나라에서는 학자가 어떤 것을 연구·출판하든 정치적 또는 이념적 제한은 없다는 데 동의하고 있다. 스웨덴·이스라엘·칠레의 경우에는 70% 이상의 교수들이, 독일·홍콩은 60% 이상의 교수들이, 그리고 그 외의 나라에서도 40~50% 이상의 교수들이 그렇게 동의하고 있다. 그러나 한국은 32.2% 교수들만이 정치·이념적 제한이 없다고 인식하고, 39.4% 교수들은 정치·이념적 제한이 없다는 데에 동의하지 않고 있다. 즉, 한국 교수들 중 약 40%는 연구 및 출판에서 정치·이념적 제한을 느끼고 있음을 의미하는 것이다.

교수들의 연구 분위기에서 또하나 따져볼 것은 연구비 수혜 기회이다. 각각의 전공분야에서 5년 전에 비하여 연구비를 얻기가 쉬워졌는가에 대하여 대부분 국가의 교수들은 부정적인 입장에 있다. 특히, 미국·이스라엘·독일·영국·러시아의 교수들은 60% 이상이 연구비 얻기가 쉬워졌다는 데 반대하고 있었다. 연구비 얻기가 5년 전보다 쉬워졌다는 데 동의하고 있는 경우는 칠레로서 43.2%가 그렇게 생각하고 있었다. 홍콩 대학교수들 중 39.0%도 5년 전보다 연구비 얻기가 쉬워졌다는 데 동의하고 있다. 한국 대학의 경우에는 약 36%가 쉬워졌다는 데 동의하고 있고, 그 비슷한 수인 약 37%가 반대하고 있다. 일본 대학의 경우도 동의하는 교수와 반대하는 교수가 각각 25%와 23%로 비슷한 분포를 보이고 있었다.

셋째로, 연구업적평가에 관한 세계 14개국 교수들의 반응을 보면, 우선 교수평가에서 성공적인 연구업적이 중요하다는 데 14개국 대부분의 교수들이 동의하고 있었다. 다만 14개국 중 한국의 경우 찬성하는 교수의 비율이 51.0%로 러시아의 46.9% 다음으로 가장 적은 수의 찬성률을 보였다는 것이다. 그 외 국가들 모두 60% 이상의 교수들이 교수평가에서 성공적인 연구업적이 중요하다고 생각하고 있었다.

또한, 승진심사에서 출판연구업적에 대한 질적 평가보다는 양적 평가가 이루어진다고 생각하는 교수들이 많았다. 이스라엘과 스웨덴의 경우만 그렇지 않았고, 나머지 12개국 대학에서는 많은 교수들이 양적인 연구업적평가에 불만을 토로하고 있었다. 이는 역시 모든 나라에서 공통적으로 겪고 있는 문제임이 밝혀졌다. 이 점에 관해서는 다음에 좀더 깊이 논의해 보기로 하겠다.

교수평가에서 교수의 국제적인 연계활동이 중시되고 있는가에 대해서, 한국·러시아·미국 세 나라 경우만을 제외하고는 중요하게 고려되고 있다고 반응하였다. 그러나 한국 대학의 경우는 41%의 교수들이 중요하게 고려되고 있지 않다고 응답하여 설문에 응한 국가 중 가장 높은 반응을 보였다. 이는 그 동안 한국 대학이 국제화, 세계화되지 못한 채 세계학술 무대에서 부진한 활동을 보여온 데에 간접적으로 작용하였던 한 가지 원인임을 시사하고 있는 것이라고도 하겠다.

이상에서는 이 연구에서 사용한 몇 가지 설문내용을 놓고, 세계 각 국 대학교수들이 지각하고 있는 연구 분위기와 연구업적평가에 관하 여 그들의 반응을 비교하였다. 한마디로 세계 각국 대학교수들은 연 구업적평가의 중요성을 인정하면서도 연구업적평가의 방법과 절차 등 에 관해서는 다소 이의를 제기하고 불만을 토로하고 있음이 밝혀졌 다. 이에 이 장에서는 끝으로 교수들의 연구업적평가에 관련된 몇 가 지 문제를 나누어 구명해 보고자 한다.

1) 연구활동의 범주와 업적의 유형

교수의 연구업적을 평가한다고 할 때, 우선 제기되는 문제는 연구 활동의 범주를 어떻게 규정하느냐이다. 그리고 그러한 규정 아래 평 가대상이 되는 연구활동의 결과물로 어떠한 것이 포함될 수 있겠느냐 하는 문제이다. 여기에는 두 가지의 견해가 있다. 하나는 연구활동의 범주를 새로운 지식의 생산에 국한하는 것이고, 다른 하나는 그것을 좀더 확대하여 학술적 활동(scholarship or scholarly activity)으로 규정 하는 것이다.

전자의 경우는 대체로 연구중심대학에서 전통적으로 고수해 온 협 의의 규정이다. 그러나 점차 확대되어 가는 교수에 대한 다양한 역할 기대에 따라, 교수의 연구업적을 학술적 활동이라는 이름 아래 포괄 적으로 규정하는 성향이 많은 대학들에서 나타나고 있다. 이를테면, J.M. Braxton과 W. Toombs(1982)는 교수업적을 평가함에 있어 학술 적 연구업적은 곧 「대학원에서의 박사과정 연구훈련을 통하여 습득하 고 인정받은 지식과 기능을 적용 또는 활용하는 모든 형태의 일」을 포함하는 것으로 규정해야 한다고 주장하고 있다. 이러한 규정에 따 르면, 교수들의 연구업적에는 예를 들어 대중강연이나 대중잡지에 게 재하는 학술적인 사고에 터한 글도 포함되어야 한다. 뿐만 아니라,

텔레비전에 출연하여 학술적인 토론을 벌이거나 비디오 또는 컴퓨터 프로그램 등을 창작하는 활동도 교수의 연구업적에 포함될 수 있다.

이렇듯 연구업적을 평가한다고 할 때, 그 '연구'라는 범주 속에 어떠한 것까지 포함시켜야 되느냐 또는 포함시킬 수 있느냐의 문제는 매우 복잡하여 한 가지 원칙을 내세우기가 어렵다. 그것은 결국 각 대학이 지향하는 이념과 목적에 따라 달라질 수밖에 없는 것이고, 또 전공분야의 성격에 따라 한 대학 내에서도 다양하게 규정될 수 있을 것이다. 이에 이 장에서는 연구활동의 범주를 좀더 넓은 의미로 정의해 놓고, 포함시킬 수 있는 다양한 형태의 연구업적을 예거하고자 한다. 이는 곧 연구업적평가의 원칙을 세우려는 각 대학의 의사결정자들에게 선택의 기회를 제공하자는 데 뜻이 있다. 연구업적으로 볼 수 있는 내용에는 모두 여섯 가지 유형을 생각할 수 있다.

첫째는, 출판된 저작물이다. 여기에는 우선 공인된 출판사에 의하여 출판된 각종 저서(교과서, 학술연구서, 번역서, 편저서 등)가 포함된다. 또한 여기에는 정기적으로 간행되고 있는 공인된 학술전문지에 게재된 논문, 서평, 비평 등이 포함된다. 그리고 앞서의 공인된 출판사에 의하여 출판된 저서 속에 게재된 하나의 독립된 장(book chapter)도 포함된다. 대체로 연구활동의 범주를 매우 엄격하게 또는 협소하게 규정하는 대학에서는 이러한 첫번째 부류의 연구업적만을 평가의 대상으로 인정하는 경우가 많다.

둘째는, 출판은 되지 않았으나 인쇄되어 공인된 저작물이다. 여기에는 대체로 특정한 연구비 지원기관으로부터 위촉을 받아 수행된 연구보고서 또는 연구비 지급기관에 연구비를 신청하여 받은 연구비로 연구를 수행하고 보고서를 인쇄하여 제출하는 경우가 해당된다. 또한 연구비를 받지 않고서도 개인 또는 집단이 연구를 수행한 후 그것을 자비로 인쇄하여 배포하고 발표하는 경우도 이러한 유형의 업적에 속한다. 학술연구업적의 엄정성과 질적 관리를 주장하는 사람들은 이러한 연구업적은 그 질이 낮아서 자신 있게 출판하지 못하는 것이라 보고 이를 인정하지 않으려 한다. 즉, 공인된 학술지에 발표하지 못하는 논문이나 공인된 출판사에 의하여 출판되지 못하는 글은 학술적 가치를 인정받기 어렵다는 생각이다. 그러나 특별한 경우, 이를테면 대외 공개가 많은 사람들에게 불이익을 가져다줄 가능성이 있거나 특정 개인이나 조직을 보호할 필요가 있을 때 그 학술연구는 제한된 양만을 인쇄하여 제한된 사람들에게만 배포할 수도 있다. 그러나 학술성을 엄격히 따지는 사람들은 이와 같이 공개될 수 없는 연구는 인정하기 어렵다는 입장을 취하고 있다.

셋째는, 작품의 형태로 제작되는 연구물이다. 예컨대, 음악이나 미술, 건축, 의상, 체육 등의 각종 예술분야에서 창작되는 작품을 들 수 있다. 또한 어문학의 경우 작품으로 발표되는 연구물이 있을 수 있고, 비디오 작품이나 컴퓨터 프로그램으로 제작되는 경우도 있다. 예컨대, 교육학에서 '한국교육의 역사적 발전'에 대한 많은 역사적 자료에 해설을 삽입시켜 만든 비디오 작품이 그러하다.

넷째는, 구두로 표현되는 연구업적이다. 전형적인 예는 각종 세미나, 토론회, 강연회 등에서 직접 발표되는 연구업적이다. 물론, 그것이 사전에 글로 준비되는 경우에는 두 번째 유형에 포함시킬 수도 있다. 이 유형의 연구업적에는 고도의 학술성이 있는 토론회나 세미나에서의 사회나 기록, 또는 텔레비전이나 라디오 방송에 출연하여 벌인 토론까지 포함시키기도 한다 (Leonard, II & Schmitt, 1974).

다섯째는, 문서로 나타나는 연구업적이다. 매우 심도 있는 연구계획서나 특정 학술저서, 또는 연구논문 (학위논문 제외)의 심사보고서 등을 그 예로 들 수 있다.

끝으로 여섯째는, 포상의 형태로 나타나는 업적이다. 예컨대, 학회나 특정단체로부터 받은 학술상, 논문상, 저술상과 같은 경우, 또는 특정기관으로부터 지원을 받은 연구과제의 수와 규모는 연구업적을 평가하는 데 활용되는 주요 자료원이라 볼 수 있다.

2) 연구업적평가의 방법

연구업적을 평가하는 지극히 원시적이고 전형적인 방법은 지금 우리나라의 많은 대학에서 행해지고 있듯이 단순히 출판된 저서나 논문의 수를 헤아리는 것이었다. 그러나 이제는 그처럼 단순한 양적 산정만으로는 다면적이고 복잡한 연구업적을 제대로 평가하기 어렵게 되었다. 이러한 복합적인 연구업적을 평가하는 방법은 크게 두 가지 측면에서 생각해 볼 수 있는데, 하나는 계량적 방법이고 다른 하나는 질적 방법이다.

① 계량적인 평가방법

연구업적의 계량적인 평가는 단순히 수를 헤아리는 종래의 방법에서 탈피하여 비중을 설정하여 평가하는 방법(weighted measures)이다. 이러한 비중부여평가방법의 연구는 특히 1960년대 중반 이후 1970년대 초에 걸쳐 미국의 사회학자들에 의하여 주도되어 왔다.

우선, 저서와 학술지 게재 논문 간의 비중을 어떻게 설정할 것인가를 생각하여야 한다. 이에 관련하여 수행된 몇 가지 대표적인 연구결과들을 보면 〈표 5-9〉와 같다. 이를 간단히 설명하면, J.G. Manis(1951)는 당시 사회과학 저서들을 분석한 결과, 한 권의 저서는 대체로 18개 장으로 이루어졌으며, 학술지 게재 논문의 18배로 산정해야 한다고 주장하였다. D. Crane(1965)은 정치학, 심리학, 생물학의 3개 분야를 검토한 후, 저서 1권은 학술지 게재 논문 4편과 맞먹는 것으로 산정하였다. A.M. Cartter(1966)는 5종의 주요 정치학 분야 학술지를 검토하고 저서 1권은 학술지 논문 6편과 같은 것으로 보았다. 또한 M.A. Straus와 D.J. Radel(1967)은 사회학분야에서는 1권의 저서가 〈American Sociological Review〉나 〈American Journal of Sociology〉

<표 5-9> 연구업적평가에서의 저서와 학술지 논문 간의 비중에 관한
선행 연구결과

연 구 자	연구년도	저 서	학술지 게재 논문
J.G. Manis	1951	18	1
D. Crane	1965	4	1
A.M. Cartter	1966	6	1
M.A. Straus & D.J. Radel	1967	6	1
W.M. Stallings & S. Singhal	1970	5	1
E.T. Lightfield	1971	3	1

따위에 게재된 6편의 논문과 동일한 것으로 보았다. 그리고 W.M.
Stallings와 S. Singhal(1970)은 특별한 기준 없이 1권의 저서는 5편의
학술지 논문과 같은 것으로 보았다. 끝으로, E.T. Lightfield(1971)는
대부분의 사회학분야의 저서들은 약 300면으로 되어 있는데, 1편의
학술지 논문을 저서의 100면 정도로 계산해서 1권의 저서는 3편의 논
문과 같은 비중을 부여하였다. 이상의 연구에서 우리에게 분명히 시
사하고 있는 것은 한 권의 학술저서를 한 편의 논문과 양적으로 동일
하게 취급해서는 안된다는 것이다. 즉, 저서는 논문보다 큰 비중으로
평가되어야 한다는 것이다.

다음으로 생각하여야 할 점은 저서를 편저서, 교과서, 이론연구서
로 구분할 때, 이를 학술지 게재 논문과 어느 정도의 비중으로 산정
할 것이냐를 결정하는 일이다. 참고로 <표 5-10>에 대표적인 세 가지
연구결과를 소개하였다. 여기에서 보면, 이론연구서가 편저서에 대하
여 갖는 비중은 3배이고, 교과서에 대하여 갖는 비중은 2배로 나타났
다. 즉, 저서라고 해서 모두가 무조건 똑같은 비중으로, 똑같은 한
권으로 취급될 수는 없다는 것이다. 편저서보다는 교과서의 가치가
높고, 교과서보다는 학술적인 이론연구서의 가치가 높다는 것을 의미
한다. 그리고 이론연구서가 학술지 게재 논문에 대하여 갖는 비중은

<표 5-10> 연구업적평가에서의 각 유형의 저서와 학술지 논문 간의
비중에 관한 선행 연구결과

연 구 자	연구년도	편저서	교과서	이론 연구서	학술지 게재 논문
N.D. Glenn & W. Villemez	1970	10	15	30	4~10
D.D. Knudsen & T.R. Vaughan	1969	2	3	6	1~2
A.M. Cartter	1966	2	3	6	1

낮게는 3배, 높게는 6~7배로 나타났다.

이러한 계량적 비중평가방법에서는 비중산출의 기준을 분명하게 설정해야 한다. 예컨대, 다음과 같은 세 가지 기준을 설정할 수 있다.

첫째는, 학술지 게재 논문의 경우, <표 5-10>에서 볼 수 있듯이 우선 학술지의 질적 수준 또는 명성 등을 기준으로 비중을 부여하는 방법을 생각할 수 있다. 예컨대, Glenn과 Villemez(1970)는 사회학과의 상위급 교수들로 하여금 그 학술지가 학술분야에 미치는 영향의 강도 또는 중요성을 평가하게 한 다음, 우수한 학술지와 수준 낮은 학술지를 선별하여 비중을 달리하였다. 즉 우수한 학술지에 게재되었을 때는 상대적으로 높은 비중을, 수준 낮은 학술지에 게재되었을 때는 낮은 비중으로 산정하였다. Knudsen과 Vaughan(1969)은 미국 사회학계의 대표적인 세 개의 학술지, 즉 <American Sociological Review(ASR)>, <American Journal of Sociology(AJS)>, <Social Forces (SF)>를 놓고, 학술지의 질적 수준에 따라 ASR에 실린 2편의 연구노트나 SF에 실린 2편의 논문은 ASR에 게재된 1편의 논문과 같은 것으로, 또한 AJS에 게재된 1편의 논문은 ASR에 게재된 논문의 2/3와 같은 것으로, ASR에서 서평을 받은 이론연구서는 ASR에 게재된 3편의 논문과 같은 것으로 매우 복잡하게 비중을 산정하였다. 그런가 하면

T.M. Nelsen(1983) 등은 사회과학 학술지의 질을 판별하기 위하여 미국의 65개 대학과 캐나다의 19개 대학에서 사회과학분야 학과장들에게 학술지의 우열을 평가하게 하여 그것을 기준으로 비중을 산정하기도 하였다. 또한 J.A. Smart(1983)는 학술지에 게재된 논문이 얼마나 많이 인용되었는가를 따져 학술지의 우열을 정하고 그 비중을 산출할 것을 주장하기도 하였다. 그리고 학술지의 질적 수준을 가늠하기 위해서는 그 학술지가 '심사받은 논문'만을 게재하느냐 아니면 '심사 없이' 게재하느냐를 따져, 심사를 거쳐 게재하는 학술지의 논문에 대하여 더 큰 비중을 두기도 하였다.

둘째는, 저서의 형태여부를 기준으로 하여 비중을 결정하는 방법을 생각할 수 있다. 예컨대, D. Crane(1965)은 이론연구서, 교과서, 연구보고서 등은 원저술로 간주하고 편저서, 번역서, 실험실 매뉴얼 등은 부차적 저술로 보았다. 그리고 원저술에 한해 1권의 저서를 4편의 학술지 게재 논문과 같은 비중으로 부과할 것을 주장하였다.

셋째는, 저서이든 학술지 게재 논문이든, 그것의 면수를 기준으로 비중을 부과하는 방법을 생각할 수도 있다. 예컨대 A.W. Niemi(1975)와 P.E. Graves(1982) 등은 면수를 표준화시키고 그것을 기준으로 저서와 학술지의 비중을 산정할 것을 주장하였다.

② 질적 평가방법

학술연구업적을 평가함에 있어서 질적인 평가방법은 결국 업적의 양을 측정 평가하려는 것이 아니라 그 업적의 질이 얼마나 우수한가를 평가하려는 데 목적이 있다. 여기에는 크게 두 가지 방법이 활용되고 있다. 하나는 우리나라 대학에서 널리 활용되고 있는데, 그 분야의 상위직급 교수나 학자들로 하여금 특정인의 학술논문의 우수성을 판별·평가하게 하는 것이다. 이때의 기본 전제는 평가자가 전공분야의 특성과 그 분야에서 어떠한 연구업적이 얼마나 이루어져 왔는가를 분명히 인식하고 있어야 한다는 것이다. 그렇지 않고서는 새로운 이론을 제시하는 신진학자들의 연구논문이나 저서와 같은 업적의 질을 제대로 평가할 수 없기 때문이다.

다른 하나는 그 저서나 논문이 얼마나 많은 사람들에 의해서 인정받고 있느냐를 조사·분석하여 그 연구업적의 질을 평가하는 것이다. 그러한 '인정'은 대체로 다른 사람에 의한 인용(citation)이나 참고(reference)로 나타난다. 즉, 다른 사람이 그 교수의 저서나 논문을 얼마나 참고하고 인용하였느냐가 그 교수의 연구업적의 질을 나타내주는 것이다. 학문의 세계에서 학술논문을 작성할 때, 타인의 연구물을 참고·인용하는 것이 하나의 제도 또는 인습으로 정착되기 시작한 것은 20세기 초부터이다(Garfield, 1979). 1961년에 E. Garfield는 '과학정보기구(Institute for Scientific Information ; ISI)'라는 것을 만들어, '자연과학 인용색인(Science Citation Index)'을 제작하였고, 곧이어 1973년에는 '사회과학 인용색인(Social Science Citation Index)'을, 1978년에는 '인문과학 인용색인(Arts & Humanities Citation Index)'을 제작하였다. 현재 ISI에서는 세계적으로 인정되는 7천여 종의 학술지를 망라하여 인용색인표를 작성하고 있다. 이러한 ISI에서 다루어지는 학술지의 인용색인표 검색을 통하여 특정 교수의 저서나 논문이 얼마만큼 다른 사람의 논문에서 인용되고 있느냐를 계량적으로 조사·분석하는 것이 학술연구업적의 또다른 질적 평가방법이다.

그러나 이러한 인용색인을 통한 질적 평가방법도 문제가 있음을 지적하지 않을 수 없다. 우선은 ISI에 등재되는 7천여 종의 학술지가 꼭 대표적인 학술지를 전부 포괄하고 있다고 보기는 어렵다. 더욱이 국내에서 한국어로 간행되는 많은 우수한 학술지들은 ISI 목록에 등재되어 있지 않기 때문에 ISI의 색인표만으로 우리나라 대학교수들의 논문의 질을 평가하는 데는 한계가 있다. 또한, 어느 교수가 아무리 우수한 저서나 논문을 발표하였다 해도 그것이 모든 관련 학자들에 의해서 발견될 수 있는 것은 아니다. 이를테면, 그러한 논문에 대한 인식이 부족해서 참고하거나 인용하지 못하는 경우도 있고, 또한 학술적 경쟁심으로 인하여 의도적으로 인용을 기피하는 경우도 있음을 고려할 때, 단순히 그 논문이 얼마만큼 다른 논문에서 인용되었는가를 계량적으로 헤아려서 논문의 질을 평가하기란 지극히 어렵다. 인용색인에 의해서 학술연구업적을 평가할 때 생기는 또다른 문제는 대체로 공저에서는 첫번째 저자의 이름만이 인용될 뿐 다른 저자들은 인용색인에 나타나지 않는다는 점이다. 따라서 첫번째 저자 이외의 공동 저자들은 공정한 평가를 받기 어렵다는 한계가 있다.

3) 연구업적평가의 몇 가지 문제점

교수의 학술연구업적을 평가한다고 할 때, 결국 업적심사의 대상이 되는 것은 각 대학의 특성에 따라 달리 규정될 수밖에 없다. 즉, 연구중심(대학원중심)대학과 교육중심(학부중심)대학에서의 학술연구업적의 범주는 근본적으로 달라야 할 것이다.

또한, 같은 유형의 학술연구업적이라 하더라도 그 비중은 서로 달라야만 한다. 즉, 저서와 논문 간의 비중, 또 같은 저서라 하더라도 유형별에 따른 비중은 연구 검토될 필요가 있다. 현재 우리나라 각 대학에서 시행하고 있는 것처럼 저서든 논문이든 모두 똑같은 비중으로 처리하고, 다만 단독저술이냐 아니면 2인 이상의 공저이냐에 따라 비중을 달리하는 방식은 지양되어야 할 것이다.

한편, 한 권의 책 저술과 한 편의 논문 중 어느쪽이 학술적으로 더 가치 있느냐를 획일적으로 판정하기는 어렵고, 특히 전공분야에 따라 크게 다를 수 있다. 앞서 논의한 미국 대학에서의 비중부여방식은 주로 사회과학분야에서 발전된 것이고 사회과학분야에서는 대체로 논문보다 저서에 큰 비중을 부여하고 있다. 이것에 대해 L.L. Hargens (1975)는 사회과학분야의 교수들이 논문보다 저서의 출판을 선호하기 때문이며, 또 그 전공분야의 규범이나 사회화과정, 지식의 조직이 그렇기 때문이라고 주장하였다. 이에 비하여 자연과학분야에서는 한권의 책을 저술하는 일보다는 하나의 연구주제를 놓고 오랜 기간에 걸쳐 수차례 실험을 거듭한 끝에, 그 결과를 하나의 논문으로 발표하는 경우가 많다. 이러한 논문은 사회과학분야 학자들에 의해 집필되는 한 권의 저서와 동일한 비중을 부여할 만큼 가치 있는 학술연구업적이라 할 수 있다.

앞서 살펴보았듯이, 학술연구업적을 평가함에 있어서 특히 비중평가방법으로 여러 가지 다양한 기준을 사용할 수 있다. 여기서 크게 문제가 되는 것은 기준의 적절성 또는 타당성이다. 그런데 기준의 타당성 여부는 각 전공분야에 따라 다르게 적용될 수밖에 없음을 거듭 밝혀둔다. 한 가지 지적할 문제는 특정교수의 연구업적을 최소한 계량적으로 평가한다고 할 때, 얼마만큼의 업적을 '받아들일 수 있는' 수준의 양으로 볼 수 있느냐 하는 점이다. 즉, 한국의 대학에서처럼 모든 것을 1년 단위로 산정할 때, 교수들은 최소한 1년 동안 얼마만큼의 연구업적을 성취해야만 하는가? 지금과 같이 1~2편으로 정해놓으면 되는 것인가? 또한 승진심사를 위해 연구업적을 평가함에 있어서 일반적으로 현 직급의 재직 중에 이룩한 연구업적이 평가대상이 되는데, 이때 양적으로는 얼마만큼의 업적을 이루어야만 받아들일 수 있겠는가? 예컨대, 그 대학, 그 직급수준에서의 또는 그 전공분야 교수들의 연간 평균 연구업적량을 산출하여 그것을 하나의 기준으로 삼을 수는 없겠는가 하는 문제를 제기한다.

교수의 연구업적평가에서 제기될 수 있는 또다른 문제는 윤리적인 것이다. 이를테면, 한 교수가 국내 학술논문이든 외국 학술지의 논문이든, 그 가운데 몇 편을 복사 제본하여 자신의 편저서로 출판하였다든가 원저자와 출판사의 허락 없이 외국 논문을 몇 편 뽑아서 자신의 영문 편저로 내놓는 경우이다.

또한 학술지에 발표했던 논문내용을 그대로 다른 학술지에 발표하는 경우이다. 그것을 연구업적으로 이중 제출하는 학자들의 윤리성이 문제가 되는 것이다.

윤리적인 문제로 한 가지 더 언급할 것은 단순히 '출판된 저작물'로 인정받기 위하여 몇몇 사람들이 자비로 한정된 부수를 만들어내는 급조된 일회용(그후에는 계속 이어지지 못하는) 학술지들을 어떻게 받아들일 것인가의 문제이다. 즉, 창간호만 나오고 더이상 출간되지 않는 학술지에 게재된 논문을 뜻한다. 비록 창간호 후에 계속되는 학술지라 하더라도 학계에서 인정받지 못하는 학술지라면 게재 논문을 인정하는 데는 보다 엄격한 심사과정을 거쳐야 하리라고 본다.

학술연구업적을 평가하는 데 관련된 또다른 차원의 문제는 결국 그것을 누가 심사·평가하느냐에 있다. 즉, 어떤 사람이 참으로 객관적으로 그 연구업적의 질을 평가할 수 있겠는가에 대한 것이다. 이러한 문제에 대한 보다 심각한 검토가 뒤따르지 않고서는, 우리가 제아무리 엄정한 기준을 마련하여 학술연구업적을 평가한다 해도 결과적으로는 학술연구업적평가 본래의 목적을 성취하기 어려울 것이다.

끝으로, 급속히 진전되는 첨단 정보통신과학의 발전은 앞으로 학술연구업적의 증거형태에도 커다란 변화를 가져오리라 예견할 수 있다. 즉, 지금과 같이 종이에 인쇄되어 출판되는 연구물만이 학술연구업적을 증거로 제시하는 유일한 수단이 되지는 않을 것이라는 전망이다. 다가오는 21세기에는 지식의 생산과 확산이 '종이'의 구속으로부터 벗어날 수 있을 것이다. 이를테면, 전자학술지(electronic journal)가 나올 수도 있다. 미래의 정보통신 과학자들이 지금은 우리가 생각하지도 못하는 새로운 방식의 출판을 학술세계에 가져다줄지도 모른다. 그러한 경우, 지금 우리가 사용하고 있는 학술연구업적평가의 범주와 기준 등은 좀더 포괄적이고 진보된 방식으로 개선·발전되어야 할 것이다.

제6장

대외봉사 및 교내행정활동

교수의 책무를 대학의 사명과 관련지어 교육·연구·봉사로 나눌 때, 봉사는 그 대상을 기준으로 두 가지 내용을 포함한다. 하나는 대외봉사(external service)로서 이는 대학 밖의 대상에 대하여 봉사활동을 하는 것이다. 즉, 봉사의 대상이 대학 안에 있는 것이 아니라 대학 밖에 있는 것이다. 다른 하나는 대내봉사(internal service)로서, 이는 대학 내에서의 봉사활동이다. 대내봉사는 대부분의 경우 행정보직활동 또는 각종 위원회 등에서의 활동을 통한 대학에 대한 봉사활동을 의미한다.

그러나 이들 두 가지 봉사는 성격과 차원이 서로간에 다르기 때문에, 교수의 책무를 논의할 때는 따로 독립시켜 생각하기도 한다. 이 책에서는 이미 제2장에서 논의하였듯이, 교수의 책무를 교육활동, 연구활동, 대외봉사활동, 그리고 교내행정활동으로 나누고 있다.

이 장에서는 교수의 봉사책무를 대외봉사와 교내행정활동으로 구분하여, 그 실태를 보다 구체적으로 논의하고자 한다. 그리고 그것이 꼭 교내행정활동과는 깊은 관계가 없으나, 행정진에 의해서 통어적 수단으로 활용되는 데서 다소 관계가 있는 교수업적평가의 목적과 내용에 대해서도 논의하고자 한다. 교수업적평가에 관해서는 앞의 제4장과 제5장에서 부분적으로 교육업적과 연구업적의 평가문제를 다루었는데, 이 장에서는 이들을 종합해서 논의하고자 한다.

1. 대외봉사활동의 성격과 참여

1) 대외봉사활동의 성격

교수들의 대외봉사활동은 물론 논자의 시각에 따라 여러 가지 범주로 세분될 수 있지만, 대체로 세 가지 범주의 활동을 포함한다.

첫째는 전문봉사(professional service)이다. 이는 기업체, 정부기관,

사회조직, 지역사회, 또는 개인을 대상으로 하여, 그들의 과업수행이
나 문제해결을 위하여 교수가 자신의 전문적 능력과 경험을 지원하는
형태의 봉사활동이다. 이를테면, 교수가 정부의 어떤 위원회에 참여
하여 그들의 정책개발을 도와주거나, 당면한 정책문제의 해결방안을
모색하는 데 자문을 해주는 것과 같은 일이 이러한 전문봉사의 범주
에 속한다. 교수가 자신의 전문적 능력과 경험을 사회에 환원한다는
차원에서 수행되는 교수의 이러한 대외봉사활동은 그 대상이나 내용
에 있어서 폭이 매우 넓다.

둘째는, 공공봉사(public service)이다. 공공봉사의 경우에도 물론
교수의 전문적인 능력과 경험이 요구되지만, 그 강도는 전문봉사보다
낮다. 이는 하나의 사회지도층 인사로서, 또는 여론지도자로서 사회
의 각종 당면문제를 해결하고 새로운 대안을 탐색하는 일에 참여함으
로써 수행하게 되는 봉사활동이다. 따라서, 전문봉사의 경우에는 대
체로 자신의 전공과 밀접한 관련이 있는 일에 관하여 전문인
(specialist)으로서 봉사활동을 하게 된다. 그러나 공공봉사의 경우에
는, 학식과 덕망을 갖춘 지식인으로서, 또는 일반인(generalist)으로
서, 자신의 전공분야를 포함하여 모든 분야에 걸쳐 폭 넓게 봉사활동
을 하게 된다. 예컨대, 교육학을 전공한 교수가 어느 여성단체에서
주관하는 여성 지위향상을 위한 상설 모임을 갖고 있을 때, 그곳에
계속 참여하여 일반인으로서 자신의 견해를 피력하고, 자신이 생각하
는 대안을 제시하는 일과 같은 것이다. 흔히들 기업이나 사회단체 또
는 정부기관, 종교기관 등에서 교수들에게 특정한 주제의 교양강연을
요청할 때, 그것은 전문봉사이기보다는 공공봉사의 성격을 띤다.

셋째는, 연구봉사(research service)이다. 교수의 여러 가지 책무 가
운데에서도 교육과 연구라는 양대 책무를 염두에 둘 때, 연구책무와
깊이 관련되는 이 연구봉사활동은 교수들의 대외봉사활동 중 가장 중
핵적인 봉사활동이라고 할 수 있다. 연구봉사활동은 대체로 정부, 기

194

업체 또는 사회단체로부터 재정적인 지원을 받으면서 그들이 요구하는 특정한 문제나 주제에 관하여 연구를 수행함으로써 그들의 전문적인 능력과 경험을 사회에 환원시키는 봉사활동이다. 그렇기에 엄격히 규정할 때, 이러한 형태로 수행된 연구보고서는 그 교수의 연구업적 범주에는 속하지 않는 것이다. 연구비를 받아 수행하는 연구 가운데서도, 연구비만 정부로부터 지원받았을 뿐, 그 연구의 주제나 내용, 그리고 연구수행의 방법 등은 연구자가 스스로 결정하고, 또한 연구내용이 전공분야에서의 새로운 지식의 창출과 관련되는 것일 때, 그것은 교수의 연구활동 범주에 속한다. 이러한 연구에 있어서 연구비 지원은 연구자가 정부에 지원하여 수혜하게 된다. 그러나 정부가 특정한 정책목적으로, 이를테면 어느 교육학전공 교수에게 '대학입학시험제도' 정책개선을 위한 목적으로 연구를 위촉하고 연구비를 제공해 올 때, 그것은 교수의 연구활동책무에 속하는 일이기보다는, 지금 이 장에서 논의하는 대외봉사활동 중 연구봉사 범주에 귀속되는 활동이다. 교수들은 이러한 성격의 연구봉사활동을 정부로부터만이 아니라, 각 기업체 또는 사회단체들로부터도 종종 요청받아 수행한다.

2) 대외봉사활동 참여

세계 각국 교수들은 대외봉사활동에 어느 정도, 그리고 어떻게 참여하고 있는가? 세계 각국 대학교수들의 대외봉사활동 참여실태를 구체적으로 분석하기에 앞서, 우선 미국 대학교수들의 대외봉사활동 참여실태를 분석한 연구결과를 한두 가지 살펴보기로 하겠다.

J.D. Marver와 C.V. Patton이 1976년에 수행한 연구결과에서 보면, 미국 대학교수들 중 60%는 그 일로 돈을 받게 되든 안 받게 되든, 다양한 형태의 대외봉사활동에 참여하고 있는 것으로 밝혀졌다. 특히 그들 중 대학 이외의 어떠한 외부기관이나 단체 또는 개인에 대한 상담을 해줄 경우, 즉 앞서 논의한 대외봉사활동 중 전문봉사활동에 종

사하는 사람들의 경우, 3명 중 1명의 교수에게는 그것이 하나의 커다란 경제적 수입원이 되고 있음이 밝혀졌다. 그러한 전문봉사활동을 하는 교수들의 2/3는 금전적 보상을 받는 상담활동에 적극 참여하고 있는 것으로 나타났다. 또한 시간적으로는 그러한 봉사활동에 종사하는 교수들 중 20%는 매주 0.5일 이상을 전문봉사활동에 활용하고 있으며, 5%는 매주 1일 이상을 전문봉사활동에 활용하고 있다.

한편, 대외봉사활동에 종사하는 교수들의 특성을 분석한 연구에 따르면, 그들은 일반적으로 연구업적에 있어 보다 더 생산적이고, 정치적으로는 보수주의 성향을 띠고 있으며, 직급은 대체로 상위직급인 것으로 밝혀졌다(Lanning & Blackburn, 1979, p. 107). 흔히들 대외봉사활동에 많이 참여하는 교수들은 밖으로만 나돌고, 대학 내에서 교수로서 수행하여야 하는 가장 본질적 책무인 교육과 연구활동에는 소홀히 하는 경우가 많다고 생각한다. 그러나 이러한 생각과 판단은 부분적으로는 맞는 경우도 있겠지만, 그릇된 것임이 입증되고 있다. 이를테면 Marver와 Patton의 연구(1976)에서 보면, 전문봉사활동에 참여하는 많은 교수들은 그렇지 않은 교수들과 적어도 똑같은 양의 수업을, 적어도 똑같은 질적 수준 이상으로 해내는 것으로 나타나 있다. 뿐만 아니라 그러한 전문봉사활동에 적극 참여하는 교수들은 그렇지 않은 교수들보다 학과나 대학행정일에 오히려 더 영향력 있게 참여하고 있으며, 연구업적을 더 많이 내는 것으로 밝혀졌다. 그리고 그러한 교수들은 자신의 전공분야에서 형성되는 학술적 공동체나 그 물망 형성에도 깊이 관여하고 있는 것으로 나타났다.

이러한 여러 연구들을 종합해 보면, 대외봉사활동에 많이 참여하는 교수들은 결코 그들의 다른 책무, 즉 가르치고 연구하는 일과 학교행정일을 소홀히 하지 않고 있다고 볼 수 있다. 가르치고 연구하는 일을 희생시켜서, 덜 가르치고, 덜 연구해서 얻는 시간을 이용하여 대외봉사활동에 참여하는 것이 아니다. 그들은 대외봉사활동에 참여하지 않는, 또는 그러한 참여를 요구받지 못하는 교수들보다 한마디로 더 능력이 있고 더 부지런한 교수들이며, 그들은 그들이 수행하여야 하는 기본책무를 희생시키기보다는 오히려 그들의 여가와 가정생활시간을 줄여서 대외봉사활동에 종사하는 것이다.

우리나라의 경우에도, 직접 조사는 해보지 않았지만 교수들 사이에서 오고가는 이야기들 가운데, 어떤 교수들은 매주 하루 정도, 예컨대 금요일에는 꼭 골프를 치러 나간다는 둥, 어떤 교수들은 매주 하루 정도는 꼭 산에 오른다는 둥, 교수를 힐난하는 이야기가 있다. 그들이 가르치고 연구하는 일에 최선을 다하면서, 일주일에 한 번쯤 머리를 식히고, 건강을 유지하기 위해 그러한 운동을 한다고 했을 때, 교수들이 주중 하루쯤 골프 치러 나가는 것이 무슨 문제가 될 수는 없다. 힐난을 받는 까닭은 그들이 가르치는 일을 소홀히 하거나, 연구업적이 전혀 없는 경우가 있기 때문일 것이다.

대외봉사활동도 그렇다. 가르치는 일을 소홀히 하고 연구업적을 내지 못하면서 오로지 자신의 수입을 늘리는 데 눈이 어두워, 학교보다는 그저 밖으로만 나돈다면, 힐난을 받을 수밖에 없을 것이다. 이러한 점들을 생각할 때, 미국에서 대외봉사활동에 적극적인 대학교수들은 가르치고 연구하는 일에 있어서도 그렇지 않은 교수들 이상으로 업적을 내고 성실한 교수들이라고 평가한 연구결과는 우리에게 시사하는 바가 매우 크다고 하겠다. 그렇다면, 세계 각국의 대학교수들은 실제로 어느 정도나 대외봉사활동에 종사하고 있는가? 이 연구에서 설문된 몇 가지 조사결과를 통해 이 문제를 논의해 보기로 하겠다.

우선, 첫째로 교수들은 어떤 기관을 대상으로 대외봉사활동을 수행하는가? 〈표 6-1〉에서 알 수 있듯이, 가장 많은 교수들이 봉사활동을 하는 곳은 교육기관이다. 설문에 응한 국가 모두에서 그러한 현상은 공통적이었다. 교육기관 다음으로는 기업체, 지방행정기관, 그리고 중앙정부기관의 순으로 나타났다. 특기할 점은 다른 국가의 교수

〈표 6-1〉 각국 대학교수의 대외봉사활동 기관별 분포　　(%) (복수응답)

국가 \ 기관	전체	기업체	교육기관	지방행정기관	중앙정부기관	사립사회봉사단체	외국정부기관	그 외의 국제단체	기타
호　　주	100.0	48.0	66.9	16.8	26.0	15.9	8.1	14.4	16.8
브 라 질	100.0	30.9	47.3	44.1	28.6	8.6	5.4	5.3	13.6
칠　　레	100.0	37.4	68.8	27.7	14.7	10.6	8.9	10.9	18.7
홍　콩	100.0	36.7	55.4	5.0	39.4	19.2	5.0	19.9	12.3
이스라엘	100.0	23.9	59.1	16.7	36.0	11.0	5.5	16.4	9.2
일　　본	100.0	34.8	42.2	42.0	23.7	25.2	3.3	5.0	7.1
한　　국	100.0	28.0	43.1	25.4	24.0	30.1	1.4	6.0	12.4
멕 시 코	100.0	31.6	58.1	23.9	19.7	7.8	2.3	4.5	14.8
네덜란드	100.0	49.5	52.4	23.5	36.9	0.0	0.0	0.0	0.0
러 시 아	100.0	57.1	63.2	13.1	12.8	2.1	3.0	6.7	10.3
스 웨 덴	100.0	42.2	60.3	32.6	38.8	9.7	14.2	23.6	10.9
영　　국	100.0	40.5	71.5	16.5	19.7	21.8	9.3	13.4	0.0
미　　국	100.0	37.6	62.6	21.8	18.1	30.1	5.0	10.2	18.8

(독일 ; 자료 누락)

와는 달리, 일본·한국·영국·미국의 대학교수들 가운데는 상당수의 교수들이 사립사회봉사단체를 대상으로 봉사활동을 하고 있다는 점이다. 그리고 스웨덴 교수들 가운데는 약 24%가 국제단체를 대상으로 봉사활동을 하고 있다는 점이다.

이 설문은 해당되는 곳에 모두 표한 것이기 때문에, 응답자 가운데는 두 군데 이상의 기관에서 봉사활동을 수행하는 교수들도 많이 포함되었을 것이다. 또한 이러한 대외봉사활동은 물론 교수들이 자원하여 이루어지는 경우도 있겠으나, 해당기관에서 교수들에게 요청함으로써 이루어지는 경우가 많다. 이러한 점을 고려하면, 그리고 앞서 미국에서의 조사결과에서도 밝혀졌듯이 대외봉사활동에 종사하는 교수들이 유능한 교수라는 점을 함께 고려하면, 교수들 중 상당수는 동시에 여러 유형의 기관으로부터 봉사활동을 요구받을 수도 있을 것이다. 미국 대학교수들의 봉사활동에 관한 Marver와 Patton의 연구

(1979)에서 보면, 가장 위신 있는 기관들(예컨대, 연방정부나 국립 재단 등)은 역시 명성 있는 연구중심대학의 교수들에게 자문이나 상담을 요청하고 있다고 한다. 이 역시 실증적 자료는 나타나 있지 않지만, 다른 나라 대학교수들의 경우에서도 비슷한 양상을 띠고 있을 것으로 추측된다.

둘째로, 대학교수들은 그들이 수행하는 대외봉사활동에서 얼마만큼이나 경제적 보상을 받고 있는가? 봉사활동시간 중 몇 퍼센트나 경제적으로 보상받고 있는가를 알아본 결과, 〈표 6-2〉처럼 나타났다.

14개국 교수들 중, 수행하는 대외봉사활동 중 시간상으로 금전적 보상을 받는 비율이 높은 경우는 브라질과 독일의 대학교수들로서, 각각 대외봉사활동시간 중 50% 이상을 보상받고 있는 것으로 나타났다. 한국 대학교수들의 경우에는 대외봉사활동시간 중 평균 32%가 금전적인 보상을 받은 것으로 보고되었다. 보상을 제일 적게 받는 경우는 호주와 홍콩의 대학교수들인 것으로 나타났다. 홍콩 대학교수들은 전체 시간 중 불과 19.2% 정도만 금전적인 보상을 받는 것으로 반응하였다.

셋째로, 교수들 가운데 소속대학 이외의 다른 기관(조직)에서 정액

〈표 6-2〉 각국 대학교수의 전체 봉사활동시간 중 금전적 보상을 받은
　　　　　시간의 평균비중　　　　　　　　　　　　　　　　　　　(%)

국　　　가	비　　중	국　　　가	비　　중
호　　　　주	21.1	한　　　　국	32.0
브　라　질	53.5	멕　시　코	38.3
칠　　　레	26.8	네　덜　란　드	33.5
독　　　일	50.4	러　시　아	24.3
홍　　　콩	19.2	스　웨　덴	33.4
이　스　라　엘	21.5	영　　　국	31.5
일　　　본	42.0	미　　　국	20.6

<표 6-3> 각국 대학교수의 소속대학 밖에서의 겸직 형태별 분포　　(%)

국　가	구　분	전체	전임으로 겸직	시간제로 겸직	겸직 없음
호　주	학술적인 직책	100.0	0.2	3.5	93.3
	비학술적인 직책	100.0	0.2	8.8	91.0
브 라 질	학술적인 직책	100.0	23.8	2.2	74.0
	비학술적인 직책	100.0	32.9	13.6	53.5
칠　레	학술적인 직책	100.0	4.8	31.4	63.9
	비학술적인 직책	100.0	4.5	28.5	67.0
독　일	학술적인 직책	100.0	1.0	12.3	86.7
	비학술적인 직책	100.0	0.8	11.2	88.0
홍　콩	학술적인 직책	100.0	0.4	10.7	88.9
	비학술적인 직책	100.0	0.2	5.2	94.6
이스라엘	학술적인 직책	100.0	3.7	33.2	63.1
	비학술적인 직책	100.0	4.8	15.7	79.5
일　본	학술적인 직책	100.0	1.0	35.2	63.8
	비학술적인 직책	100.0	1.7	16.6	81.7
한　국	학술적인 직책	100.0	5.3	6.0	88.7
	비학술적인 직책	100.0	4.3	3.4	92.3
멕 시 코	학술적인 직책	100.0	5.0	22.3	72.7
	비학술적인 직책	100.0	14.9	25.5	59.5
네덜란드	학술적인 직책	100.0	6.4	0.7	92.9
	비학술적인 직책	100.0	11.2	1.3	87.5
스 웨 덴	학술적인 직책	100.0	1.8	15.0	83.3
	비학술적인 직책	100.0	2.1	20.2	77.7
영　국	학술적인 직책	100.0	0.3	8.4	91.3
	비학술적인 직책	100.0	0.8	6.3	92.9
미　국	학술적인 직책	100.0	1.7	8.3	90.0
	비학술적인 직책	100.0	3.2	16.3	80.5

(러시아 ; 자료 누락)

수당을 받고 겸직하고 있는 직책이 있는가를 분석하였다. <표 6-3>을
보면, 호주와 영국의 경우에는 소속대학 외에 어떤 다른 기관에 전임

으로든 시간제로든 겸직을 갖고 있는 교수들의 수가 10% 미만이었
다. 반면에, 브라질·칠레·이스라엘·일본·멕시코·스웨덴 등의 국
가에서는 많은 수의 교수들이 소속대학 이외에 겸직을 갖고 있었다.
이 가운데서, 브라질 대학교수들은 전임으로 겸직을 갖고 있는 수가
학술적인 직책의 경우에는 23.8%, 비학술적인 직책의 경우에는 32.9
%나 되었다. 멕시코와 네덜란드의 경우에는 비학술적인 직책을 전임
으로 겸직하고 있는 교수들이 각각 14.9%, 11.2%에 달하였다. 그
외의 칠레·이스라엘·일본·스웨덴의 경우, 겸직을 갖고 있는 교수
들은 대체로 시간제 겸직이었다. 한국 대학교수들의 경우, 겸직을 갖
고 있는 교수들의 비율은 다른 국가들에 비해 대체로 낮은 편에 속하
였다. 또 그 유형도 전임제와 시간제, 학술적인 직책과 비학술적인
직책에 골고루 분포되어 있었다. 한국 대학교수들은 학술적인 직책의
경우에는 약 11%가, 비학술적인 직책의 경우에는 약 8%가 소속대학
이외에 정액수당을 받는 겸직을 갖고 있는 것으로 집계되었다.

끝으로 넷째, 각국의 대학교수들은 대외봉사활동에 대하여 어떻게
생각하고 있는가를 알아보았다. 〈표 6-4〉에서 보면, 우선 자신의 학
문분야에서 교수들은 사회문제 해결에 자신의 지식을 적용해야 하는
전문적인 책무를 느끼고 있다는 데에 대해서는 14개국 모두 대다수의
교수들이 동의하고 있었다. 특히 그러한 동의는 독일·호주·홍콩·
네덜란드와 같은 국가의 교수들에게서 강하게 나타났다. 다음으로,
자신에게 있어서, 소속대학 밖에서의 봉사활동은 자신의 필수적인 학
술과업을 방해한다는 데에 대해서는 많은 교수들이 아니라고 응답하
였다. 그러나 경제적 관점에서 볼 때, 자신에게 있어 돈을 받는 자문
봉사활동은 필요하다는 데에 대하여 많은 수의 교수들이 그렇다고 응
답한 경우는 러시아(76.1%), 멕시코(54.7%), 한국(42.8%)이었다.
브라질과 칠레의 경우도 각각 35% 내외의 교수들이 그러한 경제적
필요에 동의를 하고 있었다. 그러나 그 외 9개국 대학교수들 중 다수

<표 6-4> 각국 대학교수의 봉사활동 성격에 대한 긍·부정별 분포   (%)

국 가	구 분	예	아니오	해당없음	전체
호 주	(1) 사회문제해결을 위한 전문적 책무	79.3	13.2	7.5	100.0
	(2) 학술과업 방해	15.6	74.2	10.2	100.0
	(3) 경제적 필요	20.4	64.9	14.7	100.0
	(4) 교수평가에 반영	41.2	48.8	10.0	100.0
브 라 질	(1) 사회문제해결을 위한 전문적 책무	70.4	19.5	10.1	100.0
	(2) 학술과업 방해	13.5	77.3	9.2	100.0
	(3) 경제적 필요	35.8	31.9	32.3	100.0
	(4) 교수평가에 반영	36.8	43.6	19.6	100.0
칠 레	(1) 사회문제해결을 위한 전문적 책무	57.9	20.8	21.3	100.0
	(2) 학술과업 방해	25.7	55.0	19.2	100.0
	(3) 경제적 필요	34.3	23.5	42.2	100.0
	(4) 교수평가에 반영	30.6	44.9	24.6	100.0
독 일	(1) 사회문제해결을 위한 전문적 책무	80.5	5.7	13.8	100.0
	(2) 학술과업 방해	13.5	60.1	26.4	100.0
	(3) 경제적 필요	11.8	61.4	26.8	100.0
	(4) 교수평가에 반영	—	—	—	—
홍 콩	(1) 사회문제해결을 위한 전문적 책무	77.1	14.3	8.6	100.0
	(2) 학술과업 방해	18.4	70.7	10.9	100.0
	(3) 경제적 필요	11.0	71.4	17.6	100.0
	(4) 교수평가에 반영	32.0	50.6	17.3	100.0
이스라엘	(1) 사회문제해결을 위한 전문적 책무	64.3	20.0	15.7	100.0
	(2) 학술과업 방해	20.4	67.5	12.0	100.0
	(3) 경제적 필요	29.2	47.8	22.9	100.0
	(4) 교수평가에 반영	26.8	58.0	15.2	100.0
일 본	(1) 사회문제해결을 위한 전문적 책무	66.3	15.7	18.0	100.0
	(2) 학술과업 방해	16.6	65.5	18.0	100.0
	(3) 경제적 필요	10.3	60.4	29.3	100.0
	(4) 교수평가에 반영	25.6	48.5	25.9	100.0
한 국	(1) 사회문제해결을 위한 전문적 책무	75.9	12.5	11.6	100.0
	(2) 학술과업 방해	13.1	66.2	20.7	100.0
	(3) 경제적 필요	42.8	36.3	20.9	100.0
	(4) 교수평가에 반영	14.4	56.8	28.8	100.0

(계속)

국 가	구 분	예	아니오	해당없음	전체
멕 시 코	(1) 사회문제해결을 위한 전문적 책무	75.9	12.5	11.6	100.0
	(2) 학술과업 방해	15.6	68.9	15.6	100.0
	(3) 경제적 필요	54.7	26.8	18.5	100.0
	(4) 교수평가에 반영	42.4	36.0	21.6	100.0
네덜란드	(1) 사회문제해결을 위한 전문적 책무	79.8	12.1	8.1	100.0
	(2) 학술과업 방해	9.4	71.1	19.4	100.0
	(3) 경제적 필요	13.2	71.9	15.0	100.0
	(4) 교수평가에 반영	—	—	—	—
러 시 아	(1) 사회문제해결을 위한 전문적 책무	59.2	37.5	3.4	100.0
	(2) 학술과업 방해	24.0	69.5	6.5	100.0
	(3) 경제적 필요	76.1	17.7	6.3	100.0
	(4) 교수평가에 반영	23.4	69.9	6.8	100.0
스 웨 덴	(1) 사회문제해결을 위한 전문적 책무	57.6	27.3	15.1	100.0
	(2) 학술과업 방해	19.5	64.4	16.1	100.0
	(3) 경제적 필요	19.9	64.3	15.8	100.0
	(4) 교수평가에 반영	31.1	51.3	17.6	100.0
영 국	(1) 사회문제해결을 위한 전문적 책무	68.9	18.5	12.5	100.0
	(2) 학술과업 방해	14.4	73.5	12.1	100.0
	(3) 경제적 필요	20.8	56.1	23.1	100.0
	(4) 교수평가에 반영	—	—	—	—
미 국	(1) 사회문제해결을 위한 전문적 책무	75.7	16.2	8.1	100.0
	(2) 학술과업 방해	16.7	74.2	9.1	100.0
	(3) 경제적 필요	22.5	60.0	17.5	100.0
	(4) 교수평가에 반영	50.6	41.8	7.7	100.0

(1) 나의 학문분야에서 교수들은 사회문제 해결에 자신의 지식을 적용해야 하는 전문적인 책무를 느끼고 있다.
(2) 소속대학 밖에서의 봉사활동은 나의 필수적인 학술과업을 방해한다.
(3) 경제적 관점에서 볼 때, 내게 있어 돈을 받는 자문봉사활동은 필요하다.
(4) 우리 대학에서는 전문적인 봉사활동이 교수평가에 있어서 중요하다.

(독일·네덜란드·영국 ; 일부자료 누락)

는 경제적 필요에 따른 대외자문봉사활동을 부인하였다. 자신의 소속 대학에서는 전문적인 봉사활동이 교육평가에 있어서 중요하다는 데에 대해서는 많은 나라의 경우 긍정과 부정이 비슷하게 나타났다. 이를 테면 호주의 경우 48.8%는 중요하지 않다고 응답하였으나 41.2%는 중요하다고 응답하였다. 멕시코의 경우는 중요하다는 교수가 42.4%, 중요하지 않다는 교수가 36.0%였다. 미국 대학교수들 가운데는 중요하다는 교수가 50.6%, 중요하지 않다는 교수가 41.8%였다. 그럼에도 멕시코와 미국의 경우를 제외하고는 대부분의 국가에서 중요하지 않다고 반응한 교수의 수가 중요하다고 반응한 교수의 수보다 많았다. 여기서 특기할 점은 한국 대학교수들의 반응인데, 한국 대학교수들 중 56.8%는 중요하지 않다고, 14.4%는 중요하다고 반응하여 전문적인 봉사활동이 교수평가에서 중요하게 반영되는 비율은 14개국 중 한국 대학의 경우가 가장 낮은 것으로 나타났다.

2. 교내행정활동에의 참여

1) 내적 행정관리체제에 대한 인식

교수들의 제4의 책무인 대학 내 행정활동에의 참여는 우선 교수가 소속대학의 행정관리체제를 어떻게 인식하고 있느냐에 따라 크게 다르다고 할 수 있다. 왜냐하면, 그러한 행정관리체제는 곧바로 교수들의 다양한 책무수행에 여러 가지 수준에서 영향을 미치기 때문이다.

대학의 내적 행정관리체제(internal governance)는 중앙집권형, 분권형, 그리고 혼합형으로 구분될 수 있다. 이를 일직선 상에 하나의 그림으로 표시하면, 〈그림 6-1〉과 같이 나타낼 수 있을 것이다. 중앙집권형은 대학 내의 여러 가지 학사에 대한 의사결정이 최고행정가의

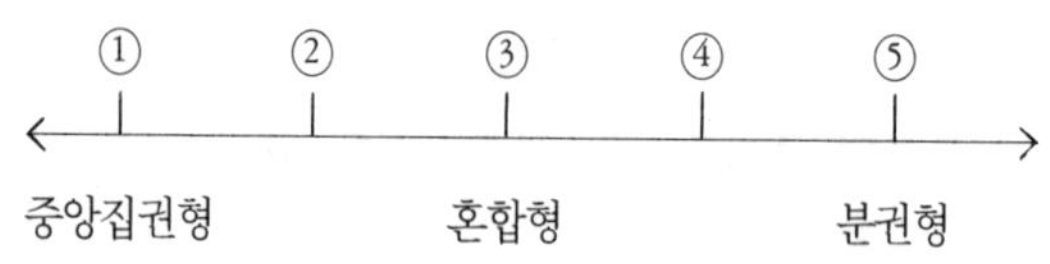

〈그림 6-1〉 대학의 내적 행정관리체제 유형

204

주도 아래 이루어지는 유형의 내적 행정관리체제이다. 대체로 이러한 중앙집권형 대학에서는 학교의 모든 학사정책의 계획과 집행, 그리고 평가에 이르는 전체 과정이 최고행정책임자인 총장과 그를 보좌하는 일단의 본부 행정부서장들에 의하여 배타적으로 또는 독점적으로 주도되고 있다. 이에 비하여, 분권형은 학사에 대한 많은 결정권이 가능한 한 교수 개개인에게 또는 일단의 교수들이나 학과 및 단과대학으로 위양되는 특성을 나타낸다. 분권형에서는 대학을 구성하고 있는 다양한 집단의 자율적인 의사결정이 최대한 존중된다. 즉, 각 부서나 단위기관의 자율적인 정책수립과 집행이 존중된다. 중앙집권형과 분권형의 두 가지 유형을 양극으로 할 때 그 사이에는 혼합형이 있을 수 있다. 이는 부분적으로 또는 경우에 따라서는 중앙집권적인 의사결정의 집행이 이루어지지만, 다른 부분이나 경우에 따라서는 분권적인 의사결정과 집행이 이루어지는 형태의 내적 행정관리체제를 의미한다. 즉, 전체적으로 볼 때, 중앙집권형과 분권형의 중간쯤되는 형태의 내적 행정관리체제라고 하겠다. 그렇다면 세계 각국 대학교수들은 소속대학의 내적 행정관리체제를 어떻게 지각하고 있는가?

〈표 6-5〉는 위에서 언급한 세 가지 유형의 내적 행정관리체제를 〈그림 6-1〉에서처럼 일직선상에 놓고 상대적인 평정척으로 알아본 결과이다.

우선 주요 행정보직자의 선정에 있어서는 일본과 브라질의 경우를 제외한 나머지 12개국 모든 대학에서 중앙집권적으로 이루어지는 경향을 보였다. 특히, 그러한 중앙집권적 성향은 멕시코·홍콩·영국 등에서 강하게 나타났다. 일본의 경우에는 44%의 교수들이 자신의 대학에서는 분권적으로 이루어지고 있다고 하였고, 43%의 교수들은 중앙집권적으로 이루어지고 있다고 반응하였다. 브라질의 경우도 비슷하여 35%의 교수들은 분권적이라고, 33%의 교수들은 중앙집권적이라고 반응하였다. 한편 신임교수의 채용에 있어서는 멕시코와 러시아 대학교수의 경우를 제외한 나머지 12개국에서 자기네 대학에서는 분권적으로 이루어지고 있다고 반응하였다.

그러나 교수승진 및 정년보장 심사에 관해서는 국가간의 반응차이가 심하였다. 멕시코·칠레·홍콩·한국·러시아·영국의 대학교수들 가운데는 자기네 대학에서는 중앙집권적으로 이루어지고 있다고 생각하는 교수들이 많았고, 반면 네덜란드·독일·이스라엘·일본·스웨덴·미국의 대학교수들 가운데는 분권적으로 이루어지고 있다고 반응한 교수들이 많았다. 그런가 하면, 예산 우선순위결정에 대해서는 설

〈표 6-5〉 각국 대학교수의 대학 내적 행정관리체제 유형별 분포　　　(%)

국　가	구　분	중앙집권적←혼합형→분권적					모르겠음	전체
		1	2	3	4	5		
브라질	주요 행정보직자의 선정	24.7	8.6	27.0	9.9	25.1	4.7	100.0
	신임교수의 채용	14.8	9.8	22.7	12.0	36.5	4.3	100.0
	교수승진 및 정년보장심사	—	—	—	—	—	—	—
	예산 우선순위 결정	63.4	14.0	10.6	1.9	2.3	7.8	100.0
	교수의 수업부담 결정	12.8	7.8	23.4	15.8	37.1	3.2	100.0
	학부생 입학수준 결정	44.0	10.0	16.8	5.7	8.4	15.1	100.0
	학과 또는 프로그램의 신설승인	44.1	11.7	16.9	3.7	5.3	18.2	100.0
칠레	주요 행정보직자의 선정	64.3	9.8	10.8	4.0	6.3	4.8	100.0
	신임교수의 채용	19.1	11.6	26.5	17.4	21.3	4.0	100.0
	교수승진 및 정년보장심사	30.3	19.1	24.6	11.3	11.2	3.6	100.0
	예산 우선순위 결정	62.0	18.5	9.0	3.2	1.7	5.4	100.0
	교수의 수업부담 결정	17.5	11.3	22.7	20.5	24.7	3.2	100.0
	학부생 입학수준 결정	35.6	17.7	20.3	10.2	7.7	8.6	100.0
	학과 또는 프로그램의 신설승인	23.2	14.1	29.2	15.2	14.5	3.9	100.0
독일	주요 행정보직자의 선정	45.8	9.6	4.2	3.7	7.3	29.5	100.0
	신임교수의 채용	7.8	4.6	7.8	14.8	56.3	8.7	100.0
	교수승진 및 정년보장심사	13.2	8.1	14.1	17.2	31.2	16.2	100.0
	예산 우선순위 결정	31.1	16.9	14.9	6.8	11.9	18.5	100.0
	교수의 수업부담 결정	34.1	12.5	9.9	8.8	17.9	16.8	100.0
	학부생 입학수준 결정	—	—	—	—	—	—	—
	학과 또는 프로그램의 신설승인	14.7	8.8	13.9	11.1	20.2	31.3	100.0

(계속)

국 가	구 분	중앙집권적←혼합형→분권적					모르겠음	전체
		1	2	3	4	5		
홍 콩	주요 행정보직자의 선정	72.2	8.3	3.1	2.0	2.2	12.3	100.0
	신임교수의 채용	21.0	16.2	16.2	19.7	22.1	5.0	100.0
	교수승진 및 정년보장심사	27.5	20.1	16.4	15.5	11.8	8.7	100.0
	예산 우선순위 결정	40.5	19.7	13.1	7.4	7.2	12.0	100.0
	교수의 수업부담 결정	17.0	14.4	15.3	14.6	32.1	6.6	100.0
	학부생 입학수준 결정	19.7	13.9	20.4	15.9	20.4	9.7	100.0
	학과 또는 프로그램의 신설승인	31.0	20.2	20.7	9.2	10.8	8.1	100.0
이스라엘	주요 행정보직자의 선정	49.7	14.9	8.4	4.1	5.6	17.3	100.0
	신임교수의 채용	13.8	10.6	7.8	17.5	44.2	6.3	100.0
	교수승진 및 정년보장심사	12.3	11.8	9.5	17.0	42.4	7.1	100.0
	예산 우선순위 결정	32.6	23.8	18.8	6.5	4.1	14.3	100.0
	교수의 수업부담 결정	17.7	16.6	21.6	11.1	19.9	13.1	100.0
	학부생 입학수준 결정	10.6	11.9	17.9	17.5	29.8	12.3	100.0
	학과 또는 프로그램의 신설승인	6.3	9.1	14.9	20.1	41.8	7.8	100.0
일 본	주요 행정보직자의 선정	35.4	7.3	8.4	8.3	35.6	5.0	100.0
	신임교수의 채용	16.0	13.0	15.5	11.2	38.7	5.6	100.0
	교수승진 및 정년보장심사	18.4	15.3	15.4	10.2	32.7	8.2	100.0
	예산 우선순위 결정	40.1	17.7	14.4	6.8	13.9	7.2	100.0
	교수의 수업부담 결정	14.2	12.2	22.9	12.7	31.5	6.5	100.0
	학부생 입학수준 결정	20.5	13.9	16.5	10.7	30.5	7.9	100.0
	학과 또는 프로그램의 신설승인	18.7	15.0	19.3	10.6	28.2	8.2	100.0
한 국	주요 행정보직자의 선정	50.8	23.6	15.7	4.6	3.1	2.1	100.0
	신임교수의 채용	11.8	13.7	27.8	21.8	23.6	1.4	100.0
	교수승진 및 정년보장심사	14.8	21.7	36.6	15.2	8.8	2.9	100.0
	예산 우선순위 결정	44.9	29.0	16.3	3.7	1.5	4.6	100.0
	교수의 수업부담 결정	5.9	13.4	26.4	24.0	28.5	1.9	100.0
	학부생 입학수준 결정	23.6	16.9	27.4	8.2	8.7	15.3	100.0
	학과 또는 프로그램의 신설승인	27.2	26.4	23.5	10.9	7.9	4.1	100.0
멕 시 코	주요 행정보직자의 선정	73.2	10.6	9.1	1.8	2.2	3.0	100.0
	신임교수의 채용	22.1	16.6	26.1	15.9	17.1	2.2	100.0
	교수승진 및 정년보장심사	33.5	18.9	24.9	9.8	9.3	3.6	100.0
	예산 우선순위 결정	68.0	14.3	8.9	2.3	2.1	4.3	100.0
	교수의 수업부담 결정	24.0	15.9	27.6	13.3	15.9	3.2	100.0
	학부생 입학수준 결정	46.1	14.6	18.4	7.3	7.5	6.0	100.0
	학과 또는 프로그램의 신설승인	30.1	13.6	27.2	12.7	13.2	3.3	100.0

(계속)

국 가	구 분	중앙집권적←혼합형→분권적					모르겠음	전체
		1	2	3	4	5		
네덜란드	주요 행정보직자의 선정	56.6	7.8	1.4	1.5	1.6	31.0	100.0
	신임교수의 채용	3.2	4.5	6.3	20.1	59.2	6.7	100.0
	교수승진 및 정년보장심사	6.1	7.8	12.7	22.7	40.1	10.7	100.0
	예산 우선순위 결정	16.6	15.4	19.1	13.4	16.2	19.4	100.0
	교수의 수업부담 결정	3.0	3.2	6.3	15.8	58.6	13.1	100.0
	학부생 입학수준 결정	—	—	—	—	—	—	—
	학과 또는 프로그램의 신설승인	6.5	10.7	17.5	17.9	31.0	16.4	100.0
러 시 아	주요 행정보직자의 선정	52.7	16.7	17.2	2.0	0.8	10.6	100.0
	신임교수의 채용	18.0	16.3	36.3	14.5	8.5	6.3	100.0
	교수승진 및 정년보장심사	21.5	21.7	37.1	8.1	6.8	4.8	100.0
	예산 우선순위 결정	58.9	17.5	9.3	1.0	1.5	11.8	100.0
	교수의 수업부담 결정	40.8	22.9	21.2	7.6	3.5	4.0	100.0
	학부생 입학수준 결정	51.5	19.9	15.4	3.0	3.5	6.6	100.0
	학과 또는 프로그램의 신설승인	30.0	19.3	29.0	8.7	7.1	5.9	100.0
스 웨 덴	주요 행정보직자의 선정	40.9	16.9	9.8	7.5	9.8	15.2	100.0
	신임교수의 채용	15.4	12.8	14.5	16.3	21.4	19.6	100.0
	교수승진 및 정년보장심사	13.6	16.3	20.0	19.2	17.7	13.3	100.0
	예산 우선순위 결정	16.6	19.9	23.3	16.7	12.2	11.3	100.0
	교수의 수업부담 결정	15.2	17.6	19.7	18.1	18.1	11.3	100.0
	학부생 입학수준 결정	26.7	14.5	15.0	16.3	14.3	13.1	100.0
	학과 또는 프로그램의 신설승인	15.3	15.9	21.8	19.8	14.7	12.5	100.0
영 국	주요 행정보직자의 선정	79.7	5.3	1.4	1.0	1.6	10.9	100.0
	신임교수의 채용	14.8	13.2	21.0	22.1	24.6	4.4	100.0
	교수승진 및 정년보장심사	38.9	27.4	15.0	6.1	4.3	8.3	100.0
	예산 우선순위 결정	54.7	17.7	10.3	5.8	4.7	6.8	100.0
	교수의 수업부담 결정	14.4	12.8	14.8	17.8	34.0	6.3	100.0
	학부생 입학수준 결정	18.3	13.8	14.9	16.1	27.5	9.5	100.0
	학과 또는 프로그램의 신설승인	29.2	21.2	23.7	10.6	7.3	7.9	100.0
미 국	주요 행정보직자의 선정	52.1	22.7	11.6	3.9	1.1	8.5	100.0
	신임교수의 채용	6.6	9.9	20.7	29.2	29.9	3.7	100.0
	교수승진 및 정년보장심사	11.6	18.1	32.0	22.6	10.8	5.0	100.0
	예산 우선순위 결정	57.1	25.4	7.5	2.4	1.4	6.3	100.0
	교수의 수업부담 결정	25.5	24.5	22.5	14.1	6.9	6.4	100.0
	학부생 입학수준 결정	33.7	21.2	17.7	8.9	4.2	14.4	100.0
	학과 또는 프로그램의 신설승인	23.0	21.7	26.7	14.5	6.7	7.5	100.0

(호주 ; 자료 누락, 브라질·독일·네덜란드 ; 일부자료 누락)

문에 응한 국가 모두에서 다수의 교수들이 중앙집권적으로 결정되고
있다고 보고 있었다. 교수의 수업부담 결정에 관한 각국 교수들의 반
응을 보면 러시아·미국·독일·이스라엘·멕시코의 대학교수들 가운
데는 수업부담 결정이 중앙집권적으로 이루어지고 있다고 보는 쪽이
많았으며, 반대로 영국·네덜란드·한국·브라질·일본·칠레·홍콩·
스웨덴에서는 분권적으로 이루어지고 있다고 보는 쪽이 많았다. 학생
들의 입학수준이 분권적이기보다는 중앙집권적으로 결정되고 있다고
보는 교수들이 많았던 국가는 러시아·미국·멕시코·브라질·칠레·
한국·스웨덴이었다. 반대로, 분권적으로 결정되고 있다고 보는 쪽이
많았던 나라는 영국·홍콩·이스라엘·일본이었다. 끝으로, 학과 또
는 프로그램의 신설승인이 분권적으로 이루어지고 있다고 지각하는
교수들이 많았던 국가는 이스라엘·네덜란드·독일·일본·스웨덴이
었다.

러시아와 멕시코는 위에 적은 7개 항목 모두에서 의사결정이 중앙
집권적으로 이루어지고 있다고 보는 교수들이 많았다. 일본의 경우에
는, 예산 우선순위 결정만 중앙집권적으로 결정되고, 나머지는 모두
분권적으로 이루어지고 있다. 한국과 칠레 대학의 경우에는 신임교수
채용과 교수의 수업부담 결정만은 대체로 분권적으로 이루어지고 있
지만 나머지, 즉 주요 행정보직자의 선정, 교수승진 및 정년보장 심
사, 예산 우선순위, 학부생 입학수준, 학과 또는 프로그램의 신설승
인 등은 모두 중앙집권적으로 이루어지고 있다고 반응하여 일본 대학
의 경우와 큰 대조를 이루고 있다. 홍콩 대학과 영국 대학의 경우에
는 신임교수 채용, 교수의 수업부담, 입학수준은 분권적으로 이루어
지고 있다고 보는 쪽이 많았고, 주요 행정보직자의 선정, 교수의 승
진 및 정년보장 심사, 예산 우선순위, 학과 또는 프로그램의 신설승
인은 중앙집권적으로 결정되고 있다고 보는 쪽이 많았다. 대학 행정
관리체제에서 분권적 성향이 비교적 강하게 나타난 나라는 앞서 설명

한 일본 이외에, 이스라엘·네덜란드·독일·스웨덴이었다. 미국 대학의 경우에는 신임교수 채용과, 교수승진 및 정년보장 심사 이외에는 많은 내용이 중앙집권적으로 결정되고 있었다.

2) 행정관리 참여태도

D. Curtis는 대학행정에 있어서 교수의 영향력 행사를 〈그림 6-2〉와 같이 행동적인 일직선 상에서 4개의 유형으로 구분한 바 있다(Curtis, 1972).

즉, 첫째는 불참(inactive)자들이다. Curtis는 이러한 교수들이 미국 대학교수 중 약 50%에 달하는 것으로 보고하고 있다. 이들은 기본적으로 대학행정에 관심이 없다. 학교 내에서 무엇이 어떻게 돌아가든, 그것이 자신에게 직접적인 손해를 가져오지 않는 한, 대학행정에 큰 관심을 기울이지 않는다. 이들은 가르치는 일이나 연구하는 일에 몰두하면서, 자신을 순수한 학술연구자, 아니면 순수한 교수로서 인식하고, 또 타인들로부터도 그렇게 인식받기를 선호한다. 대학행정보직에도 관심을 쏟지 않는다. 극단적으로 이들은 대학행정보직을 맡지 않으려 한다. 모두가 반드시 그런 것은 아니지만, 이들은 그 대학조직에서 심리적으로 이탈(psychic dropout)한 교수들일 수도 있다. 그 대학, 그 학과에 소속되어 있지만 소속감이나 일체감은 별로 느끼지 못하거나, 그런 것 따위는 무시하고 그저 그 대학, 그 학과에 적만 두고 혼자서 자신에게 부과된 최소한의 책무만 수행하며, 그 외에는

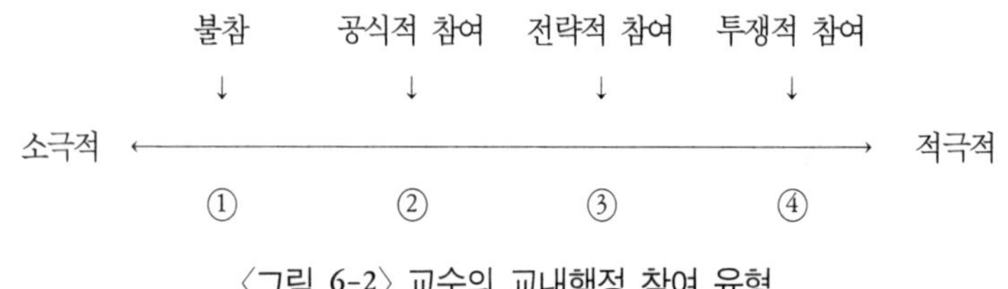

〈그림 6-2〉 교수의 교내행정 참여 유형

모든 것을 자신의 개인적인 목적과 이익을 지향하는 사람들일 수도 있다. 타인에게 피해만 주지 않으면 되지 않겠느냐는 생각에서, 조직체 내에서 자기에게 할당된 최소한의 책임은 수행하면서도 자기 몫을 손해보려 하지는 않는다. 「대학은 대학이고 나는 나다」라는 식의 극도로 이기주의적인 사고가 이들의 행동원칙일 수도 있다.

학교행정에 관심이 없는 교수들의 또다른 부류는 오로지 학구적인 교수들일 수도 있다. 교수는 학교행정과 같은 관료적인 직책에 관심을 두어서는 안된다는 믿음에서, 오로지 학술적 연구와 학생을 가르치는 일에만 진력할 뿐, 학교행정에는 관심을 두지 않는 교수들이다. 「대학행정은 행정가들이 잘 해낼 것이다」라는 믿음에서 학교행정에 대해서 심리적으로는 기꺼이 지원하지만, 행동으로 참여하지는 않는다. 행정보직에 관심 없기는 위에서 언급한 사람들과 마찬가지이지만, 이들은 학교 돌아가는 일에는 관심을 갖는다. 즉, 행동적으로는 불참하지만 심리적으로는 학교행정에 참여하는 불참자들이다.

둘째는, 공식적(formalized) 참여자들이다. 공식적 참여는 일반적으로 각종 위원회의 위원직을 맡거나, 실·처장, 학장, 학과장 등 공식적 보직을 통하여 학교행정에 참여하는 등의 방법으로 이루어진다. 여기에도 두 부류가 있다. 하나는 그야말로 공식적인 참여를 '형식적'으로 하는 교수들이고, 다른 하나는 그러한 공식적 참여를 보다 적극적으로 수행함으로써 학교행정에 의미 있는 기여를 하는 교수들이다.

어떤 행정적 직책을 맡든 간에, 이러한 일에 형식적으로, 소극적으로 참여하는 교수들은 우선 그 직책을 맡은 것에 대하여 기꺼운 마음을 갖지 않고 있다. 예컨대, 학장을 시켰으니까, 학장으로 뽑아주었으니까 임기 동안 별 사고 없이 해내겠다는 심산이다. 각종 위원회의 위원으로 뽑힌 사람들도 마찬가지 태도이다. 위원으로 선임되었거나 임명되었으니까, 회의가 있으면 가고 없으면 그만이라는 사고로 행정에 참여한다. 회의를 위해 특별히 준비하고 노력하지 않는다. 학·처장이나 학과장직을 수행하기 위해 특별히 연구하고 노력하지 않는다. 회의가 있으면, 별일 없는 한 참석하는 것이고, 참석해서 생각나는 의견이 있으면 말하고, 없으면 남의 이야기나 듣고, 좋으면 동의를 표하는 그러한 형태의 참여이다. 학장이나 실·처장 등의 행정보직도 그저 전임자들이 하던 방식대로 하루하루 지내면 그만이지, 내가 뭘 크게 개혁하겠다고 힘을 쏟느냐, 임기 끝나면 그만인데 하는 식으로 직무를 수행하는 형식적인 참여자들이 있다.

이에 비하여, 공식적 참여를 통하여 진정으로 대학행정에 기여하는 교수들도 많다. 행정보직뿐만 아니라, 각종 위원회에 위원으로 참여하면서 그러한 공식적 경로를 통해 자신의 생각을 제안함은 물론, 평소에 많은 동료교수들과의 교류 속에서 얻었던 구상들을 실천에 옮겨보려고 노력한다. 이들은 학교행정에의 공식적인 참여 기회를 값진 경험으로 삼고, 또는 봉사의 기회로 삼고, 대학에 대한 새로운 이해를 자신의 성장으로 받아들이면서, 대학발전에 조그만 기여를 할 수 있는 것을 보람으로 여기는 사람들이다.

셋째는, 전략적 (strategic) 참여자들이다. 이들은 대체로 학교행정 참여에의 뚜렷한 목적을 갖고 있다. 어떠한 것을 성취시키려는 강한 의도를 지니고 학교행정에 전략적으로 참여한다. 전략적 참여는 일반적으로 노동조합과 같은 형태의 조직과 기구를 통하여 이루어진다. 전략적 참여에 대한 보다 심도 있는 연구로서 E.C. Ladd와 S.M. Lipset이 수행한 연구결과를 토대로, 몇 가지 특징을 살펴보면 다음과 같다.

우선, 전략적 참여자들은 단체교섭을 강하게 선호한다. 이러한 전략적 참여자들이 많은 대학은 대체로 명성이 떨어지는 대학들이며, 전문적 자율성이 적은 대학들이다. 전략적 참여자들은 연령적으로 젊은 교수들이고, 정년보장임용을 받지 못한 교수들이다. 보상체제가 잘 갖추어져 있지 않거나, 급여수준이 낮은 대학에서 전략적 참여자들이 많이 발견된다. 연구업적이 적은 교수들일수록 학교행정에의 전략적 참여를 시도하는 교수들이 많다. 다음으로 전략적 참여의 성향은 교수들의 정치적 성향과도 관계가 있다. 보수주의적 정치성향보다는 진보주의적이고 개혁주의적인 교수들에게서 전략적 참여자가 많음을 볼 수 있다. 또한, 전략적 참여는 교수와 학교행정진 간의 관계가 어떠한가에 크게 영향받는 것으로 나타나 있다. 교수들이 학교행정에 신뢰를 갖고 있지 못하거나, 자신들의 의견을 개진할 수 있는 통로를 갖지 못하고 있거나, 학교행정에의 참여 기회가 닫혀 있거나, 소속대학의 조직 분위기에 만족하지 못할 때, 교수들은 전략적 참여를 기도하게 된다는 것이다(Ladd & Lipset, 1973).

끝으로, 넷째는 투쟁적(militant) 참여자들이다. 이들은 시위농성, 항의방문, 수업거부 등 다양한 형태의 투쟁적 행동을 통하여 학교행정에 참여하는 사람들이다. 이성적 사고보다는 물리적 힘으로, 지력보다는 완력으로 그들의 요구를 관철시키면서 학교행정에 깊이 개입하려는 사람들이다.

이상으로 교수들의 학교행정 참여태도를 구분지어 보았으나, 물론 이러한 구분만으로 교수들의 태도를 포괄적으로 기술하기는 어렵다고 생각한다. 각국의 교수들이 위에서 언급한 네 가지 유형의 학교행정 참여 중 어디에 속하느냐는 단적으로 말하기가 어렵다. 대체로 보아서, 소수의 교수들은 불참자의 범주에 속하고, 대부분의 많은 교수들은 공식적 참여의 범주에 속할 것으로 보인다. 그리고 극소수의 교수들이 전략적 참여자로 분류될 수 있을 것이며, 투쟁적 참여자들은 거의 찾아보기 어려울 것으로 보인다. 그것은 〈표 6-6〉에서와 같이, 독일을 제외한 각국 대학교수들 중 절대 다수가 소속대학이나 학과에 대한 책무를 중요하게 생각하고 있는 것만을 보아도 짐작할 수 있다. 물론, 설문에 응한 모든 국가에서 대학교수들은 소속대학이나 소속학과보다는 자신의 전공분야에 대한 책무의식을 더욱 중요하게 생각하

〈표 6-6〉 각국 대학교수의 전공분야, 소속대학, 소속학과에 대한
책무의식 정도별 분포 (%)

국 가	구 분	매우 중요	대체로 중요	별로 중요하지 않음	전혀 중요하지 않음	전체
호 주	전공분야	66.6	27.2	4.6	1.6	100.0
	소속대학	21.6	52.2	20.5	5.7	100.0
	소속학과	47.7	39.3	10.0	3.0	100.0
브 라 질	전공분야	95.0	4.4	0.5	0.1	100.0
	소속대학	75.6	19.1	4.8	0.5	100.0
	소속학과	78.0	17.7	3.9	0.4	100.0
칠 레	전공분야	86.8	12.8	0.3	0.1	100.0
	소속대학	64.6	29.8	4.8	0.9	100.0
	소속학과	65.5	27.6	6.3	0.6	100.0
독 일	전공분야	62.3	28.9	5.8	3.1	100.0
	소속대학	8.2	26.0	34.7	31.1	100.0
	소속학과	15.3	36.5	28.1	20.0	100.0
홍 콩	전공분야	68.4	26.6	3.2	1.7	100.0
	소속대학	28.0	49.9	18.0	4.1	100.0
	소속학과	45.9	40.9	11.5	1.7	100.0
이스라엘	전공분야	74.7	22.9	2.0	0.4	100.0
	소속대학	42.0	46.3	10.0	1.6	100.0
	소속학과	55.2	38.0	5.3	1.4	100.0
일 본	전공분야	68.9	27.7	3.1	0.4	100.0
	소속대학	31.2	48.4	18.6	1.8	100.0
	소속학과	—	—	—	—	—
한 국	전공분야	80.3	18.8	0.8	0.1	100.0
	소속대학	37.3	51.1	11.2	0.5	100.0
	소속학과	64.6	32.2	3.0	0.2	100.0
멕 시 코	전공분야	71.3	26.2	2.3	0.2	100.0
	소속대학	55.9	37.6	6.3	0.3	100.0
	소속학과	59.7	33.5	6.3	0.5	100.0

(계속)

국 가	구 분	매우 중요	대체로 중요	별로 중요하지 않음	전혀 중요하지 않음	전체
러 시 아	전공분야	66.4	30.2	2.9	0.5	100.0
	소속대학	44.8	44.8	10.0	0.5	100.0
	소속학과	56.7	35.8	7.0	0.5	100.0
스 웨 덴	전공분야	55.1	33.6	8.8	2.4	100.0
	소속대학	19.0	46.9	29.0	5.2	100.0
	소속학과	45.7	40.9	11.1	2.4	100.0
영 국	전공분야	63.9	29.2	5.8	1.1	100.0
	소속대학	18.0	46.1	28.1	7.8	100.0
	소속학과	40.1	43.6	12.8	3.6	100.0
미 국	전공분야	76.5	20.5	2.6	0.3	100.0
	소속대학	35.7	46.4	15.0	2.9	100.0
	소속학과	57.2	33.3	8.1	1.3	100.0

(네덜란드 ; 자료 누락, 일본 ; 일부자료 누락)

고 있다. 그리고 그 다음에는 소속학과에 대한 책무의식을 중요하게 생각하고, 끝으로 소속대학에 대한 책무의식을 소중하게 생각하고 있다. 즉, 우선은 자신의 전공분야가 제일 중요하고, 그 다음에 소속학과, 그 다음에 소속대학을 중요하게 생각하는 것이다. 그러나 독일 대학의 교수들은 전공분야에 대한 책무의식에 있어서는 91.2%가 중요하게 느끼고 있으나, 오히려 소속대학에 대해서는 65.8%가, 소속학과에 대해서는 48.1%가 중요하게 생각하지 않는 것으로 나타나, 다른 국가들의 교수들과 현격한 대조를 이루고 있다. 또하나 흥미로운 것은 멕시코, 브라질, 칠레 등 남미국가의 교수들은 소속대학과 소속학과에 대한 책무의식을 어느쪽으로 편중됨이 없이 비슷한 수의 교수들이 중요하게 인식하고 있었다는 점이다.

교수들의 학교행정 참여태도에 관하여, 한 가지 더 언급해 둘 점은, 「교수들은 참으로 학교행정보직을 맡기 좋아하는가」 하는 문제이다. 이에 대하여 두 가지 견해가 양립되어 있다. 하나는 교수들 중 행정보직을 선호하는 교수들이 많다는 것이다. 이들은 행정보직을 맡으면서 적당히 그 보직을 즐기고, 또한 행정보직을 핑계로 연구와는 담을 쌓는다는 것이다. 거꾸로, 원래 연구할 능력도 없으니까 행정보직으로 나도는 것 아니냐는 이야기도 있다. 어느 교수의 경우, 행정보직을 10여 년 넘게 맡다보니, 나중에 학과에 돌아가서는 가르칠 과목이 없어 고생한다는 이야기도 들린다. 즉, 행정보직교수는 곧 연구 안하는 교수로 등식화될 만큼 행정보직교수에 대하여 부정적인 시각도 있다. 다른 하나는, 행정보직교수들은 대체로 그 대학에 대한 봉사적 자세로, 자기 희생정신으로 그 직을 수임하는 것이지, 그들이 그것을 좋아하는 것은 결코 아니라는 것이다. 보직교수들은 학교를 위해 헌신한다는 생각으로 일한다. 따라서 그들은 그들 본래의 책무인 연구와 교육도 결코 소홀히 하지 않는다.

이러한 두 가지 견해에 대하여 좋은 시사점을 제시해 주는 연구를 살펴보면, 미국의 O. Fulton과 M. Trow는 그들의 연구에서 행정보직 자들의 특성은 명문 엘리트 대학과 비명문대학에서 서로 달리 나타난다고 밝히고 있다(Fulton & Trow, 1974, pp. 29~73). 즉, 엘리트 대학에서는 연구업적이 많고, 연구에 활동적인 교수들이 대학행정에도 적극 참여한다는 것이다. 또 이들은 대학행정에 적극 참여하여도 연구를 소홀히 하지 않는다는 것이다. 그러나 비명문대학에서는 연구에 활동적이지 못한 교수들이 학교행정에 깊이 참여하고 있으며, 행정참여를 핑계로 보직을 맡으면 더욱더 연구와는 담을 쌓는다는 것이다. 이러한 차이를 놓고 Fulton과 Trow는 연구중심대학에서는 교수의 역할이 통합적이기 때문에 그렇다고 결론지었다. 여기서 통합적이라는 것은 가르치는 일에 유능한 교수라면 연구하는 일이나 행정에도 유능하고 열심이라는 것을 의미한다. 그러나 비명문대학에서는 교수의 역할이 분산적이라고 결론지었다. 예컨대, 어떤 교수들은 가르치는 일에만 유능하고 열심인가 하면, 어떤 교수들은 연구하는 일에만, 또 어떤 교수들은 행정에만 유능하고 열심이라는 것이다. 이들의 연구결과가 꼭 세계의 모든 대학에 적용되는 것은 아니겠으나, 그것이 시사하는 바는 매우 의미 있다 하겠다.

3) 학사정책 결정에서의 영향력 행사 수준

세계 각국 대학교수들은 학사정책 결정에서 실제로 어느 정도나 영향력을 행사하면서, 학교행정에 직접으로든 간접으로든 참여하고 있는가? 〈표 6-7〉은 개별 교수의 영향력 행사를 조직 수준별로 알아본 결과이다.

이 표에 나타난 바에 의하면, 각국 대학교수들이 학과수준에서의 학사정책 결정에는 영향력을 발휘하고 있다. 그러나 이러한 교수들의 영향력 행사는 단과대학, 그리고 대학 전체 수준으로 올라갈수록 현저히 떨어지고 있는 것으로 나타났다. 단과대학 수준에서의 학사정책 결정에는 브라질·일본·한국·러시아·미국의 교수들 가운데 많은

〈표 6-7〉각국 대학교수의 학사정책 결정에서의 영향력 행사 수준별 분포　(%)

국　　가	구　　분	매우 크게 행사	대체로 크게 행사	약간 행사	전혀 행사하지 않음	해당 없음	전　체
호　　주	학과수준에서	23.5	29.8	25.6	18.1	2.9	100.0
	단과대학수준에서	6.9	20.6	28.3	40.9	3.3	100.0
	대학전체수준에서	1.4	5.8	13.5	75.0	4.3	100.0
브　라　질	학과수준에서	24.6	45.8	18.9	8.1	2.6	100.0
	단과대학수준에서	6.9	34.2	31.3	21.3	6.3	100.0
	대학전체수준에서	3.3	17.1	35.2	41.1	3.3	100.0
칠　　레	학과수준에서	19.6	44.1	19.2	14.5	2.5	100.0
	단과대학수준에서	6.1	25.0	30.0	34.7	4.1	100.0
	대학전체수준에서	2.5	13.0	19.5	61.5	3.5	100.0

(계속)

국 가	구 분	매우 크게 행사	대체로 크게 행사	약간 행사	전혀 행사하지 않음	해당 없음	전 체
독 일	학과수준에서	13.3	27.5	23.3	27.6	8.4	100.0
	단과대학수준에서	3.3	17.4	22.1	51.7	5.4	100.0
	대학전체수준에서	0.9	4.8	12.8	75.6	5.8	100.0
홍 콩	학과수준에서	13.1	34.2	27.9	22.7	2.2	100.0
	단과대학수준에서	2.2	17.2	23.8	52.8	3.9	100.0
	대학전체수준에서	0.9	5.5	12.1	76.1	5.5	100.0
이스라엘	학과수준에서	28.9	38.8	22.4	8.0	1.9	100.0
	단과대학수준에서	6.7	21.2	35.8	30.5	5.8	100.0
	대학전체수준에서	4.5	6.8	30.1	54.7	3.8	100.0
일 본	학과수준에서	32.5	37.6	15.6	7.9	6.5	100.0
	단과대학수준에서	10.9	41.5	28.5	13.6	5.5	100.0
	대학전체수준에서	4.9	23.2	38.2	29.2	4.4	100.0
한 국	학과수준에서	11.8	42.6	38.9	5.6	1.1	100.0
	단과대학수준에서	2.0	16.9	44.8	29.4	7.0	100.0
	대학전체수준에서	2.3	7.1	29.1	50.7	10.9	100.0
멕 시 코	학과수준에서	11.6	32.3	23.5	27.9	4.7	100.0
	단과대학수준에서	5.3	22.0	27.7	39.2	5.8	100.0
	대학전체수준에서	2.3	12.6	21.6	57.7	5.7	100.0
러 시 아	학과수준에서	31.2	40.6	22.2	6.0	0.0	100.0
	단과대학수준에서	8.1	34.4	27.0	29.2	1.2	100.0
	대학전체수준에서	2.5	18.6	24.3	51.0	3.7	100.0
스 웨 덴	학과수준에서	25.0	35.5	20.7	16.7	2.1	100.0
	단과대학수준에서	4.1	17.3	27.3	47.1	4.2	100.0
	대학전체수준에서	5.1	12.5	17.2	61.5	3.8	100.0
영 국	학과수준에서	24.9	34.8	24.5	13.5	2.4	100.0
	단과대학수준에서	6.4	19.2	29.4	40.1	4.8	100.0
	대학전체수준에서	2.2	7.4	15.5	71.1	3.7	100.0
미 국	학과수준에서	28.8	38.4	19.1	10.0	3.7	100.0
	단과대학수준에서	7.5	27.6	30.0	29.9	4.9	100.0
	대학전체수준에서	2.9	10.0	21.0	60.0	6.1	100.0

(네덜란드 ; 자료 누락)

수가 영향력을 행사하고 있을 뿐, 그 외 호주·칠레·독일·홍콩·이스라엘·멕시코·스웨덴·영국과 같은 국가에서는 다수의 교수들이 영향력을 전혀 행사하지 않고 있는 것으로 나타났다. 대학 전체 수준으로 올라가면, 일본 대학의 경우를 제외하고는 나머지 모든 국가에서 대다수의 교수들이 학사정책 결정에 영향력을 행사하지 않는 것으로 드러났다. 일본의 경우에만 66.3%가 대학 전체 수준에서의 학사정책 결정에 약간의 영향력을 행사하고 있는 것으로 나타났다.

한편, 〈표 6-8〉은 학교행정에서의 영향력 행사는 아니지만, 교수들이 학교행정과의 연계 속에서 자신들이 가르치는 교과내용 결정이나 자신들이 연구하는 프로젝트 설계에서의 자유를 어느 정도나 누리는가를 나타낸 것이다. 그리고 〈표 6-9〉는 각국의 교수들이 인지하고 있는 학문의 자유에 대한 조사결과이다. 이 두 가지 표를 함께 보면서 반응결과를 분석하면 다음과 같다.

우선, 교과내용결정이나 연구 프로젝트 설계에 관하여, 설문에 응한 국가의 대학교수들 중 상당수가 자유를 느끼고 있다고 반응하였다. 특히, 교과내용 결정에 있어서, 한국 대학교수들이 가장 자유로움을 느끼고 있는 것으로 나타났다(89.6%). 연구 프로젝트 설계에 관해서는 13개국 중 일본 대학교수들(86.2%)이, 그 다음으로는 한국 대학교수들(83.1%)이 자유로움을 많이 느끼고 있는 것으로 나타났다. 그러나 학문의 자유에 관한 인식에 있어서는 이스라엘 대학교수들(90.0%)이 자유를 가장 많이 인식하고 있었고, 일본과 한국은 그렇게 느끼는 교수들의 비율에서 설문에 응답한 국가 중 각각 5위와 6위 정도로 나타났다. 학문의 자유를 느끼지 못하고 있다고 반응한 교수들이 많았던 국가는 러시아와 브라질로서, 러시아의 경우에는 76.5%의 교수들이, 브라질의 경우에는 61.6%의 교수들이 그렇게 반응하였다.

〈표 6-8〉 각국 대학교수의 교과목 및 연구 프로젝트 설계 자유에 대한 찬·반별 분포 (%)

국 가	구 분	찬성	중간	반대	해당없음	전체
호 주	교과내용 결정	62.6	8.8	22.5	6.1	100.0
	연구 프로젝트 서계	78.0	6.8	11.2	4.0	100.0
브 라 질	교과내용 결정	68.4	9.3	21.3	0.9	100.0
	연구 프로젝트 설계	62.5	10.4	13.7	13.4	100.0
칠 레	교과내용 결정	68.2	13.6	16.4	1.8	100.0
	연구 프로젝트 설계	69.2	12.4	9.9	8.4	100.0
독 일	교과내용 결정	52.1	12.9	20.2	14.8	100.0
	연구 프로젝트 설계	57.5	12.5	21.3	8.7	100.0
홍 콩	교과내용 결정	60.7	9.3	28.9	1.1	100.0
	연구 프로젝트 설계	80.5	7.4	9.1	3.0	100.0
일 본	교과내용 결정	79.8	12.5	7.1	0.6	100.0
	연구 프로젝트 설계	86.2	8.2	5.0	0.6	100.0
한 국	교과내용 결정	89.6	6.9	3.2	0.2	100.0
	연구 프로젝트 설계	83.1	9.9	5.0	1.9	100.0
멕 시 코	교과내용 결정	63.2	13.4	20.9	2.5	100.0
	연구 프로젝트 설계	54.5	12.0	16.6	16.8	100.0
러 시 아	교과내용 결정	44.0	26.6	27.5	1.9	100.0
	연구 프로젝트 설계	64.0	18.8	15.2	1.9	100.0
스 웨 덴	교과내용 결정	59.5	11.8	22.0	6.6	100.0
	연구 프로젝트 설계	72.2	9.3	9.9	7.0	100.0
영 국	교과내용 결정	57.9	12.8	23.3	5.9	100.0
	연구 프로젝트 설계	73.8	9.3	9.9	7.0	100.0
미 국	교과내용 결정	75.4	8.2	13.6	2.8	100.0
	연구 프로젝트 설계	80.9	4.8	5.3	9.1	100.0

(이스라엘·네덜란드 ; 자료 누락)

<표 6-9> 각국 대학교수의 학문의 자유에 대한 긍·부정별 분포　　(%)

국가 ＼ 구분	예	아니오	해당 없음	전체
호　　주	74.3	21.7	4.0	100.0
브 라 질	38.4	61.6	0.0	100.0
칠　　레	63.6	25.4	10.9	100.0
홍　　콩	61.4	25.7	13.0	100.0
이 스 라 엘	90.0	7.6	2.3	100.0
일　　본	68.3	17.8	13.9	100.0
한　　국	66.3	23.4	10.3	100.0
멕 시 코	62.0	27.8	10.2	100.0
네 덜 란 드	58.5	20.3	21.2	100.0
러 시 아	14.3	76.5	9.2	100.0
스 웨 덴	79.1	16.2	4.7	100.0
미　　국	78.6	18.5	2.9	100.0

(독일·영국 ; 자료 누락)

4) 행정관리체제에 대한 지각

　다음의 <표 6-10>은 대학행정진의 경영관리 및 의사결정에 대하여 갖고 있는 각국 대학교수들의 지각을 나타낸 것이다. 우선 이 표에서 나타난 큰 흐름을 읽어보면, 여러 나라에서 많은 교수들이 공통적으로 느끼기를 「우리 대학의 최고행정가들은 유능한 지도력을 발휘하지 못하고 있고, 교수와 행정진 간의 의사소통이 제대로 이루어지고 있지 못하며, 또한 우리 대학의 행정진은 독재적일 때가 많다」는 것이다. 즉, 교수들은 세계 여러 나라에서 공통적으로 소속대학 행정진의 능력, 행정진과의 의사소통, 그리고 행정진의 행정유형에 대하여 지극히 부정적이다. 또한, 여러 나라의 많은 교수들은 대학에서 무슨 일이 어떻게 이루어지고 있는지에 관한 소식을 제공받지 못하고 있다고 응답하였다. 대학의 경영관리 및 의사결정에 있어서, 교수들의 참여부족이 진짜 문제 중의 하나라는 데 14개국 모든 나라에서 많은 교

〈표 6-10〉 각국 대학교수의 경영관리 및 의사결정에 대한 찬·반별 분포 (%)

국 가	구 분	찬 성	중 간	반 대	해당없음	전 체
호 주	(1) 유능한 대학최고행정가	28.7	25.5	45.3	0.5	100.0
	(2) 대학소식에 대한 접근기회개방	36.1	21.7	41.8	0.5	100.0
	(3) 의사소통이 원만치 못함	52.2	22.2	25.1	0.4	100.0
	(4) 독재적인 행정진	62.9	22.3	14.2	0.6	100.0
	(5) 교수들의 참여부족	47.8	32.5	18.8	0.9	100.0
	(6) 학생들의 정책결정에의 참여	41.2	35.4	22.5	0.9	100.0
	(7) 대학행정진의 학문적 자유지원	43.3	32.1	23.5	1.2	100.0
브 라 질	(1) 유능한 대학 최고 행정가	43.9	26.8	26.9	1.1	100.0
	(2) 대학소식에 대한 접근기회개방	44.5	18.1	36.6	0.9	100.0
	(3) 의사소통이 원만치 못함	44.6	17.8	36.0	1.6	100.0
	(4) 독재적인 행정진	42.3	19.7	34.5	3.5	100.0
	(5) 교수들의 참여부족	58.0	18.1	21.4	2.6	100.0
	(6) 학생들의 정책결정에의 참여	57.1	19.3	21.8	1.7	100.0
	(7) 대학행정진의 학문적 자유지원	52.2	25.4	19.5	2.9	100.0
칠 레	(1) 유능한 대학최고행정가	27.4	30.7	41.2	0.8	100.0
	(2) 대학소식에 대한 접근기회개방	34.8	27.7	35.9	1.6	100.0
	(3) 의사소통이 원만치 못함	43.8	26.9	27.9	1.3	100.0
	(4) 독재적인 행정진	56.5	22.1	18.8	2.6	100.0
	(5) 교수들의 참여부족	66.2	17.7	15.1	1.0	100.0
	(6) 학생들의 정책결정에의 참여	32.4	25.9	40.2	1.5	100.0
	(7) 대학행정진의 학문적 자유지원	46.9	29.8	20.4	2.9	100.0
독 일	(1) 유능한 대학최고행정가	20.9	23.2	42.9	13.1	100.0
	(2) 대학소식에 대한 접근기회개방	12.4	19.2	63.2	5.2	100.0
	(3) 의사소통이 원만치 못함	58.2	19.4	16.8	5.7	100.0
	(4) 독재적인 행정진	58.9	18.3	11.3	11.6	100.0
	(5) 교수들의 참여부족	49.2	23.9	14.9	11.9	100.0
	(6) 학생들의 정책결정에의 참여	45.2	26.0	21.6	7.2	100.0
	(7) 대학행정진의 학문적 자유지원	15.3	22.2	49.3	13.2	100.0
홍 콩	(1) 유능한 대학최고행정가	22.5	29.0	47.2	1.3	100.0
	(2) 대학소식에 대한 접근기회개방	29.8	19.8	49.9	0.4	100.0
	(3) 의사소통이 원만치 못함	53.0	23.3	23.0	0.7	100.0
	(4) 독재적인 행정진	62.2	22.8	12.8	2.2	100.0
	(5) 교수들의 참여부족	52.5	29.1	15.6	2.8	100.0
	(6) 학생들의 정책결정에의 참여	41.9	34.3	23.2	0.7	100.0
	(7) 대학행정진의 학문적 자유지원	48.8	26.5	23.4	1.3	100.0

(계속)

국 가	구 분	찬 성	중 간	반 대	해당없음	전 체
이스라엘	(1) 유능한 대학최고행정가	26.0	29.3	38.6	6.1	100.0
	(2) 대학소식에 대한 접근기회개방	29.9	29.3	38.6	2.1	100.0
	(3) 의사소통이 원만치 못함	36.8	28.0	33.3	1.9	100.0
	(4) 독재적인 행정진	55.2	22.9	18.2	3.7	100.0
	(5) 교수들의 참여부족	51.0	23.7	21.5	3.9	100.0
	(6) 학생들의 정책결정에의 참여	35.0	23.8	40.1	1.1	100.0
	(7) 대학행정진의 학문적 자유지원	69.0	16.3	10.5	4.1	100.0
일 본	(1) 유능한 대학최고행정가	58.2	21.1	17.5	3.2	100.0
	(2) 대학소식에 대한 접근기회개방	30.0	33.0	34.8	2.2	100.0
	(3) 의사소통이 원만치 못함	40.7	35.7	18.4	5.3	100.0
	(4) 독재적인 행정진	38.0	32.2	24.0	5.8	100.0
	(5) 교수들의 참여부족	29.8	33.2	26.6	10.5	100.0
	(6) 학생들의 정책결정에의 참여	32.9	38.0	25.5	3.5	100.0
	(7) 대학행정진의 학문적 자유지원	66.8	21.6	6.2	5.4	100.0
한 국	(1) 유능한 대학최고행정가	23.7	30.6	44.8	0.9	100.0
	(2) 대학소식에 대한 접근기회개방	31.0	29.7	38.6	0.7	100.0
	(3) 의사소통이 원만치 못함	50.4	26.4	22.1	1.0	100.0
	(4) 독재적인 행정진	45.4	29.2	24.1	1.2	100.0
	(5) 교수들의 참여부족	43.8	29.2	25.1	1.9	100.0
	(6) 학생들의 정책결정에의 참여	30.3	30.9	38.1	0.7	100.0
	(7) 대학행정진의 학문적 자유지원	34.2	35.7	27.8	2.4	100.0
멕 시 코	(1) 유능한 대학최고행정가	32.5	23.0	43.7	0.8	100.0
	(2) 대학소식에 대한 접근기회개방	35.1	20.9	42.1	1.9	100.0
	(3) 의사소통이 원만치 못함	53.4	17.4	28.4	0.8	100.0
	(4) 독재적인 행정진	52.7	19.1	26.1	2.1	100.0
	(5) 교수들의 참여부족	66.9	15.4	16.3	1.5	100.0
	(6) 학생들의 정책결정에의 참여	49.2	25.4	24.4	1.0	100.0
	(7) 대학행정진의 학문적 자유지원	46.4	21.8	30.0	1.8	100.0
네덜란드	(1) 유능한 대학최고행정가	24.4	32.3	19.8	23.6	100.0
	(2) 대학소식에 대한 접근기회개방	30.7	31.1	29.8	8.5	100.0
	(3) 의사소통이 원만치 못함	34.1	24.7	19.7	21.5	100.0
	(4) 독재적인 행정진	26.3	26.9	17.4	29.4	100.0
	(5) 교수들의 참여부족	30.5	27.4	19.2	22.9	100.0
	(6) 학생들의 정책결정에의 참여	16.9	29.9	39.7	13.5	100.0
	(7) 대학행정진의 학문적 자유지원	—	—	—	—	—

(계속)

국 가	구 분	찬 성	중 간	반 대	해당없음	전 체
러 시 아	(1) 유능한 대학최고행정가	29.6	52.5	17.0	1.0	100.0
	(2) 대학소식에 대한 접근기회개방	44.7	35.7	19.1	0.5	100.0
	(3) 의사소통이 원만치 못함	45.1	35.4	18.7	0.7	100.0
	(4) 독재적인 행정진	42.8	40.8	16.2	0.2	100.0
	(5) 교수들의 참여부족	36.8	47.9	14.4	1.0	100.0
	(6) 학생들의 정책결정에의 참여	31.5	42.4	24.9	1.2	100.0
	(7) 대학행정진의 학문적 자유지원	25.4	53.3	21.0	0.2	100.0
스 웨 덴	(1) 유능한 대학최고행정가	29.2	37.7	31.9	1.2	100.0
	(2) 대학소식에 대한 접근기회개방	50.0	24.0	25.5	0.5	100.0
	(3) 의사소통이 원만치 못함	28.4	39.4	29.7	2.4	100.0
	(4) 독재적인 행정진	41.5	34.8	20.5	3.2	100.0
	(5) 교수들의 참여부족	24.6	45.3	27.4	2.8	100.0
	(6) 학생들의 정책결정에의 참여	26.5	45.1	27.3	1.1	100.0
	(7) 대학행정진의 학문적 자유지원	39.1	36.6	22.7	1.7	100.0
영 국	(1) 유능한 대학최고행정가	25.3	24.8	48.9	0.9	100.0
	(2) 대학소식에 대한 접근기회개방	30.7	23.5	45.3	0.4	100.0
	(3) 의사소통이 원만치 못함	48.7	24.8	25.8	0.7	100.0
	(4) 독재적인 행정진	63.4	20.2	15.3	1.1	100.0
	(5) 교수들의 참여부족	43.6	33.5	21.3	1.6	100.0
	(6) 학생들의 정책결정에의 참여	36.1	39.5	23.5	0.9	100.0
	(7) 대학행정진의 학문적 자유지원	44.7	33.6	20.4	1.3	100.0
미 국	(1) 유능한 대학최고행정가	38.8	22.2	38.0	0.9	100.0
	(2) 대학소식에 대한 접근기회개방	42.5	22.8	34.2	0.5	100.0
	(3) 의사소통이 원만치 못함	44.5	23.4	31.6	0.4	100.0
	(4) 독재적인 행정진	57.5	21.5	19.8	1.2	100.0
	(5) 교수들의 참여부족	42.7	27.7	28.5	1.1	100.0
	(6) 학생들의 정책결정에의 참여	29.5	24.1	35.1	1.1	100.0
	(7) 대학행정진의 학문적 자유지원	62.9	22.3	13.6	1.3	100.0

(1) 대학최고행정가들은 유능한 지도력을 발휘하고 있다.

(2) 나는 우리 대학에서 일어나는 소식을 늘 제공받는다.

(3) 교수와 행정진 간의 의사소통이 제대로 이루어지고 있지 못하다.

(4) 우리 대학의 행정진은 독재적일 때가 많다.

(5) 교수들의 참여 부족이 우리 대학의 진짜 문제 중 하나이다.

(6) 학생도 그들에게 영향미치는 정책결정에 강한 목소리를 낼 수 있어야 한다.

(7) 우리 대학의 행정진들은 교수들의 학문적 자유를 지원하고 있다.

(네덜란드 ; 일부자료 누락)

224

수들이 동감하고 있었다. 그러나 거의 대부분의 교수들이 대학의 행
정진들은 교수들의 학문적 자유를 지원하고 있다고 인식하고 있었다.
학생들도 그들에게 영향을 미치는 정책결정에는 보다 강한 목소리를
낼 수 있어야 한다는 학생참여 문제에 대해서 일부 국가를 제외하고
는 여러 나라의 많은 교수들이 찬성을 나타냈다.

〈표 6-10〉에서 나타난 그 외의 각 항목별 몇 가지 특색 있는 반응
을 살펴보면, 우선 30% 이상의 교수들이 대학최고행정가들의 지도력
을 인정하고 있는 나라는 일본·미국·브라질과 같은 국가들이었다.
그중에서도 일본은 대학행정진의 능력에 대해 신뢰하고 있는 교수 비
율이 다른 나라에 비해 월등하게 높았다(58.2%). 대학에서 어떤 일
이 이루어지고 있는지를 제공받는다고 40% 이상의 교수들이 응답한
경우는 미국·스웨덴·브라질·러시아 4개국이었다. 정책결정과정에
서의 학생참여에 대하여 30% 이상의 교수들이 반대하고 나선 국가는
미국·칠레·이스라엘·네덜란드·한국이었다. 대학의 행정진들이 교
수들의 학문적 자유를 지원하고 있다고 생각하지 않는 교수들이 많았
던 경우는 독일 대학교수들(49.3%)이었다. 또한 국가별 반응 중 특
색 있는 결과를 한 가지 지적하면, 스웨덴의 경우 7개 항목 가운데 5
개 항목에서 찬·반 교수들의 분포가 30% 내외로 비슷하게 나누어져
있었고, 오히려 중간입장의 교수들이 40% 내외에 달하였다.

3. 교수업적평가의 본질과 내용별 비중

　교수업적평가에 관해서는 이미 제4장의 교육활동과 제5장의 연구활
동에서 각각 교육업적평가와 연구업적평가 부분을 논의한 바 있다.
따라서 이 장에서는 교수업적평가의 전체적인 조명을 해본다는 뜻에
서 교수업적평가의 필요성과 목적을 간단히 논의한 다음, 교수업적평

가의 내용에 관하여, 이 연구에서 수행된 실증적 조사결과를 바탕으로 논의하고자 한다.

1) 교수업적평가의 필요성과 목적

이 연구에서 실시된 조사결과에 따르면, 현재 세계 각국의 많은 대학에서 교수들의 정기적인 업적평가가 시행되고 있는 것으로 나타났다. 〈표 6-11〉에서처럼, 14개국 중 독일·일본·러시아 3개국을 제외한 나머지 11개국에서 각각 50% 이상의 교수들이 현재 소속대학에서 정기적인 교수업적평가가 실시되고 있다고 응답하였다. 단 독일의 경우 25%의 교수들이, 일본은 44%의 교수들이, 그리고 러시아에서는 35%의 교수들이 교수업적평가가 현재 실시되고 있다고 응답하였다. 그렇다면, 대학에서 그처럼 교수업적평가를 실시하는 까닭은 무엇인가?

〈표 6-11〉 각국 대학교수의 교수업적 정기적 평가 실시여부별 분포 (%)

국가 \ 구분	전 체	실시되고 있다	실시되지 않고 있다
호 주	100.0	65.4	34.6
브 라 질	100.0	57.1	42.9
칠 레	100.0	71.1	28.9
독 일	100.0	25.1	74.9
홍 콩	100.0	63.1	36.9
이 스 라 엘	100.0	53.5	46.5
일 본	100.0	44.4	55.6
한 국	100.0	59.7	40.3
멕 시 코	100.0	66.7	33.3
네 덜 란 드	100.0	67.4	32.6
러 시 아	100.0	34.9	65.1
스 웨 덴	100.0	61.6	38.4
영 국	100.0	79.2	20.8
미 국	100.0	89.1	10.9

그것은 첫째로, 교수 개개인의 업적은 그 대학의 질 또는 우월성을 결정하는 데 있어 가장 기본적인 요소가 되기 때문이다. 개개 교수의 업적은 모여서 한 학과의 업적을 이루고, 또 개개 학과의 업적은 집적되어 그 대학 전체의 업적을 이루기 때문이다. 즉, 대학의 질을 확보하고 고양하기 위한 한 가지 기본적인 수단은 개개 교수의 업적을 고양하고 그 질을 높이는 것이라는 시각에서, 교수업적의 평가는 매우 중요하고 또 매우 필요하다.

둘째로, 교수들의 수행책무에 대한 대학 안팎의 압력이 가중되고 있다는 데서 교수업적의 평가는 중요하게 인식되고 있다. 교수들은 진실로 그들의 전문적 책무에 얼마나 성실한가에 대한 대학 안팎의 집요한 추궁이 일고 있다. 대학 안에서는 학생들로부터 일종의 소비자보호주의(consumerism) 운동으로 나타나고, 대학 밖에서는 대학을 재정적으로 지원하는 국가나 기업, 각종 사회기관들로부터 교수들의 책무성에 대한 평가적 의문을 제기하고 나선다. 이에, 학교행정진의 입장에서는 책무수행에 소홀한 교수들을 통어하기 위한 최선의 한 가지 방법으로 교수업적평가를 내세우지 않을 수 없게 된 것이다.

셋째로, 대학은 예로부터 자율을 생명선으로 하여 존재해 왔다. 대학이 그러한 자율을 향유하기 위해서는 대학의 업적을 스스로 세우고 평가할 수 있어야 한다. 자율은 결코 행동 그 자체의 자율만으로 끝나는 것이 아니라, 행동의 결과에 대한 자책으로만 마무리될 수 있다. 그렇기에 교수업적에 대한 대학사회 공동체의 자율적 평가는 필연적일 수밖에 없는 것이다.

끝으로 넷째, 대학을 에워싸고 있는 여러 가지 환경의 변화, 특히 인구환경과 재정여건의 변화는 대학으로 하여금 교수들의 업적을 평가하지 않으면 안되게끔 만들고 있다. 특히 재정적 압박 속에서 제한된 교수직을 향한 경쟁의 심화 등 일련의 대학 내외의 유기적 환경변화는 교수들의 신규임용, 승진, 정년보장을 위한 업적평가의 필요성을 더욱 강화시켰다.

그러나 교수의 업적평가가 결코 교수들을 구속하거나 학문적 자유를 억제하기 위한 기제로 제도화된 것은 아니다. 근본 목적은 교수들의 책무수행 동기를 높이고, 나아가 대학 전체의 생산성을 고양하여 그 질적 수준을 개선하고 제고시키는 데 있다. 연구를 게을리하거나 가르치는 일에 소홀한 교수들을 징계하는 데 목적이 있는 것은 아니다. 그것은 오히려 교육과 연구에서 탁월한 업적을 세운 교수들에게 제공되는 보상을 받지 못한 열등한 교수들이 교수업적평가제도에 대하여 가하는 자조적 비판일 것이다. 사실 E. Hammel(1980)이 주장하였듯이, 연구를 전혀 안하거나 학생을 가르치는 일에 아주 무관심하거나, 또는 그 반대로 연구와 교육에 있어 지극히 월등한 업적을 세우는 교수들에게 있어서는 업적평가란 의미 없는 일이기도 하다. 교수업적평가는 오히려 중간집단을 위한 것이다. 즉, 발전의 가능성을 지니고 있는 다수 교수들의 책무수행을 조장하기 위한 것이다.

교수들의 교육 및 연구업적 성취를 제고하는 데 긍정적으로 작용하는 영향요인을 구명하려는 연구에는 여러 가지가 있다. 이를테면, H. Zuckerman의 연구(1977), J.R. Cole과 S. Cole의 연구(1973), 그리고 M.F. Fox의 연구(1980)와 같은 것이 대표적이다. 이들의 연구를 종합하면, 교수업적에 대한 적절한 평가와 환류는 개인적 특성(능력, 정력, 인성, 연령)과 환경적 특성(출신 대학원, 소속대학과 소속학과의 명성, 커뮤니케이션 네트워크, 대학의 분위기)이라는 두 가지 영향요인들과 함께 매우 중요한 기본 요인으로 밝혀졌다.

이렇듯 교수들의 책무수행 동기를 강화·보상·조장하는 목적으로 시행되는 교수업적평가는 결국 교수들의 승진, 정년보장과 같은 인사상의 보상과 연계될 수밖에 없는 것이다. 그 외에도 안식년이나 각종 형태의 상(예컨대 학술상), 각종 연구비 지원 등의 보상체계와도 교수업적평가는 밀접한 관련을 갖게 되었다. 즉, 업적이 탁월한 교수에게는 위에 적은 것과 같은 보상을 제공함으로써 그들의 책무수행 동기를 더욱 강화하고 조장한다는 것이다. 그러나 실제로 위에서 언급한 것과 같은 인사·행정상의 의사결정을 위한 합리적 근거로서만 교수들에 대한 업적평가가 이루어지고 있음을 부인하기 어렵다. 예컨대, 부교수에서 정교수로 승진하기를 원할 때, 또는 정년보장을 받거나 안식년을 얻고 싶어할 때, 그들에게 그것을 허용할 것인가를 결정하기 위한 수단적 절차로 교수업적에 대한 평가가 이루어지고 있는 것이다.

교수업적평가의 또다른 중요한 목적은 한 대학의, 한 학과의 학술적 질 (academic quality)을 결정하기 위한 하나의 준거자료를 확보하는 데 있다. 물론 한 대학, 한 학과의 학술적 질을 결정하는 요인이 무엇이냐에 대한 정답은 없다. 그것은 다분히 여러 요인의 복합적인 작용으로 이루어질 것이다. 이를테면, 학생의 양과 질, 교육과정의 폭과 깊이, 재원의 확보와 활용, 도서관 등 각종 교육시설, 행정체제, 역사와 전통, 지리적 환경, 심리·사회적 환경 등이 복합적으로 작용할 것이다. 그러나 한 가지 분명한 사실은 교수의 양과 질이 그어느 다른 요인에 못지않게 중요하다는 것이다 (Conard & Blackburn, 1985). 그렇다면 교수의 질은 어떻게 판단될 수 있겠는가? 그것은 결국 교수의 여러 가지 책무, 즉 교육·연구·봉사의 업적을 평가함으로써 가능하지 않겠는가? 그러한 세 가지 기본책무 중에서도 교수 개인간에, 또 대학간에 상호 비교가 가능한 연구업적 성취에 대한 평가자료가 결국 교수의 질을 판별하고, 나아가서는 그 대학, 그 학과의 학술적 질을 판별하는 하나의 좋은 준거가 될 수 있다.

2) 교수업적의 기본내용별 평가비중

교수의 업적을 평가한다고 할 때, 그 평가의 대상이 되는 업적의 기본내용이 무엇인가는 매우 중요한 문제가 된다. 교수의 수행책무에

관해서는 이미 제2장에서 논의하였기에, 여기에서는 그 비중에 관한
논의에 국한하겠다.

P. Seldin은 1978년과 1983년 두 번에 걸쳐 미국의 4년제 인문대학
학장 600여 명을 대상으로 연구를 실시하였는데, 교수의 책무수행과
관련된 업적평가 대상내용을 모두 13가지로 구분하고, 각각의 내용에
대하여 교수업적평가에서 얼마나 반영되어야 할 요소인가를 평정하였
다(Seldin, 1984). 〈표 6-12〉는 그 연구의 결과를 나타내고 있는데,
첫째로, 수업활동에 대해서는 99%의 응답자들이 교수업적평가의 기
본 요소로 반드시 포함시켜야 한다고 반응하였다. 둘째로, 연구·창
작활동에 대해서는 1983년의 경우 33%의 응답자들이 반드시 반영되
어야 할 요소라고 반응하였다. 어떻게 보면 이 33%는 매우 낮은 것
이라는 반문이 있을 수도 있지만, 이 조사는 연구중심종합대학을 대
상으로 실시한 것이 아님을 고려할 때 그것은 결코 낮은 비율은 아니

〈표 6-12〉 미국 대학에서의 교수업적평가 대상내용별
찬성 교수 분포 (%) (복수응답)

교수업적의 내용	1978년도 조사 (N=680)	1983년도 조사 (N=616)
교실수업	98.8	98.7
대학원생의 연구지도	2.2	3.7
학부생의 연구지도	2.5	1.9
연 구	24.5	33.4
출 판	19.0	29.2
공공봉사	13.7	17.4
정부 및 기업체에 대한 상담	1.2	2.4
전문단체(학회)에서의 활동	17.0	24.5
학생 상담지도	66.7	61.7
학내 각종 위원회 활동	48.8	52.6
현 직급에서의 재직기간	49.9	46.8
취업 알선	3.1	1.8
개인적 속성	38.4	28.6

라고 해석할 수 있다. 셋째로, 대학행정 참여의 경우 대학 내 각종 위원회 활동에 대해서는 53%가, 넷째로, 공공봉사에 대하여는 17%가 반드시 반영되어야 할 요소라고 반응하였다.

이상의 네 가지 요소 이외에 우리의 관심을 끌 수 있을 만큼 높은 반응을 나타낸 요소는 전문단체에서의 활동과 현 직급에서의 재직기간, 개인적 속성이다. 현 직급에서의 재직기간은 대체로 승진심사를 위한 요건을 의미하는데, 이는 우리나라 대학에서도 널리 활용되고 있다. 그리고 개인적 속성은 교수의 성실도, 학교에 대한 충성도, 동료교수와의 인간관계, 심리적 자세 등을 판별하는 것으로, 이 역시 우리나라의 몇몇 대학에서도 승진 또는 재임용의 과정에서 형식적이나마 실시하고 있는 것이다. 결국 이상의 몇 가지 사실을 종합할 때, 교수업적평가에서 가장 중핵적인 내용이 되는 것은 교육, 연구, 행정, 그리고 공공봉사의 네 영역이다.

〈표 6-13〉은 교수업적평가 영역을 교육, 연구, 봉사, 기타로 구분하여 각국의 대학에서 그 각각에 대한 평가가 얼마만큼 이루어지고 있는지를 살펴본 것이다. 교수의 교육활동이 정기적으로 평가되고 있다고 60% 이상의 교수들이 반응한 경우는 독일과 일본을 제외한 나머지 12개국 모두인 것으로 나타났다. 특히 브라질·홍콩·멕시코·영국·미국의 경우는 90% 이상의 교수들이 교육활동이 정기적으로 평가되고 있다고 반응하였다. 한편, 연구활동에 대해서도 14개국 모든 국가에서 50% 이상의 교수들이 연구활동평가가 정기적으로 이루어지고 있다고 반응하였다. 특히 일본·한국·영국과 같은 국가의 경우에는 90% 이상이 그러한 반응을 보였다. 그러나 봉사활동이 정기적으로 평가되고 있다고 반응한 교수의 비율은 그다지 높지 않았다. 미국(67.9%)을 제외한 모든 국가에서 50% 이하의 교수들만이 봉사활동이 정기적으로 평가되고 있다고 반응하였다. 그중에서도 칠레는 봉사활동이 전혀 평가되지 않는 것으로 나타났고, 이스라엘과 러시아

<표 6-13> 각국 대학교수의 교수업적평가 대상내용별
찬성 교수 분포   (%) (복수응답)

국가＼구분	전 체	교육활동	연구활동	봉사활동	기 타
호　　　주	100.0	88.6	78.2	42.0	16.1
브 라 질	100.0	92.8	71.2	37.5	11.8
칠　　　레	100.0	88.3	84.7	0.0	0.0
독　　　일	100.0	42.2	82.7	25.1	2.9
홍　　　콩	100.0	92.0	73.3	38.0	10.3
이 스 라 엘	100.0	87.2	54.0	8.0	2.2
일　　　본	100.0	44.8	94.7	16.9	3.1
한　　　국	100.0	64.6	97.3	10.6	1.3
멕 시 코	100.0	92.1	53.2	24.9	8.3
네 덜 란 드	100.0	69.2	86.5	16.6	3.6
러 시 아	100.0	86.0	57.0	7.7	6.0
스 웨 덴	100.0	76.8	65.3	12.1	3.2
영　　　국	100.0	94.0	91.4	32.8	0.0
미　　　국	100.0	96.7	77.3	67.9	8.9

에서는 10% 미만의 교수들만이 봉사활동이 평가되고 있다고 반응하였다. 결국, 모든 나라에 있어서 교수업적평가의 핵심내용은 교수의 양대 책무인 교육활동과 연구활동인 것으로 나타났다.

여기서 한 가지 더 언급할 일은 교육활동과 연구활동 두 가지 중 어느쪽에 대한 평가가 어느 나라에서 더 많이 이루어지고 있는가 하는 문제이다. <표 6-13>에서 보면, 연구활동보다는 교육활동에 대한 평가가 더 많이 이루어지고 있는 국가는 호주·브라질·칠레·홍콩·이스라엘·멕시코·러시아·스웨덴·영국·미국 모두 10개국이었다. 반대로 교육활동보다 연구활동에 대한 평가가 더 많은 교수들에 의하여 이루어지고 있다고 반응된 국가는 독일·일본·한국·네덜란드 4개국이었다.

한편, <표 6-14>는 교수의 그러한 교육활동과 연구활동을 대학에

<표 6-14> 각국 대학교수의 교육 및 연구활동 평가자별 찬성 교수 분포(%)

국　　가	구　분	전　체	학과의 동료교수	학과장 또는 주임교수	다른 학과 교수들	상위 행정진	학생들	외부전문가
호　주	교육활동	100.0	28.0	64.0	·5.7	10.6	73.5	5.8
	연구활동	100.0	32.0	66.8	12.7	14.7	3.4	29.4
브 라 질	교육활동	100.0	52.8	51.1	14.6	27.8	53.9	5.4
	연구활동	100.0	63.1	41.2	31.3	32.3	8.1	18.7
칠　레	교육활동	100.0	29.7	61.0	26.1	23.3	51.4	3.8
	연구활동	100.0	27.3	46.5	39.7	29.3	2.0	38.1
독　일	교육활동	100.0	29.6	44.0	5.7	7.8	59.3	2.4
	연구활동	100.0	47.6	63.6	6.5	5.5	2.7	41.7
홍　콩	교육활동	100.0	23.3	70.1	6.6	23.3	75.7	24.0
	연구활동	100.0	27.3	78.8	18.2	·41.1	3.5	32.0
이스라엘	교육활동	100.0	24.3	45.3	6.6	7.4	85.2	7.4
	연구활동	100.0	52.9	51.0	28.4	10.3	2.6	57.4
일　본	교육활동	100.0	41.6	43.3	10.0	41.0	37.4	5.4
	연구활동	100.0	41.5	43.0	18.5	58.4	7.3	20.4
한　국	교육활동	100.0	17.8	29.2	9.3	69.7	11.9	8.2
	연구활동	100.0	24.7	19.6	14.9	61.6	1.6	28.2
멕 시 코	교육활동	100.0	37.3	62.3	23.3	54.9	57.3	10.1
	연구활동	100.0	43.0	57.6	35.0	43.3	4.8	29.3
네덜란드	교육활동	100.0	49.4	28.8	6.9	7.4	78.5	16.5
	연구활동	100.0	68.6	42.8	11.9	10.5	4.3	41.4
러 시 아	교육활동	100.0	31.8	75.5	14.2	21.2	62.4	5.5
	연구활동	100.0	29.4	50.5	15.1	19.7	4.6	48.6
스 웨 덴	교육활동	100.0	19.8	26.1	11.0	7.3	96.3	8.7
	연구활동	100.0	29.2	38.3	20.9	10.1	4.3	69.0
영　국	교육활동	100.0	16.0	66.7	6.6	13.0	67.0	21.1
	연구활동	100.0	14.9	72.2	8.1	15.3	5.6	26.9
미　국	교육활동	100.0	48.9	77.8	15.5	34.4	91.4	6.9
	연구활동	100.0	51.9	80.5	22.5	40.8	7.2	32.7

서 누가 평가하는가에 대한 각국 교수들의 반응을 집계하여 나타낸
것이다. 여기에서 보면, 교육활동에 대해서는 일본과 한국 두 나라를

제외한 나머지 12개국에서 학생들에 의한 평가가 실시되고 있음을 알 수 있다. 평가자에 대해 교수들이 지적한 순위를 각국별로 ①②③위 까지 순서 매겼을 때, 교육활동평가자로서, 학생은 9개국에서 ①위, 3개국에서 ②위로 나타났다. 다음 학과장 또는 주임교수는 4개국에 서 ①위로, 8개국에서 ②위로, 그리고 2개국에서 ③위로 나타났다. 학과의 동료교수는 3개국에서 ②위로, 8개국에서 ③위로 나타났다. 결국 현재 세계 각 대학에서 교수의 교육활동을 평가하는 주요한 평 가자는 학생, 학과장(주임교수), 학과의 동료교수 순으로 나타났다. 그 외에, 대학의 상위행정진이 평가한다고 많은 교수들이 반응한 나 라는 일본·한국·멕시코 3개국이었다. 특히 이 가운데서도 한국의 경우는 학생이나 학과장(주임교수)보다도 상위행정진들이 더 많은 대 학에서 교수들의 교육활동을 평가하고 있는 것으로 나타났다. 한편, 홍콩과 영국의 대학에서는 외부전문가가 교수의 교육활동을 평가하고 있는 대학도 상당수인 것으로 나타났다.

한편, 교수의 연구활동을 누가 평가하는가에 대해서는 학과의 동료 교수, 학과장(주임교수), 상위행정진, 그리고 외부전문가 등 이들 네 집단이 주로 교수들의 연구활동을 평가하고 있는 것으로 나타났다. 역시 평가자로 얼마나 많은 교수들이 그들을 꼽았느냐를 ①②③위로 매겼을 때, 학과장(주임교수)은 8개국에서 ①위로, 4개국에서 ②위 로, 1개국에서 ③위로, 즉 13개국에서 평가자로 반응되었다. 그 다 음 학과의 동료교수는 2개국에서 ①위로, 4개국에서 ②위로, 5개국 에서 ③위로 반응되었다. 외부전문가는 2개국에서 ①위로, 3개국에 서 ②위로, 5개국에서 3위로 반응되었다. 또한 상위행정진은 한국과 일본에서 ①위로, 홍콩과 멕시코에서 ②위로, 그리고 그 외 3개국에 서 ③위로 반응되었다. 한국의 경우에는 교육활동과 연구활동 모두 에서 상위행정진이 가장 주된 평가자가 되고 있다는 데서 다른 13개 국과 전혀 다른 양상을 보이고 있다.

제 7 장

국제적 활동과 사회인식

이제까지 교수들의 중핵적인 네 가지 기본책무, 즉 교수들의 교육 활동, 연구활동, 대외봉사활동 및 교내행정활동의 실태에 관하여 교수들의 활동을 분석하였다. 그러나 교수들은 위에 적은 네 가지의 기본책무 이외에도 여러 가지 활동을 한다. 그것은 단순한 취미나 오락의 성격이 아닌, 교수로서, 학자로서, 또는 전문가로서의 전문활동(professional activity)이다. 예컨대, 각종 학회나 사회단체에 회원으로 가입하여 학술모임에 참석한다거나 전문가로서 사회여론을 이끌어나가는 것과 같은 일이다.

그러한 여러 가지 전문활동 중에서도 특히 교수들에게 의미를 가져다주는 일은 여러 학술단체에 귀속되어 벌이는 활동이다. 교수들은 그러한 학술단체를 통한 활동을 굳이 국내에서만 행하지 않는다. 폭넓은 국제교류를 통하여 그들의 전문성을 키운다. 또한 교수들이 전문적 활동을 하는 데는 교수가 갖고 있는 사회와 정부에 대한 인식이 중요한 바탕을 이루게 된다. 이를테면, 대학에 대한 정부의 시각을 긍정적으로 인식하고 있느냐, 부정적으로 인식하고 있느냐에서부터, 지구적 차원의 문제들에 대한 정부의 우선순위를 교수들은 어떻게 인식하고 있느냐 등과 같은 것들이다.

이에 이 장에서는 이 연구에서 수행된 조사결과에 기초하여 크게 두 가지 측면으로 나누어 다루어보고자 한다. 하나는 교수들의 학술단체 및 국제적 활동 경험이고, 다른 하나는 고등교육과 사회에 대한 교수들의 인식이다.

1. 학술단체 및 국제적 활동

많은 교수들에게 있어, 학술단체 활동 및 국제적인 학술교류에의 참여는 그들의 기본적인 교육 및 연구책무수행에 필수적인 활동이다.

이러한 학술단체에서의 활동이나 국제적인 학술교류에의 참여는 단순히 외국의 학자나 문헌에 대한 계속적인 접촉 또는 교류만을 의미하는 것이 아니다. 국제적인 문제에 관심을 갖고 연구를 수행하여 자신의 새로운 창의적 발상과 고유한 경험을 국제적으로 확산시켜 나가는 일 등을 포함한다.

이러한 문제들에 대한 세계 각국 대학교수들의 경험, 태도 및 의견을 몇 가지로 나누어서 살펴보기로 하겠다.

1) 가입학술단체의 수와 학술회의 참가횟수

세계 각국 대학교수들은 국내외적으로 얼마나 많은 학술단체에 가입하고 있는가? 물론, 가입단체의 수만으로 교수들의 학술단체 활동을 논하기는 어렵다. 가입만 해놓고, 평생 논문 한 편 그곳에서 발표하지 않는 교수도 있을 수 있고, 그저 연례적으로 개최되는 총회에만 잠시 얼굴을 내밀 뿐, 밀도 있는 활동을 하지 않는 교수도 있을 수 있기 때문이다. 더욱이, 학술단체 그 자체가 학술성을 띠지 못하고 친교적인 성향으로만 변질되는 경우도 있기 마련이다. 그러므로 몇 개의 학술단체에 가입하고 있는 것만으로 교수들의 학술단체 활동 특성을 질적으로 논의하기는 어렵다. 그럼에도 불구하고, 이 연구에서는 교수들의 학술활동의 개략적인 특성을 파악한다는 의미에서 교수들이 가입하고 있는 학술단체의 수와 그러한 학술단체에서 주관한 국내외 학술회의에 참가한 횟수를 조사하였다.

우선 〈표 7-1〉은 세계 각국 교수들이 가입하고 있는 국내외 각종 학술단체의 수별로 교수들의 분포도를 나타낸 것이다. 여기에서 보면, 14개국 대학교수들은 대체로 2~3개의 국내학회에, 그리고 1~2개의 국외학회에 가입하고 있다. 국내학회의 경우, 일본 대학교수들이 평균 4.2개로 가장 많이 가입하였고, 다음이 미국 대학교수들로서 평균 3.4개, 세 번째가 한국 대학교수들로 평균 3.0개의 국내학회에

<표 7-1> 각국 대학교수의 국내외 평균 가입 학술단체수

국가＼구분	국　내	국　외	합　계
호　　　주	2.3	2.0	4.3
브　라　질	2.1	2.8	4.9
칠　　레	1.7	1.7	3.4
독　　　일	2.3	2.2	4.5
홍　　콩	1.9	2.4	4.3
이　스　라　엘	1.9	2.4	4.3
일　　　본	4.2	1.8	6.0
한　　　국	3.0	1.6	4.6
멕　시　코	1.7	1.4	3.1
네　덜　란　드	2.2	2.1	4.3
러　시　아	1.5	1.2	2.7
스　웨　덴	2.0	2.1	4.1
영　　　국	2.1	1.6	3.7
미　　　국	3.4	1.7	5.1

가입하고 있다. 국외학회 가입에 있어서는 브라질 대학교수들이 평균 2.8개로 가장 많았다. 국내외를 합쳐보면, 일본 대학교수들이 평균 6.0개로 가장 많은 학회에 가입하였다. 전체로 볼 때 한국은 평균 4.6개로 미국, 브라질에 이어 14개국 중 네 번째로 많은 수의 학회에 가입하고 있다. 14개국 중 학회가입 평균치가 가장 낮은 국가는 러시아로 국내학회 1.5개, 국외학회 1.2개에 가입하고 있는 것으로 나타났다.

한편, 조사시점을 기준으로 하여 교수들이 지난 3년간 소속대학 밖에서 개최된 국내외 학술회의에 참가한 횟수별 분포를 나타낸 <표 7-2>를 살펴보면, 역시 앞의 <표 7-1>에서 국내 가입학술단체의 수가 가장 많았던 일본 대학교수들이 국내 학술회의 평균 참가횟수에서도 9.2회로 가장 높게 나타났다.

한국은 칠레와 더불어 평균 7.2회로 일본 다음으로 14개국 중 두 번

<표 7-2> 각국 대학교수의 3년간 국내외 학술회의 평균 참가횟수

국가 \ 구분	국내 학술회의	국외 학술회의	합 계
호 주	4.1	3.0	7.1
브 라 질	3.9	3.5	7.4
칠 레	7.3	3.4	10.7
독 일	5.6	3.8	9.4
홍 콩	3.1	3.2	6.3
이 스 라 엘	3.8	4.2	8.0
일 본	9.2	2.9	12.1
한 국	7.3	2.5	9.8
멕 시 코	3.6	2.1	5.7
네 덜 란 드	4.3	5.1	9.4
러 시 아	3.6	1.6	5.2
스 웨 덴	4.0	4.6	8.6
영 국	4.5	3.3	7.8
미 국	4.9	2.3	7.2

째로 높게 나타났다. 국외 학술회의 참가횟수로는, 네덜란드가 평균 5.1회로 가장 높았고, 다음이 스웨덴 4.6회, 이스라엘 4.2회 순으로 나타났다. 한국 대학교수들의 국외 학술회의 평균 참가횟수는 2.5회로 14개국 중 11위를 차지하였다. 국내외 학술회의 참가를 합쳐보면, 일본이 12.1회로 가장 높았고, 다음이 칠레의 10.7회였다. 그러니까 일본 대학교수들은 3년간 12.1회, 즉 연평균 4회 정도 국내외 학술회의에 참가한 셈이다. 한국 대학교수들은 3년간 9.8회로 연평균 3.3회 정도 국내외 학술회의에 참가하였는데, 이는 전체적으로 14개국 중 3위에 해당한다. 그러나 이들 3개국 대학교수들의 학술회의 참여는 대부분 국제 학술회의보다는 국내 학술회의에 치중해 있다는 문제점을 안고 있다.

2) 국제적 학술경험

이 연구에서는 세계 각국 대학교수들의 국제적 학술교류 경험을 파악하기 위하여 조사시점을 기준으로 하여 지난 3년간 그리고 지난 10년간 교수들의 국제적 학술업적을 조사 분석하였다. 〈표 7-3〉은 국제적 학술활동을 경험한 교수들의 학술업적의 평균치를 나타낸 것이다.

〈표 7-3〉 각국 대학교수의 평균 국제적 학술업적

국 가	구 분	지난 3년간	지난 10년간
호 주	다른 나라에서 출판한 논문이나 저서의 수(개)	3.9	10.2
	모국어가 아닌 언어로 발표된 논문이나 저술의 수(개)	0.6	1.3
	다른 나라에서 온 학생들로 구성된 학급을 가르친 횟수(회)	1.2	3.3
브 라 질	다른 나라에서 출판한 논문이나 저서의 수(개)	1.8	3.5
	모국어가 아닌 언어로 발표된 논문이나 저술의 수(개)	1.1	2.4
	다른 나라에서 온 학생들로 구성된 학급을 가르친 횟수(회)	0.2	0.6
칠 레	다른 나라에서 출판한 논문이나 저서의 수(개)	2.4	5.6
	모국어가 아닌 언어로 발표된 논문이나 저술의 수(개)	2.2	5.1
	다른 나라에서 온 학생들로 구성된 학급을 가르친 횟수(회)	1.2	6.0
독 일	다른 나라에서 출판한 논문이나 저서의 수(개)	3.2	6.8
	모국어가 아닌 언어로 발표된 논문이나 저술의 수(개)	3.7	7.6
	다른 나라에서 온 학생들로 구성된 학급을 가르친 횟수(회)	0.8	1.5
홍 콩	다른 나라에서 출판한 논문이나 저서의 수(개)	5.4	15.0
	모국어가 아닌 언어로 발표된 논문이나 저술의 수(개)	4.2	10.7
	다른 나라에서 온 학생들로 구성된 학급을 가르친 횟수(회)	1.0	9.1
이스라엘	다른 나라에서 출판한 논문이나 저서의 수(개)	8.5	23.7
	모국어가 아닌 언어로 발표된 논문이나 저술의 수(개)	7.5	19.6
	다른 나라에서 온 학생들로 구성된 학급을 가르친 횟수(회)	1.6	4.5
일 본	다른 나라에서 출판한 논문이나 저서의 수(개)	2.2	5.8
	모국어가 아닌 언어로 발표된 논문이나 저술의 수(개)	4.9	11.6
	다른 나라에서 온 학생들로 구성된 학급을 가르친 횟수(회)	1.1	3.2
한 국	다른 나라에서 출판한 논문이나 저서의 수(개)	1.4	3.1
	모국어가 아닌 언어로 발표된 논문이나 저술의 수(개)	1.9	4.0
	다른 나라에서 온 학생들로 구성된 학급을 가르친 횟수(회)	0.3	0.5

(계속)

국 가	구 분	지난 3년간	지난 10년간
멕 시 코	다른 나라에서 출판한 논문이나 저서의 수(개)	0.9	1.8
	모국어가 아닌 언어로 발표된 논문이나 저술의 수(개)	0.8	1.4
	다른 나라에서 온 학생들로 구성된 학급을 가르친 횟수(회)	0.5	0.8
네덜란드	다른 나라에서 출판한 논문이나 저서의 수(개)	6.9	17.8
	모국어가 아닌 언어로 발표된 논문이나 저술의 수(개)	8.4	19.4
	다른 나라에서 온 학생들로 구성된 학급을 가르친 횟수(회)	2.0	4.6
러 시 아	다른 나라에서 출판한 논문이나 저서의 수(개)	1.1	2.6
	모국어가 아닌 언어로 발표된 논문이나 저술의 수(개)	1.4	2.4
	다른 나라에서 온 학생들로 구성된 학급을 가르친 횟수(회)	0.5	0.7
스 웨 덴	다른 나라에서 출판한 논문이나 저서의 수(개)	6.1	18.5
	모국어가 아닌 언어로 발표된 논문이나 저술의 수(개)	7.1	20.3
	다른 나라에서 온 학생들로 구성된 학급을 가르친 횟수(회)	1.2	3.2
영 국	다른 나라에서 출판한 논문이나 저서의 수(개)	1.8	4.1
	모국어가 아닌 언어로 발표된 논문이나 저술의 수(개)	0.4	0.6
	다른 나라에서 온 학생들로 구성된 학급을 가르친 횟수(회)	0.9	1.5
미 국	다른 나라에서 출판한 논문이나 저서의 수(개)	0.9	2.2
	모국어가 아닌 언어로 발표된 논문이나 저술의 수(개)	0.3	0.8
	다른 나라에서 온 학생들로 구성된 학급을 가르친 횟수(회)	0.3	1.0

　우선, 다른 나라에서 출판한 논문이나 저서의 수를 보면, 지난 3년 간 이스라엘 교수들이 평균 8.5개, 네덜란드 교수들이 평균 6.9개, 스웨덴 교수들이 평균 6.1개, 그리고 홍콩 교수들이 5.4개의 연구물을 출판하여 14개국 중 1~4위를 차지하였다. 10년간에는 순위는 조금 바뀌었지만, 역시 이들 네 나라가 1위 이스라엘, 2위 스웨덴, 3위 네덜란드, 4위 홍콩으로 나타났다. 14개국 중 한국 대학교수들이 외국에서 출판한 논문이나 저서의 수는 3년간 평균 1.4개, 10년간 평균 3.1개로 3년간과 10년간 모두에서 14개국 중 10위에 머물렀다. 미국이나 영국의 경우, 외국에서 출판한 논문이나 저서의 수가 저조한 것은 영어가 자국어이기 때문에 나타난 현상으로 파악된다.

　모국어가 아닌 다른 나라 언어로 발표된 논문이나 저술의 수를 보면, 다른·나라에서 출판한 논문이나 저술의 수에서처럼 네덜란드·스위스·이스라엘 3개국이 14개국 중 수위를 차지하였고, 일본이 4위를 차지하였다. 한국 교수들이 다른 나라 언어로 발표한 논문이나 저술의 수는 3년간에 평균 1.9개, 10년간에 평균 4.0개로 14개국 중 각각 8위로 나타났다. 또한, 다른 나라에서 온 학생들로 구성된 학급을 가르친 횟수를 보면, 3년간에는 네덜란드(2.0회), 이스라엘(1.6회), 스웨덴(1.2회)이 14개국 중 평균횟수가 가장 높은 나라들이었고, 10년간에는 홍콩(9.1회), 칠레(6.0회), 네덜란드(4.6회)가 가장 높은 나라들이었다. 한국은 3년간에 0.3회, 10년간에 0.5회로 14개국 중 각각 13위와 14위로 최하위에 머물렀다.

그렇다면, 각국의 교수들은 그러한 국제적 학술업적을 쌓기 위해 또는 자신의 학술적 성장을 위해 국제적 학술교류 경험을 얼마나 갖고 있는가? 〈표 7-4〉의 수치 역시 국제적 학술교류가 있는 교수들만의 평균치를 나타낸 것이다.

우선 다른 나라 학자와 연구 프로젝트를 공동으로 수행한 평균 기간을 보면, 스웨덴 교수들의 경우가 3년간에 평균 11.0개월로 가장 높았고, 그 다음에 네덜란드, 영국 교수들의 순으로 높았다. 한국 교수들의 경우는 3년간에 평균 8.6개월로 14개국 중 4위였다. 10년간을 놓고 보아도 역시 스웨덴과 네덜란드 교수들의 평균치가 가장 높았고 그 다음이 이스라엘, 홍콩이었으며 한국은 바로 뒤인 5위였다.

연구를 하기 위한 여행기간이나 또다른 나라 대학에서 교수로 봉사한 기간과 해외에서 안식년을 보낸 평균 기간을 보면, 3년간이든 10년간이든 한국 대학교수들의 평균치는 14개국 중 1위 아니면 2위를 차지할 만큼 매우 길었다. 한국 대학교수 이외에 이들 세 가지 국제교류 경험에서 평균 기간이 길었던 국가는 이스라엘, 스웨덴, 홍콩으로 나타났다. 그러나 다시금 밝혀둘 일은 이 평균치는 설문응답자 중, 국제 학술교류 경험이 있는 교수들만의 평균치라는 점이다.

〈표 7-4〉 각국 대학교수의 평균 국제적 학술교류 경험치　　　　　(개월)

국　가	구　분	지난 3년간	지난 10년간
호　주	다른 나라 학자와 연구 프로젝트를 공동수행한 기간	6.7	15.6
	연구를 하기 위해 외국을 여행한 기간	3.8	10.5
	다른나라 대학의 교수로서 봉사한 기간	6.2	13.8
	해외에서 안식년(연구년)을 보낸 기간	3.8	6.8
브라질	다른 나라 학자와 연구 프로젝트를 공동수행한 기간	7.3	12.3
	연구를 하기 위해 외국을 여행한 기간	3.7	7.2
	다른나라 대학의 교수로서 봉사한 기간	3.0	6.4
	해외에서 안식년(연구년)을 보낸 기간	2.2	4.9
칠　레	다른 나라 학자와 연구 프로젝트를 공동수행한 기간	5.5	11.7
	연구를 하기 위해 외국을 여행한 기간	3.6	9.2
	다른나라 대학의 교수로서 봉사한 기간	4.1	9.5
	해외에서 안식년(연구년)을 보낸 기간	1.8	3.2
독　일	다른 나라 학자와 연구 프로젝트를 공동수행한 기간	8.4	14.1
	연구를 하기 위해 외국을 여행한 기간	3.9	8.4
	다른나라 대학의 교수로서 봉사한 기간	4.7	9.7
	해외에서 안식년(연구년)을 보낸 기간	3.3	5.2
홍　콩	다른 나라 학자와 연구 프로젝트를 공동수행한 기간	8.1	20.6
	연구를 하기 위해 외국을 여행한 기간	3.7	11.8
	다른나라 대학의 교수로서 봉사한 기간	9.0	21.3
	해외에서 안식년(연구년)을 보낸 기간	3.0	6.8
이스라엘	다른 나라 학자와 연구 프로젝트를 공동수행한 기간	8.0	21.3
	연구를 하기 위해 외국을 여행한 기간	5.3	17.5
	다른나라 대학의 교수로서 봉사한 기간	6.0	12.2
	해외에서 안식년(연구년)을 보낸 기간	6.4	9.1
일　본	다른 나라 학자와 연구 프로젝트를 공동수행한 기간	8.0	15.0
	연구를 하기 위해 외국을 여행한 기간	3.6	9.0
	다른나라 대학의 교수로서 봉사한 기간	5.8	12.9
	해외에서 안식년(연구년)을 보낸 기간	3.7	7.5
한　국	다른 나라 학자와 연구 프로젝트를 공동수행한 기간	8.6	19.3
	연구를 하기 위해 외국을 여행한 기간	6.1	15.3
	다른나라 대학의 교수로서 봉사한 기간	8.3	14.8
	해외에서 안식년(연구년)을 보낸 기간	10.3	11.7

(계속)

244

국 가	구 분	지난 3년간	지난 10년간
멕 시 코	다른 나라 학자와 연구 프로젝트를 공동수행한 기간	5.1	7.0
	연구를 하기 위해 외국을 여행한 기간	3.9	8.6
	다른나라 대학의 교수로서 봉사한 기간	3.1	5.3
	해외에서 안식년(연구년)을 보낸 기간	4.4	4.4
네덜란드	다른 나라 학자와 연구 프로젝트를 공동수행한 기간	10.1	22.3
	연구를 하기 위해 외국을 여행한 기간	3.7	9.6
	다른나라 대학의 교수로서 봉사한 기간	6.4	14.3
	해외에서 안식년(연구년)을 보낸 기간	4.5	7.2
러 시 아	다른 나라 학자와 연구 프로젝트를 공동수행한 기간	5.1	8.4
	연구를 하기 위해 외국을 여행한 기간	2.0	3.7
	다른나라 대학의 교수로서 봉사한 기간	1.5	8.7
	해외에서 안식년(연구년)을 보낸 기간	3.0	3.7
스 웨 덴	다른 나라 학자와 연구 프로젝트를 공동수행한 기간	11.0	21.4
	연구를 하기 위해 외국을 여행한 기간	5.3	10.3
	다른나라 대학의 교수로서 봉사한 기간	6.6	9.7
	해외에서 안식년(연구년)을 보낸 기간	5.0	7.5
영 국	다른 나라 학자와 연구 프로젝트를 공동수행한 기간	9.5	18.9
	연구를 하기 위해 외국을 여행한 기간	3.4	8.7
	다른나라 대학의 교수로서 봉사한 기간	4.3	12.1
	해외에서 안식년(연구년)을 보낸 기간	3.7	6.1
미 국	다른 나라 학자와 연구 프로젝트를 공동수행한 기간	7.8	15.8
	연구를 하기 위해 외국을 여행한 기간	3.2	6.7
	다른나라 대학의 교수로서 봉사한 기간	3.6	6.6
	해외에서 안식년(연구년)을 보낸 기간	4.0	5.1

3) 소속대학 내에서의 국제적 교류

교수들의 국제적인 학술교류와 경험은 교수가 꼭 외국으로 나가야만 되는 것은 아니다. 국내 또는 소속대학 내에서도 여러 가지 경로를 통하여 국제적 교류의 경험을 할 수 있다. 예컨대, 학과 교육 프로그램에 외국교수를 강사로 초빙하여 갖게 되는 국제회의나 세미나 같은 국제적 교류도 있을 수 있다.

교수들과의 국제적 교류만이 아니라 이제는 학생들을 통한 국제적 교류도 매우 다양해졌다. 외국학생이 입학함으로써 자신이 직접 외국학생을 가르치기도 하고, 또한 자신이 가르친 학생들을 외국대학에 수학시킴으로써 갖는 국제적 교류도 있다. 〈표 7-5〉는 그러한 내용들에 대한 조사결과를 모아놓은 것이다.

이 표에서 보면 한국은 네 가지 항목 모두에서 그 교류 정도가 설문에 응한 국가 중 최하위인 것으로 나타났다. 한국 대학교수들의 경우 지난 3년간 소속대학 내에서 외국교수가 와서 교과목을 가르친 경우가 있는가에 대해서는 응답 교수들 중 32.8%가, 전혀 없다고 반응하였으며 국제회의 또는 세미나가 개최된 경우는 23.9%가, 외국학생이 입학한 경우는 41.5%가, 그리고 우리 학생들이 외국대학에서 수학한 경우는 25.0%가 전혀 없었다고 반응함으로써, 소속대학 내에서의 국제적 교류가 가장 빈약하였던 것으로 파악되었다.

외국교수가 와서 교과목을 가르친 경우는 한국과 러시아를 제외한 나머지 국가의 대학교수들 중 각각 45% 이상이 자주 있었다고 반응하였다. 반면 러시아의 경우는 약 20%가, 한국은 10%만이 자주 있었다고 반응하였다. 국제회의 또는 세미나 개최도 한국의 경우만 16%의 교수들이 자주 있었다고 하였고, 나머지 국가에서는 모두 35% 이상이 자주 있었다고 반응하였다. 외국학생의 입학은 한국을 제외한 모든 국가에서 각각 40% 이상이 자주 있었다고 하였으나, 한국의 경우는 불과 4.2%만이 자주 있었다고 하였다. 또한 자국 내 학생들이 외국대학에서 수학한 경우도 설문에 응답한 모든 국가에서 각각 30% 이상의 교수들이 자주 있었다고 반응하였지만, 한국 대학교수들의 경우에는 오직 10.5%만이 자주 있었다고 반응하였다. 한마디로 앞서의 〈표 7-3〉 및 〈표 7-4〉의 결과와 〈표 7-5〉의 결과를 종합하면, 한국 대학의 국제적 교류 또는 연계는 14개국 중 가장 빈약한 실정에 놓여 있다고 결론지을 수밖에 없을 듯싶다.

<표 7-5> 각국 대학교수의 3년간 소속대학 내 국제적 교류 정도별 분포 (%)

국 가	구 분	매우 자주	대체로 자주	아주 조금	전혀 없음	모르 겠음	전체
호 주	외국교수가 와서 교과목을 가르친 경우	10.0	35.0	22.8	21.6	10.5	100.0
	국제회의 또는 세미나의 개최	8.4	39.9	22.4	20.1	9.1	100.0
	외국학생의 입학	65.1	21.5	7.3	2.3	3.8	100.0
	우리 학생들의 외국대학에서의 수학	10.0	29.5	31.1	14.0	15.4	100.0
브 라 질	외국교수가 와서 교과목을 가르친 경우	12.6	32.6	21.1	20.8	12.9	100.0
	국제회의 또는 세미나의 개최	8.4	27.7	21.6	29.3	13.0	100.0
	외국학생의 입학	20.5	27.3	21.2	14.5	16.5	100.0
	우리 학생들의 외국대학에서의 수학	15.3	27.1	21.7	13.1	22.9	100.0
칠 레	외국교수가 와서 교과목을 가르친 경우	26.4	39.1	23.0	5.4	6.2	100.0
	국제회의 또는 세미나의 개최	27.9	45.5	17.7	4.5	4.4	100.0
	외국학생의 입학	29.6	30.1	23.6	5.3	11.4	100.0
	우리 학생들의 외국대학에서의 수학	9.3	24.6	31.6	14.1	20.4	100.0
홍 콩	외국교수가 와서 교과목을 가르친 경우	20.1	42.0	16.6	8.1	13.1	100.0
	국제회의 또는 세미나의 개최	22.1	51.0	13.1	5.9	7.9	100.0
	외국학생의 입학	11.9	30.3	34.1	14.5	9.2	100.0
	우리 학생들의 외국대학에서의 수학	15.4	31.9	24.2	9.3	19.2	100.0
이스라엘	외국교수가 와서 교과목을 가르친 경우	14.4	31.3	33.0	10.3	10.9	100.0
	국제회의 또는 세미나의 개최	15.2	41.2	22.4	13.2	7.9	100.0
	외국학생의 입학	22.8	28.7	28.2	6.0	14.2	100.0
	우리 학생들의 외국대학에서의 수학	10.3	22.3	32.2	24.2	9.3	100.0
일 본	외국교수가 와서 교과목을 가르친 경우	40.4	31.8	10.7	10.6	6.5	100.0
	국제회의 또는 세미나의 개최	21.0	35.9	19.3	14.6	9.1	100.0
	외국학생의 입학	57.3	27.6	10.3	3.0	1.8	100.0
	우리 학생들의 외국대학에서의 수학	50.8	26.9	13.2	11.2	24.1	100.0
한 국	외국교수가 와서 교과목을 가르친 경우	2.1	8.2	49.7	32.8	7.3	100.0
	국제회의 또는 세미나의 개최	1.3	14.9	53.6	23.9	6.3	100.0
	외국학생의 입학	0.4	3.8	42.4	41.5	11.9	100.0
	우리 학생들의 외국대학에서의 수학	1.1	9.4	49.3	25.0	15.1	100.0
멕 시 코	외국교수가 와서 교과목을 가르친 경우	16.7	33.1	23.4	17.4	9.4	100.0
	국제회의 또는 세미나의 개최	15.3	29.7	20.4	26.6	8.0	100.0
	외국학생의 입학	17.5	28.9	22.7	19.3	11.6	100.0
	우리 학생들의 외국대학에서의 수학	9.9	20.6	25.1	25.4	19.0	100.0

(계속)

국 가	구 분	매우 자주	대체로 자주	아주 조금	전혀 없음	모르 겠음	전체
러 시 아	외국교수가 와서 교과목을 가르친 경우	2.8	17.1	23.6	34.2	22.2	100.0
	국제회의 또는 세미나의 개최	7.3	27.7	42.7	8.6	13.7	100.0
	외국학생의 입학	42.3	10.1	24.1	14.6	9.0	100.0
	우리 학생들의 외국대학에서의 수학	8.7	23.9	35.9	11.1	20.4	100.0
스 웨 덴	외국교수가 와서 교과목을 가르친 경우	16.9	37.6	25.8	12.6	7.1	100.0
	국제회의 또는 세미나의 개최	21.5	43.8	21.1	9.5	4.1	100.0
	외국학생의 입학	35.5	39.3	16.6	5.1	3.6	100.0
	우리 학생들의 외국대학에서의 수학	23.0	41.9	22.0	6.7	6.5	100.0
미 국	외국교수가 와서 교과목을 가르친 경우	18.6	32.7	18.5	9.4	20.8	100.0
	국제회의 또는 세미나의 개최	14.4	34.6	18.5	13.8	18.6	100.0
	외국학생의 입학	72.9	18.0	2.8	1.3	5.0	100.0
	우리 학생들의 외국대학에서의 수학	30.5	32.6	16.2	4.7	16.1	100.0

(독일·네덜란드·영국 ; 자료 누락)

4) 국제적 연계에 관한 교수의 지각

그렇다면, 세계 각국 교수들은 국제적 연계에 어떠한 믿음을 갖고 있는가? 또한 국제적 교류를 중요하다고 생각하는가? 그들은 외국에서 발전되는 새로운 이론과 지식의 습득에 대하여 어떻게 생각하는가? 대학은 학생과 교수의 국제적 교류를 위해 어느 정도나 노력을 기울여야 하겠는가와 같은 몇 가지 질문을 통하여, 국제적 연계에 관한 교수들의 생각을 알아보았다. 〈표 7-6〉은 국제적 연계에 관한 네 가지 질문에 대한 교수들의 찬·반 정도별 분포를 나타낸 것이다.

이 표에서 보면, 우선 다른 나라 학자들과의 교류의 중요성에 관하여 미국과 영국을 제외한 모든 국가의 교수들 중 70% 이상이 찬성하고 있었다. 그러나 영국의 경우는 60.5%, 미국의 경우는 52.5%로 그 찬성률이 다른 나라에 비하여 다소 떨어졌다. 외국출판물의 구독에 관해서도 미국을 제외한 모든 국가에서 거의 90% 이상의 교수들이 찬성하였고, 국가간의 학생과 교수의 교류에 관해서도 미국만이 다소 떨어졌을 뿐, 나머지 모든 국가에서 각각 80% 이상의 교수들이 찬성을 나타냈다. 그러나 소속대학 내 교육과정의 국제화 문제에 관해서는 앞서 세 가지 항목의 국제적 연계보다는 찬성하는 교수의 비율이 모든 국가에서 다소 떨어졌다. 멕시코·한국·칠레의 교수들은

〈표 7-6〉 각국 대학교수의 국제적 연계에 대한 찬·반별 분포　　　(%)

국　　가	구　　　분	찬성	중간	반대	모르 겠음	전체
호　　주	(1) 외국학자와의 교류의 중요성	79.8	14.6	3.8	1.8	100.0
	(2) 정보획득을 위해 외국출판물 구독	96.9	1.7	0.8	0.7	100.0
	(3) 국가간 학술교류를 위한 대학의 노력	86.6	12.0	1.1	0.4	100.0
	(4) 교육과정의 국제화	46.2	39.1	13.2	1.5	100.0
브 라 질	(1) 외국학자와의 교류의 중요성	81.2	10.6	4.0	4.2	100.0
	(2) 정보획득을 위해 외국출판물 구독	91.0	3.3	4.3	1.5	100.0
	(3) 국가간 학술교류를 위한 대학의 노력	93.7	3.7	1.0	1.6	100.0
	(4) 교육과정의 국제화	58.8	21.6	16.0	3.5	100.0
칠　　레	(1) 외국학자와의 교류의 중요성	95.3	2.6	2.1	0.0	100.0
	(2) 정보획득을 위해 외국출판물 구독	98.3	1.2	0.5	0.0	100.0
	(3) 국가간 학술교류를 위한 대학의 노력	96.4	2.1	1.5	0.0	100.0
	(4) 교육과정의 국제화	79.2	11.8	9.0	0.0	100.0
독　　일	(1) 외국학자와의 교류의 중요성	74.7	13.1	8.0	4.2	100.0
	(2) 정보획득을 위해 외국출판물 구독	89.2	5.1	3.7	2.0	100.0
	(3) 국가간 학술교류를 위한 대학의 노력	84.0	10.3	2.4	3.3	100.0
	(4) 교육과정의 국제화	50.9	27.3	10.9	10.9	100.0
홍　　콩	(1) 외국학자와의 교류의 중요성	84.4	11.5	3.5	0.7	100.0
	(2) 정보획득을 위해 외국출판물 구독	98.3	0.9	0.9	0.0	100.0
	(3) 국가간 학술교류를 위한 대학의 노력	82.6	15.6	1.7	0.0	100.0
	(4) 교육과정의 국제화	64.3	26.3	7.0	2.4	100.0
이스라엘	(1) 외국학자와의 교류의 중요성	84.5	7.9	5.4	2.1	100.0
	(2) 정보획득을 위해 외국출판물 구독	97.9	1.5	0.4	0.2	100.0
	(3) 국가간 학술교류를 위한 대학의 노력	79.1	11.8	8.0	1.1	100.0
	(4) 교육과정의 국제화	25.4	27.7	33.6	13.2	100.0
일　　본	(1) 외국학자와의 교류의 중요성	87.5	10.4	1.7	0.3	100.0
	(2) 정보획득을 위해 외국출판물 구독	92.7	4.6	2.1	0.6	100.0
	(3) 국가간 학술교류를 위한 대학의 노력	87.5	11.5	0.7	0.3	100.0
	(4) 교육과정의 국제화	65.3	30.6	2.3	1.8	100.0

(계속)

국 가	구 분	찬성	중간	반대	모르겠음	전체
한 국	(1) 외국학자와의 교류의 중요성	90.2	8.0	0.7	1.0	100.0
	(2) 정보획득을 위해 외국출판물 구독	94.8	3.7	0.6	0.9	100.0
	(3) 국가간 학술교류를 위한 대학의 노력	93.4	5.5	0.5	0.6	100.0
	(4) 교육과정의 국제화	75.4	19.4	4.3	0.9	100.0
멕 시 코	(1) 외국학자와의 교류의 중요성	71.2	13.3	5.6	10.0	100.0
	(2) 정보획득을 위해 외국출판물 구독	88.3	5.8	3.3	2.5	100.0
	(3) 국가간 학술교류를 위한 대학의 노력	92.2	5.1	1.5	1.2	100.0
	(4) 교육과정의 국제화	72.9	16.9	8.0	2.2	100.0
네덜란드	(1) 외국학자와의 교류의 중요성	78.9	10.5	7.8	2.8	100.0
	(2) 정보획득을 위해 외국출판물 구독	94.5	2.6	2.5	0.4	100.0
	(3) 국가간 학술교류를 위한 대학의 노력	—	—	—	—	—
	(4) 교육과정의 국제화	—	—	—	—	—
러 시 아	(1) 외국학자와의 교류의 중요성	88.6	10.5	1.0	0.0	100.0
	(2) 정보획득을 위해 외국출판물 구독	98.8	1.0	0.0	0.2	100.0
	(3) 국가간 학술교류를 위한 대학의 노력	94.6	4.4	0.7	0.2	100.0
	(4) 교육과정의 국제화	58.0	38.3	2.8	1.0	100.0
스 웨 덴	(1) 외국학자와의 교류의 중요성	86.0	10.4	2.4	1.2	100.0
	(2) 정보획득을 위해 외국출판물 구독	95.2	3.0	1.0	0.8	100.0
	(3) 국가간 학술교류를 위한 대학의 노력	86.1	11.6	1.7	0.6	100.0
	(4) 교육과정의 국제화	57.6	32.8	6.8	2.8	100.0
영 국	(1) 외국학자와의 교류의 중요성	60.5	24.5	10.4	4.5	100.0
	(2) 정보획득을 위해 외국출판물 구독	—	—	—	—	—
	(3) 국가간 학술교류를 위한 대학의 노력	—	—	—	—	—
	(4) 교육과정의 국제화	—	—	—	—	—
미 국	(1) 외국학자와의 교류의 중요성	52.5	25.2	17.6	4.7	100.0
	(2) 정보획득을 위해 외국출판물 구독	60.5	16.4	21.0	2.1	100.0
	(3) 국가간 학술교류를 위한 대학의 노력	67.6	24.7	6.3	1.4	100.0
	(4) 교육과정의 국제화	43.4	36.3	17.5	2.9	100.0

(네덜란드·영국 ; 일부자료 누락)

각각 70% 이상이, 홍콩·일본은 60% 이상이, 브라질·독일·러시아·스웨덴의 경우는 50% 이상의 교수들이 찬성하였다. 그러나 호주의 경우는 46%가, 미국의 경우는 43%의 교수들만이 찬성하였고, 특히 이스라엘의 경우는 25%의 교수들은 찬성, 34%의 교수들은 반대

의사를 나타냈다.

5) 지구적인 문제에 대한 정부의 우선순위

국제적 학술교류, 국제적인 연계에 못지않게 중요한 것은 인식의 세계화이다. 이 연구에서는 이러한 문제와 관련하여 범세계적으로 확산되고 있는 인류의 온갖 공통 문제들에 대해 교수들은 자국 정부가 어느 정도나 관심을 두어야 된다고 생각하고 있는가를 알아보았다. 〈표 7-7〉은 그 결과를 나타낸 것이다.

〈표 7-7〉에서 보면, 세계 각국 교수들 중 가장 많은 교수들이 자국의 정부가 높은 우선순위를 두고 관심을 가져야 할 세계공통의 문제로 지적한 대표적인 세 가지 문제는 기초교육, 환경의 질, 그리고 인권의 문제였다. 그중 기초교육의 문제는 설문에 응한 국가 중 8개국 교수들이 제1위의 우선순위를 두어야 할 문제로 지적하였고, 다음으로는 환경의 질 문제를 2개국 교수들이 1위의 우선순위를 두어야 할 문제로, 7개국에서 2위로, 1개국에서 3위의 우선순위로 반응하였다. 세 번째로 많이 지적된 인권 문제는 러시아 교수들만이 1위로, 3개국 교수들이 2위로, 그리고 6개국에서 3위로 지적되었다. 반대로, 자국의 정부가 우선순위를 두어야 할 문제로 〈표 7-7〉에서 제기된 9개 항목 중 최하위로 지적된 것은 종족, 인종 및 종교적 갈등이었다. 그러나 러시아와 이스라엘의 교수들은 오히려 종족, 인종 및 종교적 갈등을 각각 세 번째로 높은 우선순위로 반응함으로써 자국의 사회적, 역사적 성향을 응답에 반영하기도 하였다.

그 외에도 여러 국가의 교수들이 자국의 사정에 따라 특정항목에는 상대적으로 낮은 우선순위를 부여하였는데, 이를테면 무기통제, 인구성장, 식량공급 등이 여러 나라에서 최하위의 우선순위로 반응하였다. 한 가지 더 언급해 둘 일은 일본의 대학교수들 중 많은 교수들이 무기통제 문제를 환경의 질 다음으로 높은 우선순위로 꼽았다는 점이다.

<표 7-7> 각국 대학교수의 인류문제에 대한 정부 우선순위별 분포 (%)

국 가	문 제	아주 높은 순위	높은 순위	중간 수준 순위	낮은 순위	전 체
호 주	인권	41.8	44.0	11.7	2.5	100.0
	기초교육	53.7	40.2	5.1	1.0	100.0
	세계경제	18.0	47.6	28.1	6.3	100.0
	환경의 질	50.4	39.8	8.5	1.3	100.0
	인구성장	36.8	32.9	23.7	6.6	100.0
	세계식량공급	37.7	40.5	18.4	3.4	100.0
	에이즈와 그 외 건강문제	23.5	47.4	24.9	4.2	100.0
	종족, 인종 및 종교적 갈등	25.7	36.9	30.8	6.6	100.0
	무기통제	36.3	34.2	21.4	8.1	100.0
브 라 질	인권	72.3	22.7	4.6	0.4	100.0
	기초교육	94.7	4.7	0.3	0.2	100.0
	세계경제	13.9	41.8	39.7	4.6	100.0
	환경의 질	70.1	25.7	3.9	0.3	100.0
	인구성장	52.4	35.8	11.2	0.5	100.0
	세계식량공급	42.7	39.7	23.0	4.6	100.0
	에이즈와 그 외 건강문제	39.9	33.2	21.3	5.5	100.0
	종족, 인종 및 종교적 갈등	56.0	32.5	10.1	1.4	100.0
	무기통제	21.1	30.5	37.0	11.4	100.0
칠 레	인권	48.5	34.7	13.5	3.3	100.0
	기초교육	81.0	17.1	1.7	0.2	100.0
	세계경제	16.3	53.8	26.3	3.6	100.0
	환경의 질	74.0	23.5	2.4	0.1	100.0
	인구성장	16.9	35.7	38.8	8.6	100.0
	세계식량공급	45.4	37.8	15.0	1.8	100.0
	에이즈와 그 외 건강문제	50.5	36.8	11.0	1.7	100.0
	종족, 인종 및 종교적 갈등	13.6	27.4	34.7	24.3	100.0
	무기통제	33.9	29.5	24.8	11.8	100.0
홍 콩	인권	33.1	44.3	17.9	4.7	100.0
	기초교육	54.0	38.8	5.9	1.3	100.0
	세계경제	15.4	43.4	34.7	6.5	100.0
	환경의 질	43.7	43.5	11.9	0.9	100.0
	인구성장	13.2	33.3	39.7	13.8	100.0
	세계식량공급	8.8	28.4	40.5	22.3	100.0
	에이즈와 그 외 건강문제	15.4	42.3	35.9	6.5	100.0

(계속)

국 가	문 제	아주 높은 순위	높은 순위	중간 수준 순위	낮은 순위	전 체
홍 콩	종족, 인종 및 종교적 갈등	11.8	24.5	37.9	25.9	100.0
	무기통제	11.5	19.6	27.3	41.5	100.0
이스라엘	인권	53.2	36.4	7.5	2.8	100.0
	기초교육	69.0	22.9	5.3	2.8	100.0
	세계경제	9.3	29.3	37.6	23.7	100.0
	환경의 질	38.5	46.0	13.5	1.9	100.0
	인구성장	17.3	26.1	34.3	22.2	100.0
	세계식량공급	11.6	24.6	37.5	26.3	100.0
	에이즈와 그 외 건강문제	22.4	41.3	27.7	8.6	100.0
	종족, 인종 및 종교적 갈등	43.8	37.7	14.0	4.5	100.0
	무기통제	41.0	35.0	15.0	9.0	100.0
일 본	인권	51.3	35.3	12.8	0.6	100.0
	기초교육	43.3	39.8	15.7	1.2	100.0
	세계경제	29.3	43.2	26.4	1.2	100.0
	환경의 질	63.5	28.8	7.0	0.7	100.0
	인구성장	46.1	35.4	15.9	2.5	100.0
	세계식량공급	46.7	40.0	12.1	1.1	100.0
	에이즈와 그 외 건강문제	49.7	38.0	11.0	1.3	100.0
	종족, 인종 및 종교적 갈등	36.6	34.1	25.2	4.4	100.0
	무기통제	55.0	27.9	14.7	2.4	100.0
한 국	인권	25.2	32.9	27.9	14.1	100.0
	기초교육	40.6	28.2	18.6	12.6	100.0
	세계경제	20.5	45.1	30.0	4.4	100.0
	환경의 질	29.7	31.5	22.8	16.0	100.0
	인구성장	10.7	38.6	38.8	12.0	100.0
	세계식량공급	6.3	29.7	46.3	17.7	100.0
	에이즈와 그 외 건강문제	14.0	32.5	38.3	15.3	100.0
	종족, 인종 및 종교적 갈등	5.7	17.0	39.7	37.6	100.0
	무기통제	21.8	28.3	31.3	18.5	100.0
멕 시 코	인권	67.3	28.9	3.4	0.4	100.0
	기초교육	79.1	18.9	1.5	0.5	100.0
	세계경제	34.1	49.5	14.9	1.5	100.0
	환경의 질	75.4	20.7	3.6	0.2	100.0
	인구성장	50.9	35.7	11.5	2.0	100.0
	세계식량공급	50.5	34.9	12.6	2.0	100.0

(계속)

국 가	문 제	아주 높은 순위	높은 순위	중간 수준 순위	낮은 순위	전 체
멕 시 코	에이즈와 그 외 건강문제	50.2	37.1	10.9	1.8	100.0
	종족, 인종 및 종교적 갈등	20.6	27.6	34.7	17.1	100.0
	무기통제	28.6	23.1	21.2	27.2	100.0
러 시 아	인권	67.5	27.5	4.2	0.7	100.0
	기초교육	43.9	50.6	5.2	0.2	100.0
	세계경제	20.4	51.1	25.4	3.2	100.0
	환경의 질	58.4	37.1	4.0	0.5	100.0
	인구성장	12.9	27.0	45.1	15.0	100.0
	세계식량공급	30.8	36.0	24.4	8.7	100.0
	에이즈와 그 외 건강문제	35.5	37.6	20.7	6.1	100.0
	종족, 인종 및 종교적 갈등	44.5	36.7	13.6	5.3	100.0
	무기통제	33.3	43.8	18.6	4.3	100.0
스 웨 덴	인권	54.4	34.0	9.8	1.8	100.0
	기초교육	39.8	47.7	11.8	0.9	100.0
	세계경제	16.4	39.4	35.3	8.9	100.0
	환경의 질	55.0	35.7	8.4	0.9	100.0
	인구성장	27.0	32.6	27.7	12.6	100.0
	세계식량공급	31.5	37.8	25.4	5.3	100.0
	에이즈와 그 외 건강문제	23.0	41.0	30.8	5.1	100.0
	종족, 인종 및 종교적 갈등	28.6	36.5	27.1	7.8	100.0
	무기통제	30.5	31.8	24.7	12.9	100.0
미 국	인권	48.5	39.5	10.7	1.3	100.0
	기초교육	63.2	29.2	6.8	0.7	100.0
	세계경제	26.9	46.4	23.3	3.4	100.0
	환경의 질	55.2	34.6	9.1	1.1	100.0
	인구성장	37.6	32.7	22.5	7.2	100.0
	세계식량공급	36.6	41.8	18.5	3.1	100.0
	에이즈와 그 외 건강문제	37.5	39.9	19.3	3.4	100.0
	종족, 인종 및 종교적 갈등	25.7	37.4	28.3	8.6	100.0
	무기통제	39.6	32.7	22.3	5.5	100.0

(독일 · 네덜란드 · 영국 ; 자료 누락)

2. 고등교육과 사회에 대한 교수들의 인식

어느 나라에서든 고등교육은 그 나라의 정부와 밀접한 관계에 놓여 있다. 특히, 고등교육에 대한 통제권이 어디에 속하느냐의 문제를 놓고 대학과 정부가 대립관계에 놓여 있는 경우가 많다. 뿐만 아니라, 고등교육이 하나의 하위체제로 갖게 되는 사회적 책무성은 그 어느 누구도 부정할 수 없는 당위적인 문제라고 하겠다. 고등교육, 특히 대학교육에 있어서 참된 모습은 무엇이며, 얼마나 많은 수의 학생들이 고등교육을 받아야만 하는가 등의 여러 가지 문제들이 사회의 관심 대상이다. 그러면, 대학 안에서 일하는 교수들 스스로는 이러한 문제들에 대해서 어떻게 인식하고 있는가? 이번의 설문조사 나타난 결과를 몇 가지로 나누어 제시해 보기로 하겠다.

1) 대학에 대한 정부의 의사결정

우리나라의 경우, 대학은 오랜 기간 동안 정부의 통제하에 놓여 있었다. 대학정책 그 자체가 정부에 의하여 세워지고 집행되어 왔다. 그러나 지난 몇 년 동안 정부는 대학의 자율화를 추진하기 위한 여러 가지 계획을 실시하여 왔다. 예컨대, 대학입학생 선발에서 대학별 본고사제도를 부활하고, 교양교육과정에서의 국민윤리·국사·체육·교련 등 필수교과목 지정을 해지하였으며, 종합대학과 단과대학의 구별을 대학에 맡기는 등 여러 가지 일을 시도하여 왔다. 1995년 5월 31일에 발표된 교육개혁안에서도 대학의 자율과 해방이 강하게 천명되었다. 그러나 대학 현장에서 교수들이 느끼는 구속감은 아직도 해소되거나 줄어들지 않고 있다. 많은 수의 교수들이 아직도 한국의 대학은 정부의 심한 간섭과 통제하에 놓여 있다고 생각한다.

그렇다면, 다른 나라의 대학교수들은 이러한 문제에 대해 어떻게 생각하고 있는가? 이것에 관련된 두 가지 문항의 조사결과를 제시하

<표 7-8> 각국 대학교수의 대학과 정부 간 관계에 대한 찬·반별 분포(%)

국 가	구 분	찬 성	중 간	반 대	해당 없음	전체
호 주	정부가 고등교육의 총체적인 목적과 정책을 규정하는 책임을 떠맡아야 한다	28.8	16.4	53.3	1.4	100.0
	우리나라에서는 중요한 학사정책 결정에서 정부의 간섭이 너무 심하다	54.8	25.3	16.4	3.5	100.0
브 라 질	정부가 고등교육의 총체적인 목적과 정책을 규정하는 책임을 떠맡아야 한다	44.5	13.5	40.8	1.1	100.0
	우리나라에서는 중요한 학사정책 결정에서 정부의 간섭이 너무 심하다	40.0	22.4	33.8	3.7	100.0
칠 레	정부가 고등교육의 총체적인 목적과 정책을 규정하는 책임을 떠맡아야 한다	44.3	23.7	30.7	1.2	100.0
	우리나라에서는 중요한 학사정책 결정에서 정부의 간섭이 너무 심하다	16.5	30.6	49.5	3.5	100.0
홍 콩	정부가 고등교육의 총체적인 목적과 정책을 규정하는 책임을 떠맡아야 한다	46.4	20.3	33.1	0.2	100.0
	우리나라에서는 중요한 학사정책 결정에서 정부의 간섭이 너무 심하다	42.1	31.3	24.6	2.0	100.0
일 본	정부가 고등교육의 총체적인 목적과 정책을 규정하는 책임을 떠맡아야 한다	18.7	32.3	47.1	1.8	100.0
	우리나라에서는 중요한 학사정책 결정에서 정부의 간섭이 너무 심하다	46.4	39.8	10.4	3.4	100.0
한 국	정부가 고등교육의 총체적인 목적과 정책을 규정하는 책임을 떠맡아야 한다	49.8	19.8	30.0	0.5	100.0
	우리나라에서는 중요한 학사정책 결정에서 정부의 간섭이 너무 심하다	88.8	7.9	3.1	0.2	100.0
멕 시 코	정부가 고등교육의 총체적인 목적과 정책을 규정하는 책임을 떠맡아야 한다	32.9	16.2	49.7	1.1	100.0
	우리나라에서는 중요한 학사정책 결정에서 정부의 간섭이 너무 심하다	54.0	21.7	22.5	1.8	100.0

(계속)

국 가	구 분	찬 성	중 간	반 대	해당 없음	전체
네덜란드	정부가 고등교육의 총체적인 목적과 정책을 규정하는 책임을 떠맡아야 한다	38.9	22.3	28.7	10.1	100.0
	우리나라에서는 중요한 학사정책 결정에서 정부의 간섭이 너무 심하다	39.7	28.0	18.8	13.5	100.0
러 시 아	정부가 고등교육의 총체적인 목적과 정책을 규정하는 책임을 떠맡아야 한다	90.1	5.9	3.8	0.2	100.0
	우리나라에서는 중요한 학사정책 결정에서 정부의 간섭이 너무 심하다	33.2	39.2	26.9	0.7	100.0
스 웨 덴	정부가 고등교육의 총체적인 목적과 정책을 규정하는 책임을 떠맡아야 한다	45.7	21.3	32.2	0.8	100.0
	우리나라에서는 중요한 학사정책 결정에서 정부의 간섭이 너무 심하다	24.7	35.5	38.7	1.1	100.0
미 국	정부가 고등교육의 총체적인 목적과 정책을 규정하는 책임을 떠맡아야 한다	10.0	12.7	76.7	0.6	100.0
	우리나라에서는 중요한 학사정책 결정에서 정부의 간섭이 너무 심하다	33.4	33.0	32.4	1.2	100.0

(독일·이스라엘·영국 ; 자료 누락)

면 〈표 7-8〉과 같다.

우선, 정부가 고등교육의 총체적인 목적과 정책을 규정하는 책임을 떠맡아야 한다는 데에 대하여는, 브라질·칠레·홍콩·한국·네덜란드·러시아·스웨덴의 교수들 중 찬성하는 교수의 수가 많았다. 러시아의 경우는 90%가 넘는 교수들이 찬성하였고, 그 외의 국가에서는 대체로 40~50% 범주의 교수들이 찬성하였다. 그러나 절반 정도의 교수들이 찬성한 국가에서는 그만큼 정부의 총체적 책임부담에 대해 반대하는 교수들도 상당수 있음을 미루어 짐작할 수 있는데, 특히, 호주·일본·멕시코·미국의 경우에는 찬성하는 교수들보다 반대하는 교수들이 많았다. 미국의 경우에는 77%의 교수들이 정부의 그러한 역할수행에 반대하였다.

다음으로, 자국에서는 중요한 학사정책 결정에서 정부의 간섭이 너무 심하다는 데에 대해서는, 칠레와 스웨덴을 제외한 나머지 국가에서는 동의하는 교수들이 부정하는 교수들보다 훨씬 많았다. 그 가운데서도 특히 한국의 대학교수들 중 무려 88.8%의 교수들이 정부의 간섭을 심하게 느끼고 있었다. 정부의 간섭이 심하다는 데 동의하는 사람들보다는 심하지 않다고 생각하는 사람들이 많았던 국가는 칠레와 스웨덴의 경우이다. 칠레의 경우는 49.5%가, 스웨덴의 경우에는 38.7%가 정부의 간섭이 심하지 않다고 반응하였다.

2) 고등교육에서의 우선순위

고등교육은 어떠한 교육이어야 하며 고등교육기관은 무엇을 가르치는 기관이어야 하는가? 고등교육의 교육적 기능 및 고등교육의 사회적 사명에 대한 각국 교수들의 생각을 알아본 결과, 그것은 〈표 7-9〉에서처럼 나타났다.

〈표 7-9〉에서 나타난 결과를 보면, 미래를 전망할 때 자국의 고등교육은 어떤 목표에다 우선순위를 두어야 하는가에 대하여 각국의 교수들이 여러 가지 공통된 생각을 보였다. 즉, 이들은 미래의 고등교육이 학술적 활동 및 연구의 증진과 자유로운 지적 탐구의 보호에 최우선순위를 두어야 한다는 공통된 견해를 나타냈다. 이는 고등교육의 지성주의(intellectualism)와 직업주의(careerism) 간의 오랜 갈등을 놓고 볼 때, 오늘날 세계 각국의 많은 교수들은 지성주의 쪽의 견해를 갖고 있음을 의미하는 것이다. 그 다음으로 각국의 교수들 중 많은 수가 높은 순위를 부여한 것은 국가의 국제경쟁력 강화와 학생들의 직업능력을 키우기 위한 교육이었다.

물론, 국가에 따라서는 이들 두 가지에 가장 많은 수의 교수들이 낮은 우선순위를 부여하기도 하였다. 이를테면 독일 · 일본 · 러시아

<표 7-9> 각국 대학교수의 고등교육 성격에 대한 우선순위 비중별 분포　　(%)

국　　가	성　　　격	아주 높은 순위	높은 순위	중간 수준 순위	낮은 순위	전체
호　　주	학생들에게 지도력을 키우기 위한 교육	19.0	45.2	28.7	7.2	100.0
	학생들에게 직업능력을 키우기 위한 교육	23.3	46.7	27.5	2.5	100.0
	성인을 위한 평생학습	34.3	40.5	21.1	4.1	100.0
	문화유산의 보존	12.9	33.1	39.9	14.1	100.0
	자유로운 지적 탐구의 보호	51.4	35.4	12.0	1.2	100.0
	학술적 활동 및 연구의 증진	52.3	37.5	9.5	0.6	100.0
	국가의 국제경쟁력 강화	39.2	41.9	15.5	3.4	100.0
	기본적인 사회문제 해결지원	32.4	41.9	20.8	4.9	100.0
브 라 질	학생들에게 지도력을 키우기 위한 교육	27.0	35.6	29.9	7.5	100.0
	학생들에게 직업능력을 키우기 위한 교육	52.4	36.4	10.1	1.1	100.0
	성인을 위한 평생학습	22.5	38.1	31.3	8.1	100.0
	문화유산의 보존	36.7	37.3	22.3	3.6	100.0
	자유로운 지적 탐구의 보호	60.4	29.2	9.3	1.1	100.0
	학술적 활동 및 연구의 증진	68.5	26.5	4.8	0.3	100.0
	국가의 국제경쟁력 강화	44.0	36.7	16.1	3.2	100.0
	기본적인 사회문제 해결지원	74.8	18.6	5.4	1.2	100.0
칠　　레	학생들에게 지도력을 키우기 위한 교육	15.1	28.9	35.9	20.1	100.0
	학생들에게 직업능력을 키우기 위한 교육	28.4	45.5	21.4	4.8	100.0
	성인을 위한 평생학습	11.4	22.7	36.7	29.2	100.0
	문화유산의 보존	13.0	22.0	39.2	25.9	100.0
	자유로운 지적 탐구의 보호	23.9	36.6	31.3	8.2	100.0
	학술적 활동 및 연구의 증진	27.4	36.5	28.4	7.7	100.0
	국가의 국제경쟁력 강화	26.9	31.7	32.4	9.0	100.0
	기본적인 사회문제 해결지원	22.5	28.6	36.3	12.7	100.0
독　　일	학생들에게 지도력을 키우기 위한 교육	21.3	47.3	24.2	7.3	100.0
	학생들에게 직업능력을 키우기 위한 교육	45.0	43.7	9.8	1.5	100.0
	성인을 위한 평생학습	20.5	35.0	28.1	16.3	100.0
	문화유산의 보존	14.1	34.8	35.2	15.9	100.0
	자유로운 지적 탐구의 보호	44.8	39.0	13.3	2.9	100.0
	학술적 활동 및 연구의 증진	51.5	39.0	8.5	1.1	100.0
	국가의 국제경쟁력 강화	13.2	26.2	28.9	31.7	100.0
	기본적인 사회문제 해결지원	37.6	34.0	18.6	9.8	100.0

(계속)

국 가	성 격	아주 높은 순위	높은 순위	중간 수준 순위	낮은 순위	전체
홍 콩	학생들에게 지도력을 키우기 위한 교육	28.0	50.5	18.9	2.6	100.0
	학생들에게 직업능력을 키우기 위한 교육	28.9	48.7	19.6	2.8	100.0
	성인을 위한 평생학습	28.1	37.5	30.5	3.9	100.0
	문화유산의 보존	10.3	32.8	45.7	11.2	100.0
	자유로운 지적 탐구의 보호	49.7	35.2	14.7	0.4	100.0
	학술적 활동 및 연구의 증진	39.5	46.3	13.3	0.9	100.0
	국가의 국제경쟁력 강화	46.2	40.1	11.7	2.0	100.0
	기본적인 사회문제 해결지원	27.4	47.5	21.4	3.7	100.0
이스라엘	학생들에게 지도력을 키우기 위한 교육	16.7	41.9	34.8	6.7	100.0
	학생들에게 직업능력을 키우기 위한 교육	38.6	46.6	14.2	0.6	100.0
	성인을 위한 평생학습	28.0	40.0	27.0	5.0	100.0
	문화유산의 보존	31.2	37.6	25.8	5.4	100.0
	자유로운 지적 탐구의 보호	55.3	32.6	9.9	2.3	100.0
	학술적 활동 및 연구의 증진	72.8	23.5	3.3	0.4	100.0
	국가의 국제경쟁력 강화	55.6	31.6	10.7	2.1	100.0
	기본적인 사회문제 해결지원	48.5	36.9	13.1	1.5	100.0
일 본	학생들에게 지도력을 키우기 위한 교육	47.1	36.8	14.6	1.6	100.0
	학생들에게 직업능력을 키우기 위한 교육	12.9	36.2	41.8	9.1	100.0
	성인을 위한 평생학습	21.5	39.0	35.3	4.1	100.0
	문화유산의 보존	30.9	39.9	27.5	1.7	100.0
	자유로운 지적 탐구의 보호	42.1	36.8	20.0	1.2	100.0
	학술적 활동 및 연구의 증진	66.2	28.7	5.0	0.1	100.0
	국가의 국제경쟁력 강화	18.0	30.7	39.7	11.6	100.0
	기본적인 사회문제 해결지원	39.6	41.2	18.2	1.1	100.0
한 국	학생들에게 지도력을 키우기 위한 교육	22.2	43.0	28.2	6.6	100.0
	학생들에게 직업능력을 키우기 위한 교육	35.5	47.6	14.2	2.7	100.0
	성인을 위한 평생학습	15.8	36.4	35.3	4.1	100.0
	문화유산의 보존	17.4	41.6	30.9	10.0	100.0
	자유로운 지적 탐구의 보호	37.2	40.6	17.9	4.3	100.0
	학술적 활동 및 연구의 증진	49.2	33.8	13.6	3.4	100.0
	국가의 국제경쟁력 강화	45.1	33.8	12.7	2.6	100.0
	기본적인 사회문제 해결지원	24.6	44.6	24.1	6.7	100.0

(계속)

260

국 가	성 격	아주 높은 순위	높은 순위	중간 수준 순위	낮은 순위	전체
멕 시 코	학생들에게 지도력을 키우기 위한 교육	29.6	37.7	24.3	8.4	100.0
	학생들에게 직업능력을 키우기 위한 교육	56.4	37.4	5.7	0.4	100.0
	성인을 위한 평생학습	28.0	42.7	23.8	5.5	100.0
	문화유산의 보존	42.5	39.7	16.2	1.6	100.0
	자유로운 지적 탐구의 보호	52.5	35.0	10.6	1.8	100.0
	학술적 활동 및 연구의 증진	76.6	21.4	1.9	0.1	100.0
	국가의 국제경쟁력 강화	70.4	25.2	3.8	0.6	100.0
	기본적인 사회문제 해결지원	67.4	28.6	3.6	0.3	100.0
네덜란드	학생들에게 지도력을 키우기 위한 교육	25.1	53.0	17.7	4.1	100.0
	학생들에게 직업능력을 키우기 위한 교육	27.7	53.9	16.1	2.3	100.0
	성인을 위한 평생학습	12.7	42.8	33.0	11.5	100.0
	문화유산의 보존	22.5	42.0	27.5	7.9	100.0
	자유로운 지적 탐구의 보호	—	—	—	—	—
	학술적 활동 및 연구의 증진	72.1	26.1	1.6	0.1	100.0
	국가의 국제경쟁력 강화	39.8	41.3	15.7	3.2	100.0
	기본적인 사회문제 해결지원	33.4	45.6	17.9	3.0	100.0
러 시 아	학생들에게 지도력을 키우기 위한 교육	8.0	40.2	41.5	10.3	100.0
	학생들에게 직업능력을 키우기 위한 교육	60.5	30.4	8.1	1.0	100.0
	성인을 위한 평생학습	12.9	45.3	30.0	11.9	100.0
	문화유산의 보존	40.4	41.3	13.2	5.0	100.0
	자유로운 지적 탐구의 보호	36.9	36.6	18.2	8.4	100.0
	학술적 활동 및 연구의 증진	51.4	34.5	8.5	5.6	100.0
	국가의 국제경쟁력 강화	9.8	35.5	39.5	15.1	100.0
	기본적인 사회문제 해결지원	23.4	42.6	25.4	8.5	100.0
스 웨 덴	학생들에게 지도력을 키우기 위한 교육	11.3	37.7	38.4	12.6	100.0
	학생들에게 직업능력을 키우기 위한 교육	20.5	53.4	23.3	2.8	100.0
	성인을 위한 평생학습	20.9	40.5	31.5	8.1	100.0
	문화유산의 보존	12.5	34.6	41.4	11.5	100.0
	자유로운 지적 탐구의 보호	57.1	34.1	8.0	0.8	100.0
	학술적 활동 및 연구의 증진	48.3	42.7	8.2	0.7	100.0
	국가의 국제경쟁력 강화	40.8	39.4	16.2	3.6	100.0
	기본적인 사회문제 해결지원	22.4	39.7	30.2	7.7	100.0

(계속)

국 가	성 격	아주 높은 순위	높은 순위	중간 수준 순위	낮은 순위	전체
영 국	학생들에게 지도력을 키우기 위한 교육	9.5	33.6	39.9	17.0	100.0
	학생들에게 직업능력을 키우기 위한 교육	19.1	47.6	28.8	4.6	100.0
	성인을 위한 평생학습	36.6	39.9	19.5	4.0	100.0
	문화유산의 보존	12.0	29.0	38.6	20.4	100.0
	자유로운 지적 탐구의 보호	57.9	30.6	10.1	1.4	100.0
	학술적 활동 및 연구의 증진	52.6	36.8	9.7	1.0	100.0
	국가의 국제경쟁력 강화	33.4	40.1	20.0	6.4	100.0
	기본적인 사회문제 해결지원	32.5	37.7	21.5	8.2	100.0
미 국	학생들에게 지도력을 키우기 위한 교육	38.2	44.1	15.3	2.3	100.0
	학생들에게 직업능력을 키우기 위한 교육	33.2	45.1	18.4	3.3	100.0
	성인을 위한 평생학습	34.5	40.3	22.0	3.3	100.0
	문화유산의 보존	14.9	31.7	39.7	13.8	100.0
	자유로운 지적 탐구의 보호	60.1	30.2	8.4	1.2	100.0
	학술적 활동 및 연구의 증진	46.2	40.2	12.4	1.2	100.0
	국가의 국제경쟁력 강화	42.1	38.0	16.5	3.4	100.0
	기본적인 사회문제 해결지원	37.5	36.3	20.5	5.7	100.0

(네덜란드 ; 일부자료 누락)

교수들 가운데는 많은 수의 교수들이 국제경쟁력 강화에 낮은 순위를 부여하였다. 또한 일본의 경우에는 많은 수의 교수들이 학생들의 직업능력 개발에 낮은 순위를 부여하였다. 여러 나라 교수들 중 많은 수가 공통적으로 낮은 순위를 부여한 것은 문화유산의 보존과 성인을 위한 평생학습이었다. 즉, 미래의 고등교육은 문화유산보존이나 성인 평생학습보다는 앞서 언급한 학술적 활동 및 연구의 증진, 자유로운 지적탐구의 보호, 국가의 국제경쟁력 강화 등에 높은 우선순위를 두어야 한다는 것이다.

한국의 많은 대학교수들도 다른 나라 교수들의 생각과 같은 것으로 나타났다. 특히, 한국의 대학교수들은 미래의 고등교육 사명에 대하여 미국·스웨덴·이스라엘·호주의 대학교수들과 매우 비슷한 생각을 갖고 있는 것으로 나타났다.

3) 중등교육 이수율과 고등교육 적정입학률

세계 여러 나라의 대학교수들은 자국의 교육체제나 교육현실을 놓고 볼 때, 중등교육을 받아야 할 젊은이들 중 과연 얼마만큼이나 중등교육을 성공적으로 마칠 수 있겠다고 생각하는가? 그리고 중등교육을 마친 후 얼마만큼이나 고등교육기관으로 진학되어야만 적정하다고 생각하는가? 이에 대한 설문조사 결과는 〈표 7-10〉에서처럼 나타났다.

우선, 각국의 교수들이 자국에서 예측되는 중등교육의 성공적인 이수율을 어느 정도로 보고 있는가에 대한 반응을 보면, 호주·홍콩·이스라엘·일본·스웨덴·미국의 교수들은 70% 이상, 칠레·한국·러시아는 60% 이상, 멕시코는 50% 이상, 그리고 브라질과 독일은 40% 이하로 예측하고 있었다. 한국의 경우 교수들이 예측하고 있는 중등교육의 평균 성공적 이수율은 69.6%였다.

그러나 고등교육기관 적정입학률의 평균치는 여러 나라의 경우 성공적 이수율보다 훨씬 낮게 나타났다. 적정입학률의 평균치가 50%

〈표 7-10〉 각국 대학교수가 예측한 중등교육의 평균 이수율과
고등교육기관 평균 적정입학률　　　　　　　(%)

국가\구분	예측되는 중등교육의 성공적 이수율	고등교육기관 적정입학률	국가\구분	예측되는 중등교육의 성공적 이수율	고등교육기관 적정입학률
호　　주	78.8	48.6	일　　본	75.4	54.7
브 라 질	21.7	51.3	한　　국	69.6	43.9
칠　　레	64.4	38.1	멕 시 코	55.2	62.3
독　　일	36.1	72.5	러 시 아	69.0	30.7
홍　　콩	77.0	49.9	스 웨 덴	75.6	53.6
이 스 라 엘	72.7	61.2	미　　국	78.7	60.5

(네덜란드·영국 ; 자료 누락)

이상은 되어야 한다고 생각한 경우는 브라질·독일·이스라엘·일본·멕시코·스웨덴·미국 대학교수들이었다. 특히 이 가운데 독일 교수들은 72.5%가 되어야 한다고 판단하여, 14개국 중 가장 높은 적정입학률을 보였다. 한편, 호주·칠레·홍콩·한국·러시아 교수들은 고등교육기관 적정입학률이 50% 이하가 되어야 한다고 판정하고 있다. 특히, 한국의 대학교수들은 43.9% 정도가 고등교육기관 입학률로 적정하다고 판단하고 있다. 이 수치는 현재 우리나라에서 중등교육을 마친 다음, 전문대학을 포함한 각종 고등교육기관에 진학하는 진학률 79.2%(한국교육개발원, 1994, p. 68)보다는 매우 낮은 수치이다. 이는 어떻게 보면 한국의 대학교수들은 현재의 고등교육 인구가 너무 많다고 보고 있으며, 그 적정규모는 현재보다 훨씬 줄어야 한다는 그들의 생각을 나타낸 것이라고 볼 수 있다.

4) 고등교육의 상태와 역할에 대한 의견

끝으로, 〈표 7-11〉은 고등교육의 몇 가지 당면문제에 대한 교수들의 찬·반 의견을 나타낸 것으로서 고등교육의 상태와 역할에 대한 각국 교수들의 생각을 살펴보았다.

우선, 고등교육 기회의 개방에 관해서는 네덜란드를 제외한 13개국 교수들 가운데는 반대하는 사람들보다 찬성하는 사람들의 비율이 훨씬 높았다. 즉, 각국 교수들은 고등교육 기회의 개방에 의견을 같이 하고 있다. 그러나 경제적 여건이 어려운 학생들도 입학할 수 있는 방책을 강구하여야 한다는 데 대해서는 호주를 제외한 나머지 국가 모두에서 반대하는 교수들이 찬성하는 교수들보다 월등히 많았다. 또한, 공립고등교육기관에 재학중인 모든 학생들에게는 수업료 전액을 정부에서 책임져주는 데 대해서는 호주·이스라엘·칠레·러시아·스웨덴·영국에서는 찬성하는 교수들이 반대하는 교수들보다 많았고, 그 외 네덜란드·한국·홍콩·일본·멕시코·미국에서는 반대하는 교수들이 찬성하는 교수들보다 많았다.

〈표 7-11〉 각국 대학교수의 고등교육 상태와 역할에 대한 찬·반별 분포(%)

국 가	상태와 역할	찬성	중간	반대	해당 없음	전체
호 주	(1) 고등교육의 개방	74.5	8.9	16.3	0.4	100.0
	(2) 고학생에 대한 방책 강구	52.9	25.0	20.0	2.1	100.0
	(3) 교수(학자)는 영향력 있는 여론지도자	18.7	27.2	53.8	0.4	100.0
	(4) 교수(학자)에 대한 존경의 감소	56.9	31.4	11.2	0.6	100.0
	(5) 공립고등교육기관의 학생 수업료 면제	55.3	14.9	29.7	0.1	100.0
	(6) 개인이나 기업체의 고등교육에 대한 기여	78.8	13.6	7.7	0.0	100.0
	(7) 고등교육기관에 대한 이익집단의 간섭 가증	53.0	32.4	13.7	0.9	100.0
	(8) 고등교육에 대한 관료주의의 위협	78.9	15.6	4.9	0.5	100.0
브 라 질	(1) 고등교육의 개방	69.0	5.9	24.4	0.6	100.0
	(2) 고학생에 대한 방책 강구	16.6	11.6	69.4	2.4	100.0
	(3) 교수(학자)는 영향력 있는 여론지도자	38.9	16.6	43.7	0.7	100.0
	(4) 교수(학자)에 대한 존경의 감소	77.5	10.0	11.3	1.1	100.0
	(5) 공립고등교육기관의 학생 수업료 면제	—	—	—	—	—
	(6) 개인이나 기업체의 고등교육에 대한 기여	80.3	7.8	10.8	1.1	100.0
	(7) 고등교육기관에 대한 이익집단의 간섭 가증	53.0	32.4	13.7	0.9	100.0
	(8) 고등교육에 대한 관료주의의 위협	66.6	19.1	10.6	3.7	100.0
칠 레	(1) 고등교육의 개방	65.4	13.7	19.7	1.1	100.0
	(2) 고학생에 대한 방책 강구	37.0	12.2	46.9	3.9	100.0
	(3) 교수(학자)는 영향력 있는 여론지도자	15.4	29.4	52.6	2.7	100.0
	(4) 교수(학자)에 대한 존경의 감소	50.5	27.3	21.0	1.2	100.0
	(5) 공립고등교육기관의 학생 수업료 면제	43.7	19.6	35.7	1.0	100.0
	(6) 개인이나 기업체의 고등교육에 대한 기여	94.1	3.9	1.6	0.4	100.0
	(7) 고등교육기관에 대한 이익집단의 간섭 가증	49.5	31.2	15.7	3.6	100.0
	(8) 고등교육에 대한 관료주의의 위협	58.3	26.0	12.8	2.9	100.0
독 일	(1) 고등교육의 개방	58.7	11.3	27.1	2.9	100.0
	(2) 고학생에 대한 방책 강구	28.8	16.5	51.8	2.9	100.0
	(3) 교수(학자)는 영향력 있는 여론지도자	14.1	28.0	53.5	4.4	100.0
	(4) 교수(학자)에 대한 존경의 감소	47.1	27.4	19.0	6.5	100.0
	(5) 공립고등교육기관의 학생 수업료 면제	—	—	—	—	—
	(6) 개인이나 기업체의 고등교육에 대한 기여	50.5	17.2	25.9	6.5	100.0
	(7) 고등교육기관에 대한 이익집단의 간섭 가증	38.5	24.4	24.3	12.9	100.0
	(8) 고등교육에 대한 관료주의의 위협	—	—	—	—	—

(계속)

국 가	상태와 역할	찬성	중간	반대	해당 없음	전체
홍 콩	(1) 고등교육의 개방	71.0	11.9	17.1	0.0	100.0
	(2) 고학생에 대한 방책 강구	19.0	20.8	58.9	1.3	100.0
	(3) 교수(학자)는 영향력 있는 여론지도자	26.0	35.8	37.1	1.1	100.0
	(4) 교수(학자)에 대한 존경의 감소	48.8	32.2	18.1	0.9	100.0
	(5) 공립고등교육기관의 학생 수업료 면제	32.0	22.6	45.4	0.0	100.0
	(6) 개인이나 기업체의 고등교육에 대한 기여	85.8	11.2	3.1	0.0	100.0
	(7) 고등교육기관에 대한 이익집단의 간섭 가중	34.7	40.2	22.7	2.4	100.0
	(8) 고등교육에 대한 관료주의의 위협	57.9	31.2	9.8	1.1	100.0
이스라엘	(1) 고등교육의 개방	81.6	7.0	11.3	0.0	100.0
	(2) 고학생에 대한 방책 강구	21.7	14.9	62.6	0.8	100.0
	(3) 교수(학자)는 영향력 있는 여론지도자	12.2	25.8	62.0	0.0	100.0
	(4) 교수(학자)에 대한 존경의 감소	59.0	22.3	17.7	1.0	100.0
	(5) 공립고등교육기관의 학생 수업료 면제	48.2	17.7	33.3	0.8	100.0
	(6) 개인이나 기업체의 고등교육에 대한 기여	91.4	5.4	2.9	0.2	100.0
	(7) 고등교육기관에 대한 이익집단의 간섭 가중	34.4	22.6	39.1	3.9	100.0
	(8) 고등교육에 대한 관료주의의 위협	51.5	22.5	23.9	2.1	100.0
일 본	(1) 고등교육의 개방	55.0	20.4	23.9	0.7	100.0
	(2) 고학생에 대한 방책 강구	8.1	24.3	57.9	9.7	100.0
	(3) 교수(학자)는 영향력 있는 여론지도자	39.0	44.9	14.5	1.6	100.0
	(4) 교수(학자)에 대한 존경의 감소	63.6	29.3	5.8	1.3	100.0
	(5) 공립고등교육기관의 학생 수업료 면제	31.1	25.1	43.1	0.7	100.0
	(6) 개인이나 기업체의 고등교육에 대한 기여	76.6	17.9	5.2	0.3	100.0
	(7) 고등교육기관에 대한 이익집단의 간섭 가중	33.2	47.3	15.2	4.4	100.0
	(8) 고등교육에 대한 관료주의의 위협	55.3	33.9	8.5	2.3	100.0
한 국	(1) 고등교육의 개방	64.1	13.1	22.5	0.2	100.0
	(2) 고학생에 대한 방책 강구	—	—	—	—	—
	(3) 교수(학자)는 영향력 있는 여론지도자	62.3	29.2	7.8	0.7	100.0
	(4) 교수(학자)에 대한 존경의 감소	68.9	22.4	8.6	0.1	100.0
	(5) 공립고등교육기관의 학생 수업료 면제	27.7	23.6	48.0	0.7	100.0
	(6) 개인이나 기업체의 고등교육에 대한 기여	94.3	4.4	1.2	0.1	100.0
	(7) 고등교육기관에 대한 이익집단의 간섭 가중	29.3	34.7	33.5	2.5	100.0
	(8) 고등교육에 대한 관료주의의 위협	48.3	29.5	20.5	1.7	100.0
멕시코	(1) 고등교육의 개방	72.4	8.5	17.8	0.2	100.0
	(2) 고학생에 대한 방책 강구	14.4	11.3	73.2	1.1	100.0
	(3) 교수(학자)는 영향력 있는 여론지도자	29.0	27.8	41.3	1.8	100.0

(계속)

국 가	상태와 역할	찬성	중간	반대	해당없음	전체
멕 시 코	(4) 교수(학자)에 대한 존경의 감소	56.0	19.5	23.9	0.6	100.0
	(5) 공립고등교육기관의 학생 수업료 면제	41.4	16.1	41.6	1.0	100.0
	(6) 개인이나 기업체의 고등교육에 대한 기여	92.1	5.6	2.2	0.1	100.0
	(7) 고등교육기관에 대한 이익집단의 간섭 가증	59.3	20.9	17.8	2.0	100.0
	(8) 고등교육에 대한 관료주의의 위협	72.8	14.2	12.6	0.4	100.0
네덜란드	(1) 고등교육의 개방	42.5	12.4	43.1	2.0	100.0
	(2) 고학생에 대한 방책 강구	—	—	—	—	—
	(3) 교수(학자)는 영향력 있는 여론지도자	—	—	—	—	—
	(4) 교수(학자)에 대한 존경의 감소	38.2	36.1	13.0	12.7	100.0
	(5) 공립고등교육기관의 학생 수업료 면제	25.2	17.1	55.3	2.4	100.0
	(6) 개인이나 기업체의 고등교육에 대한 기여	54.7	21.5	20.6	3.3	100.0
	(7) 고등교육기관에 대한 이익집단의 간섭 가증	—	—	—	—	—
	(8) 고등교육에 대한 관료주의의 위협	72.8	15.5	6.3	5.4	100.0
러 시 아	(1) 고등교육의 개방	59.1	11.5	26.8	2.6	100.0
	(2) 고학생에 대한 방책 강구	10.6	15.5	65.3	8.6	100.0
	(3) 교수(학자)는 영향력 있는 여론지도자	23.3	32.6	42.2	2.0	100.0
	(4) 교수(학자)에 대한 존경의 감소	63.7	25.7	10.4	0.2	100.0
	(5) 공립고등교육기관의 학생 수업료 면제	67.2	15.5	17.1	0.2	100.0
	(6) 개인이나 기업체의 고등교육에 대한 기여	83.8	13.0	2.0	1.2	100.0
	(7) 고등교육기관에 대한 이익집단의 간섭 가증	17.7	44.8	31.8	5.7	100.0
	(8) 고등교육에 대한 관료주의의 위협	50.5	34.5	13.3	1.7	100.0
스 웨 덴	(1) 고등교육의 개방	68.6	14.5	16.4	0.5	100.0
	(2) 고학생에 대한 방책 강구	7.3	16.3	73.6	2.8	100.0
	(3) 교수(학자)는 영향력 있는 여론지도자	30.0	28.4	41.1	0.5	100.0
	(4) 교수(학자)에 대한 존경의 감소	42.4	35.9	21.2	0.5	100.0
	(5) 공립고등교육기관의 학생 수업료 면제	69.3	16.9	9.7	4.0	100.0
	(6) 개인이나 기업체의 고등교육에 대한 기여	54.8	26.9	17.2	1.0	100.0
	(7) 고등교육기관에 대한 이익집단의 간섭 가증	29.3	41.7	26.0	3.1	100.0
	(8) 고등교육에 대한 관료주의의 위협	48.3	31.8	18.9	1.0	100.0
영 국	(1) 고등교육의 개방	87.4	6.0	6.6	0.0	100.0
	(2) 고학생에 대한 방책 강구	—	—	—	—	—
	(3) 교수(학자)는 영향력 있는 여론지도자	11.1	25.4	63.3	0.2	100.0
	(4) 교수(학자)에 대한 존경의 감소	72.6	19.9	7.3	0.2	100.0
	(5) 공립고등교육기관의 학생 수업료 면제	78.1	10.7	11.2	0.0	100.0
	(6) 개인이나 기업체의 고등교육에 대한 기여	67.0	19.6	13.3	0.1	100.0

(계속)

국 가	상태와 역할	찬성	중간	반대	해당 없음	전체
영 국	(7) 고등교육기관에 대한 이익집단의 간섭 가증	50.1	36.8	11.9	1.2	100.0
	(8) 고등교육에 대한 관료주의의 위협	75.7	18.1	6.0	0.3	100.0
미 국	(1) 고등교육의 개방	78.7	7.5	13.7	0.0	100.0
	(2) 고학생에 대한 방책 강구	16.4	13.2	69.2	1.2	100.0
	(3) 교수(학자)는 영향력 있는 여론지도자	21.0	26.9	51.9	0.2	100.0
	(4) 교수(학자)에 대한 존경의 감소	64.2	22.6	12.9	0.3	100.0
	(5) 공립고등교육기관의 학생 수업료 면제	24.0	17.4	58.5	0.1	100.0
	(6) 개인이나 기업체의 고등교육에 대한 기여	85.6	11.1	3.2	0.2	100.0
	(7) 고등교육기관에 대한 이익집단의 간섭 기종	54.6	28.5	15.9	0.9	100.0
	(8) 고등교육에 대한 관료주의의 위협	68.4	22.0	9.0	0.6	100.0

(1) 고등교육에 대한 접근은 최소한의 입학조건을 갖춘 모든 사람에게 개방되어야 한다.
(2) 내가 일하는 대학에서는 경제적 여건이 어려운 학생들도 입학할 수 있도록 방책을 강구해야 한다.
(3) 교수(학자)는 가장 영향력 있는 여론지도자들에 속한다.
(4) 교수(학자)에 대한 존경은 점차 감소되고 있다.
(5) 공립고등교육기관에 재학중인 모든 학생들에게는 수업료 전액을 정부에서 책임져야 한다.
(6) 개인이나 기업체는 고등교육에 보다 더 기여할 수 있도록 촉성되어야 한다.
(7) 고등교육기관들은 특별한 이익집단의 간섭에 점점 예속되어 가고 있다.
(8) 고등교육의 효율성은 점차 커지는 관료주의에 의해 위협받고 있다.

(브라질·독일·한국·네덜란드·영국 ; 일부자료 누락)

교수는 각국의 사회에서 가장 영향력 있는 지도자들에 속하는가에 대해서는 한국과 일본 두 나라 경우를 제외한 나머지 국가에서 그렇지 않다고 생각하는 교수들이 훨씬 많았다. 한국에서는 62.3%의 교수들이, 일본에서는 39.0%의 교수들이 교수는 가장 영향력 있는 지도자에 속한다고 생각함으로써, 그렇지 않다고 생각하는 교수들보다 훨씬 많았다. 그러나 이들 두 나라를 포함해서 14개국 모든 나라의 많은 교수들은 교수에 대한 존경은 점차 감소하고 있다는 데 동의하고 있었다. 특히, 브라질·영국·한국·미국·일본·러시아의 경우에는 60% 이상의 교수들이 교수에 대한 존경이 감소하고 있다는 데 인식을 같이하고 있었다.

개인이나 기업체들은 고등교육에 보다 많이 기여할 수 있도록 촉성되어야 한다는 데는 14개국 교수들이 공통적으로 동의하는 것으로 나타났다. 여러 나라에서 고등교육기관들은 특별한 이익집단으로부터의 간섭에 점차 예속되어 가고 있다고 생각하는 교수들이 많은 것으로 나타났다. 그러나 이스라엘의 경우에는 39.1%가, 한국의 경우에는 33.5%, 러시아의 경우에는 31.8%의 교수들이 그렇지 않다고 반응하여, 예속되어 있지 않다고 생각하는 교수들이 비교적 다수인 것으로 나타났다. 그러나 고등교육의 효율성은 점차 커지는 관료주의에 위협받고 있다는 생각에는 모든 나라에서 많은 교수들이 전적으로 동감하고 있었다. 특히, 네덜란드·호주·멕시코·영국에서는 70% 이상의 교수들이, 브라질과 미국에서는 60% 이상의 교수들이, 그리고 일본·칠레·홍콩·이스라엘·러시아에서는 50% 이상의 교수들이 그렇게 생각하고 있었다. 14개국 중 가장 낮은 비율로 관료주의의 위협을 지적한 나라는 한국과 스웨덴으로서, 각각 48.3%를 나타내 다른 나라와 좋은 대조를 이루고 있다.

제8장

생애발달과 심리적 특성

어떠한 사람들이 교수가 되는가? 어떠한 가정에서 어떻게 자라나고, 어떠한 교육을 받고, 어떠한 자질을 갖춘 사람들이 교수가 되는가? 교수가 된 다음에 그들은 어떻게 생애를 살아가는가? 어떠한 발달과정을 거쳐서 그들은 한평생을 교수로 살아가는가? 그리고 그 속에서 그들이 경험하는 심리적 갈등의 특성은 무엇인가? 이러한 질문을 설정해 놓고 이 장에서는 교수들의 심리적 특성을 발달심리학적인 관점에서 논의하고자 한다. 그러나 이 연구에서는 이와 관련된 설문조사는 실시하지 못하였기 때문에, 실증적 자료는 제시하지 못하고 문헌을 통해서 발견된 자료만을 가지고 논의하도록 하겠다.

1. 보편적 생애발달단계

우리는 교수들을 연령과 경험 또는 직급 등을 종합적으로 고려하여 세 층으로 나누어 부를 때가 많다. 즉, 신임교수(junior faculty), 중견교수(midcareer faculty), 그리고 원로교수(senior faculty)라고 부른다. 이러한 분류는 우리가 어떠한 연속적 현상을 계서화할 때 흔히 사용하는 초·중·말, 또는 상·중·하 식의 삼분법적 사고에 기초한 막연한 표현이기는 해도, 그것이 사람들간에 큰 오해 없이 통용되는 관례에 따른 분류라는 점에서 거부감 없이 받아들이게 된다. 교수들의 생애발달단계를 그렇게 3단계로 분류하는 것은 발달심리학에서 성인의 발달단계를 성인 초기, 중기, 말기로 구별하는 것과도 같은 맥락이라고 할 수 있다.

교수들의 생애발달적 특성은 기본적으로는 성인발달의 보편적 원리와 범주를 크게 벗어나지 않는다. 그러면서도 교수직이라는 하나의 독특한 전문직에 종사하는 사람들로서 독특한 생애양식과 발달단계를 거쳐감은 부인할 수 없다(Blackburn, 1974, p. 77). 그렇기에, 미국에서 지난 15년간 교수들의 생애발달(career development)의 독특성을 찾아내기 위한 연구가 매우 활발하게 이루어져 왔다. 몇 사람의 대표적인 예를 들어보면, R.G. Baldwin(1979)의 교수생애의 5단계 연구, Baldwin과 R.T. Balckburn(1981)의 발달적 과정으로서의 교수의 학술적 생애에 관한 연구, B.C. Mathis(1979)의 교수의 학술적 생애와 성인발달에 대한 연구, W.J. McKeachie(1983)의 노년의 교수들에 대한 연구, Blackburn과 R.J. Havighurst(1979)의 미국 남자 사회과학자들의 생애유형에 관한 연구, 그리고 M. Freedman(1980) 등의 학술문화와 교수발달에 관한 연구 등이 있다.

그중에서도 특히 Baldwin의 연구는 미국 대학교수들의 생애발달단계를 ① 교수경력 3년 미만의 조교수시기 ② 교수경력 3년 이상의 조교수시기 ③ 부교수시기 ④ 은퇴가 5년 이상 남은 정교수시기 ⑤ 은퇴가 5년 미만 남은 정교수시기와 같이 5단계로 나누어 교수들의 발달특성을 구명한 것이 매우 흥미롭다. 이에 비하여, Mathis는 미국 대학교수들의 생애발달단계를 Baldwin보다는 좀더 크게 묶어서, ① 교수 준비시기 ② 교수 초기 ③ 교수 중기 ④ 교수 말기의 4단계로 구분하여 교수들의 심리적 발달특성을 논의하였다.

한편, 우리나라의 경우에는 필자가 1983년 당시 우리나라 전체 4년제대학 교수 17,696명의 인구학적 특성을 분석한 결과 그 속에서 얻은 직급별 평균연령(교수 53.7세, 부교수 45.5세, 조교수 40.0세, 전임강사 35.5세)을 고려하여, 한국 대학교수들의 인구학적 생애발달단계를 여섯 단계로 구분하였다(이성호, 1987, pp. 264~266). 첫째, 30세를 전후로 한 교수자질 준비기로서, 이때는 대학원에서의 학위과정 이수와 조교 또는 시간강사의 과정 등을 거쳐 장차 대학교수가 되기 위하여 정진하는 시기이다. 둘째, 35세 전후의 교수활동 초임기로서, 첫 전임교수로 대학교수직에 입문하는 시기이다. 이때, 초임교수들은 대체로 전임강사 또는 조교수의 직급으로 임용을 받아 교수직에 입문하게 된다. 셋째, 40세 전후의 교수활동 정착기이다. 임용이나 승진이 빠른 교수들의 경우, 대체로 정년보장임용(tenure)을 받게 되고 학문적으로 자신의 전공분야에서 확고한 위치를 세우게 되며, 대학 내에서도 자신의 능력에 대한 인정을 받게 되는 시기이다. 넷째, 45세 전후의 교수활동 심화기이다. 이 시기에 이르면, 모든 교수들이 직급상으로도 부교수급 이상이 되고, 또 거의 모두 정년보장임용을 받게 된다. 대학사회에서 중추적인 지도자 역할을 수행하게 되고, 탁월한 수업능력과 더불어 학술연구의 생산성이 매우 높아지는 시기이다. 다섯째, 50대 중반의 교수 자아실현기이다. 교수로서 최고의 경지에 도달함과 동시에 최고의 생산성을 갖고, 누적된 업적에서 일종

〈표 8-1〉교수의 생애발달단계에 관한 선행 연구결과

통상적 구분	이성호의 구분	Baldwin의 구분	Mathis의 구분
신임교수기	① 교수자질 준비기 (30세 전후)	① 조교수기 (교수 경력 3년 미만)	① 준비시기 (대학원시기)
			② 교수 초기
	② 교수활동 초임기 (35세 전후)	② 조교수기 (교수 경력 3년 이상)	
중간교수기	③ 교수활동 정착기 (40세 전후)	③ 부교수기	③ 교수 중기
	④ 교수활동 심화기 (45세 전후)		
원로교수기	⑤ 교수 자아실현기 (55세 전후)	④ 교수기 (은퇴가 5년 이상 남은 경우)	
	⑥ 교수활동 통정기 (60세 전후)	⑤ 교수기 (은퇴가 5년 미만 남은 경우)	④ 교수 말기

의 고결한 성취감을 느끼는 시기이다. 자신이 젊은 시절에 가르쳤던 제자들이 교수로서 성장함을 보고 기쁨을 느끼면서도 제2선으로 물러서게 됨을 체감하게 되는 시기이다. 끝으로, 여섯째는 60세 전후의 교수활동 통정기로서, 정년에 대한 준비를 하면서 지난날 교수로서의 한평생을 관조하고 재음미하게 되는 시기이다.

이상에서 밝힌, 국내외의 연구에서 설정된 대학교수들의 생애발달 단계를 대비하여 우선 하나의 표로 제시하여 보면 〈표 8-1〉과 같다. 그렇다면, 이러한 발달단계를 거쳐 교수로서 살아가면서 구체적으로 어떠한 심리적 특성을 보이는가에 대해 논의하도록 하겠다.

2. 교수직으로의 입문

1) 교수로서의 보편적 자질 특성

어떠한 자질을 갖춘 사람들이 교수가 되는가? 교수가 되기 위하여 공통보편적으로 갖추어야 할 이상적 자질요건은 무엇인가? 물론, 모든 교수가 교수가 되기 이전에 교수로서 갖추어야 할 이상적인 자질요건을 완벽하게 갖추고 있는 것은 아니다. 상당수의 경우에는, 교수가 되고 난 다음에 평생을 두고서 갖추어나가는 것이 사실이다. 그럼에도 불구하고, 좀더 이상적인 차원에서 이미 교수가 된 사람들을 대상으로, 교수가 되려면 어떠한 조건을 갖추어야 하는가를 연구한 결과를 참조하여 (Bowen & Schuster, 1986, pp. 25~26 및 Boyer, 1990, pp. 27~28 참조), 교수들에게서 공통보편적으로 발견되는 심리적 특성을 정리하면 다음과 같다.

첫째, 교수들은 탁월한 지적 능력을 갖추고 있다. 그들은 그 나라 전체 인구 중 최소한 상위 5~10% 범주 안에 드는 사람들이다. 한마디로 명석한 두뇌, 뛰어난 지력을 소유한 사람들이다.

276

둘째, 교수들은 대체로 어린시절부터 건전한 교양교육을 폭 넓게 받은 사람들이다. 그들은 글이나 말로 자신들의 의견을 바르고 효율적으로 표현할 수 있는 능력을 갖추었고, 남들과 의사소통을 원만하게 해낼 수 있는 자세와 기능을 갖추고 있다.

셋째, 교수들은 남달리 강한 지적 호기심을 지니고 있다. 문제상황에 대하여 개방적이고 문제해결에 있어 창의력과 인내심을 발휘한다. 교수들은 굳이 자신의 전공분야에만 관심을 제한하지 않고, 전공분야를 넘어서서 모든 분야에 걸쳐 폭 넓은 맥락의 지적 관심과 문화적 흥미를 지니고 있는 특성을 보인다. 교수들은 다른 사람들보다 숙고적인 기질이 특출나다.

넷째, 교수들은 자신의 전공분야에 관한 한 그 어느 누구보다도 예리한 통찰력과 깊은 흥미를 지니고, 해당분야의 기본지식에 대하여 숙달하고 있다. 자신의 전공분야에 대한 폭 넓은 문헌지식과, 자료를 해석할 수 있는 능력을 소유하고 있다. 게다가 교수들은 전공분야의 새로운 이론과 지식을 계속 탐구하려는 지적 욕심이 강하고, 그러한 탐구활동에 대한 강한 내적 동기를 지니고 있다.

다섯째, 교수들은 가르치는 사람들로서 설득력 있는 강의능력, 토론능력, 합리적인 의견주장 능력, 자신의 주장을 관철시키고자 하는 집념, 남의 글과 생각을 비판적으로 사고할 수 있는 능력을 갖추고 있다. 또한 연구하는 사람으로서의 기본적인 연구능력, 연구의 과정과 결과를 언어나 문장으로 표현할 수 있는 능력, 연구결과를 행동으로 보이는 실천능력과 태도를 갖추고 있다.

여섯째, 교수들은 내재적인 동기를 스스로 형성하고 가꾸어나가는 심리적 특성을 지닌다. 그들은 누가 감독하거나 지시하거나 재촉하는 것을 싫어하며 스스로 자신의 책무수행을 위해서는 어떠한 고통을 감수하고도 헌신하고자 하는 자발성을 행동의 원리로 삼는다.

일곱째, 교수들은 학생들과의 만남을 기쁨으로 생각한다. 그들은 기본적으로 학생들과의 친화성을 유지시켜 학생들과 유기적인 협동을 이끌어간다. 학생들에게 하나의 진정한 모범이 되고자 하는 인격적 노력을 기울인다.

여덟째, 교수들은 최고수준의 도덕적, 윤리적 고결성을 유지한다. 그들은 보편적인 사회적 행동에서도 마찬가지지만, 특히 학술연구자로서 고결성 유지를 생명으로 여긴다. 절대로 남의 것을 표절하지 않고 실험자료나 결과를 허위로 조작하지 않는다. 그들은 경제적 가치만을 추구하는 연구보다는 학술적 가치를 추구하는 연구를 선호한다. 사람이나 동물을 연구라는 미명하에 함부로 착취하거나 사용하지 않는다. 그들은 교실 내외에서나, 캠퍼스 내외에서, 가정 내외에서 언제나 일관된 행동을 보인다.

끝으로 아홉째, 교수들은 외현적인 모습과 풍채에서도 단정하고 우아하다. 그들은 그냥 아무렇게나 하고 다니지 않는다. 다른 사람들에게 혐오감을 줄 수 있는 모습을 하지 않는다. 그렇다고 그들이 가식하거나 겉으로의 치장에 신경쓰는 것은 아니다. 안에서부터 풍겨나오는 지적인 풍모, 건강한 신체적 풍모를 갖춘 지성인으로 보이기를 원한다.

이상에서 밝힌 아홉 가지의 자질이 모두 교수들에게서 공통보편적으로 발견되는 특성은 아니다. 앞에서도 언급하였듯이, 그것은 평생을 두고 교수들이 갖추어 나가야 할 이상적인 모습일 수도 있다. 그러나 많은 성공적인 교수들의 특성이 그러한 모습이라고 할 때, 그리고 그것이 하루아침에 이루어진 것이 아니라고 할 때, 교수들의 그러한 특성은 교수가 되기 이전부터 조금씩 형성된 것이라고도 하겠다. 그렇다면, 교수들은 어린시절 어떠한 가정환경에서 성장하였는가? 그 속에서 그들은 성공적인 교수가 되는 데 도움이 되는 어떠한 심리적 특성을 키워왔는가? 다음에서 그것을 생각해 보기로 하겠다.

2) 교수의 성장배경과 인성발달

국내에서는 대학교수들이 어떠한 가정에서 어떻게 성장하였는가에 관한 연구가 실증적으로 이루어진 바가 없다. 이에 이 장에서는 미국의 대학교수들을 대상으로 이루어진 몇 가지 선행 연구결과에 기초하여 교수들의 가정배경과 인성발달을 고찰하겠다.

우선 E.C. Ladd와 S.M. Lipset의 연구에 따르면, 미국 대학교수들 중 39%는 부모가 대학 출신이었고, 교수들 중 2/3는 아버지의 직업이 전문·경영직이었는데, 상당수의 교수들은 결국 사회적으로 상위계층에 속하는 가정 출신임을 알 수 있다. 그렇다고 해서 모든 교수들이 귀족집안 출신이라고 단정할 수는 없으며, 상당수가 중산계층집안 출신이었다 (Ladd & Lipset, 1975).

M.J. Finkelstein의 분석에 의하면, 교수들은 지적인 추구와 학업성취를 강조하는 가정 출신이었다. 그러므로 다른 전문직 종사자와 비교해 볼 때, 부모의 교육적, 직업적 성취가 상대적으로 높은 가정 출신이었다. 그러나 가정의 수입이나 지위지향성은 교수들의 경우가 보다 낮았으며, 직업이나 교육에 대한 결정에 부모가 개입하는 정도도 교수들의 가정에서 더 낮았다. 그리고 취업 준비나 교육에 대한 부모의 지원도 더 낮은 것으로 비교되었다. Finkelstein은 또한 가르치는 일보다는 연구하는 일을 선호하는 교수들은 비교적 부모·자녀 간의 관계가 온후한 가정에서 자란 사람들이고, 연구하는 일보다는 가르치는 일을 선호하는 교수들은 부모·자녀 간의 관계가 상대적으로 덜 온후한 가정에서 자란 사람들이라고 보고하였다 (Finkelstein, 1984, pp. 44~45).

교수들의 인성적 성장 특징을 살펴볼 때, 교수들은 어려서부터 강한 성취욕구와 자율적 성향을 보였다. 어떠한 일에서든 교수들은 물량적인 만족보다는 그것을 탐구하고 경험하는 과정에서 얻어지는 지적인 유형의 만족을 선호하면서 성장하였다. 특히 어려서부터 총명함

을 보였던 교수들은 다른 전문직 종사자에 비하여 대학 시절에 뛰어
난 성적을 보인 것으로 나타났다(Finkelstein, 1984, p. 44). 그리고 교
수들의 또다른 인성적 특징은 책임감이 매우 강하고, 일을 처리함에
있어 자신의 보조를 자율적으로 결정하는 행동성향을 어려서부터 보
였다는 점이다(Ladd & Lipset, 1975 및 Kozma et al., 1978).

이상에서 밝힌 연구결과들을 종합할 때, 결국 교수들의 가정배경과
인성발달은 훗날 그들이 교수로서 반드시 갖추어야만 할 학구성, 자
율성, 지적 탁월성과 같은 자질을 갖추면서 성장하였다는 사실로 집
약할 수 있다. 이는 앞서 논의한 교수들의 보편적 자질과도 여러 면
에서 매우 일치하는 특성들이기도 하다.

3) 교수가 되겠다는 의사결정

필자가 1989년 229명의 한국 대학의 신임교수들을 대상으로 분석
한 바에 의하면, 교수가 되겠다는 희망을 구체화시킨 시기는 다음과
같이 나타났다. 즉, 11.8%는 고등학교를 졸업하기 이전에, 39.3%는
대학(학부) 재학중에, 39.7%는 대학원 재학중에, 그리고 4.8%는 박
사학위를 취득한 다음에 교수가 되겠다는 생각을 구체화시킨 것으로
나타났다[1](이성호, 1992, p. 62). 즉, 79%의 교수들은 대학 및 대학
원 재학중에 교수가 되겠다고 의사결정을 내린 것이다. 그러나 미국
대학교수들의 경우 대부분은 교수가 되겠다는 의사결정을 학부를 졸
업한 다음에 내린 것으로 나타났다(Finkelstein, 1984, p. 47). 물론 이
러한 경향은 일반적인 것이고 전공분야별로 다소 차이가 있다. 이를
테면, 자연과학분야의 교수들은 보통 다른 분야의 교수들에 비하여
교수가 되겠다는 의사결정을 아주 일찍 하였거나(학부 졸업 이전) 또
는 아주 늦게 하였다(대학 졸업 이후). 또한 사회과학분야 교수들은

---

1) 나머지 4.4%는 무응답자였음.

인문과학이나 자연과학분야의 교수들보다는 의사결정 시기가 대체로 늦은 것으로 나타났다(Parsons & Platt, 1968).

교수가 되겠다는 의사결정에서 또하나 중요한 측면은 전공분야에 대한 결정이다. 교수가 되겠다는 의사결정에 앞서 우선 자신이 무엇을 전공할 것인가를 먼저 결정하였던 것으로 나타났다(Finkelstein, 1984, p. 45). 여러 연구들의 결과를 종합하면, 교수들이 교수가 되기 전에 자신의 전공분야를 결정하는 데는 세 가지의 영향요인이 작용하고 있음을 알 수 있다(Roe, 1953 ; Parsons & Platt, 1968 ; Eckert & Williams, 1972 및 Finkelstein, 1984).

첫째는, 그 분야에 대한 본능적인 흥미가 전공분야의 결정에 영향을 미친다. 즉, 특정한 분야의 문제를 탐구하고 또 그것을 가르치는 일에 대한 본능적인 관심과 흥미로 인해서 그 분야를 전공분야로 선택하는 것이다. 이러한 현상은 특히 여자 교수들보다 남자 교수들의 경우에 더 강하게 작용하는 것으로 나타났다.

둘째는, 은사 또는 동료나 선후배들이 교수들의 전공분야 선택에 영향을 미친다. 대체로 교수들의 전공분야 선택에서 은사들이 미치는 영향은 다른 두 가지 영향요소의 작용보다 큰 것이 일반적인 현상이다. 그러나 사회과학자들의 경우에는, 자연과학이나 인문과학 교수들의 경우보다 은사의 영향이 적은 것으로 보고되고 있다(Parsons & Platt, 1968). 이것은 뒤에 가서 논의하겠지만, 대체로 다른 전공분야의 경우보다 대인관계 성향이 강한 사회과학자들은 은사보다는 동료 또는 선후배들과 전공분야를 초월한 폭 넓은 관계지음을 갖고 있기 때문인 것으로 해석된다(West, 1971).

셋째는, 우연성(happenstance)의 작용이다. 아주 우연하게 그 분야를 전공하게 되었다든가, 또는 공부를 하다보니 자신도 모르게 그것이 전공분야가 되어버리고 말았다는 것 또한 전공분야 선택의 주요 요인이다. R.E. Eckert와 H.Y. Williams의 연구에 따르면, 이러한 현상은 남자 교수들보다는 여자 교수들의 경우에서 더 빈번하게 나타났다(Eckert & Williams, 1972).

4) 대학원 수학과 박사학위 취득

교수직으로 들어서기 위하여는 공통필수적으로 대학원에서 박사학위 취득에까지 이르는 학위과정을 이수해야만 한다.

필자가 직접 분석한 바에 의하면, 1990학년도 기준으로 우리나라 전체 4년제대학 교수들 중 박사학위 소지율은 73.5%에 달하고 있다. 이는 1967년도의 10.1%, 1983년도의 39.8%에 비하면 상당히 높아진 비율이다(이성호, 1987, p. 160). 필자가 수행한 신임교수 특성 연구에서 보면, 신임교수들 중 박사학위 소지율은 58.5%로 나타났다(이성호, 1989).

한편, 미국 대학교수들의 박사학위 소지율을 보면, 좀 오래된 통계치이지만, 1975~76학년도를 기준으로 하여, 연구중심대학에서는 교수들 중 85%가, 일반 종합대학에서는 77%가, 명문 인문단과대학 교수들 가운데는 68%가 박사학위를 소지한 것으로 나타났다(Carnegie Foundation for the Advancement of Teaching, 1977, p. 85). 물론, 약 20년이 지난 지금은 위에 적은 수치보다 다소 높아졌을 것으로 추정된다.

이렇게 몇 가지 통계치들을 놓고 비교할 때, 한국 대학교수들의 박사학위 소지율은 미국 대학교수들의 박사학위 소지율보다 다소 떨어지고 있음을 부인하기는 어렵다. 그러나 여기서 한 가지 분명한 사실은, 미국이나 한국의 경우 모두 박사학위의 취득은 교수가 되기 위한 필수적 조건으로 점점 보편화되어 가고 있다는 사실이다. 그렇다면, 교수가 되기 위한 박사학위 취득에 교수들은 얼마나 많은 시간을 투자하는가? 한국의 경우에는 구체적으로 조사된 자료가 없어, 미국의 경우, 밝혀진 자료를 제시하면(Bowen & Schuster, 1986, p. 173) 〈표

<표 8-2> 미국 대학교수의 박사학위 취득에 소요된 기간

전공분야	박사과정 재학기간	학사 이후 박사취득 까지 총기간	박사학위 받은 나이
공학·수학·물리학	5.7년	7.2년	29.6세
생 명 과 학	5.9년	7.3년	30.1세
사 회 과 학	6.5년	9.0년	32.0세
인 문 과 학	7.7년	10.8년	33.5세
교 육 학	7.0년	13.5년	37.3세

8-2〉와 같다. 여기에서 보면, 대체로 인문·사회과학 분야에서의 박사학위 취득에 소요된 기간이, 자연과학분야에서의 경우보다 더 긴 것으로 나타났다. 인문·사회과학분야에서의 박사학위 취득 연령은 30세가 훨씬 넘었지만, 자연과학분야의 경우에는 평균 30세가 되지 않는 것으로 나타났다. 이러한 박사학위 취득 연령은 또한 교수들의 초임 연령을 간접적으로 암시해 주고 있다는 점에서 또다른 의미를 지닌다.

대학원에서의 수학은 단순히 전공분야에 관한 깊이 있는 전문지식을 탐구하고, 학술인으로서의 연구능력을 배양하며, 박사학위를 취득하는 데에만 의미가 있는 것은 아니다. 그러한 대학원의 표면적 교육과정에 못지않게 교수가 되고자 하는 사람들에게 영향을 미치는 것은 대학원에서의 수학기간 동안 그들이 경험하는 여러 가지 잠재적 교육과정이다.

대학원에서의 수학과정을 통하여 학생들은 교수사회를 좀더 깊이 있게 엿볼 수 있는 기회를 갖고, 여러 가지 경로를 통하여 학생들은 장차 교수로서의 학술적 사회화(academic socialization)를 경험하게 된다. 동료 대학원생들과의 교류, 선·후배간의 학맥에 따른 심도 있는 교류를 통하여 학생들은 학술적 사회화를 경험한다. 특히, 대학원생들은 학부 때와는 달리 교수들과 개별적이며 밀도 있는 접촉을 통하여 교수사회의 문화를 익히게 된다. 지도교수의 연구실에서 교수들의 연구를 보조하거나, 지도교수와 여러 가지 활동에 참여함으로써 그들이 간접적으로 얻게 되는 교수문화에 대한 이해는 개인에 따라 상당한 질적 수준의 차이를 형성한다. 교수조교(teaching assistant)로서, 또는 연구조교(research assistant)로서 연구실이나 실험실에서 교수와 함께 보내는 시간과 경험은 훗날 그들이 교수로 살아가는 데 있어 여러 가지 사고와 행동의 기반을 형성해 주는 데 결정적인 영향을 미친다(Carroll, 1980).

그들은 이 시기에 학문을 대하는 자세와 연구방법을 수련할 뿐만 아니라, 교수로서의 삶의 형태와 철학도 눈으로 보고 느끼게 된다. 또한 이 시기에 그들은 여러 가지 비형식적 경로를 통하여 대학교육 전반에 대한 기초적인 이해를 갖추게 된다. 또한 대학생들의 심리적 특성, 대학에서의 교수방법, 과제나 시험부과의 방법, 학업성취도 평가의 방법 등 학생을 가르치고 지도하는 데 관련되는 기본적인 지식과 기능을 습득하게 된다. 따라서, 이 시기에 어떠한 지도교수 밑에서 대학원생활을 하느냐는 앞으로 그가 교수로 성장해 나가는 데 있어 막대한 결정적 요인이 된다.

5) 교수로서의 최초 임용

교수가 되기 위하여 갖춰야 할 자질 못지않게, 오늘날 우리 대학사회에서 문제가 되고 있는 것은 대학교수로서 어떻게 임용되느냐 하는 것이다. '하늘에 있는 별을 따는 일'보다 어렵다고 할 만큼, 요즈음 우리나라 대학사회에서 전임교수가 되는 일은 여러 가지 면에서 교수가 되고자 하는 젊은 사람들에게 어렵고 힘든 일로 인식되고 있다.

오늘날, 한국 대부분의 대학에서는 엄정한 공개임용 절차를 통하여 교수를 신규채용하고 있고, 그 자격기준도 비교적 분명하게 세워져 공표되고 있다. 그러므로 불분명하고 은밀히 이루어졌던 때에 비하면, 교수직 취득에 관련된 갈등은 적어도 외현적으로는 상당히 감소된 것으로 판단할 수도 있다. 그러나 현재 교수직에 대한 수요와 공급이 극심한 불균형을 이루고 있는 상황에서 교수직 획득의 경쟁이 심화되고 있음을 우리는 피부로 느낀다. 게다가, 겉으로는 공개채용이라고 말하지만, 아직도 일부 대학에서는 공개채용이 형식적인 절차에 불과하다는 것은 부인하기 어렵다. 결국 박사학위를 취득하고 충분한 요건을 갖춘 수많은 젊은 미래의 교수들에게 있어 교수직으로의 입문은 교수로서의 생애발달에 있어 최대의 과업일 수밖에 없는 것이다.

한국 대학에서 교수를 신규채용할 때 자격기준으로서 제시되는 보편적인 기준은 ① 박사학위 취득 ② 연구업적 ③ 추천서 ④ 학부 및 대학원의 성적 ⑤연령 등 다섯가지이다. 이 가운데서 박사학위 취득 기준 외에는 대학에 따라 그 반영 비중과 세부 기준이 매우 다르다. 이들 다섯 가지 기준은 그야말로 밖으로 공개되는 외형적 기준일 뿐, 각 대학 안에서 이루어지는 기준은 일괄적으로 단정짓기가 매우 어렵다. 문제는 각 대학에서 설정하는 교수채용 기준이 공정하고 객관적이고, 유용한 것이냐는 것이다. 만약 그러한 기준이 공정성, 객관성, 적합성을 상실하였을 때, 신임교수채용은 윤리적인 비난의 대상이 될 수밖에 없다. 뿐만 아니라 아무리 외형적으로 적절한 기준을 세웠어도, 어떤 사람들, 어떤 집단에 의하여 결정이 되느냐가 신임교수채용의 문제에 있어 중핵을 이룬다. 예컨대, 이미 사람을 내정해 놓고 말로만 공개경쟁채용이라든가, 사람을 뽑을 생각도 없으면서 대학 홍보의 목적으로 신규채용을 공고한다든가, 뒷돈의 거래가 있다든가, 기존교수들과의 어떤 내적 결탁에 의하여, 혹은 인간적 유대나 연계에 의하여 결정된다든가, 대학의 최고행정책임자나 재단 관계자에 의하여 지명된다는가 하는 경우가 생겼을 때, 교수채용에서의 문제는 그 심각성을 드러낼 수밖에 없을 것이다. 물론 이러한 논의는 한국 대학에서의 신임교수채용에 문제가 있음을 전제하는 것은 아니다. 다만 한번쯤 주의를 기울일 필요가 있는 것은, 필자가 수행한 신임교수 특성분석 연구에서 응답교수들은, 대학에 신임교수로 임용되는 과정이 대체로 불공정하였다고 판단하고 있다는 사실이다(이성호, 1992, p. 62).

미국 대학에서의 신임교수임용 기준과 과정에 대한 연구들 가운데 몇 가지는 우리에게 시사해 주는 바가 크다. 우선 P.D. Allison (1976), N.K. Danziger(1978) 등의 연구에 의하면, 미국 대학에서 교수채용의 결정적인 요인은 연구업적과 최종학위를 취득한 대학의 명성이라고 한다. 또한, J. Long(1978), B. Reskin(1979), T.I. Youn (1981) 등의 연구에서는 최종학위를 취득한 대학이나 학과의 명성, 대학원에서의 지도교수가 누구였느냐가 교수채용의 결정적인 요인임을 밝혔다.

즉, 이상의 몇 가지 연구들에서 밝혀진 것을 종합할 때, 미국 대학에서 신임교수채용의 결정요인은 세 가지로 요약할 수 있다. 첫째는, 학술적 생산성과 가능성이라 할 수 있는 연구업적이다. 이는 그 교수가 앞으로 얼마나 연구업적을 낼 수 있겠는가, 연구능력이 얼마나 있겠는가를 따지는 것이다. 둘째는, 어느 대학, 어느 학과에서 박사학위를 취득하였느냐이다. 즉, 얼마나 학술적으로 명성 있는 대학 또는 학과의 출신이냐를 따지는 것이다. 한국 대학의 경우 이와 관련한 한 가지 예를 들면, 서울에 소재하고 있는 한 종합대학에서는 교수채용 시에 우선 서류전형을 통하여, 미국의 세칭 아이비 리그(Ivy League) 에 속하는 대학에서 박사학위를 취득한 사람만 일차로 합격시킨다는 것이다. 물론, 그러한 방법이 가장 적절한 것인가에는 많은 논의를 필요로 할 것이다. 특히, 대학의 명성이 지니고 있는 후광 효과(halo effect)와 같은 것은 깊이 검증될 필요가 있다. 셋째는, 누가 지도교수였느냐, 즉 어떠한 학술적인 계보(academic ancestry) 아래서 수학

286

하였느냐이다. 이는 우리나라의 경우에서도 빈번하게 관찰할 수 있는 현상이다. 특히, 지도교수들이 자신의 제자를 대학에 취업시키는 일까지 기꺼이 자신의 책무로 여길 만큼 교수와 학생 간의 정적인 사제관계 형성이 중요한 한국 대학사회에서, 누가 지도교수였느냐는 여러 가지 의미로 교수채용에 중요한 요인이 되고 있다.

3. 교수로서의 생애과정에서의 갈등

E. Erikson은 일찍이 성인발달의 단계적 특징을 갈등의 관계로 다음과 같이 구별한 바 있다. 즉, 성인 초기의 발달은 친밀감(intimacy) 대 고립(isolation)의 갈등, 성인 중기의 발달은 생성감(generativity) 대 자아침체감(stagnation)의 갈등, 그리고 성인 후기의 발달은 자아통정(ego-integrity) 대 절망(despair)의 갈등으로 설파한 바 있다(Erikson, 1963). 이러한 준거틀은 교수의 생애발달에도 그대로 적용될 수 있다고 생각한다. 즉, 교수초임기에는 교수사회, 학술사회, 대학사회에서 신임교수가 얼마나 친밀감을 확보하고 유지하느냐, 아니면 처음부터 고립되느냐의 갈등이 있을 수 있다. 중견교수기에는 자신의 책무수행에 따른 업적, 특히 교육과 연구에서의 업적을 통하여 어느 정도나 생성감을 느끼느냐, 아니면 자아침체에 빠지느냐의 갈등으로 교수의 생애가 특징지워질 수도 있다. 또한 원로교수기에는 지난날 교수로서의 한평생을 돌이켜보면서 자아통정을 확인할 수도 있고 아니면 절망에 빠져버릴 수도 있다.

이제 교수로서의 생애를 살아가면서 교수들이 겪을 수도 있는 갈등의 폭과 깊이를 생각하며 교수들의 심리적 특성을 알아보기로 하겠다.

1) 신임교수의 정착

대학에 신임교수로 첫발을 들여놓는 경우, 특히 그리 오래되지 않
은 시간강사 경력을 갖고 처음으로 전임교수가 되었을 때, 신임교수
들의 삶은 한마디로 신혼 때의 행복한 시기(honeymoon stage)와 흡사
하다. 더욱이, 우리나라에서처럼 교수되기가 어려운 상황에서 젊은
나이에 전임교수가 되었을 때, 그들이 내적으로 향유하는 희열과 행
복, 자랑스러움과 승리감은 대단할 것이다.

신임교수기 교수들의 심리적 행동특성을 대표해 줄 수 있는 적절한
용어는 아마도 '흥분', '분주', '탐색'과 같은 용어일 듯싶다. 신임교
수 시절에는 새로이 부임하게 된 대학의 학술적 풍토나 심리적 분위
기에 적응하기 위해 분주하다. 그가 다행히도 모교에 부임하게 되었
을 때는 그러한 적응에 큰 부담이 없을 것이다. 그러나 그렇지 않은
경우에는 교수들이 그 대학사회에 적응하는 데 상당한 심리적 부담이
뒤따른다. 신임교수들은 또한 그 학과의 기존교수들이나 그 대학의
많은 교수들과의 새로운 관계형성에 대해서도 심리적 부담을 느낀다.
즉, 그 대학의 교수문화(faculty culture)에 적응하기 위해 바쁘다.

신임교수들은 이러한 인간적 교류나 문화적 적응에만 바쁜 것이 아
니다. 그 대학의 여러 가지 학사처리 방법, 학사기구와 조직, 기본
행정구도, 교수에 대한 복지와 혜택 등 여러 가지 행정적인 측면에
대한 이해를 높이고 적응하는 데도 심리적으로 분주함을 느끼는 것은
마찬가지이다.

신임교수들이 대학에 부임한 지 얼마 안되어 벌써 스스로를 사람들
과의 관계지음으로부터 고립시키고, 연구실 안에만 가두어 자신에게
주어진 책무만을 묵묵히 수행할 뿐이라는 심리적 이탈감(psychic
dropout)을 겪는 것은 위와 같은 일들에 신임교수들이 실패하는 데서
부분적으로 연유한다.

신임교수 때 교수들이 이루어내야 할 발달과업에는 위와 같은 교수

문화, 대학문화, 학생문화를 이해하고 적응하는 것만이 아니라, 교수들의 기본책무수행과 관련하여 자신의 존재 기반을 공고히 세우고 대학 내외로 자신의 존재를 알리는, 즉 학술적인 등단(debut)을 해내야 하는 심리적 압박도 존재한다.

신임교수들이 어느 정도 학술적인 정착을 하는가는 대체로 세 가지 척도를 갖고 따져볼 수 있다(Finkelstein, 1984, p. 55). 이것은 신임교수들이 학술적으로 대학사회 내외에서 정착을 하는 세 가지 방법이기도 하다.

첫째, 신임교수들은 각종 연구비를 획득하거나 학술적인 상을 수상함으로써 학술적인 정착을 이룬다. 연구비를 획득한다는 것, 또는 논문을 써서 학술상 따위를 받는다는 것은 학술사회에서 그만큼 그의 존재를 인정받는 것이다. 특히, 연구비를 신청하여 수혜한 것이 상당한 경쟁적 구조에서 이루어질 때, 신임교수들이 연구비를 받게 된다는 것은 그 자체만으로도 이미 그의 존재를 상당 부분 인정받는 셈이다. 그러나 문제는 그러한 연구비나 학술상의 혜택이 개개 교수의 탁월성보다는 그가 어느 대학에, 즉 어느 정도 명문대학에 소속되어 있느냐에 의해 좌우될 때가 많은 데서 발생한다(Cole & Cole, 1973). 그러한 경우, 비명문대학에 신임교수가 된 우수한 교수들은 학술적 정착에 따른 심리적 갈등으로 고통받기 쉽다. 또한, 연구비나 학술상이 그 학과, 그 대학 내 교수들의 계서화된 질서에 따라 순차적으로 배분될 때, 신임교수들이 겪는 갈등은 매우 커진다. 뿐만 아니라, 우리나라 대학의 경우처럼, 동양적인 상하의식과 윤리적 사고가 저변에 깔려 있을 때, 신임교수가 대학에 들어오자마자 연구비를 신청하고 학술저서를 출판하고 논문을 내서 학술상을 받겠다고 하면, 자칫 원로교수들, 특히 연구업적이 별로 많지 않은 원로, 선배교수들의 눈에는 소위 '건방진' 사람으로 보일 수도 있다. 그러한 경우 신임교수들의 행동은 퍽 조심스러워짐에 따라 겉과 속이 다른 이원적 행동체계

속에 빠져들어 갈 수밖에 없는 내재적 갈등을 겪게 된다.

둘째로, 신임교수들이 학술사회에서 인정받고 정착하는 것은 곧 출판을 통한 등단이다. 자신의 주전공 교과서를 집필하여 출판하거나, 자신의 박사학위 논문을 바탕으로 하여 주전공 저서를 출판함으로써, 학계에서 그에 대한 지명도(visibility)를 높이는 일이다. 좀 지나친 비유일지도 모르겠으나, 의사가 알아볼 때 환자의 얼굴이나 이름보다는 환부를 보고 곧 환자를 알아보듯이, 신임교수들에게 있어서도 그러한 논리는 마찬가지로 적용될 듯싶다. 이름은 별로 알려져 있지 않았어도 새로운 저술을 내놓음으로써, 사람들이 그 저술을 보고 그를 알아볼 수 있도록 하는 일은 신임교수 때 학술적인 정착을 하기 위한 시도의 한 가지 방법이 될 수 있다.

셋째는, 그 자신의 논문이나 저서를 다른 학술연구자들이 얼마나 인용하느냐로 그의 학술적 정착은 쉽게 이루어질 수도 있다. 또는, 그 신임교수가 쓴 저서가 얼마나 많은 대학에서 교과서로 채택되어 가르쳐지느냐에 따라서도 그의 학술적 정착은 이루어지게 된다.

신임교수 때의 가장 중요한 발달과업은 대학의 새로운 문화에 적응하면서 자신의 전공분야에서 학술적인 정착을 이루는 일이다. 이를 적당한 기간 내에 성공적으로 해내지 못하고 몇 년의 세월이 지나버리게 되면, 신임교수들은 인간적 교류나 학술적 교류에 있어서 스스로 고립되어 버린다. 즉 사람과 학문, 그리고 대학조직에 대한 친밀감을 상실하는 위기에 처하게 될 우려가 매우 높다.

그렇기에, 신임교수 시절에는 소속학과의 원로교수나 선배교수들의 자상한 인도가 매우 중요하다. 즉, 신임교수가 어떠한 선배교수를 학술적 인도자(mentor)로 갖게 되느냐가 그 신임교수의 학술적 정착에 매우 중요한 의미를 지닌다(Hodgkinson, 1974). 뿐만 아니라, 미국 대학에서는 학교 당국에 의해 이러한 신임교수들의 정착을 체계적으로 도와주기 위한 프로그램이 계획되고 시행되기도 한다. 예컨대, 교수생애개발 워크숍이라든가, 교수성장 계약(faculty growth contract)제와 같은 프로그램이 그러한 예에 속한다. 이 가운데서도, 특히 교수성장계약은 교수 개개인의 자율적인 의사결정에 의하여, 지정된 학술적 선도자 또는 인도자의 지도와 조언 아래, 교수로서의 삶을 체계 있게 계획하고 준비하도록 하는 제도이다(Gross, 1976, pp. 9~14). 우리나라의 경우에는 대체로 학교행정당국에서 준비하는 신임교수 오리엔테이션이 고작일 뿐, 신임교수들의 정착을 체계 있게 도와주기 위한 프로그램은 개발되어 있지 않다. 신임교수 스스로가 그저 여러 경로를 통해 정보를 수집하고, 여러 선배교수 혹은 은사교수들과의 친교를 통하여 정보를 얻어서, 교수로서의 첫발을 스스로 계획하고 이끌어나가고 있는 것이다.

2) 중견교수의 긴장과 침체

처음 교수로 임용된 후 교수들에게는 몇 번의 긴장을 겪게 되는 고비가 있다. 즉, 앞에서 논의하였듯이, 신임교수기에는 조속한 학술적 정착을 위해 긴장하고, 그 다음에는 승진이나 정년보장임용(tenure)을 받기 위해 긴장한다. 그리고 어느 정도 정착이 된 다음에는 대학 내에서 중요한 행정보직을 맡게 될 경우 긴장을 한다. 그러나 이러한 긴장들은 무엇인가를 '얻기 위한' 긴장이기 때문에, 교수들은 적극적이고 공격적인 자세로 극복해 낸다.

많은 교수들은 학술적인 정착 요건을 갖춘 다음에도 그들 본래의 교수로서의 자유로움을 만끽하며 교육과 연구에 정진한다. 반면, 자기침체의 늪에 빠져드는 교수도 상당수 존재한다. 그것은 교수로서의 생애 중반기의 침체(mid-career stuckness) 현상(Kanter, 1978), 또는 학술적 폐경(academic menopause)에 따른 침체라고 한다.

이러한 긴장과 침체 현상은 40대 중반을 넘어 50대로 접어들 때 경험하게 되는데, 크게 두 가지 측면에서 그 원인을 찾을 수 있다.

하나는, 소속된 대학으로부터의 요구나 기대를 더이상 충족시키기 어렵다는 것을 교수 스스로 인식할 때이다. 예컨대, 연구중심대학에서 중견교수들에게 계속 높은 연구생산성을 요구할 때이다. 나이에 따른 업무한계량에도 불구하고, 여전히 줄어들지 않는 수업시간수와 끝없는 연구업적의 강요로 인해 교수들은 심한 긴장을 느끼게 되고 급기야 침체현상에 빠지고 만다.

교수가 중견쯤의 위치에 오르면, 교수들의 전문적 성향과 능력은 대체로 고착된다. 예컨대, 어떤 교수들은 정책개발연구, 또 어떤 교수는 실험연구라든가, 아니면 가르치는 일을 남달리 잘 해내는가 등 여러 가지 형태로 교수들의 성향과 능력이 고착된다. 그러나 이러한 고착된 틀에 관계없이 관료주의적 행정이 교수들의 성향과 능력에 상반되는 요구를 해올 때 교수들은 긴장과 갈등을 느낀다. 학부교양과목을 열심히 가르치고 또 그것을 위해 많은 노력을 기울여 온 교수에게 갑자기 고도의 이론탐구를 바탕으로 한 대학원 박사과정 수준의 과목을 가르치라고 하면 분명 심한 긴장과 침체에 휩싸일 것이다. 이렇듯 역할수행에 따른 요구나 기대가 교수 자신의 능력과 성향에 합치되지 못할 때, 교수들은 일반적으로 자신도 모르게 불안감을 느끼게 되고, 그 불안은 긴장감을 불러일으킨다. 결국 그 긴장을 적절히 관리하고 극복해 내지 못하면, 중견교수기의 침체현상이 그에게 엄습하게 되는 것이다.

40대 중반을 넘어선 교수가 긴장과 불안, 그리고 침체를 경험하는 또다른 원인은 연구업적에서의 정체현상(career block)이다(Clark & Corcoran, 1985). 중견교수로서 연구활동에 전력투구하지만 전에 비하여 큰 진전이 없는 고원(plateau) 현상에 봉착하고 말았음을 지각한다. 중견교수라는 위치에 따른 수준 높은 연구 압박감과 신진교수들의 참신성에 뒤떨어지는 상실감 등으로 자연히 고원 현상이 나타나는 것이다.

중견교수기에 유능한 교수들은 교내행정보직에 임용될 때가 많다. 따라서 행정업무에 많은 시간을 빼앗기다보면, 그 동안 추진해 오던 연구가 중단되기 일쑤이다. 그것은 곧 교수의 연구업적에서의 정체현상을 부채질할 수 있다. 또한 나이가 40대를 지나 50대로 접어들면, 교수들의 연구 주체성은 더욱 공고해질 수 있다. 예컨대, 연구비 획득이라는 경제적 목적을 위해서 관심도 없는 주제를 설정하지는 않는다. 경우에 따라서는 연구비를 수여하는 기관이나 재단의 본래 취지와는 상반된 연구를 해냄으로써, 연구비를 수여하는 기관으로부터 차후 연구비 배정 대상에서 제외되는 경우도 있다. 결국 연구비 혜택을 받기가 어려워 연구를 해내지 못하고 마는 극단적인 정체현상을 스스로 감수해야 하는 상황에 놓인다.

이렇듯, 40대 중반 이후 중견교수기의 긴장과 정체는 자칫하다가는 교수직을 떠나거나, 다른 대학으로 교수직을 옮겨가는 결과를 초래하기도 한다. 사실, 우리나라의 경우 교수들의 교수직 이직현상은 그렇게 흔하지 않지만, 미국 대학의 경우에는 비교적 빈번하게 나타나고 있는 것으로 보고되고 있다. 이를테면, 1960년대 중반에는 대학을 떠나서 타 기관으로 자리를 옮겨간 교수가 3.5%에 달하였고, 1979년에는 1.7%로 나타났다(Finkelstein, 1984, p. 62). 다소 줄고 있는 듯하지만, 아직도 상당히 많은 수의 교수들이 대학 밖으로 자리를 옮겨가고 있음이 분명하다.

그렇다면 교수들은 왜 교수직을 떠나서 다른 기관으로 옮겨가는 것인가? R.G. Baldwin과 R.T. Blackburn의 연구에 따르면, 결국 교수들이 직업을 바꾸는 데는 세 가지 범주의 이유가 개재함을 주장하고 있다. 첫째는 정년보장임용에 대한 불안이 높거나, 정년보장임용이 되지 않을 때에 이직하는 것이고, 둘째는 정교수로 진급하고 정년보장임용도 받았지만 업적 정체현상에 빠져들어 헤어나지 못해서 이직하는 것이며, 셋째는 정교수로 진급하지 못하는 데서 이직하는 것이라

한다(Baldwin & Blackburn, 1981, pp. 598~614). 이 세 가지 범주 중에서도, 가장 크게 영향을 미치는 것은 두 번째 업적에서의 정체현상이라는 그들의 지적을 감안할 때, 중견교수기에서의 교수들의 긴장과 침체의 극복은 매우 중요한 의미를 지닌 발달과업이라 아니할 수 없다.

물론, 교수들이 중견교수기에 교수직을 떠나서 타 전문직으로 옮겨가는 데는 그 외의 다른 이유들도 있을 수 있다. 예컨대, 행정적, 정치적 힘이나 권위에 가치를 두는 교수들은 정부나 그 외 유관 정부기관의 요직으로 자리를 옮긴다(Snyder, 1978, pp. 229~241). 우리나라의 경우에도, 대학을 떠나 장관이나 국회의원 등 정부의 요직으로 가는 교수들이 있다. 또한 이론적인 학술활동에 더이상 가치를 못 느껴서, 기업이나 정부의 행정직으로 자리를 옮기는 교수들도 있다(Blackburn & Havighurst, 1979, pp. 553~572). 경우에 따라서는 동료와의 경쟁에서 지치고 이길 자신이 없다든가, 연구 기회가 너무 적어 연구 기회가 많은 곳을 찾는다든가, 혹은 돈을 많이 주는 곳을 찾는 등의 이유로 대학을 떠나는 교수들도 있다(Ladd & Lipset, 1976). 그 외에도 직급이나 승급에 대한 불만, 근무조건이나 지리적 조건의 어려움, 그 대학의 철학에 대한 불만, 행정체제에 대한 불만, 학생들에 대한 불만이나 좌절 등으로 교수직을 떠나는 경우도 있다(McGee, 1971). 즉, 자신들의 전문적 열망을 추구하기 어려운 물리적, 사회심리적 조건일 때는 미련 없이 대학을 떠나는 사람들도 있다.

한편, 교수들의 대학간 이동은 우리나라 대학에서는 다른 나라들에 비하여 매우 적지만, 그래도 상당히 존재하는 것으로 나타났다. 〈표 8-3〉은 이번 조사에서 나타난 각국 교수들의 전임교수로 근무해 온 대학의 평균치를 나타낸 것이다. 대학간 이동이 가장 많은 것으로 나타난 경우는, 네덜란드의 평균 2.5개교이다.

물론 적은 수치이지만, 우리나라 대학교수들이 대학을 옮기는 주요

<표 8-3> 각국 대학교수의 평균 전임근무 대학수

국 가	평균(개교)	국 가	평균(개교)
호 주	2.2	한 국	1.4
브 라 질	2.4	멕 시 코	1.6
칠 레	2.0	네 덜 란 드	2.5
독 일	1.9	러 시 아	1.5
홍 콩	2.0	스 웨 덴	2.0
이 스 라 엘	2.1	영 국	1.9
일 본	1.6	미 국	2.0

원인은 앞서 논의한 40대 중반의 교수직에서의 긴장과 정체만은 아닐 것으로 추정한다. 우리나라의 경우 교수들의 대학간 이동은 대체로 보다 '좋은 대학'으로 옮겨가는 것뿐이라고 볼 수 있다. 즉, 비명문대학으로부터 명문대학으로, 지방대학에서 서울 등 대도시지역 대학으로, 봉급이 적은 대학으로부터 봉급이 많은 대학으로, 구속적인 대학으로부터 개방적이고 자율적인 대학으로, 전공 소속학과가 없을 때는 전공 소속학과가 설치되어 있는 대학으로 옮겨가는 것과 같은 현상이 대학간에 이동하는 근본 원인이 될 것이다. 또한 출신 지역이나 출신 대학에 대한 편견의 고통을 견디기 어려워 출신 지역의 대학이나 모교로 옮겨가는 경우도 있다.

미국의 경우, 교수들의 대학간 이동은, 1981년도 통계에 따르면, 박사학위과정이 개설되어 있는 연구중심종합대학의 교수들 중 1.7%가 소속대학의 적을 옮긴 것으로 나타났다(Finkelstein, 1984, p. 62). 그리고 이러한 교수들의 대학간 이동은 경제적 이유와 더불어 앞서 논의한 연구업적에서의 정체감 또는 40대 중반에 형성되는 긴장과 침체의 갈등이 주된 원인인 것으로 나타나고 있다. 대학의 명성 문제는 우리나라의 경우처럼 그렇게 심각한 것은 아닌 것으로 나타났다. 그리고 보다 명문대학으로 자리를 옮기려고 하는 것은 주로 젊은 교수들에게서 나타나는 현상이고, 중견교수들이나 원로교수들은 대학의 명성보다는 대학의 자율성, 신분보장, 연구압력이나 수업부담의 상대적인 약화 등을 이유로 삼아 대학을 옮겨가는 경우가 많다고 한다(Caplow & McGee, 1958).

이상에서 살펴보았듯이, 분명한 것은 중견교수기의 많은 교수들은 비록 강도의 차이는 있을지언정 다소간의 긴장과 침체를 경험한다는 사실이다. 그리고 그것을 제대로 관리해 나가지 못하면, 극단적으로는 교수직을 떠나는 경우도 발생할 수 있다는 사실이다. 흔히, 현대인들의 삶을 묘사하는 표현 가운데 '40대 위기'라는 말이 빈번하게 사용되듯이 교수들에게 있어서도 40~50대에 걸친 위기가 한번쯤 도래하고 있다는 점에서, 교수도 결국 평범한 인생의 발달과정에서 결코 예외일 수 없음을 알 수 있다.

3) 교수의 노화와 심리적 갈등

교수가 50대 중반 즉, 정년을 10년쯤 앞에 둔 시기에 이르면, 교수로서의 최고 경지에 도달한다고 하겠다. 그것은 곧 교수로서의 자아실현이 형성되는 것이다. 연구하는 일이나, 가르치는 일이나, 그 외의 대학행정에 참여하거나, 공공봉사를 하는 일 모두에 있어서 상당한 업적을 누적하게 되고, 그 속에서 일종의 고결한 성취감을 발견하게 되는 시기이다. 이때는 자신의 전공분야에서는 물론, 자신의 전공분야가 아니더라도 대학 내외에서 모르는 이가 없을 만큼, 학술적 지명도가 높아지게 된다. 따라서, 대학 내부보다는 대학 외부로부터, 자신의 전공분야보다는 전공분야를 초월한 보편적 지식세계로부터 많은 일을 요청받게 된다.

경우에 따라서는, 교수초임기에 자신이 가르쳤던 제자들이 박사학위를 받고, 대학교수로 발을 들여놓게 되는 것을 경험한다. 즉, 교수사회에서 제1세대로 자리바꿈을 하게 되는 시기이다. 이때 이들은 신임교수 또는 후배교수들에게 학술적 대부 또는 심적 조회인 (reference person)으로서의 역할수행을 통해, 학문적 가치관과 태도, 그리고 탐구과제를 계승시켜 나가면서 교수로서의 보람을 느끼기도 한다. 한마디로 교수의 50대 중반은 곧 교수들이 교수로서의 정상경험 (peak experience)을 겪게 되는 시기라고도 하겠다.

이러한 교수들이 나이를 더 먹어 정년을 몇 년 앞두는 단계에 이르면, 교수들은 자신의 생애에 걸친 교수로서의 업적을 정리하고 정년퇴임에 따른 새로운 생애를 계획하게 된다. 지난 30여 년에 걸친 교수로서의 생애를 관조하고 재음미하면서, 그 동안 수행하여 온 자신의 일과 업적을 통정시켜 나간다. 이를테면, 자신의 생애에 걸친 연구를 끝맺는다거나, 또는 그 동안 누적된 연구를 모아서 자신의 생애에 걸쳐 최대의 저술을 한다든가 하는 일이다. 비록, 외적으로는 대학을 떠나게 되어도 학술인으로서의 생활은 결코 버릴 수 없음을 자각하면서, 정년 후에도 학술적인 생산성을 그대로 유지하며 계속할 수 있는 바탕을 세우는 일을 하게 된다.

그러나 교수의 노화과정에서는 Erikson의 표현대로 자아통정과 절망의 갈등이 나타날 수도 있다. 그야말로 교수로서의 성공적인 생애를 살아왔노라고 스스로 자부하지 못할 경우, 많은 교수들은 깊은 절망에 빠져들 수도 있는 것이다. 심지어는 손아래의 젊은 사람들로부터 업적주의, 능력주의에 기초한 보상체제 (market-driven compensation)하에 냉정한 경쟁과 무시를 받게 되는 수도 있다.

실제로 어느 한 원로교수는 자신이 젊었을 당시에는 학과의 모든 궂은일은 혼자 도맡아 해왔는데, 지금의 젊은 교수들은 그렇지 않다고 토로한다. 예컨대, 학생들의 수련회를 따라가서 지도하는 일에 대하여, 어느 젊은 교수가 돌아가면서 순번대로 하자고 제의를 해왔다고 한다. 그 원로교수로서는 그저 예의 없는 젊은 교수의 발언으로 심한 절망과 좌절을 느꼈던 것이었다. 자아통정을 이룩하지 못한 심리적인 좌절에 연유하였는지 모른다. 그러나 가뜩이나 지난날 교수로서 무엇 하나 제대로 이룩해 놓지 못한 것도 비통한데, 이제는 젊은 교수들로부터 연장자로서의 인격적인 대접조차 받지 못한다 생각하니, 그 좌절과 절망은 엄청나게 컸을 것이다.

교수의 노화과정에 관해 또하나 언급할 문제는, 교수들이 노화됨에 따라 연구생산성이 떨어진다는 주장에 대한 논의이다. 정년퇴임에 가까워지면 연구생산성은 떨어지는가에 관하여, W.J. McKeachie는 교수의 노화 그 자체는 교수의 생산성을 떨어뜨리지 않는다고 강하게 주장을 내세웠다(McKeachie, 1983, pp. 8~10). 그렇다면, 노령교수들의 외현적으로 나타나는 연구생산성의 양적인 감소는 무엇을 의미하는가? 이 점에 관해서는 여러 가지 해석이 있다. 예컨대, 캘리포니아 대학의 교수 300명을 대상으로 실시된 연구에 따르면, 젊은 교수들은 학생들의 성장에는 관심이 적고, 오로지 자신의 연구만을 소중히 여기는 반면에, 노령교수들은 학생들의 성장에 관심이 더 많고, 따라서 학생들과 보내는 시간이 많기 때문에, 어쩔 수 없이 노령교수들의 양적인 연구업적이 상대적으로 줄어든다는 것이다. 즉, 연구를 할 수가 없어서, 노령교수들이 학생들의 성장에 더 관심을 쏟는 것이 아니고, 나이를 먹으면 학생에 대한 부모와 같은 애정이 더 강하게 형성되기 때문에 학생들의 성장에 많은 시간과 관심을 쏟는다는 것이다(Bowen & Schuster, 1986, p. 40). 그렇기에, 노령교수들은 젊은 교수들보다 가르치는 일을 더 선호하고, 또 그만큼 연구하는 일에 관심을 덜 기울이게 된다.

결국 노령교수들은 그 동안 고수하여 왔던 학문에 대한 딱딱한 과학적 접근보다는 부드러운 철학적, 인간적 접근을 선호하는 것으로 바뀌게 되는 것이다. 이것이 곧 그만큼 가르치는 일을 더 중시하게 만들고, 또 그 속에서 학생들과 만나는 일을 더 소중하게 만드는 것이다(Ladd & Lipset, 1975). 노령기 교수들의 연구생산성이 떨어지는

것으로 보이는 것은 그들이 결코 연구를 못하거나 하기 싫어서가 아
니라, 관심과 시간의 투자비중이 바뀌는 데서 비롯되는 것이다.

제9장

인간관계와 사회적 특성

대학은 하나의 거대한 조직이다. 교수는 그러한 조직을 구성하는 가장 기본적인 단위가 된다. 그러나 오늘의 대학이 당면하고 있는 문제의 하나는 대학이 하나의 조직체로서의 집합적 생산성을 제고하지 못하고 있다는 것이다. 이는 곧 그 조직을 구성하고 있는 개개 교수들간의 유기적인 상호관계가 조직이라는 체제 내에서 효율적으로 이루어지지 못하고 있음을 의미한다.

농경사회나 산업사회에서 인간의 기본적인 양태의 한 가지 특성은 집단친교(group intimacy)였다. 집합주의적 사고를 근간으로 하여 사람들의 일과 놀이가 집단적으로, 상호의존적으로 이루어져 왔다. 그러나 소위 '정보화사회'로 불리우는 제3물결의 사회에서는 놀라울 만큼 증대된 개인의 위력과 더불어, 사람들의 집단친교성은 무너지고 극도로 분화되고 개별화된 사회적 생활양태가 확산되고 있다(Brzezinski, 1969, pp. 34~35).

이러한 시대적 변화추세와 대학사회의 본질적인 고유한 특성이 결합되어, 대학사회에서 교수들의 분화와 개인주의적 삶의 양태는 과거 그 어느 때보다도 매우 심화되어 가고 있음을 부인할 수 없다. 급기야 대학은 파쇄된 상아탑(divided academy)이라고 불리워도 이상할 것이 없을 만큼, 대학사회에서의 교수들 상호간의 관계지음은 분화와 단절을 거듭하고 있다. 그것은 단순한 분화에 멈추는 것이 아니라 교수들간의 심각한 갈등양상으로 번지고 있어, 대학의 전통적인 조합정신은 그 어느 곳에서도 찾아보기 어려운 지경에 이르고 있다. 한국 대학교수들의 경우도 이러한 흐름에서 크게 벗어나지 않고 있음을 우리는 부인하기 어려울 것 같다.

그렇다면, 교수들은 대학 내에서 어떠한 인간관계 양태를 띠고 있으며, 그 속에서 그들이 내보이는 사회적 특성은 무엇인가? 이 장에서는 미국 대학교수들을 대상으로 수행된 몇 가지 선행 연구결과와 필자가 우리나라 대학교수들을 대상으로 수행한 몇 가지 선행 연구결과를 위주로 대학교수들의 인간관계 특성을 논의해 보고자 한다. 그러나 논의의 상당한 부분은 필자가 대학에서 처음으로 학생들을 가르치기 시작한 이후 20년이 되는 동안에 관찰할 수 있었던 제한된 개인적 경험과 인식에도 기초하였음을 밝혀두지 않을 수 없다. 즉, 그것은 이 장에서의 논의가 우리나라 모든 대학교수들에게서 공통보편적으로 나타나는 것으로 단정짓기에는 다소 한계가 있음을 밝혀둔다.

1. 교수의 인간관계 특성

F.B. Brawer는 인간기능화(human functioning)의 심리역동적 원리와 자아심리학의 개념에 기초하여, 교수들의 기능적 잠재력의 모형을 여섯 가지의 양극적인 영역으로 분석하여 제시한 바 있다(Brawer, 1976, pp. 1~4). 즉, 첫째는 관계성 대 소원성으로서, 교수들이 다른 교수와의 관계지음에 있어 어느 정도나 자신을 투입하느냐의 성향을 나타내는 것이다. 둘째는 정체감 대 무정향감으로서, 이는 자아에 대한 확실성 또는 자아방향성이 교수들에게 얼마나 확립되어 있느냐의 문제이다. 셋째는 융통성 대 경직성으로서, 교수들이 자신의 신념체제와 태도를 어느 정도나 개방하느냐가 교수들의 인성을 결정하는 또다른 중요한 측면이 됨을 의미한다. 넷째는 독립성 대 의존성으로서, 교수들이 얼마나 내재적 자율성을 스스로 느끼느냐의 문제이다. 다섯째는 개혁적 태도 대 보수적 태도로서, 교수들이 특정 현상에 대하여 얼마만큼 낙천적 또는 유동적이냐, 아니면 염세적 또는 고정적이냐에 관련된다. 끝으로, 여섯째는 지체성 대 충동성으로서, 교수들은 자신이 성취한 만족이나 기쁨을 얼마나 지체 또는 연기시킬 수 있느냐, 아니면 그냥 충동적으로 표현하고 마느냐의 문제이다.

　이상의 여섯 가지 양극적인 측면에서 교수 개개인이 어느쪽 성향을 띠느냐가 복합적으로 연계되어 특정교수의 인성과 사회적 행동양식이 결정된다는 것이다. Brawer의 이러한 새로운 접근은 그 동안 미개척 분야였던 교수의 인성 및 사회성 연구에 한 가지 예시적인 준거틀을 제공해 주었다는 데 우선 큰 의의가 있다. 특히, 여기서 우리가 주목할 점은 여섯 가지 가운데서 Brawer가 첫번째로 꼽은 교수들의 인간관계 성향이다. 관계성 대 소원성에서 교수들은 어떠한 보편적 성향을 보이는가 하는 점이다. 그것은 교수들의 사회적 특성을 조명해 주는 매우 중요한 측면이 된다고 할 수 있다.

미국 대학교수의 인간관계 특성을 연구한 여러 논문들을 종합할 때 공통적으로 제기되는 특성은, 교수들은 학계 이외의 사람들, 즉 대학 밖의 사람들과 폭넓게 사귀기보다는 학계 내의 교수들과 어울리기를 좋아한다는 것이다. T. Parsons와 C.M. Platt의 연구에 따르면, 전국에서 표집된 조사대상 교수들 중 43%는 학술적 동료에 국한하여 그들의 사회적 친교를 이루고 있다는 것이다. 그리고 이러한 경향은 특히 자연과학분야의 교수들, 명문대학의 교수들, 연구중심대학의 교수들에게서 두드러지게 나타나고 있다고 한다(Parsons & Platt, 1968). 이것은 의사, 변호사, 군인 들에게도 공통되는 특성이다. 특히, 교수들은 교수나 학자들과 제한된 사귐을 가질 때도, 아무 교수나, 아무 학자나 사귀지 않고, 대체로 심리적 특질이 비슷한 동료교수들(congenial colleagues)과 폭 좁게 사귀기를 선호하는 것으로 보고되고 있다(Kozma, et al., 1978 및 Ladd & Lipset, 1975).

이러한 지적은 1967년 우리나라에서 수행된 한 연구에서도 비슷하게 지적되었다. 즉, 같은 전공학과 내 교수들과는 대체로 원만한 편이나, 타 대학, 타 학과 교수와는 접촉이 거의 없어 전체 교수들간의 관계가 소원한 상태에 있다. 그리고 경우에 따라서는 같은 전공학과 교수간에도 공동직무수행을 위한 적극적인 인간관계가 형성되어 있지 않을 뿐만 아니라, 강사채용 및 학생 개인지도 문제를 둘러싼 미묘한 심리적 갈등이 조성되기도 한다(김종철 외 4인, 1967, p. 127).
1988년에 필자가 수행한 교수들의 전공교육과정에 대한 태도와 갈등
에 관한 연구에서 보면, 전체 339명의 응답자 중, 과내 교수와의 친
교에서 모든 교수와 잘 어울리는 교수는 응답자의 76%, 1~2명의 교
수하고만 어울리는 교수는 24%인 것으로 나타났다(이성호, 1988).
물론 상당수의 교수는 같은 전공학과 내의 모든 교수와 친교관계를
수립하고 있지만, 1~2명하고만 폭 좁게 어울리는 교수가 24%라는
사실은 매우 중요한 의미를 지닌다. 즉, 교수들이 대학 밖의 사람들
과도 폭 넓게 사귀지 않는 것은 별개의 연구문제라 하더라도, 교수들
중 상당수는 자기 학과 내의 교수들과도 폭 넓게 교류하지 않는 것으
로 나타난 것이다. 이는 앞서 소개한 미국 대학교수들을 대상으로 실
시된 연구결과들과도 대체로 일치하는 공통된 성향이라 하겠다.

교수들 상호간의 관계지음 양태와 연구생산성을 분석한 M.J.
Finkelstein의 분석에 따르면, 교수들 상호간의 관계지음은 두 가지를
축으로 하여 결정된다고 한다(Finkelstein, 1982). 즉, 하나는 교류의
폭을 자신의 전공분야 또는 학과에 국한시키느냐, 아니면 그것을 다
른 전공학과에까지 확대시키느냐이며, 다른 하나는 교류의 폭을 자신
의 캠퍼스 내로 국한시키느냐 아니면 그것을 캠퍼스 밖으로까지 확대
시키느냐이다. 이렇듯 Finkelstein이 제시한 두 가지 축을 놓고, 교수
들의 인간관계지음의 양태를 필자가 발전적으로 구상해 보면, 〈그림
9-1〉에서와 같이 네 가지 양태를 추출해 낼 수 있다.

첫째는 지극히 제한주의적(pure localism)인 인간관계지음을 갖는
교수들이 있다. 이들은 캠퍼스 안에서 자신의 전공분야 교수들하고만
폭 좁게 사귀고 있는 것이 특징이다. 둘째는 자신의 전공분야 교수들
에 한하여, 캠퍼스 안은 물론 캠퍼스 밖으로까지 그들과의 인간관계
폭을 확대시키는 교수들이다. 즉, 자신의 전공분야와 같은 분야를 연
구하는 타 대학의 교수나 타 기관의 학자들과도 폭 넓게 사귀는 사람들

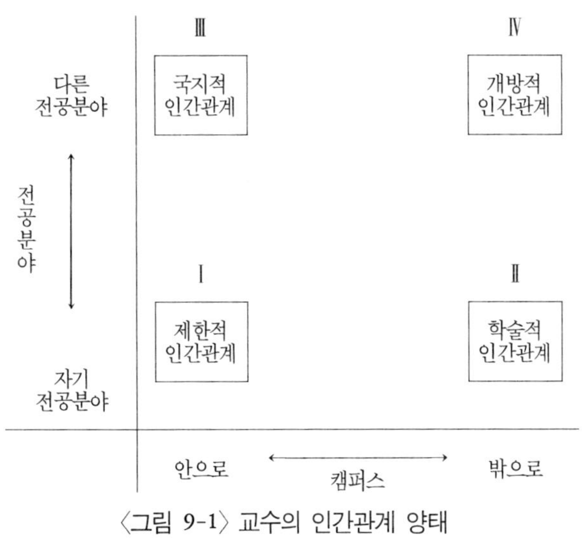

〈그림 9-1〉 교수의 인간관계 양태

로서, 학술적 인간관계를 중시하고 있다. 이들은 대체로 높은 연구생산성을 나타내는 것이 두드러진 특징이다. 셋째는, 전공분야를 가리지 않고 여러 다른 전공분야의 교수들과 사귀되, 그 캠퍼스 내의 교수들로 국한하여 인간관계를 갖는 교수가 있다. 즉, 지역제한적이고 국지적인 인간관계를 갖는 교수들이다. 넷째는, 전공분야가 같든 다르든, 자신의 대학이든 타 대학이든, 전공분야와 캠퍼스의 제한을 받지 않고 매우 폭 넓게 인간관계를 갖는 교수들이다. 이들의 인간관계 성향은 개방적 인간관계 혹은 세계주의자적 인간관계라고 칭할 수 있을 것이다. 물론 위 네 가지 유형의 교수들이 다양하게 혼재하고 있을 것이다. 분명한 실증적인 연구 없이 단정지을 수는 없지만, 교수들 가운데는 제Ⅰ유형(제한적 인간관계), 제Ⅱ유형(학술적 인간관계), 그리고 제Ⅲ유형(국지적 인간관계)에 속하는 교수들이 제Ⅳ유형(개방적 인간관계)에 속하는 교수들보다 상당수 존재함을 가정해 본다. 물론, 이러한 가정은 앞서 제시한 여러 선행 연구결과들이 공통적으로 지적하고 있는 교수들의 폭 좁은 인간관계 특성을 염두에 둔 것이지만, 모든 교수들이 그러한 폭 좁은 인간관계 속에서 생활하고 있음을 함축하는 것은 아니다.

교수들은 캠퍼스나 전공학과 내에서의 인간관계에 있어 두 가지 상반된 성향을 나타낸다. 하나는 극도로 개인주의적인 행동특성, 즉 교수들은 '홀로' 존재하고 있다는 것이다. 또 다른 하나는 특정한 목적, 특정한 공통분모적 이데올로기를 통한 연대를 형성함으로써 교수 상호간에 도움을 준다는 것이다. 여기서 후자의 문제는 다음에 따로 논의하기로 하겠다. 여기에서는 전자의 개인주의적 특성만을 간단히 언급해 두기로 하겠다.

오늘날 대학사회에는, 마치 「전체의 복지는 개개 구성원이 각기 자신의 개인적 흥미를 추구할 때, 필연적으로 증진된다」고 하는 A. Smith의 원리를 신봉하듯, 교수들 상호간의 개인주의적 성향이 팽배하고 있다. 개인주의적 사고는 다른 교수들에 대한 무관심으로 나타난다. 다른 교수가 무슨 연구를 하든, 무엇을 가르치든 상관하지 않는다. 같은 건물, 같은 층에 연구실을 나란히 갖고 있으면서도 좀처럼 서로 만나거나 대화를 나누지 못하는 경우가 많다. 물론 제각기 바쁘고, 계획된 시간 속에서 생활하다 보니 그러한 현상이 자연적으로 나타날 수도 있겠지만, 근본적인 문제는 교수들 사이에 팽배된 개인주의적 행동성향이다. 그러한 개인주의적 성향에 기초한 상호간의 무관심은 위장된 무관심일 수도 있다. 내심으로는 누가 무슨 연구를 하고 있고, 누가 무슨 책을 써냈고, 누가 언제 신문에 글을 게재했고, 누가 텔레비전에 나가 이야기했는지 다 알면서도, 겉으로는 초연한 자세를 취하는 경우도 있다. 모르고 있는 것처럼 스스로 위장하고는, 속으로 그와 경쟁을 벌인다. 그리고 나중에 제3자가 「당신 학과의 어느 교수가 무슨 책을 출판하였습니다」라고 말하면, 마치 자신은 그런 데 별로 신경을 쓰지 않아 모르고 있었던 것처럼 이야기한다.

개인주의적 행동 성향 또는 무관심한 인간관계 성향은 교수들간의 의사소통을 어렵게 만들고, 나아가 어의적 갈등(semantic conflict)을 잉태하게 되는 계기가 된다. 이러한 개인주의적 성향은, 오늘날 학술사회에서 지식의 분화와 발전이 가속화되면서 더욱 심화되고 있다. 본래 대학, 좁게는 전공학과라는 곳은, 비슷한 가치와 생활방식, 비슷한 수준의 교육과 훈련을 받고, 비슷한 경험을 쌓은 사람들의 모임이다. 그렇기에 대학에서는 서로의 생존을 위한 질적 통제의 수단으로 유사한 이론과 실천방식의 전통을 개발하는 집합적 조합정신이 다른 어떤 사회조직에서보다 강하였다. 그러나 오늘날에 이르러 지식의 발전은 동일한 학과 내에서도 전문분야의 분화를 더욱 심화시킴으로써, 교수들이 하나의 학술적 이념과 전통으로 이어질 수 있는 이음쇠를 상실하고 있는 듯하다. 학과의 공유된 패러다임(paradigm)으로 묶여지는 총체적 교수조직은 더이상 존재하기 어려울 만큼 교수들간의 전문분야별 개인주의 내지는 파쇄현상(fragmentation)이 팽배하고 있는 것으로 보인다. 물론, 교수들의 개인주의적 성향이 경우에 따라서는 다양한 이데올로기를 바탕으로 하나의 강한 유대의식으로 발전하는 경우도 있다. 특히 그들간에 어떤 공통된 정치적 목적을 가졌을 때는 두말할 나위도 없이 협동적이고 조직적인 연대의식으로 대체된다.

교수들의 개인주의적 성향은 교수 상호간에 공정한 배분의 평등주의 의식과도 연계된다. 특히, 대학사회의 두드러진 특징은 그것이 다른 조직들과는 달리 수평적인 조직체계를 이루고 있다는 점이다. 즉, 직급이 무엇이든 간에 일단 교수직을 얻게 되면 누구나 똑같이 '교수'로 통칭되고, 하는 일의 양과 질적 수준에 있어서도 평등한 원칙이 적용된다. 그렇기에, 교수사회에서 연령이나 경험 또는 직급의 서열만으로 노장계층에서 지배나 독점을 시도하면, 젊은 교수들은 완강하게 반발한다(Asby, 1956, p. 10). 예컨대, 많은 미국 대학에서는 상위

직급의 노장교수들에게는 수업부담을 경감시켜 주거나, 또는 학부보다는 대학원 과정을 맡도록 해주는 불문율적 전통을 지니고 있지만, 이것이 오늘날 많은 젊은 교수들의 세찬 불평의 대상이 되고 있음을 보아도 알 수 있다(Tucker, 1984, p. 219).

학과 내 교수들간의 불평등, 불공정한 배분과 수입의 갈등은 학과 내의 모든 운영과정에서 나타난다. 이를테면, 연구비나 학과의 예산 집행, 연구실 등 시설과 사무용품의 배분, 학생지도 및 논문지도 대상학생의 배정, 조교의 배정, 수업부담의 배분과 시간표 작성, 강의실 배정, 수련회나 수학여행의 인솔교수 배정 등 수많은 시·공간적 문제, 자원의 문제 측면에서 교수들간의 갈등이 나타난다. 결국, 학과 내에서 제반 학사운영이 이루어질 때, 완전히 균등한 배분이 이루어지기 어렵고, 다소간의 불평등이 전제될 수밖에 없다고 할 때, 또는 제로섬(zero-sum) 게임의 원리가 도입된다고 할 때, 교수들은 각기 방어적이고 자기보호적인 행동을 취하게 된다. 즉, 다른 교수로 인해 자신이 피해를 보거나, 자신의 정당한 몫을, 차례를, 기회를 상실하지 않기 위해 교수들은 각기 자신의 독자적이고 개인적인 방어적 행동방략을 구상하게 된다. 이것은 곧 전공학과 내에서 교수들의 이기적이고 개인주의적인 인간관계 양태를 더욱 심화시키고, 또 그러한 인간관계 양태로 인해 학과 내 교수들간의 민주적인 합의가 이루어지지 않는 악순환이 증폭된다.

2. 복수적 이념과 파쇄현상

개개 구성원이 서로 연대하여 힘을 모으고, 그리하여 다른 집단에 대항하여 서게 되는 저변에는 이념(ideology)이라는 고리쇠가 작용한다. 이때, 이념은 결국 그 구성원들간의 공통적 특성으로 나타난다.

공통적 특성은 구성원들간의 공감영역을 형성하게 하고 그것은 그 집단 구성원들의 합치된 사고와 행동의 기반을 이룬다.

대학사회에는 그러한 이념의 고리쇠가 매우 다양하게 발전되어 있다. 이러한 이념들은 결국 대학 내에서 개개인간의 또는 집단간의 통합과 분화, 대립과 협력을 더욱 증대시키고 있음을 쉽게 찾아볼 수 있다. 물론 긍정적인 측면에서 볼 때, 그러한 다양한 복수적 이념 또는 집단의 존재는 상호간의 견제와 경쟁을 형성하고 그것은 서로간의 발전을 촉성한다는 순기능을 발휘한다. 그러나 그러한 순기능에 못지 않게, 이념을 바탕으로 한 개인간 또는 집단간의 분화와 대립은 개인 및 집단의 본래적 책무를 수행하는 데 있어 하나의 억제요인으로 작용하고 있음을 간과할 수 없다.

1) 출신배경에 관련된 이념과 대립

한 학과, 한 대학 내의 여러 교수들은 서로 출신배경을 달리한다. 이러한 서로 다른 출신배경은 각각 하나의 이념으로 교수들간의 관계지음에 작용할 수 있다.

대표적으로 교수사회에는 본교 출신이냐 타교 출신이냐 하는 출신배경이 하나의 이념으로 교수들을 분화시키고 대립의 관계로 몰아넣는 경우가 있다. 결국 「본교 출신이 아니면, 제아무리 유능해도 그 대학에서는 크게 '빛'을 보기 어렵다」라는 자조적 표현이 이따금 나타나는 것은 타교 출신과 본교 출신 간의 대립이 잠재적으로 존재하고 있음을 암유한다. 타교 출신이기 때문에, 학생들과의 관계지음에서 본교 출신 교수들보다 더 예민한 관심을 기울이는 교수를 볼 때, 타교 출신 교수로서 눈에 보이지 않는 일종의 소외의식을 가지고 있지 않는가를 느끼게 한다. 또는 대학 내의 인맥기반이 약화됨을 우려하는 것은 아닌가를 느끼게 한다. 일례로 자기는 본교 출신 교수가 아니기 때문에 꼭 학과장을 해야 되겠다고 실토한 어느 타교 출신 교수의 고백이 그렇다.

교수들의 출신배경은 경우에 따라서는, 어느 고등학교를 졸업하였느냐, 더 나아가서는 고향이 어느 지역이냐까지도 하나의 이념으로 동원되어 교수들간의 분화를 유발하기도 한다. 예컨대, 어느 대학의 총장선거에서 출신고등학교를 중심으로, 출신지역을 중심으로 교수들이 힘을 모아 함께 특정 후보를 지지하는 것과 같은 사례가 그렇다.

교수의 출신배경이라는 이데올로기에서 또하나 무시하기 어려울 만큼 큰 힘을 발휘하는 것은 그가 박사학위를 어디에서 취득하였느냐 하는 것이다. 넓게는 국내에서 취득하였느냐, 아니면 외국에서 취득하였느냐의 대립이 나타난다. 이는 자칫하면, 학문의 종속성과 토착성 간의 대립으로까지 번진다. 즉, 외국에서 박사학위를 받은 사람들에게는 학문의 무비판적 종속성이라는 비난이 가해지고, 국내에서 박사학위를 받은 사람들에게는 학문의 토착성을 위장한 국수주의적 편협성이라는 비난이 가해진다. 같은 외국 박사학위 취득자라 하더라도, 미국에서 박사학위를 받았느냐 아니면 독일에서, 일본에서, 프랑스에서 받았느냐 하는 식으로 국가별로도 교수들의 분화와 대립을 가져오는 경우가 빈번하게 나타난다. 특히 한 학과 내에서 전공 교육과정을 개발할 때, 교수들의 다양한 주장은 각기 자신의 학술적 출신배경을 바탕으로 할 때가 많다. 「내가 다닌 미국의 어느 대학에서는 어떻게 한다」는 식의 주장이 그렇다. 즉, 어디에서 본을 따다가 이식하느냐에 대하여 교수들이 대립과 갈등을 경험하는 것은 바로 교수들의 학술적 출신배경이라는 이데올로기의 작용에 기인하는 것이다.

교수의 출신배경에 관련된 또다른 이데올로기는, 누구의 지도를 받았느냐, 즉 어느 교수로부터 키움을 받은 제자냐, 누가 그의 학술적 대부냐에 따른 분화와 대립이다. 이러한 현상은 전임교수가 많은 큰 학과에 학술적 대부역할을 하는 원로교수가 여럿 있을 때, 그 밑의 중견교수들이나 신임 교수들 사이에서 흔히 나타난다. 그리고 이러한 분화와 대립은 수평적으로나 수직적으로나 복잡하게 얽혀서 나타나기도 한다(Blackburn, 1981, pp. 315~327 참조).

2) 역할수행에 관련된 이념과 대립

대학사회 내에서 교수 상호간의 파쇄현상은 상당 부분 교수들의 책무수행 또는 역할수행과 관련이 깊다. 우선은 연구위주 성향의 교수와 교육위주 성향의 교수 간 대립이 있을 수 있다. 경우에 따라서는 연구업적이 많은 교수와 연구업적이 적은 교수들 간의 대립으로 나타나기도 한다. 연구업적이 많은 교수들은 연구업적이 적은 교수들을 교수로서의 기본책무를 소홀히 하는 무능한 교수로 매도한다. 이에 대하여 연구업적이 적은 교수들은 연구업적이 많은 교수들에게 그들은 연구비나 몰두하고 가르치는 일은 소홀히 하는 교수라고 비난의 화살을 쏘기도 한다.

또한, 잘 가르치는 교수와 못 가르치는 교수 간의 숨은 싸움이다. 어느 교수의 수업에는 수강생들이 몰리고, 어느 교수의 수업에는 폐강을 겨우 면할 만큼 소수의 수강생이 등록할 때, 이들은 서로 숨은 대립을 보이기도 한다. 예컨대, 한쪽에서는 그저 학생들에게 학점이나 잘 주고, 적당히 지루하지 않게 가르쳐서 학생들의 얄팍한 인기나 얻는다고 비난한다. 그런가 하면, 다른 한쪽에서는 오죽하면 학생들이 들어가길 싫어하겠느냐, 그저 책이나 읽어주는 그런 수업에 학생들이 들어가고 싶겠느냐 등의 숨은 비난과 대립이 오고가기도 한다.

교수의 역할수행에서 교수들의 행동특성을 결정하는 또다른 이념은 그의 학문성이다. 특히, 실천위주의 학문성을 내세우느냐, 아니면 이론위주의 학문성을 내세우느냐에 따라 교수들간의 대립은 심화될 수 있다. 그러한 경우는, 특히 그 전공학과 내에서 교육과정을 편성할 때 나타나기 쉽다. 이러한 학문성은 연구방법론에 대한 철학적, 과학적 신념의 차이에서도 기인한다. 이를테면, 행동과학적인 접근이냐

규범과학적인 접근이냐가 그렇다. 또는 계량적인 접근을 신봉하느냐 아니면 질적인 접근을 선호하느냐로도 나타난다. 달리 표현하면, 논리적 인식론과 현상학적 인식론에 대한 선호의 싸움일 수도 있다.

교수의 기본책무는 이미 앞서 여러 장에 걸쳐 나누어 논의하였듯이, 가르치고 연구하는 일만이 아니다. 공공봉사와 행정에의 참여도 교수들의 중요한 기본책무이다. 이러한 책무수행에 관련되어 나타나는 교수들간의 이념적 대립도 심각하다. 정부나 산업체 또는 기타 사회기관의 자문교수 등 여러 가지 형태로 적극적인 공공봉사에 참여하는 교수와 그렇지 않은 교수 간의 분화를 들 수 있다. 자칫하면, 그것은 전자의 경우를 어용교수로 낙인 찍고 또는 전문지식을 팔아먹는 지식판매자로 매도하는 일로 번진다. 반대로 후자의 경우는, 그저 연구실에만 앉아 제대로 연구 하나 해내지 못하면서, 자신의 무능력함을 위장하여 전자의 교수들을 비난하는 무능한 교수로 공격받게 되는 일로 번진다. 이러한 교수들의 대외적 공공봉사활동의 유무에 따른 분화와 대립은 그 외에도 여러 면에서 나타난다. 예컨대, 신문이나 잡지에 글을 많이 쓰는 교수와 못 쓰는 교수, 텔레비전이나 라디오 방송에 자주 출연하는 교수와 그렇지 못한 교수 간의 대립으로도 나타난다.

행정책무수행의 경우에는, 보직교수와 평교수 간의 행정참여라는 이념에 따른 대립이 대표적이다. 보직만 하다가 교수생활을 끝내는 교수가 있는가 하면, 대학에서 보직이라곤 학과장도 해본 적이 없이 교수생활을 마감하는 교수도 있을 수 있다. 물론 교수들 중에는 행정보직이란 교수가 해야 할 본분이 아닌 듯싶어 관심조차 두지 않는 교수도 있지만, 행정보직이 무슨 큰 벼슬이라도 되는 양 꼭 해보고 싶어하는 교수도 있다. 그러한 경우, 행정보직을 가진 교수들과 그렇지 않은 교수들 간에 이념적 분화와 대립은 피할 수 없는 현상일 수도 있다.

3) 정치적 신념에 관련된 이념과 대립

대학사회에서 교수들의 정치적 신념은 세 가지로 작용한다. 첫째는 대학 내 정치에 관한 신념이고, 둘째는 대학 외의 국가사회적 정치에 관한 신념이고, 셋째는 학생운동에 관한 교수의 정치적 신념이다.

대학 내의 정치적 신념에 따른 교수들간의 분화와 대립은 우리나라의 경우 특히 1980년대 후반기에 각 대학에 총장직선제가 도입되면서 시작된 대학 내의 정치적 자율화와 깊은 관련을 맺는다. 그 이전에도 물론 대학 내 정치적 신념에 따른 분화와 대립은 있었다. 이를테면, 사립대학의 경우, 설립자 또는 재단과 비교적 가까운 관계에 있는 교수와 그렇지 않은 교수 간의 분화와 대립이 그렇다. 그러나 이때의 대립과 분화는 기실 극히 소수의 교수들에게서만 나타났을 뿐 그 참여 범주가 그렇게 넓지는 않았다.

그러나 최근에 일기 시작한 대학 내의 자율화 흐름과 선거열풍은 학과, 단과대학 또는 그 대학교 전체 교수집단에 정치적 신념에 따른 분화와 대립을 심화시키고 있다. 학장을 직선하고, 총장을 직선하는 일에서 교수들간의 특정 후보에 대한 지원과 결합이 그렇다. 또는 선거가 없을 때라 하더라도, 학교의 현 행정관리자에 대해 친밀한 태도를 갖고 있느냐 아니면 비판적 태도를 갖고 있느냐에 따라 교수들의 분화는 있을 수 있다.

교수들의 대학 외 정치사회적 현상에 대한 신념은 오랜 역사를 두고 교수사회에서 분화를 가져다주는 중핵적인 이념이 되어 왔다. 교수들은 일반적으로 정치적인 신념의 개방성이 강한 것으로 나타나 있다 (Ladd & Lipset, 1987, p. 9). 흔히 사회경제적 지위가 높은 사람들이 정치적 신념에서 보수성을 띠고 있는 것과는 상반된다. 그렇지만 교수들이 개방적이라고 해서 결코 어떤 선을 넘어서지는 않는다. 이는 물론 소수의 급진적 교수가 있음을 부정하는 것은 아니다.

교수들의 정치적 신념은 교수의 전공분야 등 여러 면에서 다소 다르게 나타나고 있다. 예컨대, 미국 대학의 경우 사회과학분야의 교수들은 다른 전공분야의 교수들보다 훨씬 개방적이고 개혁주의적이다. 그런가 하면 공학계, 법학계, 경영과학계, 의학계, 교육학계, 신학계 등 실천적 전문성이 강한 분야의 교수들은 비교적 보수성이 강한 것으로 나타나고 있다. 또한 교수들 중 연구업적이 많고 연구위주 성향이 강한 교수들은, 연구업적이 적고 교육위주 성향이 강한 교수들보다 개방성이 높은 것으로 나타났다. 그리고 이러한 개방성은 규모가 큰 대학의 교수들에게서, 대학원중심 대학의 교수들에게서, 그리고 명문대학의 교수들에게서 그렇지 않은 대학의 교수들보다 훨씬 강하게 나타나고 있다(Ladd & Lipset, 1978). 결국 이러한 정치적 신념의 차이는 그 나라, 그 사회의 정치적 상황과도 깊은 관계를 갖게 된다. 그리하여 특정 정당을 지지하거나 반대하는 일까지도 생기고, 경우에 따라서는 특정한 정치적 집단에 자신을 귀속시켜 정치활동에 적극 참여하기도 한다. 그리고 이러한 정치적 신념과 활동참여의 폭과 강도는 교수들 상호간의 집단을 다원화시키는 영향요인으로 작용하게 되는 것이다.

교수의 정치적 신념과 견해는 학생운동과도 깊은 관계를 형성한다. 예컨대, 정치적 성향이 개방적인 교수들은 학생운동을 지지하는 반면에, 정치적 성향이 보수적인 교수들은 학생운동을 반대한다. 학생운동을 어떠한 교수들이 적극 지지하고 있는가를 연구한 바에 따르면, 연령적으로는 젊은 교수들, 정년보장임용을 받지 못한 교수들, 보수가 낮은 교수들, 학교 내 행정에 불만이 있는 교수들이 대체로 학생운동을 지지하고 있는 것으로 나타났다. 1960년대 미국의 각 대학에 학생소요가 널리 확산되어 있을 때, 그러한 학생운동에 반대하는 교수는 수적으로 절반을 훨씬 넘었지만, 그 와중에서 그래도 수업을 끝까지 해낸 교수는 1/3이 되지 못하였는데, 그 이유는 학생운동을 지지하는 교수들로부터의 정치적 압력 때문이었다고 한다(Cole &

Adamsons, 1970, pp. 389~394).

이렇듯, 교수들의 대학 내 정치, 대학 밖의 정치, 그리고 학생운동
에 대한 다양한 신념과 견해는 결국 교수들간의 관계지음에서도 분화
와 통합을 형성하는 주된 이데올로기로 작용한다.

4) 전공분야에 관련된 이념과 대립

교수들의 가장 본질적인 특성은 그들의 주된 전공분야가 있다는 점
이다. 교수들은 평생 동안 하나의 주제, 하나의 분야에 몰두하여 연
구하면서 가르친다. 개인에 따라 그 주제나 분야의 폭이 넓기도 하고
좁기도 하겠으나, 대체로 전공학과에 소속되어 그 전공학문분야 중
특정한 한 분야를 집중탐구하는 것이 보편적인 교수들의 행태이다.

따라서 미세한 한 가지 전공분야에 몰두하다 보면 그러한 전공분야
가 하나의 이념으로 대두하여 교수들의 인간관계지음의 특성으로 발
전하는 경우가 있다 (Bowen & Schuster, 1986, p. 146). 교수의 전공분
야가 사회적 관계지음에서 이념으로 작용하는 것은 세 가지 수준에서
관찰된다.

첫째로, 같은 전공학과 내에서 전공분야에 따른 분화가 발생하는
경우를 들 수 있다. 같은 학과 내에서도 교수들의 전공은 여러 개로
나뉜다. 이는 필연적으로 교수들 상호간의 유기적 연계를 가져오기도
하지만, 그것이 하나의 이념이 되어 교수를 개개인별로 분화시키기도
하고, 또는 2~3명의 교수를 하나의 소집단으로 통합시켜, 한 학과
내에서 교수들을 서너 개의 하위 집단으로 분화시키기도 한다. 특히
이들은 앞에서도 언급했듯이, 연구방법론적인 측면에서의 어떤 공통
성이나, 박사학위를 기준으로 한 출신배경과 연계하여 갈라지고 합쳐
지기도 한다. 그리고 각기 전공학과 내에서의 여러 가지 학사문제,
예컨대 교육과정, 학생지도, 연구비 배정 등에서 집단적 이기주의를
나타냄으로써 서로간의 갈등을 빚기도 한다. 같은 학과 내에서 서로

간에 만남이 적고, 상호이해와 합의가 어려운 경직성을 나타내는 것은, 바로 같은 전공학과라 하더라도 하위 전공분야의 독특성과 전문성이 이념화되어 서로간의 분화를 가져오기 때문이다(Chickering, 1977, p. 48).

둘째는, 전공학과라는 것이 하나의 이념적 단위가 되어, 대학 전체 교수들간의 분화와 통합을 가져오는 경우도 있다. 교수들이 전공학과 내에서 비록 서로 이기적인 싸움을 벌이고 서로 소원한 관계에 놓여 있다 하더라도, 다른 전공학과에 대응하는 일이나, 대학 전체 내에서 소속학과의 위상과 존재에 관한 이득을 확보하는 일에 있어서는 전공학과 내 교수들간의 통합이 쉽게 이루어진다. 예컨대, 소속 전공학과의 전체 개설 학점수를 상향조정하는 데서 대학 본부와 마찰을 빚는다거나, 공간배치에 있어서 좀더 좋은 환경적 여건을 확보하는 일 등, 소속학과의 복지증대나 위상확보의 문제를 놓고 교수들은 단합한다. 이럴 때, 전공학과는 하나의 이데올로기가 되어 대학 내의 분화와 파쇄현상을 초래하기도 한다.

셋째는, 전공분야를 넓게 구분하여, 인문과학, 사회과학, 자연과학 등으로 분류할 때, 이러한 폭 넓은 학문분야가 하나의 이념으로 작용하여 교수들의 행동을 특징지을 때가 있다. 크게는 그 대학 내에서 어떤 분야에 집중투자를 하느냐의 문제를 놓고 세 분야의 교수들은 통합과 분화의 양상을 보인다. 특히, 인문과학, 사회과학, 자연과학의 기본적인 사고의 형태는 여러 측면에서 이들간의 특성 차이를 보인다. 예컨대, 사고의 양태(mode)를 기준으로 할 때 인문과학은 구상적 사고(imaginative thinking), 사회과학은 상관적 사고(relative thinking), 자연과학은 논리적 사고(logical thinking)에 바탕을 둔다(Univ. Commitee on the Objectives of a General Education in a Free Society, 1945). 이러한 특성은 곧 그들의 관계지음의 행동특성으로 나타나고 있다. 즉, 자연과학을 전공하는 교수들은 인문과학이나 사회과학을 전공하는 교수들보다, 논리적이고 이성적인 판단으로 학과 내의 학사행정을 잘 처리함으로써 동료교수들과의 원만한 관계지음을 갖고 있다. 그렇기에 자연과학을 전공하는 교수들은 인문과학이나 사회과학을 전공하는 교수들보다 학과 내 교수들간에 불화를 경험하는 예가 비교적 적다. 그래서 그들은 인문과학이나 사회과학을 전공하는 교수들보다 공동으로 책을 저술하고, 공동으로 논문을 집필, 발표하는 경우가 상대적으로 많다 (Ladahl & Gordon, 1972, pp. 57~72). 이렇듯 교수들의 전공분야는 단순히 학문적인 가름과 역할분담만을 의미하는 것이 아니고, 그들의 사회적 행동에서도 현격한 차이를 불러일으킨다. 또한 그것은 교수사회에서의 주된 이념의 하나로 여러 면에 걸쳐 커다란 영향을 미친다.

5) 인구학적 배경에 관련된 이념과 대립

교수들의 관계지음에 있어 교수들의 인구학적 배경이 하나의 영향요인으로 작용하는 경우도 많다. 특히, 교수들의 연령에 따른 세대간의 갈등이 그 대표적인 예에 속한다. 오늘의 한국 대학사회에서 젊은 전후세대의 교수들은 기성세대와 여러 측면에서 대립 또는 상반되는 가치체계를 갖고 있다.

현재 한국 대학사회에는 세 층의 세대가 혼재하여 대학의 문화적 복수성을 가증시키고 있다. 즉, 제1세대로는 일제시대에 학술연수를 통해 교수가 되어, 해방 이후부터 지금까지 대학의 발전을 이루는 데 기틀을 다져왔던 원로교수 세대가 있다. 그런가 하면, 해방을 전후하여 태어나 어린시절 6·25전란 등으로 경제적인 어려움을 겪은 이들은 오늘날 대학발전의 주축이 되고 있는 제2의 중견세대에 해당한다. 그 다음으로는 1960년대 경제적 성장을 이룩하기 시작한 시기에 태어나서, 오늘날 대학사회에서 신진교수가 된 제3세대의 젊은 교수들이 존재한다. 이러한 3층구조의 교수세대들은 서로간에 이념이나 행동에 있어서 현격한 차이를 보이기도 한다. 이를테면, 제3세대의 신진교수들은 기성의 두 세대에 비하여 학문탐구에 있어서도 보다 개방적이고 비판적인 성향을 보인다. 또한, 그들은 기성의 두 세대에 대하여 상하의 관계에 서기보다는, 평등의 관계에 서려 하고, 공정하고 평등한 분배를 요구하고 나서기도 한다.

인구학적 배경으로서 교수들의 분화와 통합, 대립과 협력의 이데올로기로 작용하는 또다른 요인은 교수들의 직급이다. 이를테면, 전임강사나 조교수와 같은 하위직급 교수들과, 부교수 및 교수와 같은 상위직급 교수들 간에 형성되는 괴리가 단적인 예이다. 교수의 연령과 직급은 대체로 일치되고 있기에, 위에 적은 세대간의 갈등이 곧 직급간의 갈등이라고 볼 수도 있다. 그러나 직급에 관하여 한 가지 언급해 둘 일은, 지극히 적은 경우이겠으나, 그것이 뒤바뀔 때 문제가 생긴다. 예컨대, 나이는 손위지만 직급이 아래거나 호봉서열이 아래인 경우, 그들간에 잠재적 갈등은 심하게 확산될 수도 있다. 교수사회에서 직급과 서열은 비교적 엄격하게 문서화되는 것이 통례이다. 교수수첩에 교수들의 이름을 수록할 때나 모든 공식, 비공식 문서에서 교수들의 이름을 열거할 때, 그것은 대체로 엄격한 직급 또는 호봉서열로 계서화된다. 실제로 그러한 서열화가 자칫 실수로 뒤바뀌어 제시될 때, 교수들은 화를 내고 따지는 경우도 있다. 이러한 상황에서 연령이 직급서열과 일치되지 않을 때, 연령이 많고 직급이 낮은 교수와, 연령이 적고 직급은 높은 교수 간의 심리적 갈등은 생각보다 크게 나타날 수도 있는 것이다.

인구학적 특성에서 또 한 가지 언급해 둘 일은 남자 교수와 여자 교수 간의 성별 차이에 따른 분화이다. 미국의 많은 대학에서는 여자 교수들에 대한 차별이 매우 극심한 것으로 나타나 있다. 즉, 똑같은 경력임에도 남자 교수들보다 여자 교수들의 월급이 적고, 진급이 늦고, 정년보장임용이 어렵고 하는 등의 차별이 있는 것으로 보고되고 있다.

　한국 대학에서는 최소한 급여나 승진 등에 있어서의 성차별은 적은
것으로 알고 있다. 그러나 대학 내 중요한 행정보직을 부여하는 일에
있어서, 또는 대학 안의 여러 가지 중요한 행정적인 참여기회 부여에
있어서 다소 성차별이 있는 듯하다. 남녀공학 대학에서는 대체로 거
의 모든 중요한 보직이 남자 교수들로 채워진다. 다만, 여학생 문제
만을 다루는 한두 부서에 국한하여 여자 교수들이 부서장으로 임명되
거나, 또는 전통적으로 여학생만이 입학하는 학과나 단과대학의 행정
책임자에 한하여 여자 교수들이 임명될 뿐이다. 그 이외의 거의 모든
중요한 학사행정보직은 남자 교수들로 충원되고 있다. 거꾸로 여자대
학에서는 모든 중요한 보직 중 상당 부분이 여자 교수들로 임용되고
있다. 그러나 우리나라 대학에서 성차이로 인한 교수들간의 이념적
대립이나 분화는 그렇게 심화되어 있지 않은 상태라고 할 수 있다.

6) 캠퍼스 및 대학에 관련되는 이념과 대립

　끝으로, 우리나라 대학에서는 크게 캠퍼스별로 교수들간의 분화와
대립이 나타나고 있음을 본다. 특히, 대규모 종합대학의 경우, 분교
를 세우게 됨으로써 2～3개의 캠퍼스로 나누어져 학사가 운영될 때,
교수들의 분화는 심하게 형성된다. 우리나라 모든 대학의 경우, 교수
의 소속은 학과소속으로 되어 있다. 학과는 또한 캠퍼스에 소속되어
있다. 따라서 캠퍼스간에 교수의 소속이동과 교류란 거의 이루어지기
어렵게 되어 있다. 이를테면, 본교와 분교에 동일한 학과가 있어도,
교수는 각각 해당 캠퍼스의 학과에 임용된 것이기 때문에, 평생을 두
고 이들의 교류와 이동은 이루어지기 어렵다. 그러다 보니, 캠퍼스간
의 우열에 따른 우월감과 열등감이 나타날 수도 있다. 특히 지방 분
교에 소속되어 있을 경우, 서울 캠퍼스에 소속되어 있는 교수들과의
친밀한 인간관계지음마저 깨지는 수가 있음을 부인하기 어렵다.

한국의 대학사회에서 교수들의 편가름에 영향을 미치는 또다른 큰
요인은 설립주체에 따른 분화이다. 즉, 국·공립대학과 사립대학 간
의 편가름이 그렇다. 사립대학에 도움이 될 듯한 정책이 수립되면
국·공립대학의 교수들이 반대하고 나서고, 반대로 국·공립대학에
도움이 될 듯한 정책이 수립되면 사립대학 교수들이 반대하고 나선
다. 서울소재 대학과 지방소재 대학 간의 갈등도 그러한 범주에 속한
다. 뿐만 아니라, 인습적인 사회적 서열순위(social pecking order)에
따른 일류 대학과 이·삼류 대학 교수들 간의 갈등도 그렇다. 이러한
대학기관 그 자체의 특성에 따른 교수들의 분화와 통합, 대립과 협력
의 갈등구조는 앞으로 대학의 다양화가 가중될 때 더욱 심화되어 나
타날 것이다.

3. 가정생활과 여가활동

교수들의 사회적 특성을 구명할 때, 우리가 생각해 볼 수 있는 또
다른 측면은 교수들의 가정생활과 여가활동이다. 교수들은 어떻게 가
정생활을 하고, 어떻게 여가를 보내는가? 이번 조사에서는 이 문제
와 관련된 문항을 포함시켜 연구하지 못하였고, 다른 사람에 의해서
수행된 연구도 찾기가 어려웠다. 이에, 여기에서는 M.J. Finkelstein이
분석한 미국 대학교수들의 가정생활과 여가활동에 기초하여 간단하게
논의하고자 한다(Finkelstein, 1984, pp. 155~156). 고도의 전문직일수
록 세계적으로 공통보편적인 성향을 띤다는 평범한 인식하에서, 상당
부분 미국 대학교수들의 가정생활과 여가활동이 우리나라 대학교수들
과 공통적인 데가 있지 않겠느냐는 비과학적인 가정을 논의에 앞서
해본다.

미국의 대학교수들은 이미 앞서 제2장에서 논의하였듯이 우리나라

대학교수들처럼 주당 50~60시간 일한다. 그러나 그 일하는 시간대는 대개가 불규칙적이다. 아침에 연구실에 나가는 시간이 꼭 일정하고 규칙적인 것만은 아니다. 집에 돌아오는 시간도 불규칙적인 경우가 많다. 교수들은 많은 양의 일을 집에서 하기도 한다. 특히 그러한 현상은 인문과학이나 사회과학을 전공하는 교수들에게서 높다. 상대적으로 자연과학분야를 전공하는 교수들은 일을 집으로 가져오는 경우가 적은 편이다.

여기서 말하는 교수란 연구생산성이 높고, 교육·봉사·행정 등 여러 가지 책무를 성실히 수행하는 교수들임을 전제해 두면서, 교수들의 가정생활과 여가활동의 특성을 살펴보겠다.

교수들은 일을 하기 위해서는 가족과 함께 보내는 시간을 상당히 줄인다. 가사일에 사용하는 시간도 줄인다. 교수들은 텔레비전 시청에도 최소한의 시간을 보낸다. 텔레비젼을 시청할 경우, 교수들은 프로그램을 신중하게 선택하는데, 그들이 가장 많이 선택하는 프로그램은 뉴스나 교양 프로그램이다. 교수들은 친척을 찾아다니는 데도 시간을 매우 아낀다. 누구를 만날 수 있는 시간이 생기면, 교수들은 학술적 동료를 만나는 데 할애한다.

교수들은 휴가를 갖게 되어도, 그것을 가능한 한 일과 연계시킨다는 것이다. 즉, 세미나에 참석하면서 가족을 동반하여 휴가를 갖는다거나, 기업체에 강연을 가면서 휴가를 갖거나, 아니면 해외로 학술정보를 수집하러 가면서 휴가를 갖는다든가 하는 식이다.

교수들이 취미로 가장 많이 선택하는 것은 독서로 나타나 있다. 1970년대 초, 미국 대학교수들의 독서에 대한 한 출판사의 조사에 따르면, 교수들은 주당 평균 26시간을 읽는 데 사용하고 있으며, 그중 15시간은 자신의 전공과 관련된 독서이고, 나머지 11시간은 전공과 관련 없는 분야에 대한 독서라고 한다(Wilson, 1979). 교수들은 독서에서도 자신들의 고도의 지적인 전문능력과 수준을 유지하면서, 매우 지식인 취향의 정기간행물을 선별하여 읽는다 (Ladd & Lipset, 1976, p. 14).

독서 다음으로 교수들이 선호하는 또다른 대표적인 취미는 예술 감상이라고 한다. 즉, 연주회에 가거나, 오페라를 감상하거나, 회화나 조각작품 전시회 관람, 연극공연 관람 등이 교수들의 주된 취미이다. 미국 대학교수들 4명 중 1명은 적어도 한 달에 한 번의 연주회와 한 번의 연극공연에 가는 것으로 보고되고 있다.

이러한 교수들의 가정생활과 여가활동에서 한 가지 변화는, 1970년대 말부터 신세대 교수들에 의해서 이루어지는 변화이다. 즉, 신세대 교수들은 20년 전의 교수들에 비하여 주당 여러 시간을 집안의 자질구레한 일, 아이 돌보기 등에다 사용한다는 것이다 (Gappa & Uehling, 1979). 이는 아마도 점증되는 남녀평등, 특히 가사관리에서의 남녀간의 균등한 역할분담에 대한 인식이 높아진 데서 기인한 것으로 보인다. 그리고 이러한 신세대 교수들의 가정생활과 여가활동의 변화는 우리나라 대학의 신세대 교수들에게서도 그대로 나타나는 현상이 아닐까 싶다.

제 10장

요약 및 결론

이제 이 마지막 장에서는 읽는 이들의 편의를 위하여 이 연구의 전체적 내용을 요약한 다음 결론을 맺으려 한다.

1. 요   약

1) 연구의 필요성, 목적 및 방법

이 연구는 넓게는 국가사회 발전을 위해서, 좁게는 한국 대학교육의 발전을 위해서는 대학의 주체인 교수들의 실체를 구명하는 학술적 연구의 필요성이 그 어느 때보다도 절실하다는 인식에서 출발하였다. 이 연구는 「세계의 대학교수, 그들은 누구이며 (who they are), 그들은 무엇을 하는 사람들인가 (what they do) ? 」하는 두 가지 질문에 대한 해답을 찾으면서, 세계 대학교수들의 사회심리적 특성을 비교·분석하는 데 근본 목적을 두고 수행되었다. 이러한 목적에 따라, 이 연구에서는 다음의 여덟 가지 내용을 다루었다. 즉, ① 교수가 수행하는 기본책무의 내용 ② 교수가 책무수행을 하는 데 관련되는 환경조건 ③ 교수의 교육활동 내용 ④ 교수의 연구활동과 그 업적 ⑤ 교수의 대학 내 행정참여와 대학 밖에서의 공공봉사활동 ⑥ 교수의 국제적 활동과 사회인식 ⑦ 교수의 생애발달과 그 과정에서의 심리적 특성 ⑧ 교수의 인간관계와 사회적 특성을 다루었다. 이들 여덟 가지 내용은 각각 하나의 독립된 장으로 나누어서 논의되었다.

이 연구의 수행은 원래 미국 카네기재단 (The Carnegie Foundation for the Advancement of Teaching)의 주도 아래 1991년에 시작되었던 12개국 국제공동연구에 필자가 참여한 것이 계기가 되었다. 이 국제공동연구는 후에 2개국이 추가되어 모두 14개국의 국제공동연구로 발전되었는데, 이 연구는 이들 14개국에서 1992~1993년에 걸쳐 실시된 설문조사를 통해서 수행되었다. 14개국에서 각기 계통적 표집방법을 통해 표집된 조사대상자 중 최종 유효응답자는 모두 19,323명이었다. 이 연구에서는 필자를 포함한 최초의 12개국 15명의 학자가 공동 개발한 설문서를 활용하였는데, 이 설문서는 모두 72개 문항(248개 항목)으로 구성되었다.

이 연구에서는 두 가지 제한점이 있었다. 하나는 결과 분석에서 고도의 추리통계적 분석을 실시하지 않았다는 점이고, 다른 하나는 비교·분석에서 각국의 사회경제·정치·사회심리적 체제나 풍토를 고려하지 못하였다는 점이다.

2) 교수의 기본책무

〈기본책무의 영역〉

① 학생을 지도하고 지원해 주면서 지도적 삶을 살아가는 교육활동이다.

② 한평생 과학적 삶을 살아가는 데 관련된 모든 형태의 연구 및 창작활동이다.

③ 자신의 전문지식과 경험을 대학 밖의 사회에 제공하여 대외적 삶을 살아가는 봉사활동이다.

④ 소속대학에 봉사하여 조직적 삶을 살아가는 행정활동이다.

〈수행책무의 산정방식〉

① 교수의 기본수행책무를 산정하는 데는, 학생접촉시간수, 학점시간수, 학생학점시간수를 산출하는 세 가지 방식이 있다.

② 교수의 기본수행책무를 산정할 때는 단순히 담당과목수, 학점수 또는 시간수만을 고려하는 것이 아니라 강의부담 관계요소(학급 크기, 교과목 수준, 교과목 유형 등), 논문지도 관계요소(지도 학생수, 학위의 급별수준 등), 연구활동 관계요소, 행정업무 관계요소 등 제반 질적 요건을 종합적으로 고려할 수 있다.

〈책무수행의 시간〉

① 14개국 중 독일 대학교수들이 주당 평균 61.2시간(방학기간중에
는 59.2시간)으로 가장 많이 일하고 있다. 한국 대학교수들은
주당 평균 54.1시간(방학기간중에는 53.3시간) 일하는데 이는
미국·이스라엘·스웨덴 대학교수들과 비슷한 수준으로서 다른
나라 대학교수들 못지않게 많이 일하는 것으로 나타났다.

② 모든 나라 교수들은 방학기간중에도 개학기간중의 90%를 넘는
많은 시간 일을 한다. 특히 한국 대학교수들은 독일·스웨덴·
이스라엘 등의 대학교수들과 같이 95%를 넘는 거의 비슷한 시
간 일을 한다.

③ 한국을 포함하여 대부분의 나라에서 교수들은 개학기간중에는
많은 시간을 교육책무에 사용하고 있다. 특히, 한국 교수들은
14개국 중 가장 많은 시간(주당 23.1시간)을 교육활동에 사용하
고 있다. 이에 비하여 독일·이스라엘·일본·스웨덴 교수들은
가장 많은 시간을 연구책무수행에 사용하고 있다. 그러나 방학
기간중에는 한국 교수들도 그 어느 나라 못지않게 많은 시간을
연구활동에 사용하고 있다. 봉사활동에 가장 많은 시간을 활용
하는 교수는 멕시코 교수들이고, 행정활동에 많은 시간을 빼앗
기는 교수는 독일 교수들이다.

④ 모든 교수들이 가장 많은 시간을 사용하고 있는 책무영역은 교
육활동과 연구활동으로서, 이 두 가지에 사용되는 시간수를 합
쳐보면, 한국 대학교수들의 사용시간이 전체의 74.5%(방학기간
중에는 70.9%)로서 14개국 중 가장 높다. 그 다음은 일본, 이
스라엘 순으로 나타났다.

〈교육활동과 연구활동 책무수행 간의 갈등〉

① 모든 나라 교수들은 제한된 시간, 제한된 능력의 범주 안에서

연구활동과 교육활동의 두 가지 책무를 조화롭게 수행하기 위하
여 번민하고 있다.

② 14개국 중 러시아·칠레·미국·멕시코·브라질 교수들은 연구
보다 교육을 더 선호하며, 네덜란드·일본·스웨덴·독일·이스
라엘 교수들은 교육보다는 연구를 더 선호하고 있다. 한국을 비
롯하여 호주·영국·홍콩의 교수들은 양대 책무에 비슷한 비중
을 두고 있다.

③ 연구생산성과 교육효율성은 총체적으로 서로 독립된 특성을 지
니고 있어 상관관계에 놓이지 않는다. 즉, 교수의 연구생산성이
높다고 해서 교육효율성이 반드시 높은 것은 아니다.

3) 책무수행 환경조건

〈경제적 보상체제〉

① 14개국 중, 소속대학으로부터의 급여 이외에 대학 밖으로부터
수입이 가장 많은 경우는 브라질 교수(전체 수입 중 36.4%)이
며, 그 다음은 칠레, 멕시코로서 이는 남미국가들의 공통적인
특성으로 나타났다. 이러한 현상은 이들 남미국가 교수들은 책
무영역별 수행시간 중 봉사활동에 사용하는 시간비율이 다른 국
가 교수들에 비해 상대적으로 훨씬 높았던 것과 유관하다.

② 한국 대학교수들은 전체 수입 중 약 90%가 학교로부터의 급여
이고, 나머지 10%가 대학 밖으로부터의 수입이다. 호주·독
일·홍콩·영국의 교수들은 소속대학 밖으로부터의 수입이 10%
미만인 것으로 나타났다.

③ 14개국 중 소속대학으로부터의 급여에 긍정적인 경우는 홍콩,
네덜란드, 독일 대학교수들의 순으로 높게 나타났다. 한국 대학
교수들의 50.3%가 급여에 대하여 부정적으로 느끼고 있어, 14
개국 중 러시아·칠레·이스라엘·멕시코 다음으로 가장 부정적

이다.

④ 급여 이외의 경제적 보상체제 가운데, 정년퇴임 후 보상에 대해서는 미국, 호주, 이스라엘, 한국 교수의 순으로 긍정적으로 느끼고 있다. 급여 전액을 지불하는 안식년에 대해서는 이스라엘, 러시아 교수의 순으로 긍정적으로 느끼고 있다. 한국 대학교수의 경우에는 75.0%가 안식년 보장에 관하여 부정적으로 느끼고 있어 칠레 다음으로 가장 부정적이다.

⑤ 학술여행시 여행비 보조에 관해서 70% 이상이 긍정적으로 느끼는 경우는 이스라엘과 네덜란드 교수들이다. 한국 교수들 중에는 82.9%가 부정적으로 느끼고 있는데, 이는 러시아 다음으로 가장 부정적이다. 의료보험, 생명보험, 주택지원 등에 관해서는 홍콩, 미국 교수의 순으로 매우 긍정적이고, 한국 대학교수들의 경우는 63.9%가 부정적으로 느끼고 있다.

⑥ 이상을 전체적으로 종합할 때, 급여 이외의 경제적 보상체제에 가장 만족하고 긍정적으로 느끼는 경우는 이스라엘과 홍콩 교수들이고, 가장 불만스럽고 부정적으로 느끼는 경우는 한국·러시아·칠레 교수들이다.

〈심리적 분위기와 직업만족도〉

① 대부분 국가의 교수들은 소속대학의 지적인 분위기를 긍정적으로 지각하고 있다. 그러나 일본의 경우는 21%의 교수가, 한국의 경우는 14개국 중 가장 높은 33.8%의 교수가 부정적으로 지각하고 있다. 또한, 교수와 학교행정진 간의 관계에 대해서도 한국 교수들 중 37.6%가 부정적으로 지각하여 그 비율이 14개국 중 가장 높다.

② 14개국 중 교수의 사기가 좋지 않다고 생각하는 교수의 비율이 가장 높은 나라는 한국으로, 41.4%가 부정적인 반응을 보이고

있다. 교수 사기에 대하여 가장 긍정적인 국가는 러시아, 멕시코, 스웨덴, 일본 순으로 나타났다.

③ 소속대학에서의 공동체인식에 대해서는 14개국 중 칠레, 호주, 한국의 순으로 부정적이다. 또한 소속대학의 사명의 분명성에 관해서는 14개국 중 호주, 한국, 칠레의 순으로 부정적이다.

④ 이상을 종합할 때, 14개국 중 한국 교수들이 학술적 삶에 영향을 미치는 심리적 분위기에 대하여 가장 부정적인 것으로 나타났다. 그럼에도 불구하고, 한국 교수들 가운데는 상대적으로 다른 나라 교수들에 비하여 교수직에 만족하는 교수가 많은 것으로 나타났다. 즉, 미국 다음으로 한국의 많은 교수들(82.1%)은 가르치는 교과목에 만족하고, 교수직 신분보장에 대해서는 70.6%가, 승진전망에 대해서는 69.2%가 만족하고 있는데, 이는 각각 14개국 중 가장 높은 비율이다.

⑤ 동료교수와의 관계지음에 관해서는 브라질·일본·러시아를 제외하고는 모든 나라에서 2/3 이상의 교수들이 만족하고 있고, 아이디어 추구 기회에 대해서는 14개국 중 미국과 스웨덴의 교수 중 각각 70% 이상이 만족스러운 것으로 반응하였다. 한국의 경우는 25.2%의 교수만이 만족하고 있어, 이스라엘의 23.1% 다음으로 14개국 중 가장 낮다. 소속대학 경영관리방식에 대해서는 14개국 모든 국가에서 만족하는 교수 비율이 매우 낮다.

⑥ 총체적으로 볼 때, 미국·스웨덴·한국·일본·홍콩의 교수들 중 각각 50% 이상이 직업의 영향요인에 대하여 만족하고 있으며, 가장 불만을 품고 있는 경우는 러시아의 교수들이다.

⑦ 또한 전체적으로 14개국 중 한국 교수들이 가장 많이 교수직에 대하여 밝은 전망을 갖고 있다. 한국 교수들 중 74.9%가 「지금은 나의 전공분야에서 창의적이고 생산적인 시기」라고 생각하고 있는데, 이는 14개국 중 가장 높은 비율이다.

⑧ 학생들의 질적 수준에 대해서는 미국과 스웨덴 교수들이 가장 긍정적으로 생각하고 있으며, 14개국 중 한국 교수들(38.1%)이 가장 부정적으로 평가하였다.

〈물리적 환경조건〉
① 14개국 중 대부분의 나라에서 많은 교수들이 대학의 물리적 환경조건 중 교실(강의실), 가르치는 데 필요한 기자재, 컴퓨터 설비, 도서관의 장서에 대해서는 우수함을 인정하고 있다.
② 14개국 중에 특히 홍콩·네덜란드·미국·스웨덴·독일 교수들은 소속대학의 물리적 환경조건의 우수함을 인정하고 있다.
③ 그러나 14개국 중 한국 교수들이 대학의 물리적 환경조건 구비에 대하여 가장 부정적으로 느끼고 있다. 특히 교실(41.6%), 기자재(57.2%), 실험실(51.9%), 연구시설 및 도구(60.9%), 컴퓨터 설비(43.4%), 도서관장서(65.0%)에 관해서는 우수하지 않다고 보는 교수 비율이 14개국 중 가장 높다.

〈정년보장임용과 승진〉
① 14개국 중 정년보장임용 교수의 비율이 가장 높은 나라는 일본(93.7%)이고, 한국은 32.2%로 가장 낮게 나타났다.

4) 교육활동
〈수업부담〉
① 14개국 중 멕시코·브라질·독일 교수의 60% 이상은 학부에서만 가르치고 호주·이스라엘·일본·한국·영국 교수의 60% 이상은 학부와 대학원에서 가르치고 있다. 학부에서는 가르치지 않고 대학원 수업만 맡고 있는 교수의 비율이 가장 높은 나라는 네덜란드(38.5%)이고 그 다음이 미국(20.0%)이다.

② 교수 중 수업을 담당하지 않고 있는 교수의 비율이 가장 높았던 국가는 독일(21.1%)이고 그 다음이 네덜란드(18.2%), 스웨덴(11.1%) 순이다.

③ 14개국 중 교수의 담당수업시간이 많은 국가는 러시아(13.2시간), 멕시코(12.9시간), 한국(12.5시간), 칠레(12.4시간) 순이다. 독일·홍콩·이스라엘·네덜란드·스웨덴·미국 교수들의 담당수업시간은 주당 10시간이 안되는 것으로 나타났다.

④ 교수의 평균 담당과목수에 있어서는 학부와 대학원을 모두 합쳐 일본 교수의 경우가 7.6과목으로 가장 높고, 그 다음이 영국(6.8과목), 한국(6.7과목)의 순이다.

⑤ 학급규모의 경우, 호주와 홍콩이 다른 국가에 비해 상대적으로 매우 큰 것으로 나타났다. 한국은 학부 개론과목의 경우, 적은 학급은 평균 39명, 많은 학급은 평균 75명, 대학원 과목의 경우에는 적게는 평균 8명, 많게는 평균 17명으로 나타나 다른 국가들에 비해 높지 않은 것으로 밝혀졌다.

〈교수방법〉

① 14개국 중, 한국 교수들이 가장 많이(수업의 75.7%) 강의식 수업방법을 활용하고 있다. 호주·브라질·칠레·러시아·영국 교수들의 강의식 수업방법 활용비중은 50% 미만이다.

② 토의식 수업방법 활용비중이 가장 낮은 나라는 일본(6.5%)이고, 그 다음이 한국(19.0%)이다. 결국, 동양권의 두 나라는 토의식보다는 강의식 수업방법을 주로 활용하고 있다.

③ 모든 국가의 교수들은 학부 수업이나 대학원 수업에서 정기적인 출석을 중요한 이수조건으로 삼고 있다. 그 외 학부 수업의 이수조건으로는, 호주는 몇 개의 짧은 보고서 작성, 일본·한국·이스라엘·네덜란드는 1~2회의 시험응시, 영국의 경우에는 몇

개의 짧은 보고서 작성과 1회의 시험응시, 독일·홍콩·러시아·스웨덴·브라질·칠레·미국은 토의참여와 1~2회의 시험응시, 멕시코는 몇 개의 짧은 보고서 작성, 발표와 토의참여, 2회 이상의 시험응시를 중요한 조건으로 삼고 있다.

④ 대학원 수업의 이수조건으로는, 영국과 러시아는 주요보고서 작성을, 독일은 발표와 토의참여, 멕시코와 미국은 주요보고서 작성, 발표와 토의참여, 2회 시험을, 그리고 한국·일본·칠레·홍콩·브라질·스웨덴·네덜란드·호주·이스라엘은 주요보고서 작성, 발표와 토의참여를 중요한 조건으로 삼고 있다.

〈수업의 영향요인〉

① 수업에 긍정적인 영향요인으로 많은 나라의 교수들이 가장 공통적으로 지적한 것은 담당과목 종류의 수와 교수가 해내야만 하는 연구과업이다.

② 수업에 부정적인 영향요인으로 많은 나라의 교수들이 가장 공통적으로 지적한 것은 행정적으로 맡고 있는 일과 가르치는 데 필요한 설비와 자원이다.

③ 14개국 중 한국 대학교수들이 학생들의 능력을 가장 긍정적으로 보고 있다. 즉, 한국 교수 중 58.6%는 학생들의 의사소통기능 구비를, 34.6%는 수학이나 계량적인 수리기능 구비를 긍정적으로 보고 있다. 그러나 대부분의 다른 나라 교수들은 자국 학생들의 능력을 그렇게 긍정적으로 보고 있지 않다.

④ 한국과 스웨덴 교수들은 학생들의 학업태도를 14개국 중 가장 긍정적으로 보고 있다. 특히, 5년 전 학생들과 요즈음 학생들의 학업태도를 비교해 볼 때, 요즈음 학생들의 학업태도를 가장 많은 수(35.0%)의 교수가 긍정적으로 인식한 것은 한국이다. 반대로 브라질·칠레·멕시코와 같은 남미 국가와 러시아 교수들

은 학생들의 학업태도에 대해 가장 부정적이다.

⑤ 교실 밖에서의 교수와 학생 간의 만남의 증대 필요성에 관한 찬
성비율은 전체 14개국 중 유독 한국(25.6%)이 가장 낮다. 반
면, 남미 3국 교수들 중에는 각각 70% 이상이 교수와 학생 간
의 만남이 증대되어야 한다고 믿고 있다.

〈교육업적에 대한 평가〉

① 교수의 수업효율성 평가에서 학생들의 의견을 반영하는 데 대하
여, 일본의 경우 찬성하는 교수의 비율이 48.7%로 14개국 중
가장 낮고, 그 외의 13개국에서는 모두 60% 이상의 교수들이
찬성하고 있다. 한국의 경우 찬성교수 비율은 62.9%이다.

② 교수의 가르치는 활동을 평가하기 위한 보다 나은 방법의 개발
필요성에 관해서는 독일의 경우 찬성하는 교수의 비율이 32.5%
로 14개국 중 가장 낮고, 그 외 13개국에서는 찬성하는 교수의
비율이 모두 높다. 한국의 경우 찬성교수 비율은 68.6%이다.

③ 교수의 가르치는 활동의 효율성 평가결과를 교수 승진심사의 주
기준으로 사용하는 일에 대해서는 독일 교수들의 찬성률(24.9
%)이 가장 낮고, 그 외에도 스웨덴·영국·일본·이스라엘 교
수들이 부정적이다. 반면, 러시아·호주·멕시코·칠레 교수들
은 60% 이상이 찬성하고, 미국·한국·홍콩의 교수들은 40
~50%의 교수들이 찬성하고 있다(한국의 경우는 45.2%).

5) 연구활동

〈연구활동 동기와 연구업적〉

① 교수들이 연구를 수행하는 동기에는 이론적으로 세 가지가 있
다. 즉, 그것은 학술세계에서의 생존을 위한 생리·경제적 동
기, 학술조직사회에서의 인정을 받기 위한 사회적 동기, 진리탐

구에의 순수한 자아욕구에 기초한 내면적 동기의 세 가지이다.

② 14개국 중 교수연구업적이 뛰어난 나라는 네덜란드와 일본이다. 3년 동안에 네덜란드 교수는 평균 1.2권의 책을 저술하고, 3.0권의 책을 편저하며, 22.1편의 각종 논문을 발표하였다. 일본의 교수들은 3년 동안에 평균 1.9권의 책을 저술하고, 0.7권의 책을 편저하며, 21.8편의 각종 논문을 발표하였다. 한국 교수의 3년간 평균 연구업적은 0.9권의 책 저술, 0.7권의 편저와 12.6편의 논문으로 나타났다. 한국 교수의 이러한 연구업적 중 저술 및 편저업적은 14개국 중 8위이고, 멕시코·스웨덴·영국·미국 교수들의 평균업적과 비슷한 수준이나 논문업적은 14개국 중 12위에 머물고 있다.

③ 한국 교수 중 72%는 지난 3년간에 한 권의 학술서적도 저술하여 출판한 일이 없으며, 14%는 3년 동안에 한 편의 논문도 발표한 일이 없다. 약 9%의 교수들은 3년 동안에 단 한 권의 저술도, 단 한 편의 논문도 발표하지 않았다.

〈연구활동의 영향요인〉

① 교수의 연구업적 생산성에 영향을 미치는 요인으로는 소속대학의 명성, 연구동기, 출신 대학원과 지도교수, 전공분야, 직급, 연령의 여섯 가지가 있다.

② 14개국 중 홍콩·이스라엘·스웨덴 교수들은 90% 이상이 현재 연구 프로젝트를 수행하고 있으나, 한국 교수들은 68.6%만이 수행하고 있어 14개국 중 13위의 수행률을 보이고 있다.

③ 연구 프로젝트를 수행하는 경우, 개인연구 수행률은 미국 교수가 82.9%로서 14개국 중 가장 높고, 멕시코 교수가 12.6%로 가장 낮다. 한국 교수의 경우 52.9%가 개인연구 프로젝트를 수행하고 있다. 칠레·러시아·스웨덴·일본은 80% 이상이, 한

국은 68%가 공동연구 프로젝트에 참여하고 있다.

④ 지난 3년간 연구비 수혜 경험이 가장 많았던 경우는 스웨덴 교수들(88.0%)이다. 한국의 경우는 75.3%로서 14개국 중 2위이고, 최하위는 브라질 교수들(31.7%)이다.

⑤ 지난 3년간 수혜한 교수별 연구비 규모를 보면, 브라질·칠레·멕시코 교수들이 가장 낮다. 이들 국가에서는 45~60%가 3년간 총 5,000달러 미만의 영세한 연구비를 받았다. 반대로, 스웨덴은 49.5%, 영국은 39.1%, 미국은 37.6%가 3년간 총 10만 달러 이상의 많은 연구비를 받았다. 한국은 78.1%가 3년간 25,000달러 미만의 연구비를 받음으로써, 14개국 중 남미 3국 다음으로 가장 영세한 규모의 연구비를 수혜한 것으로 나타났다.

⑥ 연구비 출처를 볼 때, 칠레와 홍콩 교수들은 소속대학으로부터, 스웨덴과 한국 교수들은 정부와 그 부속기관으로부터, 영국 교수들은 기업 및 그 부속기관과 사립재단으로부터, 그리고 칠레와 이스라엘 교수들은 국제조직(기구)으로부터 연구비를 수혜한 경우가 상대적으로 다른 나라들에 비해 높다. 특히, 한국의 교수 중 국제조직(기구)으로부터 연구비를 수혜한 교수는 2.0%로써 이는 일본의 1.4% 다음으로 낮아 14개국 중 13위이다.

⑦ 14개국 중 많은 교수들이 공통적으로 지적하고 있는 연구활동에의 긍정적 영향요인은 연구비 수혜 기회와 연구설비 및 자원이다. 반대로 부정적 영향요인으로서는 행정적인 업무, 담당과목의 수가 꼽힌다. 한국의 경우 긍정적 영향요인으로는 47.3%가 연구비 수혜 기회를, 부정적 영향요인으로는 33.7%가 가르치는 과목의 수, 33.5%가 연구설비와 자원을 꼽고 있다.

〈연구 분위기와 연구업적평가〉
① 각국의 많은 교수들은 자신들에게 일정한 연구활동이 기대되고

있음을 공통적으로 느끼나, 그러면서도 자신들이 실제로 연구하
고 싶어하는 것보다 더 많은 연구를 수행해야 하는 심리적 압력
은 자주 느끼지 않고 있다.

② 이스라엘·미국·독일·호주·홍콩·스웨덴 교수들은 출판된 연
구업적이 없으면 정년보장임용을 받기 어렵다고 생각하는 경우
가 많다. 그러나 한국 교수 중 40.2%는 그렇게 생각하지 않고
있으며, 이 비율은 14개국 중 브라질 다음으로 높다.

③ 연구에 있어서의 정치·이념적 제한에 관하여 한국을 제외하고
13개국에서는 대부분의 많은 교수들이 「제한 없다」는 데 동의하
고 있다. 그러나 한국의 경우에는 32.2%만이 없다는 데 동의하
여 14개국 중에서 가장 적은 수가 동의하고, 반대로 39.4%는
정치·이념적 제한이 없다는 진술에 반대하고 있다.

④ 5년 전에 비하여 연구비를 얻기 쉬워졌다고 가장 많은 교수들이
생각하는 국가는 칠레(43.2%)였고, 그 다음은 홍콩(39.0%)이
다. 한국의 경우는 35.6%로 나타나서 비교적 높은 비율을 보인
다. 반대로 미국, 이스라엘·독일·영국·러시아에서는 60%
이상이 연구비 얻기가 쉬워졌다는 데 동의하지 않는다.

⑤ 14개국 모두에서 대부분의 교수들은 성공적인 연구업적이 교수
평가에서 중요하다는 데 동의하였다. 그러나 한국의 경우 동의
하는 교수의 비율은 51.0%로서, 러시아의 46.9% 다음으로 14
개국 중 지극히 낮은 동의율을 보인다.

⑥ 이스라엘과 스웨덴을 제외한 나머지 12개국에서는 출판연구업적
심사에서 단순히 수만 헤아리지, 질을 평가하지 않는다고 생각
하는 교수들이 많다.

⑦ 대부분 나라에서는 교수평가에서 교수의 국제적인 연계활동이
중시되고 있으나, 한국·러시아·미국의 경우는 그렇지 못한 것
으로 인식되고 있다. 특히, 한국은 14개국 중 가장 많은 비율

(41.4%)을 나타내고 있다.

⑧ 교수의 연구업적으로 볼 수 있는 내용으로는, 출판된 저작물, 출판은 되지 않았으나 인쇄되어 공인된 저작물, 작품의 형태로 제작되는 연구물, 구두로 표현되는 연구업적, 문서로 나타나는 연구업적, 포상의 형태로 나타나는 연구업적의 여섯 가지가 있다.

⑨ 연구업적평가 방법은 크게 계량적 비중평가방법과 질적 평가방법으로 나눌 수 있다. 계량적 비중평가는 학술지 게재 논문과 저서 간의 비중설정 방법, 학술지 게재 논문 중에서도 학술지의 명성에 따른 비중설정 방법, 저서 중에서도 저서의 원저 여부를 따져 비중을 설정하는 방법 등 여러 가지가 있다. 질적 평가는 대체로 인용색인 검색을 통한 방법이 활용되고 있다.

⑩ 교수의 연구업적평가에는 업적의 범주, 평가의 방법, 비중평가 방법을 활용할 때의 그 비중기준의 적절성과 타당성, 업적의 윤리성, 업적의 심사평가자, 업적의 증거형태 등에 관련된 여러 가지 문제들이 복합적으로 개재되어 있다.

6) 대외봉사 및 교내행정활동

〈대외봉사활동의 성격과 참여〉

① 교수들의 대외봉사활동에는 전문봉사, 공공봉사, 연구봉사의 세 가지 유형이 있다.

② 14개국 모두에서 가장 많은 교수들이 봉사하는 대상은 교육기관이며 그 다음은 기업체이다. 일본·한국·영국·미국 교수들 가운데는 사립사회단체를 대상으로 봉사활동을 하는 교수들의 비율이 다른 국가의 경우보다 상대적으로 높다. 국제단체를 대상으로한 봉사활동의 비율은 스웨덴(23.6%)이 가장 높다.

③ 봉사활동기간중 금전적 보상을 받은 시간의 비율이 가장 높은

경우는 브라질 교수들(53.5%)이고, 그 다음은 독일 교수들(50. 4%)이고, 한국의 경우는 32.0%이다.

④ 교수들 중 소속대학 이외의 다른 기관에 정액수당을 받는 겸직을 갖고 있는 교수의 비율이 높은 나라는 브라질·칠레·이스라엘·일본·멕시코·스웨덴 등이다. 한국의 경우는 학술적인 직책의 경우 11%의 교수들이, 비학술적인 직책의 경우 약 8%가 겸직을 갖고 있다.

⑤ 14개국 대다수의 교수들은 봉사책무의 당위성을 인정하고 있으며, 봉사활동으로 인해 학술과업이 방해받는다고는 생각하지 않는다. 14개국 가운데, 경제적 필요성 때문에 봉사활동이 필요하다고 생각하는 교수의 비율이 높은 국가는 러시아(76.1%), 멕시코(54.7%), 한국(42.8%) 순이다. 많은 나라에서 전문적인 봉사활동이 교수평가에서 중요한가에 대해서는 찬·반 의견이 비슷하게 나타났다. 그러나 한국의 경우에는 56.8%의 교수들이 중요하지 않다고 하였고, 14.4%가 중요하다고 반응함으로써 14개국 중 중요하게 보는 교수 비율이 가장 낮다.

〈교내행정활동에의 참여〉

① 대학의 내적 행정관리체제를 중앙집권제와 분권제로 구분할 때, 많은 교수들이 분권적 성향을 비교적 강하게 인식한 경우는 일본·이스라엘·네덜란드·독일·스웨덴이다. 반면, 중앙집권적 성향을 많은 교수들이 인식한 경우는 러시아와 멕시코·칠레·한국이다. 한국의 경우는, 신임교수 채용과 교수의 수업부담 결정만 대체로 분권적으로 이루어지고, 그 외의 주요 행정보직자의 선정, 교수승진 및 정년보장심사, 예산 우선순위 결정, 학부생 입학수준 결정, 학과 또는 프로그램의 신설승인 등은 모두 중앙집권적으로 이루어지고 있다고 보는 교수가 많다.

② 14개국 모두에서 교수들은 소속대학이나 소속학과보다는 자신의 전공분야에 대한 책무를 더 소중하게 생각하고 있다. 또 소속대학보다는 소속학과에 대한 책무를 더 소중하게 생각하고 있다. 독일의 경우에는 91.2%가 전공분야에 대한 책무의식을 중요하게 느끼는 반면, 65.8%는 소속대학에 대한 책무를, 그리고 48.1%는 소속학과에 대한 책무를 중요하게 생각하지 않는 것으로 나타났다. 이는 다른 13개국 교수들은 그래도 어느 정도는 소속대학이나 소속학과에 대한 책무를 소중하게 느끼고 있는 것과 너무도 대조적이다.

③ 명문 연구중심대학에서는 연구에 활동적인 교수들이 대학행정에도 적극 참여한다. 그것은 명문 연구중심대학에서는 교수의 역할이 통합적이기 때문이다.

④ 14개국 모든 대학에서 대부분의 교수들은 학과수준의 학과정책 결정에 영향력을 발휘하고 있으나, 이러한 영향력 행사는 단과대학 수준, 대학 전체수준으로 올라갈수록 현저히 떨어지고 있다. 대학 전체수준의 학사정책 결정에 영향력을 행사하는 교수의 비율이 가장 높은 국가는 일본(66.3%)이다.

⑤ 14개국 모든 대학에서 많은 교수들은 교과내용 결정이나 연구 프로젝트 설계에 관하여 자유를 느끼고 있다. 특히, 14개국 중, 한국 대학에서 교과내용 결정의 자유를 느끼고 있다고 반응한 교수가 가장 많다(89.6%). 연구 프로젝트 설계에 대해서는 14개국 중 가장 많은 일본의 교수들(86.2%)이 자유를 느끼고 있으며, 그 다음이 한국(83.1%)이다.

⑥ 그러나 학문의 자유면에서는 14개국 중 이스라엘 교수들(90.0%)이 가장 많이 자유를 인식하고 있고, 오히려 일본과 한국은 그렇게 느끼는 교수의 비율이 14개국 중 각각 5위와 6위로 나타났다. 학문의 자유를 느끼지 못하는 교수의 비율이 가장 높은

국가는 러시아(76.5%)이고, 그 다음이 브라질(61.6%)로 나타
났다.

⑦ 14개국 대부분의 나라에서 많은 교수들은 공통적으로 소속대학
의 행정진의 능력, 행정진과의 의사소통, 행정진의 행정유형에
대하여 지극히 부정적이다. 또한, 여러 나라의 많은 교수들은
대학에서 무슨 일이 어떻게 이루어지고 있는지 소식을 제공받지
못하고 있으며, 또 교수들의 참여부족이 대학의 경영관리 및 의
사결정에 중요한 문제 중의 하나라고 인식하고 있다. 그러면서
도 대학의 행정진들은 교수들의 학문적 자유를 지원하고 있다고
반응하였다. 학생에게 영향을 미치는 정책결정시 학생들은 강한
목소리를 낼 수 있어야 한다는 데에도 많은 나라 교수들이 찬성
하고 있다. 그러나 부분적으로 견해가 다른 경우도 있다. 예컨
대, 일본 교수들(58.2%)이 대학행정진의 능력에 대해 가장 높
은 신뢰를 보인다. 한국 교수의 경우 50.4%는 대학 내 의사소
통이 원만치 못함을, 45.4%는 행정진의 독재성을, 43.8%는 교
수들의 참여 부족을 지적하고 있다.

〈교수업적평가의 본질과 내용별 비중〉
① 이론적으로 볼 때, 교수업적평가의 본질적인 목적은 교수의 책
무수행 동기를 강화, 보상, 조장하며, 한 대학 및 한 학과의 질
을 결정하기 위한 하나의 준거자료를 확보하는 데 있다.
② 14개국 중 독일·일본·러시아 3개국을 제외하고는 11개국에서
각각 50% 이상의 교수들이 현재 소속대학에서 정기적인 교수업
적평가가 실시되고 있다.
③ 교수업적평가의 내용 중, 교육활동은 독일과 일본을 제외한 12
개국에서 60% 이상의 교수들이 소속대학에서 정기적으로 평가
되고 있고, 연구활동은 14개국 모두 50% 이상이며, 특히 일

본·한국·영국에서는 90% 이상의 교수들이 연구활동이 정기적으로 평가되고 있다. 봉사활동의 경우는, 미국 교수들 중 67.9%만이 소속대학에서 그것이 평가되고 있음을 나타냈고, 그 외 13개국에서는 50% 이하의 교수들만이 그것이 평가되고 있다.

④ 결국, 모든 나라에서 교수업적평가의 핵심내용은 교수의 양대 책무인 교육활동과 연구활동인 것으로 나타났다. 이 두 가지 중, 연구활동보다는 교육활동에 대한 평가가 더 많이 이루어지고 있는 국가는 호주·브라질·칠레·홍콩·이스라엘·멕시코·러시아·스웨덴·영국·미국 10개국이다. 반대로 독일·일본·한국·네덜란드 4개국 교수들은 교육활동보다는 연구활동에 대한 평가가 더 많이 이루어지고 있다.

⑤ 학생에 의한 교수의 교육활동평가는 일본과 한국을 제외한 나머지 12개국에서 널리 실시되고 있다. 많은 국가에서 학생 다음으로 학과장(주임교수)이나 동료교수가 교수의 교육활동을 평가하고 있다. 한국의 경우는 학생이나 학과장보다 상위행정진이 교수의 교육활동을 평가하는 경우가 14개국 중 가장 많은 것(69.7%)으로 나타났다. 홍콩과 영국에서는 외부전문가가 교수의 교육활동을 평가하고 있다.

⑥ 한편, 교수의 연구활동평가자는 학과장(주임교수), 동료교수, 외부전문가의 순으로 나타났다. 특히, 한국은 상위행정진이 다른 사람들보다 많이 교수의 연구활동을 평가하고 있다고 반응한 교수의 비율이 14개국 중 가장 높다(61.6%).

7) 국제적 활동과 사회인식

〈학술단체 및 국제적 활동〉

① 14개국 대부분의 교수들은 대체로 2~3개의 국내학회, 1~2개의 국외학회에 가입하고 있다. 국내학회의 경우만 보면, 일본

교수들은 평균 4.2개, 미국 교수들은 평균 3.4개, 한국 교수들
은 평균 3.0개 순으로 많이 가입하고 있다. 국외학회 가입의 경
우에는 브라질 교수들이 평균 2.8개로 가장 많다. 국내외학회
전체로 볼 때, 일본 교수들이 평균 6.0개로 가장 많고, 한국은
평균 4.6개로 미국, 브라질에 이어 14개국 중 4위로 많다. 14개
국 중 교수의 학회가입수가 가장 적은 나라는 러시아다.

② 지난 3년간 국내학술회의 평균 참가횟수가 14개국 중 가장 많은
경우는 일본 교수들로 9.2회이고, 한국 교수는 칠레와 더불어 7.
2회로 14개국 중 2위로 나타났다. 국외학술회의 평균 참가횟수
가 가장 많은 것은 네덜란드 교수로 5.1회이다. 한국 대학교수
의 국외학술회의 평균 참가횟수는 2.5회로 14개국 중 11위로 나
타났다.

③ 지난 3년간 및 지난 10년간의 국제적 학술 저서출판이나 논문출
판에서는 14개국 중 이스라엘, 스웨덴, 네덜란드, 홍콩의 순으
로 높고, 한국 교수는 14개국 중 10위로 매우 부진하다. 그 외
의 국제적 학술업적에서도 한국은 14개국 중 하위권에 속한다.

④ 지난 3년간 및 지난 10년간의 국제적 학술교류에서도 스웨덴,
네덜란드, 영국, 이스라엘, 홍콩 교수들이 국제학술교류의 경험
도가 높고, 한국도 비교적 높은 편에 속한다.

⑤ 지난 3년간을 놓고 볼 때 14개국 중 한국은 소속대학에 외국교
수가 와서 교과목을 가르친 경우, 국제회의 또는 세미나의 개
최, 외국학생의 입학, 자국학생들의 외국대학에서의 수학 등 네
가지 항목 모두에서 교류 정도가 최하위에 속한다.

⑥ 14개국 모두에서 많은 교수들이 외국학자와의 교류의 중요성,
외국출판물 구독, 국가간의 학술교류를 위한 대학의 노력에 적
극 동의하고 있으나, 동의하는 교수의 비율에 있어서는 14개국
중 미국의 경우가 가장 낮다. 교육과정의 국제화에 관해서는 앞

의 세 가지 항목의 국제교류보다는 동의하는 교수들의 비율이 대체로 낮지만, 멕시코·한국·칠레의 교수들 중 70% 이상이 교육과정의 국제적 연계에 찬성함으로써 14개국 중 이들 세 나라가 가장 높은 찬성률을 보인다.

⑦ 14개국 교수들이 자국 정부가 높은 우선순위를 두어야 할 인류 공통의 문제로 지적한 것은 기초교육, 환경의 질, 그리고 인권의 문제이다. 그러나 러시아와 이스라엘 경우에는 종족, 인종 및 종교적 갈등에, 일본에서는 무기통제에 우선순위를 두고 있다.

〈고등교육과 사회에 대한 교수들의 인식〉

① 정부가 고등교육의 총체적인 목적과 정책을 규정하는 책임을 수행하는 것에 대해서는 브라질·칠레·홍콩·한국·네덜란드·러시아·스웨덴 교수들의 찬성 비율이 높다. 그러나 호주·일본·멕시코·미국의 경우에는 반대하는 교수의 비율이 오히려 높다.

② 학사정책 결정에서의 정부간섭에 대하여, 칠레와 스웨덴 교수를 제외한 나머지 12개국 교수들은 정부간섭이 심하다고 생각하는 비율이 높다. 특히, 14개국 중 한국 교수들 중 그렇게 생각하는 교수의 비율이 88.8%로 가장 높다. 칠레와 스웨덴의 경우에는 정부의 간섭이 심하다고 생각하는 교수보다는 그렇지 않다고 생각하는 교수의 비율이 높다.

③ 각국의 많은 교수들은 공통적으로, 미래의 고등교육은 학술적 활동 및 연구증진, 자유로운 지적 탐구의 보호에 최우선순위를 두어야 한다고 느끼고 있다. 반대로 각국의 많은 교수들은 문화유산의 보존과 성인을 위한 평생학습에는 상대적으로 낮은 순위를 부여해야 한다고 느끼고 있다.

④ 각국에서 교수들이 예측한 중등교육의 성공적인 이수율이 70%

이상으로 높게 나온 국가는 호주·홍콩·이스라엘·일본·스웨
덴·미국이다. 한국 교수들은 69.6%로 예측한다. 한편, 고등교
육기관 적정입학률을 50% 이상으로 예측한 국가는 브라질·독
일·이스라엘·일본·멕시코·스웨덴·미국이다. 한국 교수들
은 고등교육기관 적정입학률을 43.9%로 보고 있다.

⑤ 고등교육 기회의 개방에 관해서는 네덜란드만을 제외하고 나머
지 13개국의 교수들 중 반대하는 경우보다 찬성하는 교수들의
비율이 높다. 그러면서도 호주를 제외한 13개국 교수들은 경제
적으로 어려운 학생들이 입학할 수 있는 방책강구에 대하여 부
정적이다.

⑥ 교수는 사회에서 가장 영향력 있는 지도자인가에 대해서는 14개
국 중 한국 교수들(62.3%)이 가장 많이 찬성하고, 그 다음은
일본 교수들(39.0%)이나, 나머지 12개국에서는 그렇지 않다라
고 생각하는 교수의 비율이 오히려 높다. 그럼에도 불구하고,
14개국 모두에서 많은 교수들이 교수에 대한 존경은 점차 감소
하고 있다고 본다. 한국 교수 중 68.9%, 일본 교수 중 63.6%
가 그러한 존경 감소를 인정하고 있다.

⑦ 개인이나 기업체가 고등교육에 보다 많이 기여할 수 있도록 촉
성되어야 한다고 14개국 모두에서 많은 교수들이 공감하고 있
다. 또한, 대부분의 나라에서 고등교육기관이 특별한 이익집단
으로부터의 간섭에 점차 예속된다고 본다. 그러나 한국(33.5
%), 이스라엘(39.1%) 및 러시아(31.8%)의 경우에는 그렇지
않다고 생각하는 교수들의 비율이 높다.

⑧ 점차 커지는 관료주의로 인하여 고등교육의 효율성은 위협받고
있다는 데에 14개국 모든 교수들이 공감하고 있다. 이중 가장
비율이 높은 국가는 한국과 스웨덴(각각 48.3%)이다.

8) 생애발달과 심리적 특성

〈보편적 생애발달단계〉

① 교수들은 기본적으로 성인발달의 보편적 원리와 범주를 크게 벗어나지 않으면서 생애발달단계를 거쳐나간다. 교수들의 생애발달은 교수자질 준비기, 교수활동 초임기, 교수활동 정착기, 교수활동 심화기, 교수 자아실현기, 교수활동 통정기의 여섯 단계로 이루어진다.

〈교수직으로의 입문〉

① 성공적인 교수들에게서 공통보편적으로 나타나는 심리적 특성으로는 탁월한 일반적 지적 능력, 건전한 교양교육, 강한 지적 호기심, 전공분야에 대한 예리한 흥미와 깊은 통찰력, 가르치고 연구하는 사람으로서의 능력과 태도, 내재적인 동기, 학생들과의 친화성, 최고수준의 도덕·윤리적 고결성, 그리고 단정하고 우아한 외현적 모습과 풍채가 대표적이다.

② 교수들은 사회적으로 상위계층에 속하는 가정 출신이 다수이며, 지적인 욕구와 학업성취를 강조하는 가정 출신이다. 교수들은 어려서부터 강한 성취욕구, 강한 자율적 성향, 그리고 강한 책임감을 보인다.

③ 우리나라 대학의 신임교수들 중 79%는 대학 및 대학원 재학중에 교수가 되겠다고 의사결정을 내린다. 그리고 교수들은 교수가 되겠다는 의사결정보다는 전공분야를 먼저 결정한다.

④ 현재, 교수가 되기 위해서는 대학원에서의 박사학위 취득이 필수적인 것으로 정착되고 있으며, 대학원에서의 수학은 박사학위 취득 그 자체만이 중요한 것이 아니라, 장차 교수가 되기 위한 교수문화에 대한 이해를 높이고 교수로서의 학술적 사회화를 밀도 있게 경험하는 기회로서도 중요한 의미를 갖는다.

⑤ 대학의 교수 신규채용시 외견상 결정적 요인으로는 학술적 생산
성의 가능성(연구업적), 박사학위를 취득한 대학 또는 학과의
명성, 학술적 계보(지도교수)의 세 가지가 대표적이다.

〈교수로서의 생애과정에서의 갈등〉

① 신임교수기의 중요한 발달과업은 새로운 교수문화, 대학문화 및
학교조직에 대한 이해와 적응, 그리고 전공학과와 전공분야에서
의 학술적인 정착과 등단을 하는 일이다. 이를 성공적으로 해내
지 못하면, 신임교수들은 인간적 교류나 학술적 교류에서 스스
로 고립되는 위기에 처하게 된다.

② 많은 교수들은 연령적으로는 40대 중반에서 50대 중반기에, 직
급상으로는 정년보장임용도 받은 정교수급에서, 교수로서의 심
리적 긴장과 학술적 침체현상을 경험하게 된다. 그것은 기본적
으로 소속대학으로부터의 기대나 요구에 교수로서의 고착된 성
향과 능력이 서로 부합되지 않는 데서, 그리고 업적에서의 정체
현상으로부터 기인한다.

③ 14개국 교수들 중 교수들의 대학간 이동이 가장 많았던 나라는
네덜란드이다. 네덜란드 교수들은 평균 2.5개교에서 전임으로
근무해 오고 있다. 한국 교수의 경우는 전임근무 대학수가 평균
1.4개교로 14개국 중 가장 낮다.

④ 교수가 노화기에 접어들었을 때, 교수로서의 생애에 대한 적절
한 자아통정감을 이룩하지 못하면 커다란 좌절과 절망을 경험한
다. 교수가 노령기에 접어든다고 해서 반드시 연구생산성이 줄
어드는 것은 아니다. 그러나 표면적으로 연구생산성이 떨어지는
듯한 것은, 노령교수들이 연구할 능력이 없거나 하기 싫어서가
아니고, 다만 관심과 시간의 투자 비중이 학생들을 가르치고 만
나는 일 쪽으로 더 많이 기울기 때문이다.

9) 인간관계와 사회적 특성

〈교수의 인간관계 특성〉

① 교수들 중 상당수는 학계 이외의 사람들과 폭 넓게 사귀지 않고 있으며, 같은 대학, 같은 학과 내에서도 심리적 특질이 비슷한 교수와 폭 좁게 사귀고 있다.

② 교수들은 전공학과 내의 인간관계에 있어서 극도로 이기적이고 개인주의적인 행동특성을 보이지만, 서로에게 공통적으로 도움이 되는 일을 위한 때에는 쉽게 연대를 형성한다.

③ 교수들의 개인주의적 성향은 교수 상호간에 공정한 배분의 평등주의 의식과도 연계된다.

〈복수적 이념과 파쇄현상〉

① 교수들은 본교 출신이냐 타교 출신이냐, 어느 고등학교 출신이냐, 어느 지역 출신이냐, 어디에서 박사학위를 하였느냐, 어느 지도교수 밑에서 수학했느냐 등의 다양한 출신배경에 따라 서로 연대하거나 대립하기도 한다.

② 교수들은 역할수행에 관련된 여러 가지 이념에 따라 대립을 경험한다. 대표적으로, 연구중심 교수와 교육중심 교수 간에, 잘 가르치는 교수와 못 가르치는 교수 간에, 실천위주 학문성향의 교수와 이론위주 학문성향의 교수 간에, 공공봉사를 많이 하는 교수와 적게 하는 교수 간에, 행정보직을 맡는 교수와 하지 않는 교수 간의 대립이 그렇다.

③ 교수들의 정치적 신념은 세 가지로 교수들간의 대립에 작용한다. 첫째는 총장선거 등 대학 내의 정치활동에 따른 교수들간의 대립이고, 둘째는 대학 밖의 국가사회적 정치에 대한 개혁과 보수 간의 대립이고, 셋째는 학생운동에 대한 지지와 반대 간의 대립이다.

350

④ 교수들의 전공분야는 같은 학과 내에서도 2∼3명씩 결합하거나
분화시키는 이념으로 작용할 때가 많다. 그러면서도 교수들은
같은 전공학과에 소속되어 있다는 것으로 통합되어, 대학 내에
서 다른 전공학과와 대립을 가져오기도 한다. 교수들의 전공은
크게 인문과학, 사회과학, 자연과학으로 나뉘어서 대학 내의 정
책결정에 이념적 대립을 빚기도 한다.

⑤ 교수들은 연령, 직급, 호봉서열, 성별 등 인구학적 특성에 따라
서로간에 분화와 대립을 경험하기도 한다.

⑥ 교수들의 분화와 대립은 한 대학 내에 여러 캠퍼스가 있을 때
캠퍼스 간에, 설립 주체에 따른 국·공립대학 교수와 사립대학
교수들 간에, 서울소재대학과 지방소재대학 교수들 간에, 사회
적 서열순위에 따른 일류대학과 이·삼류대학 교수들 간에서도
나타나는 경우가 있다.

〈가정생활과 여가활동〉

① 교수들의 직장 출퇴근 시간은 일정하지 않다. 따라서 귀가하는
시간도 불규칙적이다. 교수들은 많은 일을 집에 갖고 와서 하기
도 한다.

② 교수들은 일을 하기 위해서는 가족과 함께 보내는 시간이나 가
사일에 사용하는 시간을 줄인다. 교수들은 휴가를 갖게 되어도
그것을 일과 연계시키는 경우가 많다.

③ 교수들의 가장 대표적인 취미는 독서이며, 다음으로 예술감상을
들 수 있다. 한편, 신세대 교수들은 많은 시간을 가사일에 사용
하는 등 새로운 변화가 나타나고 있다.

2. 결   론

대학교수, 그들은 참으로 누구인가? 무엇을 하는 사람들인가? 물론 한마디로 단정하기에 그들은 너무도 복잡하고 어려운 사람들이다. 그럼에도 그들의 실체를 분석하기 위하여 이 연구에서는 세계 14개국 교수들을 대상으로 72개 문항(248개 항목)에 걸친 설문조사를 실시한 것이다.

이제 끝으로 그러한 실증적 조사결과에 기초하여 이 연구의 결론을 두 가지로 나누어 맺고자 한다. 한국 대학교수의 특성을 다른 국가들의 교수들과 비교하여 결론을 맺은 다음, 세계 여러 나라 대학교수들에게서 공통되는 특성을 논의하여 결론을 맺고자 한다.

1) 한국의 대학교수

한국의 대학교수는 세계 다른 나라 교수들과 어떤 면에서 생각과 행동을 같이하고, 또 어떤 면에서 그들과 크게 다른가? 이 점에 대한 결론을 맺기 이전에, 우선 읽는 이들에게 편리하도록, 이 연구에서 밝혀진 바와 같이 14개국 중 한국 교수들의 반응이 최고 또는 최저로 나타난 항목을 정리하면 다음과 같다.

14개국 중 한국 교수의 반응이 최고 또는 최저로 나타난 항목

〈책무수행 시간 분석에서〉

- 한국 교수들은 14개국 중 가장 많은 주당 평균 23.1시간을 교육활동에 사용하고 있다.
- 한국 교수들이 교수의 양대책무인 교육과 연구활동 두 가지에 사용하는 시간은 전체 책무시간의 74.5%로서 14개국 중 가장 높다.

<소속대학의 심리적 분위기 면에서>

- 소속대학의 지적인 분위기를 부정적으로 지각하는 교수의 비율이 14개국 중 가장 높은 경우는 한국으로 33.8%이다.
- 교수와 학교행정진의 관계에 대하여 부정적으로 지각하는 교수의 비율이 한국의 경우 37.6%로 14개국 중 가장 높다.
- 14개국 중 가장 높은 비율인 41.4%의 한국 교수들은 교수의 사기가 좋지 않다고 판단하고 있다.

<직업만족도 영향요인 중에서>

- 가르치는 담당교과목에 대하여 만족하는 한국의 교수는 82.1%로, 이는 14개국 중 가장 높은 비율이다.
- 정년보장임용 교수의 비율은 한국의 경우 32.2%로서 14개국 중 가장 낮다.
- 그러나 교수직으로서의 신분보장에 대하여 만족하는 교수의 비율이 한국은 70.6%로서 14개국 중 가장 높다.
- 승진에 대한 전망에서는 14개국 중 제일 높은 비율인 69.2%의 한국 교수들이 만족하고 있다.
- 14개국 중 가장 높은 74.9%의 한국 교수들은 지금은 자신의 전공분야에서 창의적이고 생산적인 시기라고 생각하고 있다.

<물리적 환경조건 면에서>

- 이 연구에서 제시된 8개 항목의 물리적 환경조건 중, 6개 항목에서 한국 교수들 중 우수하지 못하다고 보는 교수의 비율이 14개국 중 가장 높다. 즉, 교실(강의실)에 대해서는 41.6%가, 가르치는 데 필요한 기자재에 대해서는 57.2%가, 실험실에 대해서는 51.9%가, 연구시설 및 도구에 대해서는 60.9%가, 컴퓨터 설비에 대해서는 43.4%가, 도서관의 장서에 대해서는 65.0%가 우수하지 못하다고 보고 있다.

〈수업방법에서〉

- 전체수업 중 강의식 수업방법을 활용하는 비중이 한국 교수의 경우 평균 75.7%로서 14개국 중 가장 높다.

〈학생의 질적 수준, 능력 및 태도에 대하여〉

- 학생들의 질적인 수준을 우수하지 않다고 보고 있는 교수의 비율이 가장 높은 나라는 한국으로, 38.1%의 교수가 그렇게 생각하고 있다.
- 그러면서도, 14개국 중 가장 높은 비율인 한국 교수들 중 58.6%는 학생들의 의사소통기능 구비를, 34.6%는 계량적인 수리기능 구비를 인정하고 있다.
- 또한 14개국 중 가장 높은 비율인 35.0%의 한국 교수들은 요즈음 학생들은 5년 전에 가르쳤던 학생들보다 열심이라고 생각하고 있다.
- 교수가 교실 밖에서 학생들과 더 많은 시간을 보내야 하는 것에 대해서는 14개국 중, 찬성하는 교수의 비율이 한국이 25.6%로 가장 낮다.

〈학문의 자유에 대하여〉

- 우리나라에서는 학자가 어떤 것을 연구, 출판하든 정치적 또는 이념적 제한은 없다는 데 대하여, 14개국 중 한국의 경우, 가장 높은 비율의 교수들(39.4%)이 그렇지 않다고 믿고 있다.
- 그러나 14개국 중 가장 많은 비율의 교수가 교과내용을 결정하는 데 자유로움을 느낀다고 생각한 국가는 한국의 경우로, 그 비율은 89.6%이다.

〈교수업적평가에 있어서〉

- 한국은 교수의 책무 중 봉사활동이 교수업적평가에서 중요하다

고 생각하는 교수의 비율이 14.4%로 14개국 중 가장 낮다.
- 소속대학에서 교수의 업적을 누가 평가하는가에 있어서, 상위 행정진이 평가한다고 반응한 교수의 비율은 한국이 가장 높으며, 교육활동에서는 69.7%의 교수들이, 연구활동에서는 61.6%의 교수들이 상위행정직에 의한 평가를 지적하고 있다.

〈정부와 사회에 대한 인식에서〉
- 14개국 중 한국 교수들이 중요한 학사정책 결정에서 정부의 간섭이 심하다고 생각하는 교수의 비율이 88.8%로 가장 높다.
- 교수는 사회의 영향력 있는 지도자라고 생각하는 교수의 비율이 한국의 경우 62.3%로 14개국 중 가장 높다.
- 고등교육의 효율성은 점차 커지는 관료주의에 의해 위협받고 있다는 것에 대하여 14개국 중 가장 낮은 비율의 교수들이 동의한 경우는 한국(48.3%)이다.

〈교수로의 생애발달 면에서〉
- 한국 교수는 이제까지 평균 1.4개교에 전임교수로 근무하였는데, 이는 14개국 중 가장 낮은 교수의 대학간 이동 경험이다.

첫째, 한국의 교수들은 세계 여러 나라 교수들에 비하여 상대적으로 매우 열악한 경제·물리·사회적 조건 속에서 교수로서의 직무를 수행하고 있다. 러시아·칠레·멕시코·브라질 등의 교수들과 매우 흡사한, 경우에 따라서는 그들의 경우만도 못한 최악의 조건 속에서 일하고 있다.

경제적으로, 한국 교수들은 만족스러운 보상을 받지 못하고 있다. 독일이나 영국의 교수들처럼 한국 교수들은 그저 대학 안에서 대학으로부터 받는 급여에만 의존하며 묵묵히 일하고 있지만, 대학으로부터의 경제적 보상체제는 독일·네덜란드·미국·이스라엘·홍콩 등의 교수들과는 견주기 어려울 만큼 빈약한 실정에 놓여 있다.

물리적으로, 한국 교수들은 가르치고 연구하는 데 있어서도, 홍콩·네덜란드·스웨덴·독일 대학교수들과는 너무도 거리가 먼 열악한 조건 속에서 일하고 있다. 특히 교실(강의실), 교육 기자재, 실험실, 연구시설 및 도구, 컴퓨터 설비, 도서관의 장서 등에서 한국 교수들은 그 어느 국가의 경우보다도 부족하고 우수하지 않은 여건 속에 처해 있다.

심리적으로, 한국 교수들은 지극히 부정적인 환경 속에서 자신들의 학술적 삶을 영위하고 있다. 대학의 지적인 분위기는 물론, 교수와 학교행정진과의 관계, 교수의 보편적 사기, 대학의 사명에 대한 분명성, 공동체로서의 인식 등이 매우 어둡고 부정적인 가운데서 그들은 책무를 수행하고 있다.

둘째, 이러한 악조건 속에서 일하면서도 한국 교수들은 교수직에 대하여 밝은 전망을 하고 있고, 교수직이라는 직업에 대하여 스스로 만족하면서 열심히 일하고 있다. 미국·이스라엘·스웨덴·일본·홍콩 등 비교적 여러 가지 조건이 한국의 경우보다도 훨씬 나은 국가의 교수들 못지않게, 한국 교수들의 자아지각은 매우 긍정적이다. 그들은 다시금 인생을 시작한다 해도 교수가 되고 싶다는 데 이의를 제기하지 않으면서, 지금이 바로 자신의 전공분야에서 창의적이고 생산적인 시기라고 믿고 있으며, 교수로서의 직업에 대체로 만족해 하면서 그들의 학술적 삶을 살아가고 있다. 또한 한국 교수들은 그 어느 나라 교수들보다도 교수는 그 사회의 영향력 있는 지도자라고 믿고 있다.

셋째, 위의 점들을 미루어볼 때 한국 교수들은 독일 교수들보다는 조금 떨어진다 해도 미국·이스라엘·스웨덴·일본 그 어떤 선진국 교수들 못지않게 열심히 그들의 책무를 수행하고 있다. 그들은 개학기간중이든 방학기간중이든 관계없이 교육과 연구라는 양대책무를 균형 있게 수행하는 데 진력하고 있다. 특히 독일·이스라엘·일본·스웨덴·네덜란드의 교수들이 연구중심적이고, 미국·멕시코·브라질·칠레·러시아의 교수들이 교육중심적이라면, 한국 교수들은 호주·영국·홍콩 교수들과 함께 양대 책무를 균형 있게 중시하고 수행하려고 노력한다는 데서 특성을 보이고 있다. 그렇기에, 한국 교수들은 러시아·멕시코·칠레 교수들처럼 매우 큰 수업부담을 안고 있으면서도, 양적인 연구업적은 세계 여러 나라 교수들의 중간수준을 유지하고 있다.

물론, 한국 교수들의 교육과 연구책무수행에 문제가 없는 것은 아니다. 이를테면 한국 교수들은 일본 교수들과 함께 다른 나라 교수들에 비하여 많은 수업을 강의식으로만 이끌고, 논문발표에서는 브라질이나 러시아 교수들과 함께 다른 나라 교수에 비하여 상대적으로 매우 낮은 양의 업적을 내보이고 있다는 문제점을 안고 있다. 그러나 그렇게 된 데에는 앞서 언급한 여러 가지 열악한 경제·심리·물리적 환경조건이 바탕에 깔려 있음을 고려하여야 한다. 독일이나 네덜란드 교수들의 연구업적이 뛰어난 데에는 여러 가지 이유가 복합적으로 작용하고 있다. 이를테면, 한국의 경우와 달리, 그들 나라에서는 수업부담 없이 연구만 수행하는 교수도 많고, 연구비 규모도 크고, 또 연구비를 지급하는 기관(출처)도 다양하다. 이에 비하여 한국의 경우는 가르치는 시간부담이 크고, 게다가 가르치는 과목이 다양하고 많으며, 연구설비와 자원은 크게 부족한 형편에 있음을 고려할 때, 현재와 같은 수준의 연구업적을 내놓는 일은 어찌 보면 한국 교수들의 탁월한 능력과 강인한 학술탐구의 의지에서 비롯한 것 아니겠느냐는 생각도 가능케 한다.

넷째, 한국 교수들은 다른 나라 교수들과 마찬가지로 그들의 업적평가에 대해 수용적이고, 그 필요성을 인정한다. 교수업적평가에 대해서, 앞서 한국 교수들이 교육과 연구라는 양대 책무를 균형 있게 중시하고 있다고 하였듯이, 교육활동과 연구활동이 평가의 중요한 내용이 되어야 한다고 믿는다. 이는 교수업적평가에서 교육활동에 대한 평가와 반영에 부정적인 독일 대학교수들과는 매우 다른 성향이지만, 미국·홍콩·호주·러시아·칠레 등의 교수들과 비슷한 성향이다. 한국 교수들도 다른 나라 교수들처럼 교수업적평가에 학생의 의견이 반영되는 데는 생각을 같이하고 있다. 그럼에도 한국 교수들은 일본 교수들과 함께, 학생에 의한 교육활동평가보다는 상위행정진에 의한 평가가 더 널리 확산되어 있음을 내보이고 있다. 한국이나 일본의 경우에는 그러한 상위행정진에 의한 평가가 다른 국가와는 달리 연구활동에서도 보편적으로 이루어지고 있다.

다섯째, 한국 교수들은 현재의 대학 내 행정관리체제가 중앙집권적이라는 데에, 멕시코·칠레·러시아 교수들과 생각을 같이하고 있다. 그렇기에 이들은 소속대학 행정진의 능력이나, 그들과의 의사소통에 대하여 부정적이고, 행정진의 빈번한 독재성을 지적하고 있다. 이에 비하여, 일본·이스라엘·네덜란드·독일·스웨덴 교수들은 행정관리체제가 분권적임을 내세운다. 한국 교수들은 다른 나라 교수들처럼, 전공분야에 대한 책무수행을 제일로 여기고, 그 다음에 소속학과, 그리고 그 다음에 소속대학에 대한 책무를 수행한다. 그러나 독일의 경우 그 순서는 같지만, 소속학과나 소속대학보다는 전공분야에 대한 책무수행에 월등히 많은 비중을 두고 있는데, 이는 앞서 제시한 독일 대학교수들의 탁월한 연구중심 성향과 관계가 깊은 것으로 보인다. 대학 내 행정관리체제에서 한국 교수들의 영향력 행사는 역시 다른 나라 교수들과 마찬가지로 학과수준의 의사결정에 제일 크게 행사하고, 소속 단과대학이나 대학 전체수준으로 올라갈수록 행사의 크기가 약화되고 있다.

여섯째, 한국 교수들은 학술적인 연구출판에서 다른 나라 교수들에 비해 매우 많은 수가 정치·이념적 제한을 느끼고 있다. 그렇지만, 한국 교수들은 그 어느 나라 교수들보다도 교과내용 결정에서 자유로움을 느끼고, 연구 프로젝트 설계에서도 자유로움을 느낀다. 학문의 자유에 대한 느낌도 중간 수준에 놓여 있다. 한국 교수들은 브라질·칠레·홍콩·러시아·네덜란드·스웨덴 교수들처럼, 중앙정부가 고등교육의 총체적인 목적과 정책을 규정하는 책임을 떠맡는 데는 찬성하고 있다. 그러나 중요한 학사정책 결정에서 정부의 간섭이 심하다고 느끼고 있음에 주의를 기울일 필요가 있다.

일곱째, 한국 교수들의 국제화, 세계화는 다른 국가들에 비하여 지극히 미약한 단계에 놓여 있다. 국외학술단체의 가입이나 학술회의 참가면에서는 대체로 평균 수준에 달하고 있으나, 국제학술업적이나 국제학술교류 경험이 다른 나라에 비하여 상대적으로 떨어지고 있다. 국제기구로부터의 연구비 수혜도 타국에 비하여 극히 저조하고, 교수 업적평가에서 국제적 연계활동이 중시되지 못하고 있다. 이스라엘·스웨덴·네덜란드·홍콩·영국 등의 교수들에 비추어볼 때, 한국 교수들의 국제적 활동경험은 지극히 낮다. 그럼에도, 한국 교수들이 세계인류문제나 미래의 고등교육을 바라다보는 의식에 있어서는 세계 여러 나라 교수들과 공통적이다. 즉, 이는 한국 교수들의 의식은 세계화되어 있음을 의미한다. 예컨대, 한국 교수들은 다른 나라 교수들과 마찬가지로, 정부가 우선순위를 두어야 할 인류공통의 문제로 기초교육, 환경의 질, 인권을 들고 있다. 또 미래의 고등교육이 두어야 할 우선순위로서는 학술적 활동 및 연구의 증진과 자유로운 지적 탐구의 보호를 들고 있다.

끝으로 여덟째, 한국 교수들은 학생들에 대하여 매우 긍정적인 지각을 한다. 그들이 대학수학에서 필요한 기본 능력을 구비하고 있다고 생각하고, 그들의 학업태도에 대해서도 그 어떤 나라의 교수들보다도 긍정적으로 생각하는 교수들이 많다. 그럼에도 학생들의 질적인 수준이 우수하지 못하다고 보는 교수들이 많은 까닭은, 교수들의 기대수준이 다른 나라 교수들보다 높기 때문이 아닌가 싶다.

이상의 몇 가지 결론을 다시금 종합하면, 한국의 대학교수들은 그들의 책무에 지극히 성실하고 건전하고 건강한 모습을 띠고 있다. 여러 가지 여건에 대하여 불만이 많고, 많은 문제에 대하여 부정적인 견해를 내놓아도, 그들은 기본적으로 교수로서의 삶에 만족하고 있으며, 주어진 환경여건이나 국가사회에 대하여 긍정적인 의식을 지니고 있다. 한국의 대학교수들은 자존적이고 생산적이고 긍정적이다. 그렇기에, 교수직은 아직도 총명하고 야망 있는 수많은 젊은이들에게 선망의 직업이 되고 있다. 교수라는 사람들, 그들의 집합된 총체적인 힘은 곧 그 대학, 그 사회, 그 국가의 발전을 위한 견고한 기반을 형성하는 최대의 자원임을 국가의 정책당국이나 대학 내의 최고행정관리자들이 모두 다시금 깊이 인식하여, 그들이 참으로 그들의 잠재된 능력을 최대한 발휘하고 그들의 본질적인 책무를 보다 고결하게 수행할 수 있도록 후원해 줄 수 있는 많은 유인체를 개발하여야 한다.

2) 대학교수의 세 가지 삶

대학은 곧 교수라 할 만큼, 교수들의 존재는 언제나 대학과 동일시되어 왔다. 그렇기에 대학의 기능이 다원화되고 그 구조가 복잡해질수록, 교수들이 하는 일도 더불어 다원화되고, 교수들의 사고와 행동도 그만큼 복잡해지는 것이다. 오늘의 대학은 인류문명사에 있어서 그 어느 때보다 혼미스러운 시대적 전환기에 처하여 있다. 가히 혁명적 변화라고 해도 좋을 만큼, 사회에서 급격하게 일고 있는 변혁의 물결은 대학에 대한 국가사회적 그리고 시민적 기대를 더욱 가증시키고 있다. 그것은 곧 교수들에 대한 역할기대의 상승을 의미하며, 그만큼 교수들의 사고와 행동특성을 다원화시킴을 의미한다. 그렇기에, 오늘의 대학교수들이 누구이며, 무엇을 하는가에 대한 해답을 간결하고도 분명하게 제시한다는 것은 무척이나 어려운 일이라는 것을 느끼게 되었다. 그럼에도 불구하고, 오늘의 세계 대학교수의 실체를 구명해 보려고 시도하였던 이 연구를 종결하면서, 교수들의 특성을 세 가지 삶의 관점에서 정리해 보고자 한다.

첫째는, 전문직업인으로서의 교수의 특성이다. 어느 나라에서나 대학교수는 최고수준의 교육과 훈련을 받아 최고의 인지적 힘(cognitive power)을 발휘하는 전문직업인이다. 전문직업인일수록 하는 일의 깊이는 끝없이 깊고 수준은 끝없이 높아지지만, 일의 폭은 좁아지는 것이 상례이다. 그러나 교수라는 전문직업인은 일의 깊이 또는 수준에서의 전문성만을 발휘하는 것이 아니라, 일의 폭에 있어서도 매우 넓은 범위를 포용한다. 즉, 그들은 일에 있어서 수직적 깊이나 높이뿐만 아니라 수평적인 지평에 있어서도 최고 전문직업인으로서의 다양한 역할을 수행한다. 그들은 한 가지 특정한 분야에 대해서는 그 어느 누구보다도 가장 전문적인 지식과 기능 및 태도를 갖추려고 노력한다. 그 외의 모든 다른 분야에 대해서도 서로간에 의사소통이 이루어질 수 있을 만큼의 최소한의 지식, 기능 및 태도에도 노력을 기울인다.

그러한 노력을 통해서, 대학교수들은 우선 젊은이들을 하나의 인간으로 성숙시키는 데 헌신한다. 젊은이들을 각기 전공분야에서의 전문가가 되도록, 또한 그들이 하나의 교육받은 사람으로서 사회의 지도자가 되도록 이끌어나가는 지도적 삶을 살아간다. 교수들은 인류의 문화발전에 초석이 되는 지식을 창출하는 책무를 수행하는 일을 통하여 학자로서, 연구자로서의 과학적 삶을 살아간다. 교수들은 또한 하나의 지식인으로서, 사회적 지도자로서, 지성사회의 개혁촉매자로서 자신들의 머리와 몸을 사회에 헌신하는 책무를 수행하는 가운데, 그들의 삶을 대학이라는 물리적 공간 안에만 잡아두지 않는다. 대학교수들은 대학 밖으로도 그들의 삶의 시·공간을 확대하는 대외적 삶을 살아가면서 교수라는 전문직업인의 역할을 수행한다. 그리고 교수들은 대학이라는 하나의 조직사회의 구성원으로서 그들의 사회적 삶, 조직적 삶을 영위하기 위하여 노력한다. 그들은 그러한 조직 내에서 자신의 본질적인 교육, 연구, 봉사라는 책무 이외에, 조직의 기능화를 위한 행정적 책무를 수행한다.

대학교수들은 이러한 다양한 역할을 교수 자신의 내재적인 동기에 근거하여 수행해 나간다. 대부분의 대학교수들은 다른 전문직업의 경우처럼 교수라는 직업을 스스로 원하여 택하였다. 그렇기에 그들은 교수로서의 책무를 수행하는 데 있어 타인에게 예속됨을 거부한다. 예컨대, 그들은 자신의 책무수행을 위해서는 모든 것을 기꺼이 희생하는 전문직업인의·정신을 항상 행동으로 보인다. 방학이 되어도, 주말이 되어도, 공휴일이 되어도, 또 평상의 퇴근 후에 집에 돌아와서도 그들은 그들의 책무수행을 모든 다른 일에 우선할 만큼의 강한 소명의식, 자발성을 갖고 교수로서의 역할을 수행한다. 또한 주당 평균 근로시간을 근로자들처럼 헤아리지 않는다. 그렇기에 그들은 주당 50시간이 넘는 엄청난 시간을 스스로 택하여 일하지 않던가? 이러한 교수들의 책무수행 소명의식은 그들이 어떠한 역경, 어떠한 장애요인을 만나게 되어도 결코 위축되지 않는다. 비록 경제적 보상이 뒤따르지 않거나 월급이 적다 싶어도, 또 주어진 부담이 좀 과중되다 싶어도, 그리고 일하는 물리적 환경여건이 좀 열악하다 해도, 사기는 다소 떨어질지 몰라도 그들은 자신의 책무수행을 결코 게을리하지 않는다.

대학교수들은 전문직업인으로서 자율을 생명선으로 여기면서 일한다. 그들은 교수로서의 책무수행의 욕구를 자신의 내면적인 동기유발로부터 스스로 확인할 수 있을 때 일을 한다. 이러한 내면적인 동기의 확인은 교수들 스스로 자기 자신의 총체적 능력에 대한 이해와 분석을 전제로 하여 이루어진다. 자기 자신의 지식, 제반 인지적 기능,

잠재력, 태도, 흥미 등을 하나의 통정된 모습으로 나타낸다. 이러한 확인이 끝난 다음, 교수들은 스스로 자신의 책무수행 계획을 세운다. 무엇을 어떻게 가르칠까, 무엇을 어떻게 연구할까, 어떤 일을 얼마만큼 봉사할까, 어떤 행정적 일을 얼마만큼 해야 될까, 그 모두를 교수들은 스스로 계획하고 결정한다. 이렇게 세운 계획을 교수들은 스스로 주도권을 쥐고 능동적으로 시작해 나간다. 결코 누구의 요구나, 누구의 명령이 있어서 그 일을 시작하지 않는다. 교수들은 모든 일에 있어서 자기 스스로의 선택과 결정을 선호한다. 그것은 곧 그 일의 성패에 대한 책임을 스스로 지는 것을 의미하기도 한다. 교수들의 자율성은 모든 일에 있어 자기 자신의 보조를 지켜나가는 데서 찾아볼 수 있다. 결코 집단 속에 끼여서 집단의 물결 흐름대로, 자신의 의사에 반해서 또는 자신도 모르는 사이에 휩쓸려서 자신의 책무를 수행하지 않는다. 타인과의 경쟁을 의식하기도 하지만, 교수들은 본질적으로 자아 내적인 경쟁을 벌인다. 교수들이 전문직업인으로서 향유하는 자율성은 자신이 수행한 모든 일에 대한 냉혹스러운 자기평가에서 나타난다. 타인으로부터 평가받기 이전에 교수들은 자신 나름대로의 준거틀을 세우고 자신의 책무수행을 평가한다. 자율은 교수들의 전문직업인으로서의 특성을 가장 잘 나타내주는 대표적 속성이다. 그러나 대학교수들은 이러한 자율성이 때때로 대학 내의 관료적인 내적 통어 관리체제에 의해 또는 정부의 간섭으로 인해 다소간 위축되고 있다는 의식을 잠재적으로 가지고 있다.

둘째로, 교수들은 대학이라는 하나의 거대하고 복잡한 조직체 안에서 사회적 조직인으로서의 책무를 수행하고 삶을 살아간다. 그 속에서 그들은 하나의 효율적인 조직구성원으로서의 역할수행을 요구받고 있다. 그것은 예로부터 대학의 정신으로 이어져 내려온 조합정신에 터한 현대적 의미로 교수들의 윤리적 책무에 속하기도 한다.

하나의 조직으로서 대학은 정의로운 공동체이다. 그 속에서는 개개

교수의 개별적 존엄성과 특성이 그 어느 조직의 경우에서 보다 서로 간에 존중되고 보호된다. 그러면서도 그들은 서로간의 개별성을 해하지 않고, 조직의 공통된 목표를 향해 민주적으로 힘을 모으는 정의로운 사고와 행동을 보인다.

조직으로서의 대학은 또한 개방된 공동체이다. 대학은 근본적으로 표현의 자유가 단호하게 보장되고, 고결한 예의(civility)가 엄격하게 지켜지는 조직이다. 교수들은 그러한 조직 내에서 인격적인 통정을 말로써, 행동으로써 내보인다. 교수들은 대학 내에 잘 규정된 또는 인습적으로 이어져 내려오는 불문율적 원리와 절차들을 자발적으로 지켜나감으로써 개방된 공동체 내에서의 공존을 위한 자신의 몫을 다 해낸다. 교수들은 전통적으로 그들이 소속되어 있는 그 대학의 고유한 유산과 전통, 새로운 변화 모두를 함께 공유하려 하고, 그것을 기쁨으로 받아들이려는 의식을 갖는다.

그러나 오늘날 대학의 외형적 규모가 커지면서, 그리고 학문의 세계가 날로 분화 번식하는 가운데서 많은 교수들이 전통으로 고수하여 왔던 조합정신을 상실하고 극도의 이기적 파쇄주의에 시달리고 있음을 우리는 대학교수들의 모습에서 읽을 수 있다. 그것은 개인의 위력이 가중되고 있는 사회적 변화의 물결과도 무관하지 않을 듯싶다. 게다가, 전문직업인으로서 책무수행의 개별성, 독립성, 자율성의 원리들은 오늘의 대학교수사회를 파쇄된 상아탑으로 변질시키기에 충분하다. 그렇기에 때로는 국민학교 어린이들의 행동이나 판단 수준에도 못 미칠 만큼의 치졸한 인간관계행동을 벌이는 모습을 교수들이 연출하게 된 것이다. 수많은 이데올로기에 자신을 귀속시키며 친밀감을 확보하려는 듯한 행동을 보이면서도 그들은 모든 이데올로기로부터 해방되어 오로지 혼자서 서려는 고립적 의식과 행동을 내보인다. 오늘날 한국 대학교수들은 교수사회에서 점증하는 통합과 분화, 화합과 대립이라는 순환적 갈등구조에 스스로를 구속하여 자신의 책무수행에도 영향을 미치고 있는 모습을 볼 수 있다.

　대학의 사명은 교육, 연구, 봉사, 민주적 사고와 행동의 시범이라고 할 수 있다. 특히 민주적 사고와 행동의 시범은, 사회적 조직인으로서의 가장 바람직한 행동원리인 민주적 협동에 의하여 사명을 수행하는 일이기도 하다. 자신의 대학, 넓게는 대학 전체 교수들 상호간에 민주적 협동의 사고와 행동을 얼마만큼 보이느냐에 따라 곧 그 대학의 발전과 국가사회의 발전을 예측해 줄 수 있는 하나의 가늠쇠가 될 수 있다. 이렇듯 민주적 협동의 원리가 중요하다고 할 때, 오늘의 대학교수들은 서로간에 그러한 원리를 얼마나 몸으로써, 행동으로써 내보이고 있는가? 때때로 이에 대한 회의가 나타나고 있음을 한순간의 우려쯤으로 치부해 버리기 바란다. 한 사회가 진정 정의로운 민주사회, 더불어 사는 도덕사회가 되기 위해서는, 사회의 5~10%인 상류층 사회에 속하는 지도적 인사들의 참다운 민주적 의식, 도덕적 의식이 먼저 갖추어져야 한다. 교수들이 바로 그 범주에 속한다고 한다면, 모든 교수들이 사회적 조직인으로서의 지성과 민주·도덕적 행동을 통하여 서로간의 파쇄현상을 극복하고 조직인으로서의 책무를 수행하는 일은 곧 대학과 국가의 민주적 발전을 위한 선결과제라 할 수 있다.

　셋째로, 교수는 하나의 평범한 심리적 개체로서의 삶을 살아간다. 대학교수들은 스스로를 이 사회의 최고 지성인이자 영향력 있는 여론 지도자라고 믿고, 또한 그들이 사회로부터 존중받기를 기대하고 살아간다. 그럼에도 그들은 오늘의 시대적 상황, 사회적 변화 속에서 그들에게 다가오는 사회적 존중이 예전만큼 높지 않고 자꾸 떨어짐을 모르지 않는다. 그리고 그러한 원인의 상당한 부분은 자기 자신들에게서부터 비롯되었음을 부인하지 않는다.

　대학교수들은 교수라는 직업에 스스로 만족하면서, 존재의 보람을 느끼면서 생애를 살아간다. 그들은 보통사람들과 같은 평범한 발달단계를 거쳐서 교수로서의 생애과정을 이어나간다. 원인이 다르고 치유책이 다를 수는 있지만, 그들이 생애과정에서 겪는 침체와 갈등은 다른 사람들, 다른 직업인들의 경우와 다를 바가 없다.

그들은 비록 어려서부터 남달리 강한 독립심, 자율성, 지적 탐구욕을 내보이면서 성장하였지만, 결코 평범한 시민의 범주에서 벗어나지 않는다. 다른 것이 있다면, 사고와 행동에 있어서 좀더 지성적이라는 것일 뿐이다. 그렇기에, 그들은 여가활동, 취미생활, 가정생활, 사교적 관계지음에서도 몸에 배인 지성적 사고와 행동을 한다.

대학교수들이 심리적 개체로서 내보이는 또다른 강한 특성은 강한 성취욕구라고 할 수 있다. 그렇기에 그들은 그토록 열악한 연구환경 속에서도, 그토록 열악한 제정적 연구여건 속에서도 수많은 연구업적을 내고, 연구생산성을 끊임없이 높이고 축적시켜 나가고 있는 것이다. 물론, 개중에는 그렇지 않은 교수들도 있다. 그러나 대부분의 교수들은 업적지향적이고 성취지향적임을 부정할 수 없다.

끝으로, 이 연구를 종결지으면서, 연구자로서 한 가지 밝혀두고자 한다. 이 연구는 세계 14개국 대학교수의 심리사회적 특성을 비교·분석해 내려고 하였지만 두 가지 점에서 크게 부족하였다는 것을 고백하지 않을 수 없다. 하나는 연구된 내용이 교수들의 제반 사회심리적 특성을 밝히기에 충분하지 못하였다는 점이고, 다른 하나는 연구된 여러 가지 내용들을 서로 상관지어 밀도 있게 분석해 내지 못하였다는 점이다. 물론, 이 연구는 14개국의 국제공동연구로 출발된 것이고, 또 각국간의 비교를 위하여 제한적으로 만들어진 조사도구를 사용하였으며, 설문내용이 너무도 광범하고 많았기 때문에, 특정한 문제들에 대해서는 심도 있게 다루지 못하였음을 인정한다. 이 연구의 앞으로의 과제는 교수들의 특성을 좀더 깊이 있게, 다양한 변인들을 활용하여 다면적으로 분석하는 일이다. 특히 각국의 정치사회·경제·문화·교육적 특성을 바탕으로 하여 각국 교수들간의 여러 가지

의미 있는 차이를 해석하는 일이 앞으로 필자가 계속할 과업의 하나
라고 생각한다.

대학교수에 관한 국제조사 연구설문

THE CARNEGIE FOUNDATION
FOR THE ADVANCEMENT OF TEACHING

대학교수에 관한 국제조사 연구설문

부탁의 말씀

안녕하십니까? '카네기재단'은 과거 수년 동안 미국의 고등교육에 관한 연구를 수행하여 왔습니다. 카네기재단은 이제 그 연구 프로그램의 범위를 국제적으로 확장하고자 합니다. 그러한 확장 노력의 첫 단계로, 카네기재단에서는 세계 각국 대학교수들의 태도, 가치 등 제반 심리·사회적 특성을 조사 분석하는 연구를 수행하기로 하였습니다. 이번 국제조사 연구에는 한국을 포함하여 호주, 브라질, 칠레, 독일, 이스라엘, 일본, 멕시코, 네덜란드, 러시아, 영국, 미국 등 12개국이 참여하고 있습니다. 본 설문서는 그러한 국제조사 연구를 12개국에서 공동으로 동시에 수행하기 위하여 만들어진 제2차 설문서입니다.

개학이 되어서, 그렇지 않아도 학술연구와 교육활동 등 여러 가지 일로 매우 분망하실 텐데, 이러한 '긴' 설문서를 보내드림으로써 교수님의 귀한 시간을 빼앗게 되어 정말로 죄송합니다. 하오나, 본 연구가 국제적으로 수행되고 있다는 점과 또한 우리 교수 자신들의 특성을 심층적으로 분석하고자 하는 데 연구의 근본 목적이 있음을 고려하셔서, 꼭 성의껏 응답하여 주시옵기를 간망하옵니다.

본 설문조사는 무기명으로 시행됩니다. 귀하의 개개인 인적자료는 공개되지 않습니다. 설문서를 작성하신 후에, 동봉해 드린 반송봉투를 활용하시어서, 1992년 3월 31일까지 보내주시면 감사하겠습니다. 끝으로, 본 연구의 결과를 아시고자 할 때는, 별지에다 교수님의 존함과 받으실 주소를 적어주시면, 연구종료 후 결과보고서를 꼭 보내드리도록 하겠습니다. 교수님께 거듭 죄송한 마음과 감사의 말씀을 아뢰면서, 적극 협조해 주실 것을 부탁드립니다.

1992년 3월 2일

Ernest L. Boyer, President
The Carnegie Foundation
5 Ivy Lane, Princeton, N.J. 08540
U.S.A.

이성호, 한국측 연구책임자
연세대 교육학과 교수
전화 : 02-361-3176

대학교수에 관한 국제조사 연구설문

제1부 개인적 자료

> *다음은 응답해 주시는 교수님 개인 배경에 관한 설문입니다. 해당되는 번호에 ○표를 해주시고, ___에는 기입하여 주십시오.

1. 성별 : 1 여자
          2 남자

2. 출생년도 : 19___년

3. 학위
   a) 최종 취득학위 : 1 박사
                     2 석사
                     3 학사
   b) 최종 취득학위 전공분야 : ________
   c) 최종 취득학위 취득국 : ________
   d) 현재 상급학위과정에의 재학여부 : 1 예   2 아니오

4. 귀하는 다음에 관하여 귀하가 받은 훈련을 어떻게 평가하십니까?

   a) 대학에서 하나의 '가르치는   b) 전공분야에서 하나의 '학술
      선생'으로서의 역할   연구자'로서의 역할

   1 ·····················매우 우수 ·····················1
   2 ·····················대체로 우수 ·····················2
   3 ·····················괜찮은 편 ·····················3
   4 ·····················우수하지 않음·····················4
   5 ·····················해당 없음 ·····················5

5. 현재 재직교를 포함하여, 귀하가 이제까지 전임교수로 근무하셨던 대학
   의 수 ： ＿＿＿＿개교

6. 금년도를 포함하여, 귀하가 고등교육기관에 전임으로 근무하신 햇수 ：

   ＿＿＿＿＿＿년

7. 이제까지 귀하가 고등교육기관이 <u>아닌</u> 단체나 기관, 회사 등에서 근무하
   신 햇수 ： ＿＿＿＿＿＿년

8. 귀하의 현 재직교의 전체 학생수는？
   1 1,500명 미만
   2 1,500~2,499명
   3 2,500~4,999명
   4 5,000~9,999명
   5 10,000~29,999명
   6 30,000명 이상

9. 교수로서의 귀하의 현재 직위는？
   1 정교수
   2 부교수
   3 조교수
   4 전임강사

10. 소속학과 ： ＿＿＿＿＿＿＿학과

11. 현재 전임교수로서의 귀하의 임용양태는？
    a) 시간상으로는 ：
       1 전임교수
       2 시간강사
    b) 계약상으로는 ：
       1 정년보장임용

　　　　2　정년보장 없이 불특정기간 계약임용

　　　　3　특정기간의 계약임용

　　　　4　기타＿＿＿＿＿

12. 금년도를 포함하여, 귀하가 현재의 소속대학에 전임으로 근무하신 햇
　　수 :　　　　　　　　　　　　　　　　＿＿＿＿＿년

13. 귀 학과 전임교수의 총수 :

　　　　　　　　　　　　　　　　　(귀하 포함)＿＿＿＿명

14. 귀하가 현 소속대학 이외에서 정액수당을 받는 직책을 맡고 계신지 ?

　　　　　　　　　　＿예＿　　아니오

　　　　　　　　(전임) (시간제)

　　a) 학술적인 직책　:　1　　　2　　　3

　　b) 비학술적인 직책:　1　　　2　　·3

15. 귀하가 소속된 학술단체나 학회의 수

　　a) 국내 :　＿＿＿개

　　b) 국외 :　＿＿＿개

16. 지난 3년간 학술회의에 귀하가 참석하신 횟수

　　a) 국내 :　＿＿＿회

　　b) 국외 :　＿＿＿회

17. 대부분의 교수들은 자신의 전공분야는 물론, 자신의 소속대학이나 학
　　과에 대하여 책무의식을 느끼고 있습니다. 이들 각각에 대하여 귀하가
　　느끼는 소속책무감의 중요성 정도를 표하여 주십시오.

	매우 중요	대체로 중요	별로중요 하지않음	전혀중요 하지 않음
a) 전공분야 :	1	2	3	4
b) 소속대학 :	1	2	3	4
c) 소속학과 :	1	2	3	4

> *교수직의 독특한 질적 특성의 하나는 고등교육기관의 근무
> 환경입니다. 다음은 학술풍토에 영향을 미치는 조건들에 관
> 한 내용입니다. 해당되는 번호에 ◯표를 해주시고, ＿＿ 에
> 는 기입하여 주십시오.

18. <u>가장 전형적인 한 주간을 놓고 생각하실 때</u>, 교수님께서는 어디에서 일
    하시든 간에 다음 각각의 활동에 <u>주당 몇 시간</u>을 보내십니까?

활 동	개학기간중	방학기간중
a) 교육(수업준비, 교실수업, 학생지도, 성적평가)	＿＿시간	＿＿시간
b) 연구(문헌탐구, 집필, 실험, 현장작업)	＿＿시간	＿＿시간
c) 봉사(각종 자문, 상담, 특강, 공공 및 자원봉사)	＿＿시간	＿＿시간
d) 행정(각종 교내위원회, 학과회의, 행정문서 작성)	＿＿시간	＿＿시간
e) 기타(학회참석 등 위에 속하지 않는 학술활동)	＿＿시간	＿＿시간

19. 귀하의 지난해 <u>모든 종류의 수입</u>을 합친 연간 총소득은？

    1 3,750,000원 미만
    2 3,750,000～7,499,999원
    3 7,500,000～18,749,999원
    4 18,750,000～29,999,999원
    5 30,000,000～41,249,999원
    6 41,250,000～52,499,999원
    7 52,500,000～63,749,999원
    8 63,750,000원 이상

20. 귀하의 연간 총소득 중, 다음 각각이 차지하는 비중은？
    (합계가 100%가 되도록 응답하여 주십시오)

a) 소속대학으로부터 받은 모든 종류의 소득   : ______%

b) 그 외의 학술활동으로부터 받은 모든 종류의 소득 : ______%

c) 비학술적인 활동으로부터 받은 모든 종류의 소득 : ______%

21. 귀 대학의 급여에 대한 귀하의 느낌은?

	매우 좋음	대체로 좋음	괜찮은 편	좋지 않음	모르 겠음
a) 귀하 자신의 급여에 대한 느낌은? :	1	2	3	4	5
b) 앞으로 5년간에 귀하의 급여가 좋아질 전망은? :	1	2	3	4	5

22. 귀 대학에서 제공하는 다음 각각의 보상체제에 대한 귀하의 느낌은?

	매우 좋음	대체로 좋음	괜찮은 편	좋지 않음	그런 제도가 없음
a) 정년퇴임 후에 대한 보상(퇴직금, 연금) :	1	2	3	4	5
b) 급여 전액을 지불하는 안식년(연구년) :	1	2	3	4	5
c) 학술여행할 때의 여행비 보조 :	1	2	3	4	5
d) 그 외의 보상(의료보험, 생명보험, 주택, 교육보조 등) :	1	2	3	4	5

23. 귀 대학에 있어서, 학술적 삶에 영향을 미치는 다음 조건에 대한 귀하
의 느낌은?

	매우 좋음	대체로 좋음	괜찮은 편	좋지 않음	해당 없음
a) 지적인 분위기 :	1	2	3	4	5
b) 교수와 학교행정진 간의 관계 :	1	2	3	4	5
c) 교수들의 사기 :	1	2	3	4	5

d) 대학의 사명에 대한 분명성　　　：　1　　2　　3　　4　　5
e) 공동체로서의 인식　　　　　　　：　1　　2　　3　　4　　5

24. 귀 대학에서 귀하가 일을 하시는 데 있어, 다음 각각의 항목에 대한 질
    을 평가하신다면 ?

	매우 우수	대체로 우수	괜찮은 편	우수하지 않음	해당 없음
a) 교실 (강의실)	: 1	2	3	4	5
b) 가르치는 데 필요한 기자재	: 1	2	3	4	5
c) 실험실	: 1	2	3	4	5
d) 연구시설 및 도구	: 1	2	3	4	5
e) 컴퓨터 설비	: 1	2	3	4	5
f) 도서관의 장서	: 1	2	3	4	5
g) 교수연구실	: 1	2	3	4	5
h) 사무비서들의 조력	: 1	2	3	4	5

25. 현재 귀 학과 학생들의 질적 수준에 대한 귀하의 평정은 ?

매우 우수	대체로 우수	괜찮은 편	우수하지 않음	모르겠음
1	2	3	4	5

26. 평균적으로 볼 때, 현재 귀 학과 학생들의 질적 수준은 5년 전 귀학교
    학생들의 질적 수준에 비해 어떠하다고 생각하십니까 ?

지금 학생들이 훨씬 낫다	지금 학생들이 약간 낫다	비슷하다	5년 전의 학생들이 약간 낫다	5년 전의 학생들이 훨씬 낫다	모르겠음
1	2	3	4	5	6

27. 교수직을 수행함에 있어 다음 각각에 대한 귀하의 만족 정도는?

	매우 만족	대체로 만족	중간	대체로 불만	매우 불만	해당 없음
a) 귀하가 가르치는 교과목들	1	2	3	4	5	6
b) 동료교수와의 관계지음	1	2	3	4	5	6
c) 교수직으로서의 신분보장	1	2	3	4	5	6
d) 승진에 대한 전망	1	2	3	4	5	6
e) 자신의 아이디어를 구현시킬 수 있는 기회	1	2	3	4	5	6
f) 귀 대학이 경영관리되고 있는 방식	1	2	3	4	5	6
g) 총체적으로 보았을 때 귀하의 직업상황	1	2	3	4	5	6

28. 귀하의 전공분야나 귀하 자신의 교수로서의 직업에 대한 다음 각각의 진술문에 대한 귀하의 의견은?

	매우 그렇다	대체로 그렇다	중간	대체로 그렇지 않다	전혀 그렇지 않다	해당 없음
a) 지금은 나의 전공분야에서 특히 창의적이고 생산적인 시기이다	1	2	3	4	5	6
b) 지금은 나의 전공분야에서 젊은 사람들이 교수(학자)로서 새로이 시작하기에 나쁜 시기이다	1	2	3	4	5	6
c) 내가 다시금 내 인생을 시작한다면, 나는 교수(학자)가 되고 싶지는 않다	1	2	3	4	5	6
d) 내게 있어 교수라는 직업은 항상 개인적 긴장의 근원이 된다	1	2	3	4	5	6

29. 귀하는 앞으로 5년 이내에 현재 근무중인 대학을 떠나게 될 것 같은
가?

매우 그렇다	대체로 그렇다	중간	대체로 그렇지 않다	전혀 그렇지 않다	모르 겠다
1	2	3	4	5	6

30. 귀하가 현재 근무중인 대학에서 계속 머물게 되거나 또는 떠나게 된다
면, 그러한 의사결정에서 다음 요인들은 어느쪽으로 얼마만큼이나 작
용하겠습니까?

	떠나는 데 있어 가장 중요한 원인		중간	머무는 데 있어 가장 중요한 원인		해당 없음
a) 수입	1	2	3	4	5	6
b) 연구를 위한 자원	1	2	3	4	5	6
c) 대학 또는 학과의 평판	1	2	3	4	5	6
d) 동료들간의 학술적 협력	1	2	3	4	5	6
e) 대학의 소재지	1	2	3	4	5	6

제3부　전문(학술)활동

A. 교육활동

> *가르치는 활동은 교수로서의 삶의 중핵적인 활동입니다. 아
> 래에 묻는 항목에 대하여 해당되는 번호에 ○표를 해주시
> 고, ___에는 기입하여 주십시오.

31. 소속대학에서 현재 귀하의 교육책무는 다음 중 어느것에 해당됩니까?
　1　학부만 가르친다
　2　학부와 일반 및 전문대학원에서 모두 가르친다

3 일반 및 전문대학원에서만 가르친다

4 금년도에는 가르치지 않고 있다(여기에 응답하셨으면, 35번으로 건
   너뛰십시오)

32. 이번 학년도(개학중)에, 귀하는 귀 대학에서 가르치는 일에 대체
    로 <u>주당 몇</u> 시간이나 보내십니까?
    a) 교실집단수업 및 실험실 수업 : 주당 _______시간
    b) 개별적인 지도   : 주당 _______시간

33. 귀 대학에서 현재 귀하는 몇 개나 서로 다른 교과목들을 가르치고
    계십니까?
    a) 학부의 개론 성격의 교과목   : _______과목
    b) 그 외 학부의 교과목   : _______과목
    c) 일반대학원 및 전문대학원의 교과목 : _______과목

34. 귀하가 현재 가르치는 교과목의 수강생수는?

    (해당되는 것만 응답해 주십시오)

	학부의 개론 성격 <u>교과목</u>	그 외 학부의 <u>교과목</u>	일반 또는 전문대학원 <u>교과목</u>
a) 여러 과목 중 가장 작은 학 급 규모의 수강생수 :	_____명	_____명	_____명
b) 여러 과목 중 가장 학급 큰 규모의 수강생수 :	_____명	_____명	_____명
c) 오직 한 과목만을 가르칠 경우의 수강생수 :	_____명	_____명	_____명

35. 귀하가 학부의 개론 성격의 교과목을 가르치실 때, 다음 각각의 교수방

법을 어느 정도나 사용하고 계십니까? 합쳐서 100%가 되도록 응답하여 주십시오.

─(개론 교과목을 가르치지 않으시면, 36번으로 건너뛰십시오)

  a) 강의식 수업방법 : _______%
  b) 토의식 수업방법 : _______%
  c) 실험실 작업　　 : _______%
  d) 기타　　　　　 : _______%

36. 귀하는 귀하의 교과목을 가르칠 때, 일반적으로 다음 중 어느것들을 <u>성공적인 이수의 조건</u>으로 학생들에게 요구하십니까?

  (해당되는 것 모두에 ○표를 하여 주십시오)

		학부의 개론 성격의 교과목	그 외 학부의 교과목	일반 또는 전문대학원 교과목
a) 정기적인 출석	:	1	2	3
b) 여러 개의 짧은 보고서 작성	:	1	2	3
c) 하나의 주요 보고서 작성	:	1	2	3
d) 공식적인 구두발표	:	1	2	3
e) 학급 토의에의 활동적인 참여	:	1	2	3
f) 1회의 시험 응시	:	1	2	3
g) 2회 이상의 시험 응시	:	1	2	3
h) 특별한 이수조건 없음	:	1	2	3

37. 다음은 수업을 하는 데 영향을 미치는 여러 가지 <u>여건들</u>을 적어놓은 것입니다. 이들 각각이 어떻게 귀하의 수업에 영향을 미치는지 아래에 표하여 주십시오.

	매우 긍정적인 영향을 미침		중간	매우 부정적인 영향을 미침		해당 없음
a) 내가 담당하고 있는 학급의 수 :	1	2	3	4	5	6
b) 내가 담당하고 있는 과목 종류의 수 :	1	2	3	4	5	6
c) 내가 가르치는 과목의 수강생수 :	1	2	3	4	5	6
d) 내가 지도하고 있는 학생의 수 :	1	2	3	4	5	6
e) 가르치는 데 필요한 설비와 자원 :	1	2	3	4	5	6
f) 내가 해내야만 하는 연구과업 :	1	2	3	4	5	6
g) 내가 행정적으로 맡고 있는 일 :	1	2	3	4	5	6
h) 연구비를 수혜할 수 있는 기회 :	1	2	3	4	5	6
i) 내가 수행해야 하는 비학술적인 전문활동 :	1	2	3	4	5	6

38. 다음은 귀 대학의 교육조건에 대한 진술문입니다. 각각에 대한 귀하의
찬·반 정도를 표하여 주십시오.

	매우 찬성	대체로 찬성	중간	대체로 반대	매우 반대	해당 없음
a) 교수의 가르치는 활동의 효율성을 평가하는 데 있어 학생들의 의견은 : 반영되어야 한다	1	2	3	4	5	6
b) 연구업적을 출판해야만 하는 압력 이 가르치는 질을 위축시키고 있다 :	1	2	3	4	5	6
c) 우리 대학에서는 교수들의 가르치 는 활동을 평가하기 위한 보다 좋 : 은 방법을 강구할 필요가 있다	1	2	3	4	5	6
d) 가르치는 활동의 효율성은 교수승 진 심사의 주기준이 되어야 한다 :	1	2	3	4	5	6

39. 다음은 귀 대학 학부학생들의 능력 및 태도에 대한 진술입니다. 각각에
    대한 귀하의 의견을 표하여 주십시오.
    ──(학부생을 가르치지 않는다면 40번으로 건너뛰십시오)

	매우 그렇다	대체로 그렇다	중간	대체로 그렇지 않다	전혀 그렇지 않다	해당 없음
a) 학부생들은 글과 말로써 의사소통을 할 수 있는 기능을 충분히 갖추고 있다 :	1	2	3	4	5	6
b) 학부생들은 수학이나 계량적인 수리 기능을 충분히 갖추고 있다 :	1	2	3	4	5	6
c) 학부생들은 학점을 받을 만큼만 겨우겨우 해낸다 :	1	2	3	4	5	6
d) 학부생들은 좋은 성적을 얻기 위해 속임수를 기꺼이 사용한다 :	1	2	3	4	5	6
e) 요즈음 학부생들은 내가 5년 전에 가르쳤던 학생들보다 더 열심이다 :	1	2	3	4	5	6
f) 교수들은 교실 밖에서 학생들과 더 많은 시간을 함께 보내야 한다 :	1	2	3	4	5	6

40. 교육(가르치는 일)과 연구 중 귀하가 주로 선호하시는 것은?
    1 기본적으로 가르치는 일을 선호한다.
    2 두 가지 모두이나, 그래도 가르치는 일을 더 선호한다.
    3 두 가지 모두이나, 그래도 연구하는 일을 더 선호한다.
    4 기본적으로 연구하는 일을 선호한다.

B. 연구활동

> *다음은 연구에 관련된 활동들입니다. 해당되는 번호에 ○표
> 를 해주시고, ___에는 기입하여 주십시오.

41. 연구업적은 여러 가지 형태로 나타납니다. 다음 각각의 항목에 대하
여, 귀하가 <u>지난 3년간</u>에 이룩하신 업적의 '수'를 적어주십시오.

a) 저술한 학술서적 : ____권

b) 편집한 학술서적 : ____권

c) 책이나 저널에 게재한 학술
논문 : ____편

d) 연구비를 받아 작성한 연구
보고서 : ____편

e) 학술회의에서 발표한 논
문 : ____편

f) 신문이나 잡지에 게재한 논
문 : ____편

g) 출원한 특허나 발명 : ____종

h) 공공활용을 위해 개발한 컴퓨터
프로그램 : ____종

i) 공연 또는 예술작품의 전시회 :
____회

j) 제작한 비디오 또는 필름 :
____종

k) 기타________ : ____종

> *만약, 귀하의 현 위치가 연구업적을 요구하지 않는다면, 아
> 래에 ∨표를 하시고 50번으로 건너뛰어 응답하여 주십시오.
> ___연구업적을 요구하지 않는다.

42. 귀하는 현재 적어도 한 개 이상의 연구 프로젝트에 종사하고 계십니
까?

　1　예

　2　아니오<u>(여기에 표하셨으면 46번으로 건너뛰십시오)</u>

43. 위에서 '예'라고 하셨으면, 귀하가 현재 수행하고 있는 연구 중 단
　　독연구로 수행하고 있는 프로젝트가 있습니까?

　　　1　예

　　　2　아니오

44. 귀하가 현재 수행하는 연구 중, 협동연구로 수행하고 있는 프로젝
　　트가 있습니까?

　　　1　예

←　　2　아니오 (여기에 표하셨으면 46번으로 건너뛰십시오)

45. 공동으로 연구하는 프로젝트가 있으시다면, 그 형태는 다음 중 어
　　느것입니까?

　　（프로젝트가 여러 개라면 해당되는 것 모두에 ○표하여 주십시오）

　　　1　나는 혼자서 연구책임자를 맡고 있다.

　　　2　나는 공동으로 연구책임자를 맡고 있다.

　　　3　다른 사람이 연구책임자로 있고 나는 연구진의 일원이다.

　　　4　연구책임자는 별도로 없고 공동연구자의 일원이다.

　　　5　기타 ________________________

46. 귀하는 지난 3년간, 개인으로서 또는 협동연구자로서 연구비를 받으신
　　적이 있습니까?

　　1　있었다

　2　없었다 (여기에 표하셨으면, 49번으로 건너뛰십시오)

47. 위에서 연구비를 받으신 적이 있었다면, 3년간 귀하가 받으신 연구
　　비의 총액은?

1	3,750,000원 미만	5	75,000,000~187,499,999원
2	3,750,000~18,749,999원	6	187,500,000~374,999,999원
3	18,750,000~37,499,999원	7	375,000,000원 이상
4	37,500,000~74,999,999원		

48. 위에서 적은 귀하가 받은 연구비는 다음 중 어느 곳으로부터 받은
연구비입니까? 해당되는 곳에 모두 ○표를 해주십시오.

1	소속대학	4	사립재단
2	정부 및 정부부속기관	5	국제조직 (기구)
3	기업 및 기업부속기관	6	기타______

49. 다음에 적은 각 항의 여건들은 지난 몇 년간 귀하의 학술연구 수행에
어느 정도나 영향을 미쳤습니까?

	매우 긍정적인 영향을 미침		중간	매우 부정적인 영향을 미침		해당없음
a) 연구비 수혜 기회	1	2	3	4	5	6
b) 연구설비와 자원	1	2	3	4	5	6
c) 내가 가르치는 과목의 수	1	2	3	4	5	6
d) 내가 가르치는 과목의 종류	1	2	3	4	5	6
e) 내가 가르치는 과목의 수강생수	1	2	3	4	5	6
f) 연구조교로 일할 수 있는 학생들의 질	1	2	3	4	5	6
g) 내가 지도하는 학생의 수	1	2	3	4	5	6
h) 내가 수행하는 비학술적인 전문활동	1	2	3	4	5	6
i) 내가 수행하는 행정적인 업무	1	2	3	4	5	6

50. 다음에 적은 귀 대학의 연구 분위기에 관한 여러 가지 진술문에 대한
    귀하의 의견을 표하여 주십시오.

	매우 그렇다	대체로 그렇다	중간	대체로 그렇지 않다	전혀 그렇지 않다	해당 없음
a) 우리 대학의 교수평가에서는 교 수의 성공적인 연구업적이 중요 하다 :	1	2	3	4	5	6
b) 우리 학과에서는 출판된 연구업 적이 없으면, 정년보장제 임명 을 받기가 어렵다 :	1	2	3	4	5	6
c) 우리 대학에서는 승진심사에서 출판연구업적을 사용할 때, 단 순히 수만 헤아리지 연구의 질 은 평가하지 않는다 :	1	2	3	4	5	6
d) 나는 실제로 내가 연구를 하고 싶어하는 것보다 더 많은 연구 를 수행해야 하는 압력을 자주 느낀다 :	1	2	3	4	5	6
e) 우리나라에서는 학자가 어떠한 것을 연구·출판하든 정치적 또 는 이념적인 제한은 없다 :	1	2	3	4	5	6
f) 나의 전공분야를 놓고 볼 때, 5 년 전에 비해 연구비를 얻기가 보다 쉬워졌다 :	1	2	3	4	5	6
g) 우리 대학에서 현재 나의 학술 적 위치(직위)로는 일정한 연구 활동이 기대되고 있다 :	1	2	3	4	5	6

h) 우리 대학에서는 교수들을 평가
　할 때, 그 교수의 국제적인 연 ：　1　　2　　3　　4　　5　　6
　계활동이 중요하게 고려된다

C. 봉사활동

> *다음은 교수의 전통적인 책무인 교육 및 연구활동 이외의 대
> 학 내외에서의 전문적인 봉사활동에 대한 질문들입니다. 앞
> 에서와 같이 해당되는 번호에 ○표를 해주시고, ＇___에는
> 기입하여 주십시오.

51. 다음 여러 유형의 조직(기관) 중, 금전적 보상을 받으셨든 안 받으셨
든 간에 귀하가 지난해 봉사활동을 하신 것은 어느것입니까? 해당되는
것 모두에 표하여 주십시오.

1 기업체	5 사립사회봉사단체
2 교육기관	6 외국정부기관
3 지방행정기관	7 그 외의 국제단체
4 중앙정부기관	8 기타_________

52. 지난해 귀하가 봉사활동에 사용하신 <u>시간 중</u>, 몇 %가 금전적인 보상을
받으신 봉사활동입니까?　　　　　　　　　　_______%

53. 다음의 여건들은 귀하의 봉사활동에 어떻게 영향을 미쳤습니까?

	매우 긍정적인 영향을 미침		중간		매우 부정적인 영향을 미침	해당 없음
a) 내가 가르치는 과목의 수　：	1	2	3	4	5	6

b) 내가 가르치는 과목의
　　종류수 : 1　　2　　3　　4　　5　　6

c) 내가 가르치는 과목의
　　학생수 : 1　　2　　3　　4　　5　　6

d) 내가 지도하는 학생의 수 : 1　　2　　3　　4　　5　　6

e) 내가 수행해야 하는
　　연구책무 : 1　　2　　3　　4　　5　　6

f) 연구비 수혜의 기회 : 1　　2　　3　　4　　5　　6

g) 내가 수행하는 행정적 업무 : 1　　2　　3　　4　　5　　6

h) 내가 수행하는 비학술적
　　전문활동 : 1　　2　　3　　4　　5　　6

54. 다음의 봉사활동에 관한 진술문에 귀하의 의견을 표하여 주십시오.

	예	아니오	해당 없음
a) 나의 학문분야에서 교수들은 사회문제 해결에 자신의 지식을 적용해야 하는 전문적 책무를 느 : 끼고 있다	1	2	3
b) 내게 있어서, 소속대학 밖에서의 봉사활동은 나 . 의 필수적인 학술과업을 방해한다 :	1	2	3
c) 경제적 관점에서 볼 때, 내게 있어 돈을 받는 . 자문 봉사활동은 필요하다 :	1	2	3
d) 우리 대학에서는 전문적인 봉사활동은 교수평가 . 에 있어서 중요하다 :	1	2	3

> *여기에서는 대학이 어떻게 행정관리되는가에 대한 문제를
> 다룹니다. 특별히, 귀 대학에서의 의사결정구조와 그 과정
> 에서의 귀하 자신의 역할을 알아보고자 합니다. 해당되는
> 번호에 ○표를 해주시고, ＿＿＿에는 기입하여 주십시오.

55. 대학에서 대부분의 행정관리체제는 '중앙집권적'인 형, '분산적'인 형
    혹은, 두 가지의 혼합형으로 특징지워집니다. 귀 대학에서는 다음 각
    각의 일에 대한 의사결정의 중앙집권성이 어느 정도나 됩니까? 최고행
    정가에 의한 완전 중앙집권적 결정을 1이라고 하고, 교수들에 의한 완
    전 분산적 결정을 5라 할 때, 어느 정도나 되는가를 다음 척도에 ○표
    로 표하여 주십시오. 3은 두 가지 혼합형을 의미합니다.

	완전중앙집권적 (최고행정가 주도)	중간	완전분산적 (교수 주도)	모르겠음
a) 주요 행정보직자의 선정	1 2	3	4 5	6
b) 신임교수의 채용	1 2	3	4 5	6
c) 교수승진 및 정년보장 심사	1 2	3	4 5	6
d) 예산 우선순위 결정	1 2	3	4 5	6
e) 교수의 수업부담 결정	1 2	3	4 5	6
f) 학부생 입학수준 결정	1 2	3	4 5	6
g) 학과 또는 프로그램의 신설승인	1 2	3	4 5	6

56. 개인적으로 귀하는 귀 대학의 주요한 학사정책결정에 대해 다음 각각의
    수준에서 어느 정도나 영향력을 행사하십니까?

	매우크게 행사	대체로크게 행사	약간 행사	전혀행사 안함	해당 없음

a) 학과 수준에서   :   1   2   3   4   5

b) 단과대학 수준에서 :   1   2   3   4   5

c) 대학전체 수준에서 :   1   2   3   4   5

57. <u>귀 대학을 놓고 생각할 때</u>, 다음의 경영관리 및 의사결정 과정에 관한 진술문에 대한 귀하의 의견을 표하여 주십시오.

	매우 그렇다	대체로 그렇다	중간	대체로 그렇지 않다	전혀 그렇지 않다	해당 없음
a) 우리 대학의 최고행정가들은 유능한 지도력을 발휘하고 있다	1	2	3	4	5	6
b) 나는 우리 대학에서 일어나는 소식을 늘 제공받는다	1	2	3	4	5	6
c) 교수와 행정진 간의 의사소통이 제대로 이루어지고 있지 못하다	1	2	3	4	5	6
d) 우리 대학의 행정진은 독재적일 때가 많다	1	2	3	4	5	6
e) 교수들의 참여부족이 우리 대학의 진짜 문제 중 하나이다	1	2	3	4	5	6
f) 학생들도 그들에게 영향 미치는 정책결정에는 강한 목소리를 낼 수 있어야 한다	1	2	3	4	5	6
g) 우리 대학의 행정진들은 교수들의 학문적 자유를 지원하고 있다	1	2	3	4	5	6

58. 다음의 교과목 및 연구 프로젝트 설계에 관한 진술문에 대한 귀하의 의
견을 표하여 주십시오.

	매우 그렇다	대체로 그렇다	중간	대체로 그렇지 않다	전혀 그렇지 않다	해당 없음
a) 우리 대학에서 나는 내가 가르치는 교과의 내용을 결정하는 데 완전한 자유를 누린다	1	2	3	4	5	6
b) 나는 나 자신의 연구 프로젝트를 내가 관심 있는 어떤 주제에도 자유롭게 초점을 맞출 수 있다	1	2	3	4	5	6

59. 귀하의 나라에서는 학문의 자유가 강하게 보호되고 있습니까?

예	아니오	해당 없음
1	2	3

60. 귀 대학에서는 귀하의 업적을 정기적으로 평가합니까?

1 예

2 아니오(여기에 표하셨으면 63번으로 건너뛰십시오)

61. 다음 중 어떤 활동이 정기적으로 평가됩니까? 해당되는 것 모두에
표해 주십시오.

1 교육활동

2 연구활동

3 봉사활동

4 기타 ________

62. 귀 대학에서는 누가 귀하의 교육활동과 연구활동을 정기적으로 평
가합니까?

		교육활동	연구활동
a) 귀하의 학과 동료교수들	:	1	2
b) 귀하의 학과장 또는 주임교수	:	1	2
c) 귀 대학의 다른 학과 교수들	:	1	2
d) 귀 대학의 상위행정진	:	1	2
e) 귀하의 학생들	:	1	2
f) 외부전문가	:	1	2

63. 다음은 국가사회의 대학에 대한 의사결정에 관련된 진술문입니다. 귀
하의 의견을 표하여 주십시오.

	매우 그렇다	대체로 그렇다	중간	대체로 그렇지 않다	전혀 그렇지 않다	해당 없음
a) 정부는 고등교육의 총체적인 목적과 정책을 규정하는 책임을 떠맡아야 한다	1	2	3	4	5	6
b) 우리나라에서는 중요한 학사정책 결정에서 정부의 간섭이 너무 심하다	1	2	3	4	5	6

제 5 부 국제적 학술생활

＊다음에는 귀 대학의 국제적인 관련과 귀하가 다른 나라의 학
자들과 어떤 접촉을 갖고 있는가에 대한 설문입니다. 해당
되는 번호에 ○표를 해주시고, ＿＿＿에는 기입하여 주십시
오.

64. 귀하는 그 동안 국제적으로 어느 정도나 학술활동을 하셨습니까? <u>지난 3년간</u>, 그리고 <u>지난 10년간</u>으로 나누어서 응답해 주십시오.

	지난 3년간	지난 10년간
a) 다른 나라에서 출판한 논문이나 저서의 수 :	____개	____개
b) 모국어가 아닌 다른 나라 언어로 발표된 논문이나 저술의 수 :	____개	____개
c) 다른 나라로부터 온 학생들로 구성된 학급을 가르친 횟수 :	____회	____회

65. 귀하는 다음 각각의 전문적인 활동에 모두 몇 달 동안이나 참여하셨습니까?

	지난 3년간	지난 10년간
a) 다른 나라 학자와 연구 프로젝트를 공동수행한 기간 :	____개월	____개월
b) 연구를 하기 위해 외국을 여행한 기간 :	____개월	____개월
c) 다른 나라 대학의 교수로서 봉사한 기간 :	____개월	____개월
d) 해외에서 안식년(연구년)을 보낸 기간 :	____개월	____개월

66. <u>지난 3년간</u>, 귀 대학에서는 다음의 일들이 얼마나 자주 있었습니까?

	매우 자주	대체로 자주	아주 조금	전혀 없음	모르겠음
a) 외국교수가 와서 교과목을 가르친 경우 :	1	2	3	4	5
b) 국제회의 또는 세미나의 개최 :	1	2	3	4	5
c) 외국학생의 입학 :	1	2	3	4	5
d) 우리 학생들의 외국대학에서의 수학 :	1	2	3	4	5

67. 다음의 고등교육에서의 국제적 연계에 관한 진술문에 대한 귀하의 찬·반 의견을 표하여 주십시오.

	매우 찬성	대체로 찬성	중간	대체로 반대	매우 반대	해당 없음
a) 다른 나라의 학자들과 교류하는 것은 나의 전문활동에 있어 매우 중요하다	1	2	3	4	5	6
b) 나의 전공분야에서 이루어지는 발전에 따라가려면, 외국에서 출판하는 책과 학술잡지를 읽어야만 한다	1	2	3	4	5	6
c) 대학은 국가간의 학생과 교수의 교류를 증진하기 위하여 보다 노력하여야 한다	1	2	3	4	5	6
d) 우리 대학에서의 교육과정은 그 초점이 보다 국제적이어야 한다	1	2	3	4	5	6

68. 대학 밖으로 눈을 돌릴 때, 다음의 세계적인 문제들을 다루는 데 있어 귀하의 정부는 어느 정도나 우선순위를 부여하여야 한다고 생각하십니까?

	아주 높은 우선순위	높은 우선순위	중간 수준의 우선순위	낮은 우선순위
a) 인권	1	2	3	4
b) 기초교육	1	2	3	4
c) 세계경제	1	2	3	4
d) 환경의 질	1	2	3	4
e) 인구성장	1	2	3	4
f) 세계식량공급	1	2	3	4
g) 에이즈와 그 외 건강문제	1	2	3	4
h) 종족, 인종 및 종교적 갈등	1	2	3	4
i) 무기통제	1	2	3	4

> ***끝으로, 다음은 고등교육이 사회에서 수행하여야 하는 보다 큰 역할에 관한 설문입니다. 해당되는 번호에 ○표를 해주시고, ＿＿에는 기입하여 주십시오.**

69. 미래를 내다볼 때, 귀하의 나라에서 고등교육은 다음 각각에 대하여 어느 정도나 우선순위를 부여하여야 한다고 생각하십니까?

	아주 높은 우선순위	높은 우선순위	중간 수준의 우선순위	낮은 우선순위
a) 학생들의 지도력을 키우기 위한 교육	1	2	3	4
b) 학생들의 직업능력을 키우기 위한 교육	1	2	3	4
c) 성인을 위한 평생학습	1	2	3	4
d) 문화유산의 보존	1	2	3	4
e) 자유로운 지적 탐구의 보호	1	2	3	4
f) 학술적 활동 및 연구의 증진	1	2	3	4
g) 국가의 국제경쟁력 강화	1	2	3	4
h) 기본적인 사회문제 해결지원	1	2	3	4

70. 귀하의 나라에서 젊은이들의 몇 %가 중등교육을 성공적으로 마칠 수 있다고 생각하십니까?　　　　　　＿＿＿＿＿＿%

71. 귀하의 나라에서 중등교육을 마친 학생들 중 몇 %가 고등교육기관에 입학되어야만 한다고 생각하십니까?　　　　　　＿＿＿＿＿＿%

72. 귀하의 나라를 놓고 생각할 때, 다음 고등교육의 상태와 역할에 대한 귀하의 찬·반 의견을 표하여 주십시오.

	매우 찬성	대체로 찬성	중간	대체로 반대	매우 반대	해당 없음
a) 고등교육에 대한 접근은 최소 한의 입학조건을 갖춘 모든 사람에게 개방되어야 한다 :	1	2	3	4	5	6
b) 내가 일하는 대학에서는 경제적 여건이 어려운 학생들도 입학할 수 있도록 방책을 강구해야 한다 :	1	2	3	4	5	6
c) 교수(학자)는 가장 영향력 있는 여론 지도자들에 속한다 :	1	2	3	4	5	6
d) 교수(학자)에 대한 존경은 점차 감소되고 있다 :	1	2	3	4	5	6
e) 공립고등교육기관에 재학중인 모든 학생들에게는 수업료를 전액 정부에서 책임져야 한다 :	1	2	3	4	5	6
f) 개인이나 기업체들은 고등교육에 보다 많이 기여할 수 있도록 촉성되어야 한다 :	1	2	3	4	5	6
g) 고등교육기관들은 특별한 이익 집단의 간섭에 점점 예속되어가고 있다 :	1	2	3	4	5	6
h) 고등교육의 효율성은 점차 커지는 관료주의에 의해 위협받고 있다 :	1	2	3	4	5	6

너무도 긴 설문이지만, 인내로 값진 시간을 내어 끝까지 응답해 주셔서 감사합니다. 혹시, 귀국의 고등교육에 대하여 더 말씀하시고 싶으신 것이 있으면 아래에 자유롭게 적어주십시오. 귀하의 값진 의견을 카네기재단에서는 매우 소중하게 받아들이겠습니다.

대단히 감사합니다.

표 및 그림 색인

참 고 문 헌

康宇哲, 張仁淑, 李星鎬, "全國 大學教授資源의 特性에 관한 分析的 硏究", 미간행 연구보고서, 한국대학교육협의회, 1983.

金蘭洙 外 2人, 「韓國 高等教育改革의 方向摸索」, 서울 : 문교부 교육정책심의회, 1973.

金蘭洙, 李鍾聲, 李星鎬, "韓國 大學教授 業務負擔의 適正化 硏究", 「延世論叢」, 연세대학교 대학원, 제19집 (1982), 93~127면.

金鍾喆 外 4人, 「大學教育內容에 관한 綜合的 硏究 : 大學教授 資質向上에 관한 硏究」, 서울 : 중앙교육연구소, 1967.

李星珍 등, "大學에서의 學業成績評價 改善方案硏究", 미간행연구보고서, 한국대학교육협의회, 1991.

李星鎬, 「大學教育課程論」, 서울 : 연세대학교출판부, 1987.

————, "大學教授의 專攻教育課程에 대한 態度와 葛藤", 「연세교육과학」, 연세대학교 교육대학원, 제34집 (1988), 27~58면.

———— 外 2人, "大學 新任教授의 特性分析 硏究", 「연세교육과학」, 연세대학교 교육대학원, 제36집 (1989), 21~51면.

————, 「大學教育의 葛藤」, 서울 : 느티나무, 1992.

————, 「한국의 대학교수」 서울 : 학지사, 1992.

한국대학교육협의회, "1983학년도 대학기관평가 연구보고서", 미간행연구보고서, 한국대학교육협의회, 1983.

한국대학교육협의회, "1990학년도 대학기관평가 종합보고서", 미간행연구보고서, 한국대학교육협의회, 1990.

한국교육개발원, 「한국의 교육지표」, 서울 : 한국교육개발원, 1994.

Adelphi University, "Workload", Mimeographed, Adelphi University 1978~1981, Article XVI, Appendix B.

Allison, P. D., "Processes of Stratification in Science", Unpublished Doctoral Dissertation, Univ. of Wisconsin, Madison, 1976.

Allison, P. D. and Smart, J.A. "Productivity Differences among Scientists : Evidence for Accumulative Advantage", *American Sociological Review*, Vol. 39, No. 4 (Aug.

1974), pp. 596~606.

Altbach, P.H., Lee, Sungho & others, *The Scientific Development and Higher Education*, New York : Praeger Pub., 1989.

American Association of University Professors, "Statement on Faculty Workload", *AAUP Bulletin*, Washington, D. C. : Author, 1970.

Asby, E., "Self-Government in Modern British Universities", *Science and Freedom*, Dec. 1956, p. 10.

Baldridge, J.V. et al., *Policy Making and Effective Leadership*, San Francisco : Jossey-Bass, Pub., 1978.

Baldwin, R. G., "The Faculty Career Process-Continuity and Change : A Study of College Professors at Five Stages of the Academic Career", Unpublished Doctoral Dissertation, University of Michigan, 1979ⓐ.

Baldwin, R. G., "Adult and Career Development : What are the Implications for Faculty?", *Current Issues in Higher Education*, 2, Washington, D.C. : American Association for Higher Education, 1979ⓑ.

Baldwin, R. G. and Blackburn, R. T., "The Academic Career as a Developmental Process", *Journal of Higher Education*, 52(Nov./Dec.), 1981, pp. 598~614.

Bayer, A.E. *Teaching Faculty in Academe : 1972~73*, Washington, D.C. : American Council on Education, 1973.

Bayer, A. E. and Dutton, J., "Career Age and Research Professional Activities of Academic Scientists", *Journal of Higher Education*, 48(May/June), 1977, pp. 259~282.

Behymer, C.E., "Institutional and Personal Correlates of Faculty Productivity", Unpublished Doctoral Dissertation, Univ. of Michigan, 1974.

Blackburn, R. T., *Faculty Responsiveness and Faculty Productivity as Functions of Age, Rank and Tenure : Some Inferences from the Empirical Literature*, Washington, D.C. : U.S. Office of Education, 1972.

Blackburn, R.T., "The Meaning of Work in Academia", *New Directions for Institutional Research*, Feb. 1974, pp. 75~99.

Blackburn, R.T. et al., "Correlates of Faculty Publication", *Sociology of Education*, 51 (Apr.), 1978, pp. 132~141.

Blackburn, R.T. et al., "Cloning in Academe : Mentorship and Academic Careers", *Research in Higher Education*, 15, 1981, pp. 315~327.

Blackburn, R.T. and Havighurst, R.T., "Career Patterns of U.S. Male Academic Social Scientists", *Higher Education*, 8 (Sep. 1979), pp. 553~572.

Blau, P.M., *The Organization of Academic Work*, New York : John Wiley & Sons, 1973.

Bolton, D.L., "Measuring Faculty Load", *Improving College and University Teaching*, 13 (1965), pp. 157~158.

Bowen, H.R. & Schuster, J.H., *American Professors*, New York : Oxford Univ. Press, 1986.

Boyer, E.L., *Scholarship Reconsidered*, Princeton, N. J. : The Carnegie Foundation for the Advancement of Teaching, 1990.

Boyer, E.L., Altbach, P.H. & Whitelaw, M.J., *The Academic Profession : An International Perspective*, Princeton, N.J. : The Carnegie Foundation for the Advancement of Teaching, 1994.

Braskamp, L.A. and Others, *Guidebook of Evaluating Teaching*, Urbana : Office of Instructional Resources, Univ. of Illinois, 1983.

Brawer, F.B., *Functional Potential : A New Approach to Viewing Faculty*, Los Angeles : ERIC Clearing House for Junior Colleges, Univ. of California, 1976.

Braxton, J.M. and Toombs, W., "Faculty Uses of Doctoral Training : Consideration of a Technique for the Differentiation of Scholarly Effort from Research Activity", *Research in Higher Education*, 16 : 3 (1982), pp. 265~286.

Bresler, J.B., "Teaching Effectiveness and Government Awards", *Science*, 160 (1968), pp. 164~167.

Brzezinski, Z., "The Technetronic Age", *Dialogue*, Vol. 2, No. 4 (1969), pp. 34~35.

Cameron, S.W. and Blackburn, R.T., "Sponsorship and Academic Career Success", *Journal of Higher Education*, 52 (Jul./Aug.), 1981, pp. 369~377.

Caplow, T. and McGee, R.J., *The Academic Market Place*, New York : Basic Books, 1958.

Carnegie Foundation for the Advancement of Teaching, *Missions of the College Curriculum*, San Francisco : Jossey-Bass Pub., 1977.

Carnegie Foundation for the Advancement of Teaching, *The Conditions of the Professoriate*, Princeton, N.J. : Author, 1989.

Carroll, J.A., "Effects of Training Programs for University Teaching Assistants : A Review of Empirical Research", *Journal of Higher Education*, 51 (1980), pp. 167~183.

Cartter, A.M., *An Assessment of Quality in Graduate Education*, Washington, D.C. : American

Council on Education, 1966.

Cartter, A.M., "University Teaching and Excellence", in C.B. T. Lee (ed.), *Improving College Teaching*, Washington, D.C. : American Council on Education, 1967, pp. 149~163.

Chickering, A.W. et al., *Developing the College Curriculum*, Washington, D.C. : Council for the Advancement of Small Colleges, 1977.

Clark, M.J., "A Study of Organizational Stress and Professional Performance of Faculty Members in a Small Four-Year College", Unpublished Doctoral Dissertation, Univ. of Michigan, 1973.

Clark, S. and Corcoran, M., "Individual and Organizational Contributions to Faculty Vitality : An Institutional Case Study", in Clark, S. and Lewis, D. (eds.), *Faculty Vitality and Institutional Productivity : Critical Perspectives for Higher Education*, New York : Teachers College Press, 1985.

Cohn, E., "Factors Affecting Variations in Faculty Salaries and Compensation in Institutions of Higher Education", *Journal of Higher Education*, 44 (Feb. 1973), pp. 124 ~135.

Cole, J.R. and Cole, S., *Social Stratification in Science*, Chicago : The Univ. of Chicago Press, 1973.

Cole, S. and Adamsons, H., "Professional Status and Faculty Support of Student Demonstrations", *Public Opinion Quarterly*, 34 (Fall 1970), pp. 389~394.

Committee on Higher Education (Chairman : Lord Robbins), *Higher Education, Report of the Committee*, London : Her Majesty's Stationery Office, 1963.

Connecticut State College, "Collective Bragaining Agreement between Connecticut State College, American Association of University Professors and the Board of Trustees for the Connecticut State Colleges in the Interests of the Citizenry of Connecticut 1979~1981", Mimeographed, 1979.

Conrad, C.F. and Blackburn, R.T., "Program Quality in Higher Education : A Review and Critique of Literature and Research", in Smart, J.C.(ed.), *Higher Education : Handbook of Theory and Research*, New York : Agathon Press, 1985.

Crane, D., "Scientists at Major and Minor Universities : A Study of Productivity and Recognition", *American Sociological Review*, 30 : 5 (1965), pp. 699~714.

Danziger, N.K., "Career Attainment Patterns of University Professors", Unpublished Doctoral Dissertation, Univ. of Chicago, 1978.

Eckert, R. E. and Williams, H. Y., *College Faculty View Themselves and Their Jobs*, Minneapolis: Univ. of Minnesota, 1972.

Erikson, E. H., *Childhood and Society*, 2nd ed., New York: W. W. Norton & Co. Inc., 1963.

Fairfield, R.P., *Person-Centered Graduate Education*, New York: Prometheus Books, 1977.

Feldman, K.E., "The Superior College Teacher From the Students' View", *Research in Higher Education*, 5(1976), pp. 243~288.

Ferguson, J., "Job Satisfaction and Job Performance Within a University Faculty", Unpublished Doctoral Dissertation, Cornell Univ., 1960.

Finkelstein, M.J., "Faculty Colleagueship Patterns and Research Productivity", A Paper Presented at the Annual Meeting of the American Educational Research Association, New York, March 1982.

Finkelstein, M.J., *The American Academic Profession*, Columbus, Ohio: Ohio State Univ. Press, 1984.

Fox, M.F., "Publication Productivity Among Scientists", *Social Studies of Science*, 13:2 (1983), pp. 285~305.

Freedman, M.et al., *Academic Culture and Faculty Development*, Ordina, Calif.: Montaigne Press, 1980.

Fulton, O. and Trow, M., "Research Activity in American Higher Education", *Sociology of Education*, 47(Winter, 1974), pp. 29~73.

Gamson, Z., "Performance and Personalism in Student-Faculty Relations", *Sociology of Education*, 40(Fall 1967), pp. 279~301.

Gappa, J. M.and Uehling, B.S., *Women in Academe : Steps to Greater Equality*, Washington, D.C.: American Association for Higher Education, 1979.

Garfield, E., *Citation Indexing : Its Theory and Application in Science Technology and Humanities*, New York: John Wiley & Sons, 1979.

George Peabody College for Teachers, *Faculty Handbook*, Nashville, Tennessee: Author, 1977.

Glenn, N.D. & Villemez, W., "The Productivity of Sociologists at 45 American Universities", *American Sociologist*, 5 : 8(1970), pp. 244~251.

Graves, P.E. et al., "Economics Department Rankings: Research Incentives, Constraints, and Efficiency", *American Economic Review*, 72: 5 (1982), pp. 1134~1141.

Gross, R.F., "Faculty Growth Contracts", *Faculty Development and Evaluation in Higher Education*, No. 2 (Spring 1976), pp. 9~14.

Hammel, E., "Report of the Task Forces on Faculty Renewal", Mimeographed, Berkeley Population Research, Univ. of California, 1980.

Hargens, L.L., *Patterns of Scientific Research: A Comparative Analysis of Research in Three Scientific Fields*, Washington, D.C.: American Sociological Association., 1975.

Harry, J. and Goldner, N.S., "Null Relationship between Teaching and Research", *Sociology of Education*, 45 (Winter 1972), pp. 47~60.

Hodgkinson, H.L., "Adult Development: Implications for Faculty and Administrators", *Educational Record*, 55 (1974), pp. 263~274.

Hudelson, E., *Class Size at the College Level*, Minneapolis: Univ. of Minnesota Press, 1928.

Institute for Research in Social Behavior, *University of California Faculty Time-Use Study*, Report for 1977~78 Acadamic Year, Berkeley, California: Author, 1978.

Inter-University Council of Ohio, *Faculty Load Study*, Columbus, Ohio: Author, 1970.

Jencks, C. and Riesman, D., *The Academic Revolution*, Garden City, New York: Double Day, 1969.

Kanter, R.M., "The Changing Shape of Work: Psychosocial Trends in America", in AAHE (ed.), *Current Issues in Higher Education, 1978*, Washington, D.C.: American Association for Higher Education, 1978.

Kelman, H.C., "Compliance, Identification and Internalization: Three Processes of Attitude Change", *Journal of Conflict Resolution*, (Feb. 1958), pp. 51~60.

Kennen, R.H., "Professors' Academic Role Behavior and Attitudes, as Influenced by the Structural Effects and Community Context of the College or University", Unpublished Doctoral Dissertation, Columbia Univ., 1974.

Knapp, R.H., "Changing Functions of the College Professor", in N. Sanford (ed.), *The American College: A Psychological and Social Interpretation of the Higher Learning*, New York: John Wiley & Sons, Inc., 1962, pp. 290~311.

Knowles, A.S. and White, W.C., "A New Approach to the Evaluation of Faculty Loads",

School and Society, 49(1939), pp. 682~684.

Knudsen, D.D. & Vaughan, T.R., "A Re-evaluation of the Rankings of Sociology Department in the Cartter Report", *American Sociologist*, 4 : 1 (1969), pp. 12~19.

Kozma, R.B. et al., *Instructional Techniques in Higher Education*, Englewood Cliffs, N.J. : Educational Technology Publications, 1978.

Ladahl, J.B. and Gordon, G., "The Structure of Scientific Fields and the Functioning of University Graduate Departments", *American Sociological Review*, 37 (Feb. 1972), pp. 57~72.

Ladd, E.C., "The Work Experience of American College Professors : Some Data and an Arguement", in AAHE (ed.), *Current Issues in Higher Education 1979*, Washington, D.C. : American Association for Higher Education, 1979, pp. 3~12.

Ladd, E.C. and Lipset, S.M. *Professors, Unions, and American Higher Education*, Berkeley : The Carnegie Commission, 1973.

Ladd, E.C. and Lipset, S.M., *The Divided Academy : Professors & Politics*, New York : McGraw -Hill, 1975.

Ladd, E. C. and Lipset. S.M., *Survey of the Social, Political, and Educational Perspectives of American College and University Faculty*, Storrs, Conn. : Connecticut Univ. 1976.

Ladd, E.C. and Lipset, S.M., "The General Periodicals Professors Read", *Chornicle of Higher Education*, Jan. 19, 1976, p. 14.

Ladd, E.C. and Lipset, S.M., "Professors Found to Be Liberal but Not Radical", *Chronicle of Higher Education*, Jan. 16, 1978, p. 9.

Lanning, A. and Blackburn, R. T., "Faculty Consulting and the Consultant", *Resources in Education*, 14 (Jan. 1979), p. 107 (ED 160024).

Lazarsfeld, P.P. and Thielens, W., *The Academic Mind : Social Scientists in a Time of Crisis*, Glencoe, Ill. : The Free Press, 1958.

Lee, Sungho, "The Academic Profession in Korea", A Paper Presented at the VIIIth World Congress of Comparative Education, Prague, Czechoslovakia, July 1992.

Lehman, H.C., *Age and Achievement*, Princeton, N.J. : Princeton Univ. Press, 1953.

Leon, J., "An Investigation of the Applicability of the Two-Factor Theory of Job Satisfaction among College and University Professors", Unpublished Doctoral Dissertation, Univ. of Arkansas, 1973.

Leonard, W.M., II and Schmitt, R.L., "An American Sciological Association Meeting Index of Department 'Quality'", *American Sociologist*, 9 : 1 (1974), pp. 40~43.

Lewis, L.S. et al., "Performance and Salary Attainment in Academia", *American Sociologist*, 14 (Aug. 1979), pp. 157~169.

Lightifield, E.T., "Output and Recognition of Sociologists", *American Sociologist, 6 : 2 (May 1971), pp. 128~133.*

Long, J., "Productivity and Academic Position in the Scientific Career", *American Sociological Review*, 43 (Dec. 1978), pp. 899~908.

Lorents, A.C., *Project Prims Report No. 6 : Faculty Activity Analysis and Planning Models in Higher Education*, Minneapolis, Minnesota : Higher Education Coordinating Commission, 1971.

Manis, J.G., "Some Academic Influences upon Publication Production", *Social Forces*, 29 : 3 (1951), pp. 267~272.

Manning, C.W., *Faculty Activity Analysis : Interpretation and Uses of Data*, Boulder, Colorado : Western Interstate Commission for Higher Education, 1974.

Manning, C.W. and Romney, L.C., *Faculty Activity Analysis : Procedures Manual*, Boulder, Colorado : Western Interstate Commission for Higher Education, 1973.

Martin, T.W. and Berry, K.J., "The Teaching-Research Dilemma : Its Sources in the University Setting", *The Journal of Higher Education*, 40 (1969), pp. 691~703.

Marver, J.D. and Patton, C.V., "The Correlates of Consultation : American Academics in 'the Real World'", *Higher Education*, 5 (Aug. 1976), pp. 319~335.

Mathis, B.C., "Academic Careers and Adult Development : A Nexus for Research", in American Association for Higher Education, (ed.), *Current Issues in Higher Education*, Washington, D.C. : Author, 1979.

McDaniel, E.D. and Feldhusen, J.F., "Relationships between Faculty Ratings and Indexes of Service and Scholarship", *Proceedings of the 78th Annual Convention of the American Psychological Association*, May 1970, pp. 619~620.

McGee, R.J., *Academic Janus*, San Francisco : Jossey-Bass, 1971.

McKeachie, W.J., "Student Ratings of Faculty : A Reprise", *Academe*, 65 (1979), pp. 384 ~397.

McKeachie, W.J., "Older Faculty Members : Facts and Prescriptions", *AAHE Bulletin*,

Nov. 1983, pp. 8~10.

Miller, K.C., "A Study of Faculty Work Load in Higher Education", Unpublished Doctoral Dissertation, University of Mississippi, 1968.

Miller, R.I., *Developing Programs for Faculty Evaluation*, San Francisco : Jossey-Bass, Pub., 1974.

Minter, W.J., *Faculty Salaries 1980~81 and Additional Earnings 1979~80*, Boulder : John Minter Associates, 1981.

Mood, A.M., *The Future of Higher Education : Some Speculations and Suggestions*, New York : McGraw-Hill Book Co., 1973.

Muffo, J., "Relationships between Colleague Ratings and Faculty Compensation", *Research in Higher Education*, 10 (1979), pp. 25~35.

National Science Foundation, *Activities of Science and Engineering Faculty in Universities and 4-Year Colleges 1978/79*, Washington, D.C. : Author, 1981.

Nelson, T.M. & Others, "Ratings of Scholarly Journals by Chairpersons in the Social Sciences", *Research in Higher Education*, 19 : 4 (1983), pp. 469~497.

Niemi, A.W., Jr., "Journal Publication Performance During 1970~1974 : The Relative Output of Southern Economics Departments", *Southern Economic Journal*, 42 : 1 (1975), pp. 97~106.

Overall, J.U. and Marsh, H.W., "Students' Evaluation of Teaching : An Update", *Research Currents*, AAHE Bulletin, Dec. 1982, pp. 9~12.

Parsons, T.and Platt, G.M., *The American Academic Profession : A Pilot Study*, Combridge, Mass. : Harvard Univ. Press, 1968.

Patton, C.V. & Marver, J.D., "Paid Consulting by American Academics", *Educational Record*, 60 (Spring 1979), pp. 175~184.

Pelz, D.C. and Andrews, F.M., *Scientists in Organizations*, New York : John Wiley & Sons, Inc. 1966.

Perkins, J.A. (ed.), *The University as an Organization*, New York : McGraw-Hill Book Co., 1973.

Quigley, E.J., *Faculty Productivity : Practice and Policy*, Boulder, Colorodo : SHEEO/NCES Communication Network, 1979.

Reeves, F.W. and Russel, J.D., "Instructional Loads", in Indiana Board of Education (ed.),
College Organization and Administration, Indianapolis, Indiana : Board of Education,
1929, pp. 165~182.

Reeves, F.W. et al., *The University Faculty*, Chicago : University of Chicago Press, 1933.

Reskin, B., "Academic Sponsorship and Scientists' Careers", *Sociology of Education*, 52 (July
1979), pp. 129~146.

Roe, A., "A Psychological Study of Eminent Psychologists and Anthropologists, and a
Comparison with Biological and Physical Scientists", *Psychological Monographs*, 67 :
2 (1953), pp. 1~55.

Roe, A., *The Making of a Scientist*, New York : Dodd & Mead, 1953.

Romney, L.C., *Faculty Activity Analysis : Overview and Major Issues*, Boulder, Colorado :
National Center for Higher Education Management Systems at WICHE, 1971.

Scriven, M., "Summative Teacher Evaluation", in Millman, J. (ed.), *Handbook of Teacher
Evaluation*, Bervely Hills, Calif. : Sage Pub., 1981.

Seldin, P., *Changing Practices in Faculty Evaluation*, San Francisco : Jossey-Bass, Inc., Pub.,
1984.

Sexson, J.E., "Methods for Computing Faculty Load", *Improving College and University
Teaching*, 15 (1967), pp. 219~222.

Smart, J.A., "Stability of Education Journal Characteristics : 1977~1980", *Research in
Higher Education*, 19 : 2 (1983), pp. 285~293.

Snyder, R.A. et al., "Mid-Career Change in Academia : The Decision to Become an
Administrator", *Journal of Vocational Behavior*, 13 (1978), pp. 229~241.

Stallings, W.M. and Singhal, S., "Some Observations on the Relationships between
Research Productivity and Student Evaluation of Courses and Teaching", *American
Sociologist*, 5 : 2 (1970), pp. 141~143.

Stecklein, J.E., *How to Measure Faculty Work Load*, Washington, D.C. : American Council
on Education, 1969.

Stickler, H.W., "Working Material and Bibliography on Faculty Load", in American
Council on Education (ed.), *Faculty Workload*, Washington, D. C. : Author, 1960,
pp. 80~97.

Straus, M.A. and Radel, D.J., "Eminence, Productivity and Power of Sociologists in

Various Regions", *American Sociologist*, 4 : 1 (1967), pp. 1~4.

Tucker, A., *Chairing the Academic Department*, 2nd ed., New York : Macmillan Pub. Co., 1984.

Tuckman, B.H. and Tuckman, H.P., "The Structure of Salaries at American Universities", *Journal of Higher Education*, 47 (Jan./Feb. 1976), pp. 55~64.

University Committee on the Objectives of a General Education in a Free Society, *General Education in a Free Society*, Cambridge, Mass. : Harvard Univ. Press, 1945.

West, S.C., "Antecedents of Academic Motivation. : A Descriptive Study of University Professors", Unpublished Doctoral Dissertation, Ohio State Univ., 1971.

Wilson, L., "The Professor and His Roles", in C. Lee (ed.), *Improving College Teaching*, Washington, D.C. : American Council on Education, 1967.

Wilson, L., *American Academics : Then and Now*, New York : Oxford Univ. Press, 1979.

Wilson, R.C. et al., *College Professors and Their Impact on Students*, New York : John Wiley & Sons, 1975.

Youn, T.I., "The Careers of Young Ph. D.s : Temporal Change and Institutional Effects", Unpublished Doctoral Dissertation, Yale University, 1981.

Yuker, H.F., *Faculty Workload : Facts, Myths and Commentary*, ERIC/Higher Education Report 6, Washington, D.C. : American Association for Higher Education, 1974.

Zuckerman, H., *Scientific Elite : Nobel Laureates in the United States*, New York : The Free Press, 1977.

세계의 대학교수

초판 1쇄 인쇄일 · 1995년 6월 20일
초판 1쇄 발행일 · 1995년 6월 25일
지은이 · 이성호
펴낸이 · 임성규
펴낸곳 · 문이당

등록 · 1988. 11.5 제1-832호
주소 · 서울시 성북구 동선동 4가 208-1호
전화 · 928-8741~3 팩스 · 925-5406
ⓒ 1995 이성호

값 · 10,000원
잘못된 책은 바꾸어드립니다

ISBN 89-7456-052-6 03700